Heinz-Peter Verspay
Andreas Sattler

Die kleine AG

D1869386

Die kleine AG

Eine Rechtsform für das mittelständische Unternehmen

RA Heinz-Peter Verspay
Dipl.-Wirtsch.-Ing. (FH), Dipl.-Betr.-Päd. Andreas Sattler

6., aktualisierte und erweiterte Auflage

TAE

Kontakt & Studium
Band 561

Herausgeber:
Prof. Dr.-Ing. Dr. h.c. Wilfried J. Bartz
Dipl.-Ing. Hans-Joachim Mesenholl
Dipl.-Ing. Elmar Wippler

expert verlag®

Bibliografische Information Der Deutschen Bibliothek

Die Deutsche Bibliothek verzeichnet diese Publikation in der Deutschen Nationalbibliografie; detaillierte bibliografische Daten sind im Internet über http://dnb.d-nb.de abrufbar.

Bibliographic Information published by Die Deutsche Bibliothek

Die Deutsche Bibliothek lists this Publication in the Deutsche Nationalbibliografie; detailed bibliographic data are available on the Internet at http://dnb.d-nb.de .

ISBN 978-3-8169-2943-7

6., aktualisierte und erweiterte Auflage 2009
5., aktualisierte und erweiterte Auflage 2006
4., aktualisierte und erweiterte Auflage 2004
3., aktualisierte und erweiterte Auflage 2001
2., aktualisierte und erweiterte Auflage 2000
1. Auflage 1999

Bei der Erstellung des Buches wurde mit großer Sorgfalt vorgegangen; trotzdem lassen sich Fehler nie vollständig ausschließen. Verlag und Autoren können für fehlerhafte Angaben und deren Folgen weder eine juristische Verantwortung noch irgendeine Haftung übernehmen.
Für Verbesserungsvorschläge und Hinweise auf Fehler sind Verlag und Autoren dankbar.

© 1999 by expert verlag, Wankelstr. 13, D-71272 Renningen
Tel.: +49 (0) 71 59-92 65-0, Fax: +49 (0) 71 59-92 65-20
E-Mail: expert@expertverlag.de, Internet: www.expertverlag.de
Alle Rechte vorbehalten
Printed in Germany

Das Werk einschließlich aller seiner Teile ist urheberrechtlich geschützt. Jede Verwertung außerhalb der engen Grenzen des Urheberrechtsgesetzes ist ohne Zustimmung des Verlags unzulässig und strafbar. Dies gilt insbesondere für Vervielfältigungen, Übersetzungen, Mikroverfilmungen und die Einspeicherung und Verarbeitung in elektronischen Systemen.

Herausgeber-Vorwort

Bei der Bewältigung der Zukunftsaufgaben kommt der beruflichen Weiterbildung eine Schlüsselstellung zu. Im Zuge des technischen Fortschritts und angesichts der zunehmenden Konkurrenz müssen wir nicht nur ständig neue Erkenntnisse aufnehmen, sondern auch Anregungen schneller als die Wettbewerber zu marktfähigen Produkten entwickeln.

Erstausbildung oder Studium genügen nicht mehr – lebenslanges Lernen ist gefordert! Berufliche und persönliche Weiterbildung ist eine Investition in die Zukunft:
- Sie dient dazu, Fachkenntnisse zu erweitern und auf den neuesten Stand zu bringen
- sie entwickelt die Fähigkeit, wissenschaftliche Ergebnisse in praktische Problemlösungen umzusetzen
- sie fördert die Persönlichkeitsentwicklung und die Teamfähigkeit.

Diese Ziele lassen sich am besten durch die Teilnahme an Seminaren und durch das Studium geeigneter Fachbücher erreichen.

Die Fachbuchreihe *Kontakt & Studium* wird in Zusammenarbeit zwischen der Technischen Akademie Esslingen und dem expert verlag herausgegeben.

Mit über 700 Themenbänden, verfasst von über 2.800 Experten, erfüllt sie nicht nur eine seminarbegleitende Funktion. Ihre eigenständige Bedeutung als eines der kompetentesten und umfangreichsten deutschsprachigen technischen Nachschlagewerke für Studium und Praxis wird von der Fachpresse und der großen Leserschaft gleichermaßen bestätigt. Herausgeber und Verlag freuen sich über weitere kritisch-konstruktive Anregungen aus dem Leserkreis.

Möge dieser Themenband vielen Interessenten helfen und nützen.

Dipl.-Ing. Hans-Joachim Mesenholl | Dipl.-Ing. Elmar Wippler

Vorwort zur 6. Auflage

Das im November 2008 in Kraft getretene Gesetz zur Modernisierung des GmbH-Rechts und zur Bekämpfung von Missbräuchen (MoMiG) hat auch für die Aktiengesellschaft gravierende Auswirkungen mit sich gebracht. Die mit dem MoMiG verbundenen Änderungen sowie die weiteren gesetzlichen Neuerungen der jüngsten Zeit sind in der Neuauflage eingearbeitet. Zugleich wurde der Inhalt im Interesse einer verbesserten Übersichtlichkeit umfassend neu gegliedert, so dass das Buch seinen Zweck erfüllt, bei den in der täglichen Praxis entstehenden Fragen um die Aktiengesellschaft umfassend Hilfe zu leisten.

Köln/Schorndorf, im April 2009

Heinz-Peter Verspay
Andreas Sattler

Aus dem Vorwort zur 1. Auflage

Das Buch stellt in verständlicher Form die Grundzüge der für mittelständische Unternehmen praktisch wichtigen aktienrechtlichen Vorschriften dar. Es zeigt auf, wie die Aktiengesellschaft durch Neugründung oder durch Umwandlung bestehender Unternehmen errichtet wird. Einen großen Raum nimmt die Beschreibung der Funktionen und der Rechte und Pflichten von Vorstand, Aufsichtsrat und Hauptversammlung ein. Nicht behandelt werden die Bereiche des Aktienrechts, die für mittelständische Unternehmen von geringerer Bedeutung sind.

Das Buch wendet sich an Unternehmer, die den Bestand ihres Unternehmens mit der Rechtsform Aktiengesellschaft langfristig sichern wollen, ferner an Führungskräfte, die den Gesellschaftern des von ihnen geleiteten Unternehmens Vorschläge zur Gestaltung der Unternehmensverfassung zu unterbreiten haben.

Köln/Schorndorf, im November 1998

Heinz-Peter Verspay
Andreas Sattler

Inhaltsverzeichnis

1 Einführung

1.1 Vorgeschichte; wirtschaftliche Bedeutung

Die Aktiengesellschaft ist im Vergleich zu der 1892 geschaffenen GmbH eine schon recht alte Rechtsform. In Preußen waren bereits vor 1800 Aktiengesellschaften errichtet worden. Die älteste börsennotierte deutsche Aktiengesellschaft ist die im Jahre 1826 gegründete Köln-Düsseldorfer Rheinschiffahrts AG. Einen großen Aufschwung nahm die Rechtsform der Aktiengesellschaft nach 1870. In den folgenden Jahrzehnten sah der Gesetzgeber sich veranlasst, die gesetzlichen Regelungen Schritt für Schritt zu reformieren. Das Ziel der letzten großen Aktienrechtsreform im Jahre 1965 war die Stärkung der Aktionäre und der Hauptversammlung sowie die Verbesserung der Publizität. Leitbild des Gesetzgebers war dabei die große, börsennotierte Publikumsaktiengesellschaft.

Die Folge der Verschärfungen des Aktienrechts mit ihrem Höhepunkt im Jahre 1965 war ein starker Rückgang der Zahl der Aktiengesellschaften. Während es Mitte der zwanziger Jahre ca. 13.000 Aktiengesellschaften gab, wurden im Jahre 1991 noch 2.682 gezählt. Dagegen gab es im Jahre 1960 37.901 Gesellschaften mit beschränkter Haftung, im Jahre 1991 bereits 433.731. Zwischenzeitlich sind diese Zahlen weiter gestiegen. Heute stehen den rund 950.000 Gesellschaften mit beschränkter Haftung mehr als 18.000 Aktiengesellschaften gegenüber, von denen etwa 1.200 börsennotiert sind bzw. im Freiverkehr gehandelt werden.

Als wichtigste Ursache für die zurückhaltende Nutzung der Rechtsform Aktiengesellschaft durch mittelständische Unternehmer in der Vergangenheit galten die rechtsformbedingten Erschwerungen, insbesondere die unternehmerische Mitbestimmung der Arbeitnehmer über den Aufsichtsrat und die unnötig erscheinenden kostenauslösenden Formalitäten. Es war auch nicht einsehbar, warum etwa bei einer Familiengesellschaft mit einem Dutzend Gesellschaftern die gleichen Regeln gelten sollen wie bei einer Publikumsgesellschaft, deren Aktien sich in den Händen von mehreren hunderttausend Aktionären befinden.

Seit Mitte der achtziger Jahre wurde über Maßnahmen zur Erleichterung des Zugangs mittelständischer Unternehmen zum Eigenkapitalmarkt diskutiert. Dabei wurden zwei denkbare Lösungsmöglichkeiten angeboten: zum einen die Erleichterung des Handels vom GmbH- und Kommanditanteilen, zum anderen die Schaffung von Erleichterungen im Aktienrecht. Die zuerst genannte Möglichkeit wurde nicht weiter verfolgt. Vielmehr sollte der Wechsel des mittelständischen Unternehmens in die Rechtsform der Aktiengesellschaft erleichtert werden. Umgesetzt wurde dies durch das Gesetz für kleine Aktiengesellschaften und zur Deregulierung des Aktienrechts vom 2. August 1994. In der amtlichen Begründung zu dem Gesetz heißt es, dass durch die neue Regelung die Attraktivität der Rechtsform Aktiengesellschaft für den Mittelstand mittels besonderer Vorschriften für kleine Aktiengesellschaften gesteigert werden solle. Expandierende Unternehmen dieser Größenordnung sollen in die Lage versetzt werden, Eigenkapital an der Börse zu beschaffen. Ferner soll die Struktur der Aktiengesellschaft den *Familiengesellschaften* helfen, den anstehenden Generationswechsel zu vollziehen und die Selbständigkeit zu sichern.

Seit der Änderung des Aktiengesetzes im Jahre 1994 steht auch für Unternehmen, die auf absehbare Zeit nicht an den Kapitalmarkt herantreten wollen, die Rechtsform der Aktiengesellschaft als echte Alternative zur GmbH zur Verfügung.

Viele Unternehmen entscheiden sich für die Aktiengesellschaft, weil die Mitarbeiter durch die Ausgabe von *Belegschaftsaktien* motiviert und an das Unternehmen gebunden können. Entscheidend ist nach wie vor das höhere Ansehen der Aktiengesellschaft im Wirtschaftsleben, auch im Ausland, wo die GmbH weniger bekannt ist. Die Rechtsform der Aktiengesellschaft ist angesichts der Zahl der bestehenden Gesellschaften nach wie vor exklusiv im Vergleich zur GmbH.

1.2 Weiterentwicklung des Aktienrechts

In diesem Kapital wird zunächst das Gesetz für kleine Aktiengesellschaften und zur Deregulierung des Aktienrechts dargestellt, danach einige praktisch bedeutsame neuere Änderungen des Aktiengesetzes.

1.2.1 Gesetz für kleine Aktiengesellschaften und zur Deregulierung des Aktienrechts

Das „Gesetz für kleine Aktiengesellschaften und zur Deregulierung des Aktienrechts" vom 2. August 1994 stellte die bedeutendste Reform des Aktienrechts seit 1965 dar. Dabei erschien die „kleine Aktiengesellschaft" nur als Bezeichnung in der Gesetzesüberschrift, im Gesetzestext kehrte der Begriff nicht wieder. Dennoch ist diese prägnante Bezeichnung nicht unzutreffend, denn bestimmte Vorschriften dieses Gesetzes knüpfen an Merkmale an, die weniger bei Großunternehmen als bei kleinen und mittelständischen Unternehmen vorliegen dürften. Als kleine Aktiengesellschaft bezeichnet man somit im Allgemeinen eine nichtbörsennotierte Aktiengesellschaft mit überschaubarem Anteilseignerkreis. Die kleine Aktiengesellschaft ist also keine eigene Rechtsform, und für sie gelten grundsätzlich alle Vorschriften des Aktiengesetzes, wobei die nachstehend zusammengestellten Neuregelungen im Einzelfall Erleichterungen mit sich gebracht haben.

Der Begriff der kleinen Aktiengesellschaft deckt sich nicht mit dem der kleinen Kapitalgesellschaft im Sinne des § 267 Abs. 1 HGB (dazu Abschn. 10.1.2). So kann beispielsweise auch eine kleine Aktiengesellschaft wegen ihrer Bilanzsumme, ihres Umsatzes und der Zahl der Arbeitnehmer eine mittelgroße oder sogar große Kapitalgesellschaft im handelsrechtlichen Sinne und damit prüfungspflichtig sein. Umgekehrt gibt es kleine Kapitalgesellschaften im Sinne des § 267 Abs. 1 HGB, die die Erleichterungen der Aktienrechtsreform des Jahres 1994 nicht oder nicht allesamt in Anspruch nehmen dürfen; so muss z. B. eine kleine Kapitalgesellschaft in der Rechtsform der Aktiengesellschaft, die vor dem 10. August 1994 in das Handelsregister eingetragen worden war, den mitbestimmten Aufsichtsrat auch dann beibehalten, wenn sie weniger als 500 Arbeitnehmer hat.

Folgende Neuregelungen durch das Gesetz vom 2. August 1994 sind hervorzuheben:

Gründerzahl, § 2 AktG
Die Aktiengesellschaft kann durch eine oder mehrere Personen gegründet werden; zuvor waren dazu mindestens fünf Personen nötig. Dabei wurden nicht selten Strohleute hinzugezogen, wodurch dieses gesetzliche Erfordernis ausgehöhlt war.

Mindestnennbetrag, § 8 Abs. 2 AktG
Durch das Zweite Finanzmarktförderungsgesetz vom 26. Juli 1994 wurde der Mindestnennbetrag der Aktie von 50 DM auf 5 DM zur Erhöhung der Attraktivität der Aktie und zur Angleichung an internationale Standards herabgesetzt. Zwischenzeitlich ist der Mindestnennbetrag noch weiter herabgesetzt worden, er beträgt seit dem 1. Januar 1999 nur noch 1 Euro.

Einzelverbriefung, § 10 Abs. 5 AktG
Bei allen Aktiengesellschaften und nicht nur bei der kleinen Aktiengesellschaft wurde ermöglicht, den Anspruch des Aktionärs auf Einzelverbriefung der Aktien durch die Satzung auszuschließen. Zur Verbriefung s. Abschn. 8.1.4.

Einberufung, Tagesordnung, §§ 121 Abs. 4, 124 Abs. 1 AktG
Sind die Aktionäre der Aktiengesellschaft namentlich bekannt, so kann die Einberufung der Hauptversammlung ebenso wie die Bekanntmachung der Tagesordnung durch Einschreibebriefe an die Aktionäre erfolgen. Zwischenzeitlich ist darüber hinaus auch die Einberufung in Textform gestattet worden (s. dazu Abschn. 7.2.1).

Vollversammlung, § 121 Abs. 6 AktG
Sind alle Aktionäre erschienen oder vertreten, findet also mit anderen Worten eine sogenannte Vollversammlung statt, so kann diese auch ohne vorherige frist- und formgerechte Einberufung als Hauptversammlung Beschlüsse fassen. Die Vollversammlung kann an jedem beliebigen Ort stattfinden und es können über jeden Gegenstand Beschlüsse gefasst werden, sofern kein Aktionär der Beschlussfassung widerspricht. Zur Vollversammlung s. Abschn. 7.5.

Niederschrift, § 130 Abs. 1 AktG
Früher war jeder Hauptversammlungsbeschluss notariell zu beurkunden. Nach der Neuregelung reicht bei einer nichtbörsennotierten Aktiengesellschaft eine vom Aufsichtsratsvorsitzenden unterschriebene Niederschrift aus. Werden allerdings Beschlüsse gefasst, für die das Gesetz eine Dreiviertel- oder größere Mehrheit des bei der Beschlussfassung vertretenen Grundkapitals verlangt, so besteht für diese nach wie vor Beurkundungspflicht; das gilt insbesondere für Satzungsänderungen. Zur Niederschrift s. Abschn. 7.4.

Unternehmerische Mitbestimmung, § 76 BetrVG 1952
Aufgrund des § 76 des Betriebsverfassungsgesetzes 1952 unterlagen Aktiengesellschaften grundsätzlich der unternehmerischen Mitbestimmung über den Aufsichtsrat. Die einzige Ausnahme bestand für Familiengesellschaften mit weniger als 500 Arbeitnehmern. Nach der Neufassung der Vorschrift des § 76 Abs. 6 BetrVG 1952 (heute: § 1 Abs. 1 Nr. 1 DrittelbG) sind die ab dem 10. August 1994, dem Zeitpunkt des Inkrafttretens des Gesetzes, eingetragenen Aktiengesellschaften mit weniger als 500 Arbeitnehmern generell von der unternehmerischen Mitbestimmung über den Aufsichtsrat freigestellt. Für die vor diesem Stichtag in das Handelsregister eingetragenen Aktiengesellschaften mit weniger als 500 Arbeitnehmern bleibt es jedoch dabei, dass sie nur dann der Mitbestimmung nicht unterliegen, wenn es sich um *Familiengesellschaften* handelt. Mit dieser politisch sehr umstrittenen Einschränkung der Mitbestimmung fiel ein nicht zu unterschätzendes psychologisches Hemmnis für die Gründung der Aktiengesellschaft weg. Zur unternehmerischen Mitbestimmung s. Abschn. 6.1.

1.2.2 Euro-Einführungsgesetz

Durch das Euro-Einführungsgesetz vom 9. Juni 1998 wurde mit Wirkung vom 1. Januar 1999 der Mindestbetrag des Grundkapitals auf 50.000 Euro festgesetzt. Werden Nennbetragsaktien ausgegeben, so ist der Mindestbetrag 1 Euro, das ist gegenüber der auf 5 DM lautenden Nennbetragsaktie wertmäßig eine Halbierung. Aktiengesellschaften, die vor dem 1. Januar 1999 in das Handelsregister eingetragen worden waren, dürfen die Nennbeträge ihres Grundkapitals und ihre Aktien weiter in DM bezeichnen. Bis zum 31. Dezember 2001 durften Aktiengesellschaften neu eingetragen werden, deren Grundkapital auf Deutsche Mark oder auf Euro lautet. Nach diesem Zeitpunkt dürfen Aktiengesellschaften nur eingetragen werden, wenn die Nennbeträge von Grundkapital und Aktien in Euro bezeichnet sind; das gleiche gilt für Beschlüsse über die Änderung des Grundkapitals (§ 1 Abs. 2 des Einführungsgesetzes zum Aktiengesetz).

1.2.3 Elektronisches Handelsregister; Unternehmensregister (EHUG)

Am 1. Januar 2007 ist das „Gesetz über elektronische Handelsregister und Genossenschaftsregister sowie das Unternehmensregister" (EHUG) in Kraft getreten. Die Gesetzesänderungen haben drei Schwerpunkte.

Handelsregister, Genossenschaftsregister und Partnerschaftsregister wurden vollständig auf den elektronischen Betrieb umgestellt. Unterlagen können nur noch elektronisch eingereicht werden, wobei für Anmeldungen zur Eintragung weiterhin eine öffentliche Beglaubigung erforderlich ist. Die Handelsregistereintragungen werden nur noch elektronisch bekannt gemacht und sind für jedermann auf der Internetseite www.handelsregisterbekanntmachungen.de einsehbar.

Die Offenlegung der Jahresabschlüsse erfolgt nicht mehr über die Amtsgerichte, sondern ausschließlich über den elektronischen Bundesanzeiger. Die Einhaltung der Offenlegungspflicht wird von dem Bundesamt für Justiz nachgehalten (s. Abschn. 10.4).

Schließlich wurde ein zentrales Unternehmensregister geschaffen. Auf der Internetseite www.unternehmensregister.de können die wichtigsten veröffentlichungspflichtigen Unternehmensdaten zentral elektronisch kostenlos eingesehen werden, insbesondere die Handelsregisterbekanntmachungen und die Jahresabschlüsse. Ferner ist die – kostenpflichtige – Einsicht in die Registereintragungen möglich.

1.2.4 Gesetz zur Modernisierung des GmbH-Rechts und zur Bekämpfung von Missbräuchen (MoMiG)

Mit dem MoMiG nahm der Gesetzgeber die umfassendste Novellierung des GmbH-Rechts seit der Schaffung der Rechtsform der GmbH vor. Bei dieser Gelegenheit wurde auch das Aktiengesetz modernisiert und dereguliert mit dem Ziel, Unternehmensgründungen zu erleichtern, die Rechtsform der Aktiengesellschaft international wettbewerbsfähig zu machen und Missbrauchsfälle gegen Ende des Bestehens der Gesellschaft zu bekämpfen. Hervorzuheben sind die Neuregelungen zur Verlegung des Verwaltungssitzes ins Ausland, zur Insolvenzantragspflicht von Aufsichtsratsmitgliedern bei Führungslosigkeit, zum Wegfall des Eigenkapitalersatzrechts und zur Zulässigkeit der Gewährung von Darlehen an Aktionäre einschließlich des Cash-Pooling.

2 Gründung

Gegenstand dieses Kapitels ist die *Neugründung* einer Aktiengesellschaft, wohingegen deren Entstehung durch Umwandlung eines bereits bestehenden Unternehmens anderer Rechtsform in Kap. 4 dargestellt ist. Die Gründung der Aktiengesellschaft vollzieht sich zeitlich gestreckt in folgenden Schritten:

- Beurkundung der Gründung,
- Bestellung des Aufsichtsrats, des Abschlussprüfers und des Vorstands,
- Leistung der Einlagen,
- Gründungsprüfung,
- Anmeldung der Gesellschaft zum Handelsregister.

Zu den unterschiedlichen Stadien der Gesellschaft von der Vorgründungsgesellschaft über die Vor-Aktiengesellschaft zur rechtsfähigen werbenden Gesellschaft und von dort weiter zur Abwicklungsgesellschaft s. Abschn. 2.7 und Kap. 15. Die Gründungsschritte werden nachstehend einzeln dargestellt.

2.1 Beurkundung der Gründung

Im ersten Schritt ist die Gründung notariell zu beurkunden (§ 23 Abs. 1 S. 1 AktG). Die Beurkundung kann auch durch einen ausländischen Notar erfolgen, wenn sie der deutschen gleichwertig ist (BGH NJW 1981, 1160). Lässt sich ein Gründer durch einen Bevollmächtigten vertreten, so ist die Vorlage einer notariell beglaubigten Vollmacht erforderlich. Der Notar erstellt eine *Gründungsurkunde* (auch: Errichtungs- oder Gründungsprotokoll). Diese umfasst

- die Feststellung der Satzung,
- die Aktienübernahmeerklärungen,
- die weiteren Angaben gem. § 23 Abs. 2 bis 4 AktG.

2.1.1 Feststellung der Satzung

An der Feststellung des Gesellschaftsvertrages, der im Aktienrecht als Satzung bezeichnet wird, müssen sich eine Person oder mehrere Personen beteiligen, welche die Aktien gegen Einlagen übernehmen (§ 2 AktG). Die Satzung hat zwei Funktionen: zum einen ist sie die von den Gründern miteinander geschlossene Vertrag über die Gesellschaftsgründung, zum anderen stellt sie für die errichtete Aktiengesellschaft die von dem Gründerwillen verselbständigte rechtliche *Unternehmensverfassung* dar und entfaltet damit auch Wirkungen für später eintretenden Aktionäre und für Dritte. Bei der Einmann-Aktiengesellschaft schließt der alleinige Gründer keinen Vertrag – dazu müsste eine weitere Person mitwirken –, sondern stellt die Satzung durch einseitiges Rechtsgeschäft fest. Zum Inhalt der Satzung s. Kap. 3.

2.1.2 Übernahme der Aktien

Übernahme der Aktien bedeutet, dass die Gründer eine einklagbare Verpflichtung zur Leistung der vereinbarten Einlagen eingehen. Die Gründer müssen sämtliche Aktien ohne Rest übernehmen. Dabei muss jeder Gründer mindestens eine Aktie übernehmen; auf der anderen Seite darf niemand Aktien übernehmen, der nicht Gründer ist. Mit der Übernahme aller Aktien durch alle Gründer bzw. durch den alleinigen Gründer ist die Aktiengesellschaft errichtet (§ 29 AktG), d. h. die Vorgesellschaft (Vor-Aktiengesellschaft) ist entstanden.

2.1.3 Weitere Angaben in der Gründungsurkunde

Die Gründungsurkunde muss folgende weitere Angaben enthalten (§ 23 Abs. 2 AktG):

1. die Gründer;
   Gründer sind die Aktionäre, die die Satzung festgestellt haben (§ 28 AktG). Die Gründung kann durch eine oder mehrere Personen erfolgen (§ 2 AktG). Als Gründer kommen in Betracht natürliche und juristische Personen, ferner Personenhandelsgesellschaften (OHG, KG) und Gesellschaften bürgerlichen Rechts;
2. die Aktien, die jeder Gründer übernimmt;
   anzugeben sind bei Stückaktien die Zahl, bei Nennbetragsaktien der Nennbetrag, der Ausgabebetrag und, wenn mehrere Gattungen bestehen, die Gattung der übernommenen Aktien;
   Ausgabebetrag der Aktien ist bei Nennbetragsaktien mindestens der Nennwert und bei Stückaktien mindestens der *geringste Ausgabebetrag*, das ist der rechnerisch auf die Aktie entfallende anteilige Betrag des Grundkapitals (§ 9 Abs. 1 AktG). Liegt der Ausgabebetrag darüber, so stellt der Unterschiedsbetrag das *Agio* (Aufgeld) dar. Unzulässig ist die Ausgabe von Aktien unterhalb des geringsten Ausgabebetrags; bei einem Grundkapital von 50.000 Euro und einer Aktienzahl von 50.000 muss der Ausgabebetrag somit zumindest ein Euro je Aktie betragen, bei einer Aktienzahl von 500 mindestens 100 Euro.

3. der eingezahlte Betrag des Grundkapitals;
   sofern von den Gründern zum Zeitpunkt der Feststellung der Satzung bereits Einzahlungen auf das Grundkapital bewirkt worden sind, ist dies anzugeben.

2.2 Bestellung des Aufsichtsrats, des Abschlussprüfers und des Vorstands

Damit die Vor-Aktiengesellschaft handlungsfähig wird, sind im zweiten Schritt die Organe zu bestellen.

Die Beschlussfassung über die Bestellung der Aufsichtsratsmitglieder und des Abschlussprüfers für das erste Geschäftsjahr obliegt den Gründern. Sie beschließen mit einfacher Mehrheit, wobei die Teilnahme aller Gründer an der Abstimmung nicht zwingend erforderlich ist. Die Bestellung findet in aller Regel unmittelbar im Anschluss an die Errichtung der Gesellschaft statt. Da sie der notariellen Beurkundung bedarf (§ 30 Abs. 1 AktG), wird die Bestellung üblicherweise in die Gründungsurkunde aufgenommen.

Bestellung des ersten Aufsichtsrats
Die Mitglieder des ersten Aufsichtsrats können gemäß § 30 Abs. 3 S. 1 AktG nicht für eine längere Zeit als bis zur Beendigung der Hauptversammlung bestellt werden, die über die Entlastung für das erste Geschäftsjahr beschließt, das sind praktisch höchstens 20 Monate; bei Ausscheiden eines Mitglieds des ersten Aufsichtsrats noch vor diesem Zeitpunkt gilt auch für seinen Nachfolger die Amtszeitbegrenzung des § 30 Abs. 3 S. 1 AktG. Der Grund für die verkürzte Amtsdauer ist, dass den Arbeitnehmern alsbald nach Entstehung der Aktiengesellschaft eine Beteiligung im Aufsichtsrat verschafft werden soll, denn bei der Bestellung des ersten Aufsichtsrats sind mitbestimmungsrechtliche Vorschriften über die Bestellung von Arbeitnehmervertretern nicht anzuwenden (§ 30 Abs. 2 AktG).

Rechtzeitig vor Ablauf der Amtszeit des ersten Aufsichtsrats hat der Vorstand bekanntzumachen, nach welchen gesetzlichen Vorschriften der *nächste* Aufsichtsrat zusammenzusetzen ist, ob die Aufsichtsratsmitglieder also ausschließlich von der Hauptversammlung zu wählen sind oder ob – und nach welchen mitbestimmungsrechtlichen Vorschriften (s. § 96 Abs. 1 AktG) – auch von den Arbeitnehmern Aufsichtsratsmitglieder zu wählen sind (§ 30 Abs. 3 S. 2 AktG). Wenn kein Berechtigter gerichtliche Entscheidung beantragt, ist der nächste Aufsichtsrat nach den vom Vorstand bekanntgemachten Vorschriften zusammenzusetzen (§ 30 Abs. 3 S. 2 i. V. m. § 97 Abs. 2 AktG). Verstößt der Vorstand gegen die Bekanntmachungspflicht, so kann das Schadensersatzpflichten auslösen, z. B. wegen der Kosten einer außerordentlichen Hauptversammlung.

Geht ein *Unternehmen* oder Unternehmensteil als Sacheinlage oder Sachübernahme auf die Aktiengesellschaft bei ihrer Gründung über, so gilt § 30 Abs. 2 AktG über die Unanwendbarkeit mitbestimmungsrechtlicher Vorschriften für die Bestellung von Aufsichtsratsmitgliedern der Arbeitnehmer nicht. Vielmehr bestellen die Gründer nur so viele Aufsichtsratsmitglieder, wie nach ihrer Meinung von der Hauptversammlung zu wählen sind (§ 31 Abs. 1 AktG), die weiteren Aufsichtsratsmitglieder werden von den Arbeitnehmern nach Maßgabe des anzuwendenden Mitbestimmungsrechts (z. B. § 1 Abs. 1 Nr. 1 DrittelbG) gewählt. Unverzüglich nach der Vollziehung der Sachgründung und vor der Wahl der Arbeitnehmervertreter macht der Vorstand bekannt, welche gesetzlichen Vorschriften nach seiner Ansicht für die Zusammensetzung des Aufsichtsrats maßgeblich sind, also ob der Aufsichtsrat mitbestimmungsfrei ist oder anderenfalls nach welchen gesetzlichen Vorschriften sich die Wahl der Arbeitnehmervertreter richtet; dagegen kann gerichtliche Entscheidung beantragt werden (§ 31 Abs. 3, §§ 97 ff. AktG). Auch bei der Sachgründung gilt für die Aktionärsvertreter die kurze Amtszeit des § 30 Abs. 3 S. 1 AktG, nicht aber für die Arbeitnehmervertreter (§ 31 Abs. 5 AktG).

Entsteht die Aktiengesellschaft nicht durch Neugründung, sondern durch formwechselnde Umwandlung eines bestehenden Unternehmens anderer Rechtsform, so sind wegen § 197 S. 2 Halbsatz 2 UmwG die Vorschriften über die Bildung und Zusammensetzung des ersten Aufsichtsrats nicht anzuwenden. Ist bei dem formwechselnden Rechtsträger in gleicher Weise wie bei der Aktiengesellschaft ein Aufsichtsrat gebildet und zusammengesetzt, so bleiben die Aufsichtsratsmitglieder für den Rest ihrer Wahlzeit im Amt; das trifft insbesondere für den Formwechsel einer GmbH mit mehr als 500 Arbeitnehmern zu, denn sie musste ohnehin gem. § 1 Abs. 1 Nr. 1 DrittelbG einen mitbestimmten Aufsichtsrat haben (§ 203 UmwG). Bestand bei dem formwechselnden Rechtsträger bislang keine Mitbestimmung, so ist bei Vorliegen der Voraussetzungen der Aufsichtsrat unter Beachtung des Mitbestimmungsrechts (Drittelbeteiligungsgesetz, Mitbestimmungsgesetz, Montanmitbestimmung) zu bilden (vgl. Lutter-Decher, Rz. 47 ff. zu § 197 UmwG). Diese Regelung kommt insbesondere beim Formwechsel einer Personenhandelsgesellschaft mit mehr als 500 Arbeitnehmern zum Tragen. Die Bestellung der Aufsichtsratsmitglieder richtet sich in diesem Fall gem. § 197 S. 1 UmwG wie bei einer Sachgründung nach § 31 AktG; insoweit gilt obige Darstellung entsprechend. Wenn in den Aufsichtsrat der durch Formwechsel entstandenen Aktiengesellschaft wegen der geringen Zahl von Arbeitnehmern nur Aktionärsvertreter zu wählen sind, gilt die kurze Amtszeit des § 30 Abs. 3 S. 1 AktG für diese nicht, weil keine aus mitbestimmungsrechtlichen Vorschriften erwachsenden Rechte von Arbeitnehmern durch die Bestellung aller Aufsichtsräte seitens der Gesellschafter berührt werden. Ist die Frage der Mitbestimmung streitig, kann gerichtliche Entscheidung nach §§ 98 ff. AktG beantragt werden.

Auswahl der Aufsichtsratsmitglieder
Die Auswahl der von den Gründern zu Aufsichtsratsmitgliedern der Aktionäre zu bestellenden Personen ist eine unternehmerische Entscheidung von nicht zu unterschätzender Tragweite. Die Wahl sollte auf erfahrene Unternehmerpersönlichkeiten mit Branchenkenntnis und guten Verbindungen fallen. Diese werden in der Lage sein, für das Unternehmen neue Kontakte zu knüpfen, und sie werden dem Vorstand als Partner für einen kritischen Dialog über die Unternehmensführung zur Verfügung stehen. Für die Position des Aufsichtsratsvorsitzenden werden oftmals aktienrechtlich erfahrene Juristen ausgesucht, die die Einhaltung der Vorschriften des Aktiengesetzes bei der Amtsausübung des Aufsichtsrats und bei den Hauptversammlungen gewährleisten können. Bei kleineren Gesellschaften ist gelegentlich zu beobachten, dass Aufsichtsräte ohne nennenswerte unternehmerische Erfahrung aus dem familiären Umfeld bestellt werden. Die dadurch erzielte Kostenersparnis ist abzuwägen mit dem Nachteil, den der Verzicht auf die unternehmerische Beratung durch Außenstehende bedeutet. Kritisch ist auch die Bestellung von Beratern, die schon laufend für das Unternehmen tätig sind. Der Rat dieser Personen steht dem Vorstand ohnehin zur Verfügung, und es ist nicht ausgeschlossen, dass sie im Hinblick auf die eigenen wirtschaftlichen und vertraglichen Beziehungen zu der Aktiengesellschaft in einen Interessenkonflikt geraten können. Steht bei mittelständischen Unternehmen der Generationswechsel an, so kann es in vielen Fällen sinnvoll sein, dass der Übernehmer in die Geschäftsleitung eintritt und der Übergeber sich auf die überwachende Funktion des Aufsichtsrats zurückzieht.

Bestellung des Abschlussprüfers
Die *Wahl* des ersten Abschlussprüfers durch die Gründer ist zu unterscheiden von der *Beauftragung* des Abschlussprüfers, d. h. der Erteilung des Prüfungsauftrags namens der Aktiengesellschaft an den Abschlussprüfer. Diesen Auftrag können die Gründer bereits im Namen der Aktiengesellschaft erteilen, sie können das aber auch dem Aufsichtsrat überlassen (§ 111 Abs. 2 S. 3 AktG). Die Bestellung des Abschlussprüfers kann unterbleiben, wenn abzusehen ist, dass der Jahresabschluss nicht der Pflicht zur Prüfung (§ 316 HGB) unterliegt.

Bestellung des Vorstands
Die allererste Aufgabe des Aufsichtsrats nach seiner Konstituierung besteht darin, nun seinerseits den ersten Vorstand zu bestellen, damit die Aktiengesellschaft handlungsfähig wird (§ 30 Abs. 4 AktG). Die Bestellung erfolgt durch mit einfacher Mehrheit zu fassenden Beschluss des Aufsichtsrats. Der Beschluss bedarf nicht der notariellen Beurkundung. Ein Arbeitsdirektor (dazu

Abschn. 5.2.1) ist als Mitglied des ersten Vorstands nicht zu bestellen, vgl. AG Bremen, AG 1979, S. 207. Die Aufgaben des Vorstands in der Gründungsphase sind:

- Gründungsprüfung (§ 33 AktG),
- Anmeldung der Gesellschaft (§ 36 AktG),
- Einfordern der Bareinlagen bei den Gründern (§ 36a Abs. 1, § 63 AktG); unter den Voraussetzungen des § 64 AktG können säumige Aktionäre ausgeschlossen werden (Kaduzierung),
- Einfordern der an die Gesellschaft zu übertragenden Sacheinlagen,
- Vollzug von Sachübernahmeverträgen (§§ 27 Abs. 1, 37 Abs. 4 Nr. 2 AktG),
- Weiterführung eines durch Sachgründung eingebrachten Unternehmens,
- Maßnahmen zur Erhaltung von Sacheinlagen einschließlich der Abwehr von Rechtsverletzungen,
- Aufnahme der Geschäftstätigkeit bei Vorliegen eines entsprechenden einstimmigen Beschlusses der Gründer,
- Ermittlung einer etwaigen *Unterbilanz* auf den Tag der Eintragung in das Handelsregister, sofern die Geschäftstätigkeit vor Eintragung aufgenommen worden ist, ferner die Geltendmachung von daraus folgenden Ansprüchen aus Unterbilanzhaftung bei den Gründern (s. dazu Abschn. 2.7),
- Geltendmachung der Ansprüche aus Differenzhaftung bei Sacheinlagen (vgl. dazu Abschn. 2.3.2.3).

Sofern dem Vorstand *Pflichtverletzungen* bei der Gründung unterlaufen, ist er der Gesellschaft zum Schadensersatz verpflichtet (§ 48 AktG). Der Vorstand ist insbesondere dafür verantwortlich, dass die Kapitaleinzahlungen an eine hierzu geeignete Stelle erfolgen und dass die eingezahlten Beträge zu seiner freien Verfügung stehen.

Der *Vergütungsanspruch* für die Tätigkeit als Vorstand ergibt sich aus dem Anstellungsvertrag, der üblicherweise im Zeitpunkt der Bestellung von Aufsichtsrat (§ 112 AktG) und Vorstand unterzeichnet wird. Die dem ersten Vorstand bis zur Eintragung der Gesellschaft ins Handelsregister geschuldete Vergütung gehört nicht zu dem nach § 26 Abs. 2 AktG in der Satzung gesondert auszuweisenden Gründungsaufwand (BGH DB 2004, 1608); zum Gründungsaufwand s. Abschn. 3.1.8.

Für den ersten Vorstand einer neu gegründeten Aktiengesellschaft läuft die Fünfjahresfrist des § 84 Abs. 1 S. 1 AktG, nach deren Ablauf das Amt als Vorstand endet, bereits im Zeitpunkt der Bestellung durch den Aufsichtsrat an (vgl. Münchener Kommentar-Hefermehl/Spindler, Rz. 29 zu § 84 AktG).

2.3 Leistung der Einlagen

Die Aktionäre sind zur Leistung der Einlagen verpflichtet (§ 54 AktG). Die Einforderung der Einlagen bei den Gründern fällt in die ausschließliche Zuständigkeit des Vorstands (§ 63 Abs. 1 AktG). Er muss zumindest die bei der Gründung sofort fälligen Einlagen, das sind die für die Eintragung der Gesellschaft erforderlichen Mindestbeträge der Bareinlagen (§§ 36 Abs. 2, 36a Abs. 1 AktG) sowie die Sacheinlagen, einfordern. Die Aktionäre können von ihrer Leistungspflicht nicht befreit werden (§ 66 Abs. 1 S. 1 AktG).

2.3.1 Bareinlagen

Soweit in der Satzung nicht Sacheinlagen festgesetzt sind, müssen die Einlagen in Geld erbracht werden (§ 54 Abs. 2 AktG). Die Aktionäre können gegen den Anspruch der Gesellschaft nicht aufrechnen (§ 66 Abs. 1 S. 2 AktG); das Aufrechnungsverbot steht aber der Einbringung einer Forderung des Aktionärs gegen die Gesellschaft als Sacheinlage gemäß § 27 AktG nicht entgegen. Wird die eingeforderte Bareinlage nicht oder nicht wirksam gezahlt, so besteht die Forderung der Gesellschaft bis zum Eintritt der Verjährung weiter.

2.3.1.1 Höhe und Einforderung der Einzahlung

Der Vorstand muss mindestens ein Viertel des geringsten Ausgabebetrages sowie ein etwaiges Agio – das Agio stets in voller Höhe! – auf jede Aktie einfordern; schreibt die Satzung eine höhere Einzahlungsquote vor, so ist diese maßgebend. Der geringste Ausgabebetrag ist der Nennbetrag der Aktie, bei Stückaktien der auf die einzelne Stückaktie entfallende anteilige Betrag des Grundkapitals (§ 9 Abs. 1 AktG). In Höhe des eingeforderten Betrages wird die Einlage fällig. Der nicht sofort einzuzahlende Teil der Einlage stellt eine Verbindlichkeit des Aktionärs gegenüber der AG dar, die aber bis auf weiteres nicht fällig ist.

2.3.1.2 Kontogutschrift und freie Verfügung

Der eingeforderte Betrag ist so zu leisten, dass er, soweit er nicht bereits zur Bezahlung der bei der Gründung angefallenen Steuern und Kosten verwandt wurde, endgültig zur freien Verfügung de Vorstands steht (§ 36 Abs. 2 AktG). Die Zahlung ist nach §§ 36 Abs. 2, 54 Abs. 3 AktG auf ein Bankkonto der Vor-Aktiengesellschaft zu leisten, welches von dem Vorstand alsbald nach der Beurkundung der Gründung errichtet werden kann (vgl. § 154 AO). An der freien Verfügbarkeit für den Vorstand fehlt es, wenn er keine rechtliche Möglichkeit erhält, über die eingezahlten Mittel in entsprechender Höhe zu disponieren. Beispiel: das Bankkonto weist einen Debetsaldo auf und die Bank kann den Gutschriftsbetrag wegen ungenehmigter Kontoüberziehung oder wegen Kündigung oder Rückführung des Kreditrahmens sofort mit ihrer Forderung verrechnen.

Die freie Verfügbarkeit über Bareinlagen ist auch zu verneinen bei Vorliegen von Sachverhalten, die wirtschaftlich einer *Einlagenrückgewähr* entsprechen, insbesondere wenn zwischen einem Gründer und dem Vorstand vor der Bewirkung der Einlage abgesprochen worden war, dass die Mittel an den Gründer zurückfließen, z. B. aufgrund Darlehensvertrages. Der betreffende Gründer wird also in den Fällen des Hin- und Herzahlens, d. h. wenn die eingezahlten Mittel an ihn zurückgeflossen sind, von seiner Einlagenverpflichtung nicht befreit. Das ist anders als bei der GmbH, bei der der Gesellschafter in diesen Fällen frei wird, wenn der Gesellschaft gegen ihn ein vollwertiger Rückgewähranspruch zusteht (vgl. § 19 Abs. 5 GmbHG). Diese Regelung ist auf die Aktiengesellschaft nicht anwendbar, sie soll nach dem Willen des Gesetzgebers nur für die GmbH gelten.

2.3.1.3 Verdeckte Sacheinlage

Bei einer verdeckten Sacheinlage wird der Gründer von seiner Verpflichtung zur Leistung der Bareinlage nicht frei, diese Verpflichtung besteht somit fort und kann von der Gesellschaft bis zum Eintritt der Verjährung geltend gemacht werden. Eine verdeckte Sacheinlage liegt vor, wenn eine Geldeinlage eines Aktionärs bei wirtschaftlicher Betrachtung und aufgrund einer im Zusammenhang mit der Übernahme der Geldeinlage getroffenen Abrede vollständig oder teilweise als Sacheinlage zu betrachten ist (vgl. § 19 Abs. 4 S. 1 GmbHG). Zur verdeckten Sacheinlage kann es sowohl bei der Gründung als auch bei einer Kapitalerhöhung kommen, wenn die eingezahlte Einlage nicht bei der Gesellschaft verbleibt, sondern an den Aktionär als Gegenleistung für die Übertragung eines Vermögensgegenstands zurückfließt.

In der Praxis geschieht dies oftmals in der Weise, dass der Aktionär der Gesellschaft in zeitlichem Zusammenhang mit der Gründung bzw. einer Kapitalerhöhung einen Vermögensgegenstand überträgt und die von ihm geleistete Bareinlage zur Tilgung seines Anspruchs auf die Vergütung für diesen Gegenstand benutzt wird. Wirtschaftlich hat der Einlegende der Gesellschaft somit keine Barmittel, sondern einen Vermögensgegenstand überlassen; er hätte genauso gut unter Beachtung des § 27 Abs. 1 bzw. 183 Abs. 1 AktG eine Sacheinlage vornehmen können. Dieser Sachverhalt stellt einen Verstoß gegen die Vorschrift des § 27 Abs. 1 AktG dar, wonach im Falle von Sacheinlagen und Sachübernahmen bestimmte Festsetzungen in der Satzung zu treffen sind. Bei fehlenden oder unzureichenden Festsetzungen sind die Verträge über Sacheinlagen unwirksam (§ 27 Abs. 3 AktG; s. dazu Abschn. 2.3.2.1 „Unzureichende Festsetzungen“). Die Konsequenzen sind gravierend: der Einlegende ist verpflichtet, den auf die Aktie eingezahlten Betrag – erneut – zu zahlen. Hinsichtlich der als verdeckte Sacheinlage zu behandelnden Übertragung des Vermögensgegenstandes an die Gesellschaft hat er gegen diese einen Bereicherungsanspruch, den er nicht mit seiner Geldleistungsverpflichtung aufrechnen darf und der ihm auch kein Zurückbehaltungsrecht gibt. Ist über das Vermögen der Gesellschaft zwischenzeitlich das Insolvenzverfahren eröffnet worden, so muss der Einleger die Zahlung an den Verwalter leisten; den Bereicherungsanspruch kann er zur Tabelle anmelden.

Das ist anders als bei der GmbH, bei der der Wert des verdeckt eingelegten Vermögensgegenstandes auf die Geldeinlagepflicht unter bestimmten Voraussetzungen angerechnet werden kann (vgl. § 19 Abs. 4 GmbHG). Diese Regelung ist auf die Aktiengesellschaft nicht anwendbar, sie soll nach dem Willen des Gesetzgebers nur für die GmbH gelten.

Die aus dem Verstoß gegen § 27 Abs. 1 AktG folgende Nichtigkeit kann sowohl im Rahmen der Gründung der Gesellschaft als auch bei einer Kapitalerhöhung durch Anwendung der Nachgründungsvorschriften geheilt werden. Die aus sich heraus kaum verständliche Vorschrift des § 52 Abs. 10 AktG besagt, dass ein gemäß § 27 Abs. 3 AktG unwirksamer Vertrag durch Wiederholung des Vertragsschlusses geheilt wird, sofern dies unter Beachtung der Nachgründungsvorschriften geschieht (zur Nachgründung s. Abschn. 2.9).

2.3.1.4 Säumigkeit des Einzahlungspflichtigen

Kommt ein Gründer der Einforderung der bar zu leistenden Einlage nicht nach oder zahlt er weniger als den eingeforderten Betrag ein, so gefährdet er damit die Eintragung der Gesellschaft in das Handelsregister, da die Anmeldung der Gesellschaft zur Eintragung erst erfolgen darf, wenn auf jede Aktie, für die Bareinlagepflicht besteht, der eingeforderte Betrag ordnungsgemäß eingezahlt worden ist (§ 36 Abs. 2 AktG). Zahlt ein Gründer nicht oder zuwenig ein, so wird das nicht ausgeglichen dadurch, dass ein anderer Gründer auf seinen Anteil entsprechend mehr einzahlt. Die Gesellschaft kann gegen den säumigen Gründer Zahlungsklage erheben, was aber wegen des Zeitdrucks im Gründungsstadium die Ausnahme bleiben wird.

Als pragmatische Lösung bietet sich bei kleineren Einlagen an, dass die Mindesteinzahlung des säumigen Gründers für diesen von einem oder allen Mitaktionären geleistet wird. Anschließend kann der Säumige von den betreffenden

Mitaktionären auf Erstattung in Anspruch genommen werden. Ist die Einlage des säumigen Gründers betragsmäßig bedeutend, so wird häufig die Auflösung der Gesellschaft bei gleichzeitiger Gründung einer anderen Gesellschaft, an der der Säumige nicht beteiligt wird, vorzuziehen sein.

2.3.1.5 Rest-Bareinlagen

Soweit die Bareinlagen nicht schon anlässlich der Gründung geleistet werden müssen, sind sie nicht fällig (Rest-Bareinlagen). Die nicht geleisteten Rest-Bareinlagen sind in der Bilanz der Gesellschaft als ausstehende Einlagen auszuweisen (§ 272 Abs. 1 HGB). Die Fälligkeit der Rest-Bareinlagen tritt erst nach Einforderung durch die Gesellschaft ein; vor diesem Zeitpunkt ist der Anspruch der Gesellschaft gegen einen Aktionär auf Leistung der Rest-Bareinlage von diesem – entgegen § 271 Abs. 1 BGB – noch nicht einmal erfüllbar, d. h. die Einzahlung auf eine nicht eingeforderte Rest-Bareinlage hat keine befreiende Wirkung (vgl. Hüffer, Rz. 7 zu § 63 AktG). Die Zuständigkeit für die Aufforderung zur Einzahlung liegt bei dem Vorstand (§ 63 Abs. 1 AktG). Ist über das Vermögen der Gesellschaft das Insolvenzverfahren eröffnet, geht die Zuständigkeit vom Vorstand auf den Insolvenzverwalter über, bei Auflösung der Gesellschaft aus anderen Gründen als der Insolvenz auf die Abwickler.

Werden die eingeforderten Rest-Bareinlagen nicht gezahlt, so ist der Vorstand verpflichtet, den Anspruch der Gesellschaft gegen die betreffenden Aktionäre geltend zu machen. Bleibt dies ohne Erfolg, so kann der Vorstand den Ausschluss der säumigen Aktionäre (*Kaduzierung*, § 64 AktG) betreiben, die dadurch ihrer Einlage verlustig gehen, ferner kann er gegebenenfalls den Zahlungsanspruch gem. § 65 AktG gegen die Vormänner der Ausgeschlossenen geltend machen. Anders als im GmbH-Recht haften die Aktionäre einer Aktiengesellschaft nicht für die von Mitaktionären zu leistenden Einlagen (vgl. § 24 GmbHG).

2.3.1.6 Verjährung

Der Anspruch der Gesellschaft auf Leistung der Einlagen verjährt in zehn Jahren von seiner Entstehung an (§ 54 Abs. 4 S. 1 AktG), also ab Einforderung durch den Vorstand. Hinsichtlich der Mindest-Bareinlagen kann es regelmäßig nicht zu einer Verjährung kommen, da die Gesellschaft gar nicht erst eingetragen wird, wenn sie nicht geleistet werden.

Für die Rest-Bareinlagen dagegen läuft die Verjährung zunächst nicht an, da der Anspruch insoweit mangels Fälligkeit noch nicht entstanden ist. Erst mit der Einforderung wird die zehnjährige Verjährungsfrist in Gang gesetzt; ist das Insolvenzverfahren eröffnet, so tritt die Verjährung jedoch nicht vor Ablauf von sechs Monaten ab dem Zeitpunkt der Eröffnung des Insolvenzverfahrens ein, wodurch sich die Zehnjahresfrist entsprechend verlängern kann (§ 54 Abs. 4 S. 2 AktG).

Gegenüber der Einforderung von Rest-Bareinlagen durch den Insolvenzverwalter wird von den Aktionären zumeist eingewandt, dass die Einzahlung doch schon längst erfolgt sei. Es stellt sich dann die Frage nach der Beweislast. Für den Erfolg einer Zahlungsklage der Gesellschaft bzw. des Insolvenzverwalters kommt es nach den allgemeinen Beweislastgrundsätzen darauf an, ob der Aktionär beweisen kann, dass er die Einlagen erbracht hat. Das ist oftmals wegen der langen seit der Gründung verstrichenen Zeit schwierig; ob sich in diesen Fällen die Beweislast umkehrt oder ob dem Aktionär zumindest Beweiserleichterungen zuzugestehen sind, darüber bestand zunächst in der Rechtsprechung keine Einigkeit. Inzwischen hat der Bundesgerichtshof (BGH WM 2004, 2365) eine Entscheidung des OLG Koblenz (NZG 2002, 821) bestätigt, wonach die Beweislast des sich auf die Erfüllung seiner Einlageschuld berufenden Aktionärs nicht dadurch entfällt und sich die Anforderungen an diesen Beweis nicht allein dadurch ermäßigen, dass seit der Gründung der Gesellschaft eine geraume Zeit verstrichen ist; der Aktionär trägt somit auch lange Zeit nach der Gründung der Gesellschaft die volle Beweislast für die Vornahme der Zahlungen.

Zur Verdeutlichung der Auswirkungen dieser Rechtsprechung soll hier der typische Ablauf der Klage eines Insolvenzverwalters gegen einen Aktionär aufgezeigt werden. Der Insolvenzverwalter wird mit der Zahlungsklage behaupten, dass der beklagte Aktionär die Rest-Bareinlage nicht geleistet habe. Der Aktionär wird entweder erwidern, dass er die Leistung längst erbracht habe, und dies durch einen Zahlungsbeleg nachweisen, oder er erhebt die Einrede der Verjährung, wenn er den Zahlungsnachweis nicht durch Belege oder auf andere Weise führen kann. Gegenüber der Einrede der Verjährung wird der Insolvenzverwalter „mit Nichtwissen“ bestreiten, dass die Rest-Bareinlage gezahlt, ferner dass sie seinerzeit überhaupt von der Gesellschaft *eingefordert* worden ist. Kann der Aktionär beweisen, dass die Rest-Bareinlage vor mehr als zehn Jahren eingefordert worden ist, weist das Gericht die Klage wegen Eintritts der Verjährung ab, und es kommt dann gar nicht darauf an, ob die Rest-Bareinlage seinerzeit gezahlt worden war oder nicht. Kann der Aktionär aber auch die Tatsache und den Zeitpunkt der Einforderung nicht beweisen, hängt die Entscheidung des Gerichts davon ab, wer die Beweislast für die Einforderung trägt.

Grundsätzlich gilt, dass jede Partei die Beweislast dafür trägt, dass der Tatbestand der für sie günstigen Rechtsnorm erfüllt ist. Die Tatsache der Einforderung ist für den Aktionär günstig, denn sie bewirkt die Fälligkeit des Anspruchs auf die Rest-Bareinlage und damit den Anlauf der Verjährungsfrist. Deshalb ist es Sache des Aktionärs zu beweisen, dass die Einforderung schon vor mehr als zehn Jahren, zurückgerechnet ab Anhängigkeit der Klage, erfolgt war. Anders als bei der GmbH kommt bei der Aktiengesellschaft der Zahlung auf eine nicht eingeforderte Einlage keine Erfüllungswirkung zu. Weist ein Aktionär also nur die Zahlung der Einlage, nicht aber deren Fälligstellung nach, kann er – erneut – zur Einlagenleistung herangezogen werden.

Die Verkürzung der Verjährungsfrist von dreißig auf zehn Jahre wird dem Aktionär also nicht immer helfen; er tut gut daran, nicht nur den Zahlungsnachweis, sondern zusätzlich die Zahlungsaufforderung des Vorstands sorgfältig auch über den Zeitraum von zehn Jahren hinaus bis zur Beendigung der Gesellschaft aufzubewahren. Geschieht das nicht, kann er – wie bisher – auch noch nach Jahrzehnten mit einer Zahlungsklage erfolgreich überzogen werden.

2.3.2 Sacheinlagen

Der Vorstand hat die an die Gesellschaft zu übertragenden Vermögensgegenstände einzufordern und die Ansprüche der Gesellschaft auf den Vollzug von Sachübernahmeverträgen geltend zu machen.

2.3.2.1 Begriff der Sacheinlagen und Sachübernahmen

Die Begriffe „Sacheinlagen“ und „Sachübernahmen“ sind in § 27 AktG definiert. Dort ist auch geregelt, welche Festsetzungen zu diesen erforderlich sind und welche Konsequenzen unzureichende Festsetzungen nach sich ziehen.

Sacheinlagen
Sacheinlage ist jede Einlage, die nicht durch Geldzahlung zu erbringen ist. Als Sacheinlage kommen alle Gegenstände in Betracht, sofern der Gesellschaft durch deren Übertragung reales und verwertbares Vermögen zufließt. Einlagefähige Vermögensgegenstände sind insbesondere Sachen und Rechte, deren wirtschaftlicher Wert feststellbar ist; das sind jedenfalls die in der Handelsbilanz (§§ 242 ff. HGB) aktivierungsfähigen Vermögensgegenstände wie Grundstücke, Betriebe, Unternehmen, Forderungen gegen Dritte, sonstige Rechte (z. B. Gesellschaftsanteile. Patente), Sach- und Rechtsgesamtheiten, Kundenstamm, Goodwill. Auch Forderungen gegen die Gesellschaft selbst können eingebracht werden, was weniger bei der Gründung als bei Kapitalerhöhungen von Bedeutung ist, z. B. der Anspruch auf Rückzahlung eines der Gesellschaft gewährten Darlehens, auf Tantiemezahlung oder auf Dividende. Nicht einlagefähig sind Verpflichtungen zu Dienstleistungen (§ 27 Abs. 2 AktG). Soll die Gesellschaft einen Vermögensgegenstand übernehmen, für den eine Vergütung

gewährt wird, die auf die Einlage eines Aktionärs angerechnet werden soll, so gilt dies als Sacheinlage (§ 27 Abs. 1 S. 2 AktG); der Unterschied zur Sachübernahme besteht darin, dass der Veräußerer die Vergütung nicht von der Gesellschaft, sondern von dem Aktionär erhält.

Sachübernahmen
Als Sachübernahme bezeichnet § 27 Abs. 1 S. 1 AktG die Übernahme von Vermögensgegenständen durch die Gesellschaft, insbesondere von vorhandenen oder herzustellenden Anlagen. Der Gegenstand der Sachübernahme, die Person des Veräußerers und die Höhe der von der Gesellschaft an den Veräußerer zu entrichtenden Vergütung müssen in der Satzung festgesetzt werden. Der übernommene Vermögensgegenstand muss, wie eine Sacheinlage auch, einen feststellbaren wirtschaftlichen Wert haben (§ 27 Abs. 2 AktG).

Die Gründer zahlen bei einer Sachübernahme zunächst Bargeld in die Gesellschaft ein; diese erwirbt aus den eingelegten Mitteln den Vermögensgegenstand von einem Gründer oder von einem Dritten. Eine solche Sachübernahme ist wirtschaftlich das gleiche, wie wenn der Gründer einen ihm gehörenden Vermögensgegenstand als Sacheinlage einbringt oder, wenn er nicht dessen Eigentümer ist, den Vermögensgegenstand von dritter Seite erwirbt und ihn als Sacheinlage einbringt; die Ähnlichkeit dieser Sachverhalte rechtfertigt die Gleichbehandlung der Sachübernahme mit der Sacheinlage durch das Aktiengesetz.

Beispiel:
Ein Aktionär übernimmt Aktien zum Ausgabebetrag von 30.000 Euro. Er verkauft der Gesellschaft sein Kraftfahrzeug zum Preis von 30.000 Euro und rechnet die Kaufpreisforderung gegen die Einlagenverpflichtung auf, wobei die Satzung eine entsprechende Festsetzung gem. § 27 Abs. 1 AktG enthält.

Gemischte Sacheinlage
Die gemischte Sacheinlage ist ein Sonderfall der Sacheinlage, bei der der Wert des Vermögensgegenstands höher ist als der Ausgabebetrag der übernommenen Aktien. Der Aktionär erhält dabei als Gegenleistung – neben den Aktien – eine Vergütung für den übersteigenden Wert, sei es durch Auszahlung, sei es durch Gutschrift als Darlehen o. ä. Die Satzung hat dem Grunde nach zu regeln, dass der übersteigende Wert zu vergüten ist, und in welcher Weise er zu vergüten ist; zur Höhe ist zumindest festzulegen, wie die Betragsermittlung vorgenommen werden soll (z. B. bei Einbringung eines Unternehmens auf der Grundlage einer später zu erstellenden Bilanz).

Unzureichende Festsetzungen
Bei Sacheinlagen und Sachübernahmen müssen in der Satzung festgesetzt werden der Gegenstand der Sacheinlage oder der Sachübernahme, die Person, von der die Gesellschaft den Gegenstand erwirbt, und der Nennbetrag bzw. die Zahl der bei der Sacheinlage zu gewährenden Aktien oder die bei der Sachübernahme zu gewährende Vergütung (§ 27 Abs. 1 S. 1 AktG). Fehlen diese Festsetzungen in der Satzung oder sind sie unrichtig oder unvollständig, so sind die Verträge über Sacheinlagen und Sachübernahmen und die Rechtshandlungen zu ihrer Ausführung der Gesellschaft gegenüber unwirksam (§ 27 Abs. 3 S. 1 AktG), und das Amtsgericht muss die Eintragung der Aktiengesellschaft in das Handelsregister ablehnen (§ 38 Abs. 1 S. 2 AktG). Wurde der Fehler nicht entdeckt und die Gesellschaft eingetragen, so wird die Gültigkeit der Satzung durch die Unwirksamkeit der Festsetzungen nicht berührt, vielmehr ist der Aktionär verpflichtet, den Ausgabebetrag der Aktien nunmehr in bar einzuzahlen (§ 27 Abs. 3 S. 2 AktG). Die *fehlgeschlagene Sacheinlage* kann seitens des einlegenden Gründers nach den Vorschriften über die ungerechtfertigte Bereicherung (§ 812 ff.) von der Gesellschaft zurückverlangt werden. Er hat aber wegen seines Bereicherungsanspruchs weder das Recht zur Aufrechnung noch ein Zurückbehaltungsrecht gegenüber der Gesellschaft. Befindet sich die Gesellschaft mittlerweile in der Insolvenz, so gehen die Rückforderungsansprüche möglicherweise in vollem Umfang ins Leere. Die aus § 27 Abs. 3 AktG folgende Unwirksamkeit kann in der Weise geheilt werden, dass das fragliche Rechtsgeschäft unter Beachtung der Nachgründungsvorschriften (§ 52 AktG; dazu Abschn. 2.9) wiederholt wird.

2.3.2.2 Einforderung der Sacheinlagen und Vollzug von Sachübernahmen

Sacheinlagen sind vollständig zu leisten, sofern die Satzung nicht regelt, dass Teilleistungen zulässig sind (§ 36a Abs. 2 AktG). Sie müssen endgültig zur freien Verfügung des Vorstands stehen; daran fehlt es z. B., wenn sie nur aufschiebend bedingt an die Gesellschaft übereignet werden. Gegenüber dem Anspruch der Gesellschaft auf Leistung der Sacheinlage kann der Aktionär grundsätzlich kein Zurückbehaltungsrecht geltend machen (vgl. § 19 Abs. 2 S. 3 GmbHG). Bei der Einforderung der Sacheinlagen sind zwei Fälle zu unterscheiden. Grundsätzlich sind Sacheinlagen *sofort* zu erbringen und von dem Vorstand vor der Anmeldung der Gesellschaft einzufordern. Ist in der Sacheinlagevereinbarung aber geregelt, dass die Einlage erst *nach* der Anmeldung zu bewirken ist und ordnet auch die Satzung keinen früheren Zeitpunkt an, so reicht es aus, dass der einlagepflichtige Aktionär vor der Anmeldung die bindende Verpflichtung eingeht, den Vermögensgegenstand innerhalb von fünf Jahren, gerechnet ab der Eintragung, an die Gesellschaft zu übertragen (§ 36a Abs. 2 S. 2 AktG). Der Wert der Sacheinlage muss den geringsten Ausgabebetrag, also den Nennbetrag (bei Stückaktien: den auf die einzelne Stückaktie entfallenden anteiligen Betrag des Grundkapitals) der Aktien (§ 9 Abs. 1 AktG) und ein etwa festgesetztes Agio umfassen. Wird die Sacheinlage nicht fristgerecht erbracht, muss der Vorstand auf Leistung klagen; er kann auch für die AG von der Sacheinlagevereinbarung zurücktreten und den Gründer auf Leistung der Einlage in bar verklagen. Das Verfahren der Kaduzierung (§§ 64 ff. AktG) steht für Sacheinlagen nicht zur Verfügung.

Der Vollzug von Sacheinlagen und Sachübernahmen erfolgt nach den allgemeinen zivilrechtlichen Vorschriften, z. B. durch Übereignung einer beweglichen Sache, Auflassung eines Grundstücks, Übertragung eines Patents, Abtretung einer Forderung.

Kommt ein Gründer der Einforderung der Sacheinlage nicht nach, so gefährdet er damit die Eintragung der Gesellschaft in das Handelsregister. Die Nichtleistung der Sacheinlage wird nicht ausgeglichen dadurch, dass ein anderer Gründer auf seinen Anteil entsprechend mehr einzahlt. Die Erhebung einer Klage auf Leistung der Sacheinlage oder auf Zahlung in bar wird wegen des Zeitdrucks im Gründungsstadium die Ausnahme bleiben.

Als pragmatische Lösung bietet sich bei Sacheinlagen geringeren Werts an, dass ein Mitaktionär oder alle Mitaktionäre eine Zahlung in Höhe des Ausgabebetrags der Aktien des säumigen Einlegers an die Gesellschaft leiste. Anschließend kann der Säumige von den betreffenden Mitaktionären auf Erstattung in Anspruch genommen werden. Hat die von dem säumigen Aktionär zu erbringende Sacheinlage einen hohen Wert, so wird die Auflösung der Gesellschaft (§ 262 Abs. 1 Nr. 2 AktG) bei gleichzeitiger Gründung einer anderen Gesellschaft, an der der Säumige nicht beteiligt wird, vorzuziehen sein. Ist ohne diese Sacheinlage der Unternehmensgegenstand nicht zu verwirklichen, z. B. bei einem Patent, so kommt nur die Auflösung der Gesellschaft in Betracht.

2.3.2.3 Differenzhaftung

Bleibt der Wert des durch Sachgründung eingebrachten Vermögensgegenstandes hinter dem Ausgabebetrag der übernommenen Aktien (Nennbetrag zuzüglich Aufgeld, vgl. § 36a Abs. 2 S. 3 AktG) nicht unwesentlich zurück, so kann das Registergericht die Eintragung der Aktiengesellschaft ablehnen (§ 38 Abs. 2 AktG). Maßgeblicher Zeitpunkt für die Bewertung des Vermögensgegenstandes ist der Zeitpunkt der Eintragung, nicht der der Anmeldung (BGH NJW 1981, 1373). Von der Differenzhaftung umfasst sind auch Wertminderungen infolge von Leistungsstörungen nach dem Bürgerlichen Gesetzbuch (Unmöglichkeit, Verzug, Rechts- oder Sachmängel). Das Gericht hat durch eine Zwischenverfügung Gelegenheit zu geben, den Fehlbetrag freiwillig durch Leistung einer Bareinlage auszugleichen und damit die endgültige Zurückweisung des Eintragungsantrags abzuwenden. Wenn der Registerrichter die Unterdeckung nicht erkennt und die Gesellschaft trotz des Fehlbetrags einträgt, so ist der sacheinlagepflichtige Gründer gegenüber der Gesellschaft verpflichtet, den *Fehlbetrag* in bar zu leisten (vgl. § 9 Abs. 1 GmbHG).

Beispiel:
Ein Gründer hat zur Deckung eines Ausgabebetrags von 30.000 Euro alsbald nach Errichtung der Gesellschaft ein Fahrzeug mit einem durch Sachverständigengutachten belegten Zeitwert in eben dieser Höhe als Sacheinlage eingebracht. Noch vor der Eintragung der Gesellschaft in das Handelsregister wird das Auto zufällig beschädigt; einen Schadensersatzpflichtigen gibt es nicht, eine Vollkaskoversicherung greift nicht ein.

Der Gründer muss die Wertdifferenz, die sich aus der Addition der Reparaturkosten und einer etwaigen Wertminderung ergibt, bei Totalschaden den vollen Zeitwert, in bar einzahlen. Anders als bei der GmbH besteht keine Ausfallhaftung der Mitgründer. Hatte der einzubringende Vermögensgegenstand über den Nennbetrag des übernommenen Geschäftsanteils hinaus auch ein Agio decken sollen, so umfasst der Zahlungsanspruch der Gesellschaft auch dieses (vgl. § 36a Abs. 2 S. 3 AktG). Der Anspruch der Gesellschaft aus Differenzhaftung verjährt in entsprechender Anwendung des § 9 Abs. 2 GmbHG in zehn Jahren seit der Eintragung der Gesellschaft in das Handelsregister.

2.3.2.4 Verjährung

Der Anspruch auf eine *Sacheinlage* verjährt in zehn Jahren von dem Zeitpunkt, zu dem der Aktionär die Sacheinlage vereinbarungsgemäß hätte erbringen müssen (§ 54 Abs. 4 AktG).

2.4 Gründungsprüfung

Die Vorschriften über die Gründungsprüfung bezwecken im Interesse der künftigen Gläubiger und Aktionäre die Sicherstellung der ordnungsgemäßen Errichtung der Aktiengesellschaft.

2.4.1 Gründungsbericht

Nachdem der Vorstand bestellt ist, haben die Gründer einen schriftlichen Bericht über den Hergang der Gründung zu erstatten (§ 32 Abs. 1 AktG). Der Gründungsbericht ist von allen Gründern zu unterschreiben. Der Bericht erstreckt sich auf alle für die Entstehung der Aktiengesellschaft wesentlichen Umstände, soweit sie bis zum Zeitpunkt der Prüfung eingetreten sind. Erforderlich sind somit insbesondere folgende Angaben:

- Errichtung der Aktiengesellschaft (Tag der Satzungsfeststellung, Höhe des Grundkapitals),
- Zahl und Aufgliederung der von jedem Gründer übernommenen Aktien,
- ggf. Höhe der geleisteten Einzahlungen,
- Tag der Bestellung des Aufsichtsrats, des Vorstands und des Abschlussprüfers,
- die Namen der Mitglieder des Aufsichtsrats und des Vorstands,
- Angabe, ob und in welchem Umfang bei der Gründung für Rechnung eines Mitglieds des Vorstands oder des Aufsichtsrats Aktien übernommen worden sind (§ 32 Abs. 3 AktG),
- Angabe, ob und in welcher Weise ein Mitglied des Vorstands oder des Aufsichtsrats sich einen besonderen Vorteil oder für die Gründung oder ihre Vorbereitung eine Entschädigung oder Belohnung ausbedungen hat (§ 32 Abs. 3 AktG),
- Personengleichheit von Gründern und Vorstands- und Aufsichtsratsmitgliedern.

Bei Vorliegen einer *Sachgründung* sind noch weitere Angaben zu machen (§ 32 Abs. 2 AktG):

- Darlegung der wesentlichen Umstände, von denen die Angemessenheit der Leistungen für Sacheinlagen oder Sachübernahmen abhängt (§ 32 Abs. 2 S. 1 AktG);
  die Angemessenheit nach § 34 Abs. 1 Nr. 2 AktG ist zu bejahen, wenn der Wert der Sacheinlagen oder Sachübernahmen den *geringsten Ausgabebetrag* (§ 9 Abs. 1 AktG) der dafür zu gewährenden Aktien bzw. den Wert der dafür zu gewährenden Leistungen erreicht. Das Amtsgericht hat allerdings nach Einreichung der Anmeldung gem. §§ 38, 37, 36a Abs. 2 S. 3 AktG zu prüfen, ob der Wert der Sacheinlage bzw. Sachübernahme dem höheren *Gesamtausgabebetrag* der Aktien einschließlich eines etwaigen Agios entspricht (dazu Abschn. 2.6.1). Deshalb empfiehlt es sich, im Gründungsbericht ggf. darzustellen, dass auch ein etwa zu leistendes Agio durch den Wert der Sacheinlage abgedeckt ist (vgl. Großkommentar-Röhricht, Rz. 41 zu § 38 AktG u.

Rz. 100 zu § 27 AktG; Münchner Kommentar-Pentz Rz. 28 zu § 36a AktG). Anzugeben sind im Bericht z. B. die Beschaffenheit der eingebrachten oder übernommenen Gegenstände, bei Grundstücken etwa Größe, Lage und Mieterträge; dem ist der Nennbetrag bzw. bei Stückaktien der Anteil am Grundkapital der als Gegenleistung gewährten Aktien nebst Agio gegenüberzustellen;

- die vorausgegangenen, auf den Erwerb der Sacheinlagen durch die Aktiengesellschaft hinzielenden Rechtsgeschäfte der Gründer, die die Sacheinlagen leisten (§ 32 Abs. 2 S. 2 Nr. 1 AktG);
- die auf den Gegenstand der Sacheinlage verwandten Anschaffungs- und Herstellungskosten der Einleger aus den letzten beiden Jahren (§ 32 Abs. 2 S. 2 Nr. 2 AktG);
  mit Hilfe dieser Angaben ist feststellbar, ob die Gegenleistung der Gesellschaft höher ist als der Betrag, den der Einlegende selbst für den Gegenstand aufgewandt hatte;
- beim Übergang eines Unternehmens auf die Gesellschaft die Betriebserträge aus den letzten beiden Geschäftsjahren (§ 32 Abs. 2 S. 2 Nr. 3 AktG);
  unter Betriebsertrag ist der Jahresüberschuss im Sinne der §§ 266, 275 HGB zu verstehen.

Die Angaben gem. § 32 Abs. 2 S. 2 Nr. 1 bis Nr. 3 AktG sind zwingend erforderlich und gegebenenfalls durch Fehlanzeige ausdrücklich zu verneinen.

2.4.2 Prüfung durch die Verwaltungsmitglieder

Nach § 33 Abs. 1 AktG haben die Mitglieder des Vorstands und des Aufsichtsrats den Hergang der Gründung zu prüfen. Die Prüfung ist bis zum Zeitpunkt der Anmeldung der Gesellschaft zum Handelsregister vorzunehmen, da der Prüfungsbericht der Anmeldung beizufügen ist. Die Prüfung kann vor der Einzahlung der Bareinlagen und vor der dinglichen Übertragung der Sacheinlagen an die Gesellschaft durchgeführt werden. Ist die Bareinzahlung im Zeitpunkt der Prüfung bereits erfolgt, so erstreckt sich die Prüfung auch darauf.

Zweck der Gründungsprüfung ist die Sicherstellung der ordnungsgemäßen Errichtung der Aktiengesellschaft im Interesse der künftigen Gläubiger und Aktionäre. Außerdem soll die gerichtliche Überprüfung der Gründung (§ 38 AktG) erleichtert werden.

2.4.3 Externe Gründungsprüfung

Nach § 33 Abs. 2 AktG hat außerdem ein externer Prüfer, in der Regel ein Wirtschaftsprüfer oder vereidigter Buchprüfer, als *Gründungsprüfer* den Hergang der Gründung zu prüfen, wenn einer der folgenden Fälle vorliegt:

1. ein Mitglied des Vorstands oder des Aufsichtsrats gehört zu den Gründern; das ist bei mittelständischen Unternehmen meistens der Fall, weil in der Regel einer der Gründer Mitglied des Vorstands oder des Aufsichtsrats wird. Ist eine GmbH oder Aktiengesellschaft Gründerin, so besteht die Prüfungspflicht auch, wenn ein Geschäftsführungs- oder Vorstandsmitglied der Gründerin bei der Gründungsgesellschaft Mitglied des Vorstands oder des Aufsichtsrats wird;
2. bei der Gründung sind für Rechnung eines Mitglieds des Vorstands oder des Aufsichtsrats Aktien übernommen worden;
   mit dieser Regelung wird eine Umgehung von Ziffer 1 ausgeschlossen;
3. ein Mitglied des Vorstands oder des Aufsichtsrats hat sich einen besonderen Vorteil oder für die Gründung oder ihre Vorbereitung eine Entschädigung oder Belohnung ausbedungen;
   Hintergrund dieser Regelung ist die Überlegung, dass Vorstands- und Aufsichtsratsmitglieder nicht als objektive Prüfer tätig werden können, wenn es um die Beurteilung rechtlicher Beziehungen zwischen ihnen selbst und der Gesellschaft geht;
4. eine Gründung erfolgt mit Sacheinlagen oder Sachübernahmen.

In den Fällen der Ziffern 1 und 2 kann anstelle eines Gründungsprüfers auch der Notar, der die Feststellung der Satzung beurkundet hat, die Prüfung im Auftrag der Gründer vornehmen. Nimmt nicht der Notar die Prüfung vor, so bestellt das Gericht die Gründungsprüfer (§ 33 Abs. 3 AktG); dabei folgt das Gericht – zuständig ist der Registerrichter – in der Regel dem seitens der Gründer unterbreiteten Vorschlag, einen bestimmten Prüfer zu bestellen.

Eine Prüfung durch Gründungsprüfer gem. § 33 Abs. 2 AktG ist ferner durchzuführen, wenn eine formwechselnde Umwandlung in eine Aktiengesellschaft stattfindet (§§ 245 Abs. 1, 220 Abs. 3 UmwG).

Die Gründungsprüfung durch einen Gründungsprüfer bzw. den Notar ist nach alledem nur dann entbehrlich, wenn die Gesellschaft durch eine Bargründung neu entsteht und keiner der Gründer bzw. kein gesetzlicher Vertreter eines Gründers Mitglied von Vorstand oder Aufsichtsrat wird.

Prüfungsumfang
Wegen des umfassenden Zwecks der Prüfung sind sowohl von den Verwaltungsmitgliedern als auch von den Gründungsprüfern alle tatsächlichen und rechtlichen Vorgänge zu prüfen, die mit der Gründung zusammenhängen, insbesondere

- die Feststellung und der Inhalt der Satzung (§ 23 AktG);
- die Bestellung der Verwaltungsmitglieder und des Abschlussprüfers (§§ 30, 31 AktG);
- der Gründungsbericht (§ 32 AktG);
- die Richtigkeit und Vollständigkeit der *Angaben* der Gründer im Gründungsbericht über die Übernahme der Aktien, über die Einlagen auf das Grundkapital und über die Festsetzungen nach §§ 26 und 27 (§ 34 Abs. 1 Nr. 1 AktG); zu prüfen ist demnach insbesondere, ob die Bareinlagen, wenn sie denn schon geleistet worden sind, ordnungsgemäß eingezahlt worden sind und endgültig zur freien Verfügung des Vorstands stehen. Ferner erstreckt sich die Prüfung darauf, ob Sondervorteile eingeräumt sind und diese in der Satzung zutreffend festgesetzt sind unter Beachtung des § 26 Abs. 1 AktG. Ferner ist zu prüfen, ob der Gründungsaufwand (§ 26 Abs. 2 AktG) in der Satzung zutreffend festgesetzt ist. Im Zusammenhang damit ist zu prüfen, ob die Sondervorteile und der Gründerlohn der Höhe nach angemessen sind;
- bei Vorliegen einer Sachgründung, ob der *Wert* der Sacheinlagen oder Sachübernahmen den geringsten Ausgabebetrag (§ 9 Abs. 1 AktG) der dafür zu gewährenden Aktien oder den Wert der dafür zu gewährenden Leistungen erreicht (§ 34 Abs. 1 Nr. 2 AktG).

Die Gründungsprüfer können von den Gründern alle Aufklärungen und Nachweise verlangen, die für eine sorgfältige Prüfung notwendig sind (§ 35 Abs. 1 AktG). Die Prüfung durch die Gründungsprüfer erstreckt sich, wie sich aus § 38 Abs. 2 AktG ergibt, auch auf die Gründungsprüfungsberichte des Vorstandes und des Aufsichtsrates.

Prüfungsberichte
Die Prüfungsberichte der Verwaltung und der Gründungsprüfer haben alle Punkte zu umfassen, auf die sich die Prüfung nach §§ 33, 34 AktG zu beziehen hat. Der Bericht muss so detailliert sein, dass das prüfende Gericht sich aufgrund der dargelegten Tatsachen ein eigenes Urteil über den Gegenstand der Prüfung bilden kann. Für die Sachgründung schreibt § 34 Abs. 2 S. 2 AktG vor, dass der Gegenstand jeder Sacheinlage oder Sachübernahme im Prüfungsbericht zu beschreiben und die bei der Ermittlung seines Wertes angewandte Bewertungsmethode anzugeben ist. Den Gründungsprüfungsbericht der Gründungsprüfer kann jedermann beim Handelsregister einsehen (§ 34 Abs. 3 S. 2 AktG).

2.5 Anmeldung der Gesellschaft

Die Gesellschaft ist bei dem Amtsgericht, in dessen Bezirk sie ihren Satzungssitz hat, zur Eintragung in das *Handelsregister* anzumelden (§ 36 Abs. 1 AktG). Anders als bei der GmbH sind nicht alleine die gesetzlichen Vertreter, sondern auch sämtliche Aufsichtsratsmitglieder und Gründer anmeldepflichtig. Entsteht die Aktiengesellschaft durch formwechselnde Umwandlung einer GmbH, so sind deren Geschäftsführer zur Vornahme der Anmeldung verpflichtet (§ 246 Abs. 1 UmwG). Die Anmeldung ist elektronisch in öffentlich beglaubigter Form (§ 12 Abs. 1 HGB) einzureichen, die weiteren Unterlagen elektronisch nach Maßgabe des § 12 Abs. 2 HGB.

2.5.1 Zeitpunkt der Anmeldung

Die Anmeldung darf erst erfolgen, wenn auf jede Aktie, soweit nicht Sacheinlagen vereinbart sind, der eingeforderte Betrag eingezahlt ist. Der eingeforderte Betrag muss mindestens ein Viertel des geringsten Ausgabebetrags und das Agio – das Agio in voller Höhe und nicht lediglich zu einem Viertel – umfassen. Hatte der Vorstand mehr als ein Viertel der Bareinlage eingefordert, so muss dieser höhere Betrag eingezahlt sein, die gesetzliche Mindestquote von einem Viertel reicht dann nicht aus. Dazu kommt, dass der eingeforderte Betrag, soweit er nicht bereits zur Bezahlung der bei der Gründung angefallenen Steuern und Gebühren verwandt wurde, endgültig zur freien Verfügung des Vorstands stehen muss (§ 36 Abs. 2 AktG); s. dazu Abschn. 2.3.1.2.

Bei der Sachgründung ist es nicht erforderlich, dass der Gegenstand der Sacheinlage schon im Zeitpunkt der Anmeldung an die Aktiengesellschaft übertragen worden ist; die Vorschrift des § 36a Abs. 2 S. 2 AktG besagt, dass die Übereignung bzw. Abtretung der eingelegten Vermögensgegenstände binnen fünf Jahren ab der Eintragung in das Handelsregister vorzunehmen ist. Maßgeblich ist bei der Sacheinlage, dass die *Sacheinlagevereinbarung*, d. h. eine den Aktionär bindende Rechtspflicht zur Übertragung des Gegenstands an die Gesellschaft im Zeitpunkt der Anmeldung wirksam begründet worden ist.

2.5.2 Inhalt der Anmeldung

Gegenstand der Anmeldung sind die Gesellschaft als solche sowie die folgenden Erklärungen und Angaben (§§ 36 Abs. 1, 37 AktG):

1. Die Erklärung, dass auf jede Aktie, soweit nicht Sacheinlagen vereinbart sind, der eingeforderte Betrag ordnungsgemäß eingezahlt worden ist und,

soweit er nicht bereits zur Bezahlung der bei der Gründung angefallenen Steuern und Gebühren verwandt wurde, endgültig zur freien Verfügung (s. dazu Abschn. 2.3.1.1) des Vorstands steht. Dabei sind der Betrag, zu dem die Aktien ausgegeben werden, und der darauf eingezahlte Betrag anzugeben. Die Einzahlung der Bareinlagen zur freien Verfügung des Vorstands auf ein Konto gem. § 54 Abs. 3 AktG ist durch *Bankbestätigung* nachzuweisen. Nachzuweisen sind gegebenenfalls die aus dem Einzahlungsbetrag gezahlten Steuern und Gebühren (z. B. Notar- und Gerichtskosten, Grunderwerbsteuern), und zwar nach Art und Höhe der Beträge. Auch bei der Einpersonen-AG reicht die Einzahlung eines Viertels des geringsten Ausgabebetrags aus, der Bestellung einer Sicherheit für den nicht eingeforderten Betrag bedarf es nicht mehr.

2. Bei Sacheinlagen die Erklärung, dass diese vollständig geleistet sind oder eine bindende Verpflichtung des einlegenden Aktionärs gegenüber der Gesellschaft zur Übertragung dieser Vermögensgegenstände begründet worden ist und dass deren *Wert* dem geringsten Ausgabebetrag, ggf. zuzüglich Agio (§ 36a Abs. 2 S. 3 AktG), entspricht.
3. Die Versicherung der Vorstandsmitglieder, dass keine Umstände vorliegen, die ihrer Bestellung nach § 76 Abs. 3 S. 2 Nr. 2 und 3 sowie S. 3 AktG (s. dazu Abschn. 5.2.2) entgegenstehen, und dass sie über ihre unbeschränkte Auskunftspflicht (§ 53 Abs. 2 BZRG) gegenüber dem Gericht belehrt worden sind. Der Zweck der Abgabe dieser Versicherung liegt darin, dass Personen, die nach einer rechtskräftigen Verurteilung wegen einer einschlägigen Straftat fünf Jahre lang kein Vorstandsamt übernehmen dürfen oder die mit einem einschlägigen Berufsverbot belegt worden sind, nicht bestellt werden sollen. Das Gegenstück der Verpflichtung des anmeldenden Vorstandsmitglieds zur Erteilung von Auskünften über etwa bestehende Bestellungshindernisse ist das Recht des Registergerichts auf Erteilung dieser Auskünfte.

   Aus der Sicht des anmeldenden Vorstandsmitglieds ist die Vorschrift des § 53 Abs. 1 Nr. 1 BZRG von Bedeutung, wonach der Verurteilte sich als unbestraft bezeichnen darf und den der Verurteilung zugrunde liegenden Sachverhalt nicht zu offenbaren braucht, wenn die Verurteilung nicht in das Führungszeugnis oder nur in ein Führungszeugnis nach § 32 Abs. 3, 4 BZRG aufzunehmen ist. Diese Relativierung der Offenbarungspflicht wird aber durch § 53 Abs. 2 BZRG wieder aufgehoben, wonach der Verurteilte gegenüber Gerichten oder Behörden keine Rechte aus Abs. 1 Nr. 1 herleiten darf, sofern diesen ein Recht auf unbeschränkte Auskunft zusteht. Genau das ist hier der Fall, das Registergericht hat aus § 37 Abs. 2 S. 1 AktG eben diesen unbeschränkten Auskunftsanspruch.

   Weitere Voraussetzung für die Auskunftspflicht ist, dass der Verurteilte über das Bestehen der unbeschränkten Auskunftspflicht belehrt worden ist, vgl. § 53 Abs. 2 BZRG. Durch das MoMiG ist der Kreis der zur Belehrung tauglichen Personen erweitert worden. Zuvor durfte nach dem Wortlaut des Gesetzes die Belehrung „auch durch einen Notar vorgenommen werden" (§ 37 Abs. 2 S. 2 AktG a. F.). Daneben gab es noch einen weiteren Belehrungsberechtigten, nämlich das Registergericht selbst, was aber in der Praxis keine Rolle spielte. In den meisten Fällen wurde und wird die Belehrung durch den beglaubigenden Notar mündlich erteilt. Künftig sind auch schriftliche Belehrungen zulässig, und die Berechtigung zur Belehrung steht künftig nicht nur den inländischen Notaren, sondern auch ausländischen Notaren, Konsularbeamten sowie den Vertretern eines „vergleichbaren rechtsberatenden Berufs" zu. Damit kann die Belehrung künftig insbesondere auch durch Rechtsanwälte erfolgen.

Die Konsequenz eines Verstoßes gegen die Auskunftspflicht regelt § 399 Abs. 1 Nr. 6 AktG. Das Vorstandsmitglied kann danach wegen falscher Angaben mit Freiheitsstrafe bis zu drei Jahren oder mit Geldstrafe bestraft werden. Bei einer Freiheitsstrafe von mindestens einem Jahr kann der Verurteilte für die Dauer von fünf Jahren seit der Rechtskraft des Urteils nicht Vorstandsmitglied sein, vgl. § 76 Abs. 3 S. 2 Nr. 3 lit. c) AktG, ebenso wenig Geschäftsführer einer GmbH.

4. Die Angabe einer inländischen Geschäftsanschrift. Schon nach altem Recht waren die „Lage der Geschäftsräume" sowie deren etwaige Änderung bei der Anmeldung der Gesellschaft anzugeben. Diese Anschrift wurde auch bekanntgemacht, allerdings „ohne Gewähr für die Richtigkeit". Neu ist, dass die inländische Geschäftsanschrift ebenso wie Veränderungen (§ 31 HGB) zwingend zur Eintragung in das Handelsregister angemeldet werden muss (§ 37 Abs. 3 Nr. 1 AktG). Ziel dieser Neuregelung ist die Erleichterung von Zustellungen an die Gesellschaft, deren Anschrift künftig über ein öffentlich einsehbares Register ermittelbar ist, vergleichbar dem Einwohnermeldeamt für natürliche Personen.

   In der Regel stimmen die inländische Geschäftsanschrift und die Anschrift des Sitzes der Verwaltung überein. Sie fallen insbesondere dann auseinander, wenn die Gesellschaft ihren Verwaltungssitz im Ausland hat. Als inländische Geschäftsanschrift kommt auch die inländische Wohnanschrift eines Vorstandsmitglieds, eines Aktionärs oder eines als Zustellungsbevollmächtigten eingesetzten Vertreters, z. B. eines Rechtsanwalts oder Steuerberaters, in Betracht.

   Die besondere Bedeutung der inländischen Geschäftsanschrift zeigt sich darin, dass im Falle der Schließung des Geschäftslokals oder bei dessen unangemeldeter Verlegung ohne weiteres die öffentliche Zustellung an die Gesellschaft zulässig wird (§ 185 Nr. 2 ZPO); der Zustellende ist nicht verpflichtet, vorab nach den Wohnanschriften von Vertretern der Gesellschaft zu forschen.

Die neu eingeführte Pflicht zur Anmeldung einer inländischen Geschäftsanschrift trifft auch Gesellschaften, die vor dem Inkrafttreten des MoMiG in das das Handelsregister eingetragen worden sind. Kommen diese der Pflicht zur Anmeldung nicht bis zum 31. Oktober 2009 nach, trägt das Registergericht die ihm bekannt gewordene Anschrift der Gesellschaft ungeprüft von Amts wegen kostenfrei in das Handelsregister ein (§ 18 EGAktG).

5. Die Angabe von Art und Umfang der *Vertretungsbefugnis* die Vorstandsmitglieder anzugeben, also ob Gesamtvertretungs- oder Einzelvertretungsbefugnis besteht und eine Befreiung aller oder einzelner Vorstandsmitglieder vom Selbstkontrahierungsverbot des § 181 Alt. 2 BGB erfolgt ist (s. dazu Abschn. 5.4.4.2).

Zulässig aber nicht vorgeschrieben ist es, eine Person mit einer inländischen Anschrift, die für Willenserklärungen und Zustellungen an die Gesellschaft empfangsberechtigt ist, zur Eintragung in das Handelsregister anzumelden (§ 39 Abs. 1 AktG). Als empfangsberechtigte Person kommt z. B. ein Aktionär in Betracht, aber auch ein Angehöriger eines Dienstleistungsberufs, etwa ein Rechtsanwalt oder Steuerberater.

2.5.3 Anlagen zur Anmeldung

Neben der Bankbestätigung sind der Anmeldung des Weiteren beizufügen (§ 37 Abs. 4 AktG):

1. die Satzung und die Urkunden, in denen die Satzung festgestellt worden ist und die Aktien von den Gründern übernommen worden sind;
2. im Fall der §§ 26 (Sondervorteile, Gründungsaufwand) und 27 (Sacheinlagen, Sachübernahmen) die Verträge, die den Festsetzungen zugrunde liegen oder zu ihrer Ausführung geschlossen worden sind, und eine *Berechnung* des der Gesellschaft zur Last fallenden Gründungsaufwands; in der Berechnung sind die Vergütungen nach Art und Höhe und die Empfänger einzeln anzuführen;
3. die Urkunden über die Bestellung des Vorstands und des Aufsichtsrats;
4. eine Liste der Mitglieder des Aufsichtsrats, aus welcher Name, Vorname, ausgeübter Beruf und Wohnort der Mitgliede ersichtlich ist;
5. der Gründungsbericht und die Prüfungsberichte der Verwaltungsmitglieder und der Gründungsprüfer bzw. des Notars nebst ihren urkundlichen Unterlagen.

Der Vorlage der Genehmigungsurkunde bei einer erlaubnispflichtigen Tätigkeit der Gesellschaft (vgl. § 37 Abs. 4 Nr. 5 AktG a. F.) bedarf es nicht mehr.

2.6 Gerichtliche Prüfung, Eintragung, Bekanntmachung

Erst die nach Prüfung durch das Gericht erfolgende Eintragung in das Handelsregister lässt die juristische Person Aktiengesellschaft zur Entstehung gelangen und verleiht ihr die Fähigkeit, selbst Träger von Rechten und Pflichten zu werden (vgl. § 1 Abs. 1, § 41 Abs. 1 AktG).

2.6.1 Prüfung durch das Gericht

Das Gericht prüft auf der Grundlage der Anmeldung und der beigefügten Unterlagen, ob die Gesellschaft ordnungsgemäß errichtet und angemeldet ist (§ 38 Abs. 1 AktG). Wenn das der Fall ist, nimmt das Gericht die Eintragung vor; bestehen Eintragungshindernisse, die behebbar sind, so hat das Gericht in der Regel den Beteiligten durch eine Zwischenverfügung gem. § 26 S. 2 HRV Abhilfe zu ermöglichen. Erscheinen die Mängel indessen nicht behebbar, so kann das Gericht die Rücknahme der Anmeldung zwecks Kostenersparnis anregen oder nach Gewährung rechtlichen Gehörs durch einen mit Gründen zu versehenden Beschluss die Eintragung ablehnen.

Die Prüfung der Ordnungsmäßigkeit der Anmeldung erstreckt sich auf das Vorliegen der Voraussetzungen der §§ 36, 36a, 37 und auf die ordnungsgemäße Errichtung der Aktiengesellschaft, insofern besteht weitgehend Deckungsgleichheit mit dem Prüfungsgebiet der Gründungsprüfung. Die Prüfung umfasst nicht nur die Beachtung von aktienrechtlichen Vorschriften, sondern auch die Vereinbarkeit mit der Rechtsordnung generell, z. B. die Rechtsfähigkeit und die Vertretung von als Gründern auftretenden ausländischen juristischen Personen, die ordnungsgemäße Vertretung von nicht unbeschränkt geschäftsfähigen natürlichen Personen, die Zulässigkeit des Unternehmensgegenstands.

Prüfungsgegenstand ist auch, ob der Wert der Sacheinlage bzw. Sachübernahme dem Gesamtausgabebetrag der Aktien einschließlich des Agios entspricht (§ 36a Abs. 2 S. 3 AktG). Ergibt der Gründungsprüfungsbericht, dass der Wert der Sacheinlagen oder Sachübernahmen nicht unwesentlich hinter dem geringsten Ausgabebetrag der dafür zu gewährenden Aktien zurückbleibt, so ist die Eintragung abzulehnen (§ 38 Abs. 2 AktG). Nur eine „nicht unwesentliche Überbewertung“ soll zur Ablehnung des Eintragungsantrags führen, nicht eine jede geringfügige Überbewertung. Nach der Gesetzesbegründung soll der Registerrichter lediglich dann weitere Unterlagen bei der Gesellschaft anfordern, wenn sich auf Grundlage der mit der Anmeldung eingereichten Unterlagen Hinweise auf eine wesentliche Überbewertung der Sacheinlage ergeben; fehlen derartige Anhaltspunkte, so sei keine Ausforschungsermittlung einzuleiten mit der Folge, dass sich die Bearbeitungszeiten beim Handelsregister deutlich verkürzen.

Bei Vorliegen einer wesentlichen Überbewertung kann das Gericht anstelle einer Zurückweisung der Anmeldung dem betreffenden Gründer die Gelegenheit geben, die Wertdifferenz durch Bareinlage aufzufüllen. Im Hinblick darauf ist es zweckmäßig, in die Satzung aufzunehmen, dass der Einlegende verpflichtet ist, einen etwaigen Differenzbetrag zwischen dem Einbringungswert und dem wirklichen Wert durch Zahlung in bar auszugleichen. Entsprechendes gilt, wenn durch Aufnahme der Geschäftstätigkeit vor der Eintragung eine Unterbilanz eingetreten ist. Ist das Gericht der Auffassung, dass die Ansprüche der Gesellschaft auf Ausgleich der Unterbilanz mangels finanzieller Leistungsfähigkeit der Gründer ernsthaft gefährdet sind, muss es die Eintragung ablehnen.

Nicht jede Fehlerhaftigkeit der Satzung führt zwingend zur Ablehnung des Eintragungsantrags. Nach § 38 Abs. 3 AktG darf das Gericht wegen einer mangelhaften, fehlenden oder nichtigen Bestimmung der Satzung die Eintragung nur ablehnen, wenn bestimmte, schwerwiegende – in § 38 Abs. 3 Nr. 1 bis Nr. 3 AktG abschließend aufgezählte – Gründe vorliegen.

2.6.2 Inhalt der Eintragung

In das Handelsregister sind gemäß § 39 AktG einzutragen:

- Firma und Sitz,
- eine inländische Geschäftsanschrift,
- Gegenstand des Unternehmens,
- Höhe des Grundkapitals,
- Tag der Feststellung der Satzung,
- die Vorstandsmitglieder und deren Vertretungsbefugnis,
- eine empfangsberechtigte Person mit einer inländischen Anschrift,
- Bestimmungen über die Dauer der Gesellschaft oder über das genehmigte Kapital.

Die Eintragung erfolgt in Abteilung B des von den Gerichten elektronisch geführten Handelsregisters. Die Eintragung und die mit der Anmeldung eingereichten Dokumente sind jedermann über das Handelsregister und die Internetseite des Unternehmensregisters (www.unternehmensregister.de) zugänglich (vgl. §§ 8b Abs. 2, 9 Abs. 1 HGB).

2.6.3 Bekanntmachung der Eintragung

Das Gericht macht die Eintragung in das Handelsregister ihrem ganzen Inhalt nach elektronische bekannt auf der von allen Bundesländern einheitlich dafür genutzten Internetseite www.handelsregisterbekanntmachungen.de (§ 10 HGB). Außerdem wird die Eintragung demjenigen, der sie beantragt hatte, durch Übermittlung einer schriftlichen Eintragungsnachricht bekanntgemacht (§ 383 Abs. 1 FamFG).

2.7 Wirkungen der Eintragung; Stadien der Aktiengesellschaft

Erst durch die Eintragung entsteht die Aktiengesellschaft als juristische Person; vor der Eintragung im Handelsregister besteht die Aktiengesellschaft als solche nicht (§ 41 Abs. 1 AktG). Die (eingetragene) Aktiengesellschaft ist eine Gesellschaft mit eigener Rechtspersönlichkeit, für deren Verbindlichkeiten den Gläubigern nur das Gesellschaftsvermögen haftet (§1 Abs. 1 AktG).

Bis zu der Eintragung hatte sie als Vor-Aktiengesellschaft bestanden. Die *Vor-Aktiengesellschaft* ist von der Rechtsprechung als eigenständige Organisationsform anerkannt. Sie entsteht bei Errichtung der Aktiengesellschaft durch mindestens zwei Gründer. Die Vor-Aktiengesellschaft ist eine teilrechtsfähige Gesamthandsgesellschaft eigener Art, kann also Träger von Rechten und Pflichten sein. Bei der Einmann-Aktiengesellschaft ist das anders; hier wird das dem Unternehmen zuzuordnende Vermögen des Gründers als dessen Sondervermögen behandelt, wenn er die ihm als Gründer obliegenden Verpflichtungen erfüllt hat und die Einlage geleistet ist (vgl. Hüffer, Rz. 17d zu § 41 AktG). Die Vermögensgegenstände, Verbindlichkeiten und Verträge der Vor-Aktiengesellschaft gehen im Zeitpunkt der Handelsregistereintragung im Wege der Gesamtrechtsnachfolge auf die Aktiengesellschaft über.

Die Vor-Aktiengesellschaft ist zu unterscheiden von der *Vor-Gründungsgesellschaft*, die vor Errichtung der Aktiengesellschaft zwischen den Gründern bestehen kann und deren Zweck die Vorbereitung der Errichtung ist. Es handelt sich dabei um eine Gesellschaft bürgerlichen Rechts, die mit der Errichtung der Aktiengesellschaft infolge Zweckerreichung endet. Die in der Vor-Gründungsgesellschaft etwa entstandenen Rechte und Pflichten gehen nicht im Wege der Gesamtrechtsnachfolge auf die Vor-Aktiengesellschaft oder auf die Aktiengesellschaft über, es bedarf vielmehr der Einzelübertragung durch die Gesellschafter.

Die durch die Eintragung erworbene Rechtsfähigkeit geht durch die Auflösung (s. dazu Kap. 15) nicht verloren, vielmehr ändert sich dadurch zunächst nur der Zweck der Gesellschaft, der nun auf die Liquidation gerichtet ist; aus der werbenden Gesellschaft wird eine *Liquidationsgesellschaft*. Erst die Löschung im Handelsregister führt zur Beendigung der Gesellschaft und zum Verlust der Rechtsfähigkeit.

Kommt es nicht zur Eintragung in das Handelsregister, so sind die Gründer anteilig der Vor-Aktiengesellschaft gegenüber zur Deckung von Verlusten verpflichtet, soweit diese nicht durch das Gesellschaftsvermögen gedeckt sind; eine Haftung gegenüber Dritten für Verbindlichkeiten der Vor-Aktiengesellschaft besteht grundsätzlich nicht. Bei der Einmann-Aktiengesellschaft fällt das Sondervermögen an den Gründer zurück, der dann im Übrigen ohne weiteres für die in der Vor-Aktiengesellschaft entstandenen Verbindlichkeiten uneingeschränkt persönlich haftet.

Der Vorstand haftet gemäß § 41 Abs. 1 S. 2 AktG für die von ihm vor der Eintragung der Aktiengesellschaft in deren Namen eingegangenen Verbindlichkeiten persönlich. Werden die Vorstandsmitglieder aus der *Handelndenhaftung* nach § 41 Abs. 1 AktG in Anspruch genommen, so haben sie Rückgriffsansprüche gegen die Gesellschaft. Wird die Aktiengesellschaft eingetragen, so erlischt die Handelndenhaftung. Die Handelndenhaftung kann in bestimmten Fällen auch Mitglieder des Aufsichtsrats treffen; das gilt aber nicht gegenüber dem ersten Vorstand, vgl. BGH DB 2004, 1608.

Bleibt der Wert des Gesellschaftsvermögens im Eintragungszeitpunkt hinter dem Betrag des Grundkapitals zurück (*Unterbilanz*), so sind die Gründer anteilig der Aktiengesellschaft gegenüber zur Deckung des Verlustes verpflichtet (Unterbilanzhaftung). Die Höhe der Unterbilanzhaftung ist nicht auf den Betrag des Grundkapitals beschränkt. Der Vorstand hat die Ansprüche der Gesellschaft aus Unterbilanzhaftung gegenüber den Gründern geltend zu machen. Für die Ansprüche der Gesellschaft gegen die Gründer aus Unterbilanzhaftung gilt eine zehnjährige Verjährungsfrist, gerechnet ab dem Eintragungszeitpunkt.

2.8 Gründerhaftung

Die Gründer, also die Aktionäre, die die Satzung festgestellt haben (§ 28 AktG), sind der Gesellschaft gem. § 46 AktG für den Gründungshergang verantwortlich. Mit den Vorschriften über die Verantwortlichkeit der Gründer wird die Sicherung der Kapitalaufbringung bezweckt. Die Gründerhaftung knüpft an folgende Tatbestände an:

§ 46 Abs. 1 AktG
Die Gründer sind verantwortlich

- für die Richtigkeit und Vollständigkeit der Angaben, die zum Zwecke der Gründung der Gesellschaft über Übernahme der Aktien, Einzahlung auf die Aktien, Verwendung eingezahlter Beträge, Sondervorteile, Gründungsaufwand, Sacheinlagen und Sachübernahmen gemacht worden sind;
- für die Auswahl einer für die Annahme von Einzahlungen auf das Grundkapital geeigneten Stelle;
- dass die eingezahlten Beträge zur freien Verfügung des Vorstands stehen.

§ 46 Abs. 2 AktG
Eine Schadensersatzpflicht der Gründer tritt des Weiteren ein, wenn die Aktiengesellschaft durch Einlagen, Sachübernahmen oder Gründungsaufwand vorsätzlich oder aus grober Fahrlässigkeit geschädigt wird. Das kann geschehen durch die Überbewertung von Sacheinlagen, überhöhte Vergütungen im Rahmen des Gründungsaufwands oder Scheinzahlung der Bareinlage.

§ 46 Abs. 4 AktG
Entsteht der Gesellschaft ein Ausfall dadurch, dass ein Aktionär zahlungsunfähig oder zur Leistung der Sacheinlage unfähig ist, so sind diejenigen Gründer schadensersatzpflichtig, welche die Beteiligung dieses Aktionärs in Kenntnis seiner Zahlungsunfähigkeit oder Leistungsunfähigkeit angenommen haben.

Ein Gründer ist nicht nach § 46 Abs. 1 und Abs. 2 AktG schadensersatzpflichtig, wenn er die die Ersatzpflicht begründenden Tatsachen weder kannte noch bei Anwendung der Sorgfalt eines ordentlichen Geschäftsmannes kennen musste (§ 46 Abs. 3 AktG).

Ansprüche aus Gründerhaftung richten sich außer gegen die Gründer auch gegen die Personen, für deren Rechnung die Gründer Aktien übernommen haben (§ 46 Abs. 5 AktG). Ferner können *andere Personen* neben den Gründern und deren Hintermännern nach § 47 AktG schadensersatzpflichtig sein, wenn sie

1. bei Empfang einer Vergütung, die entgegen den Vorschriften nicht in den Gründungsaufwand aufgenommen ist, wussten oder nach den Umständen annehmen mussten, dass die Verheimlichung beabsichtigt oder erfolgt war, oder wenn sie zur Verheimlichung wissentlich mitgewirkt haben;
2. im Fall einer vorsätzlichen oder grobfahrlässigen Schädigung der Gesellschaft durch Einlagen oder Sachübernahmen an der Beschädigung wissentlich mitgewirkt haben;
3. vor Eintragung der Gesellschaft in das Handelsregister oder in den ersten zwei Jahren nach der Eintragung die Aktien öffentlich ankündigen, um sie in

den Verkehr einzuführen, wenn sie die Unrichtigkeit oder Unvollständigkeit der Angaben, die zum Zwecke der Gründung der Gesellschaft gemacht worden sind, oder die Schädigung der Gesellschaft durch Einlagen oder Sachübernahmen kannten oder bei Anwendung der Sorgfalt eines ordentlichen Geschäftsmannes kennen mussten.

Schließlich werden auch die Mitglieder des *Vorstands* und des *Aufsichtsrats*, die bei der Gründung der Aktiengesellschaft ihre Pflichten verletzen, über die Vorschrift des § 48 AktG neben den Gründern in die Haftung einbezogen; daneben kommt gem. § 49 AktG ferner eine Haftung der Gründungsprüfer nach Maßgabe des § 323 Abs. 1 bis 4 HGB in Betracht.

Zuständig für die Geltendmachung der Ansprüche aus Gründerhaftung ist grundsätzlich der Vorstand, sofern nicht wegen § 112 AktG die Vertretung beim Aufsichtsrat liegt (dazu Abschn. 6.3.2). Vorstand bzw. Aufsichtsrat *müssen* diese Ansprüche geltend machen, wenn es die Hauptversammlung beschließt oder eine Minderheit es verlangt; zur Geltendmachung von Ersatzansprüchen s. Abschn. 9.3.2.

Die Ansprüche aus Gründerhaftung stehen grundsätzlich der Aktiengesellschaft zu, nicht etwa den Gläubigern der Gesellschaft. Die Ansprüche gegen die Mitglieder des Vorstands und des Aufsichtsrats können aber gem. § 48 S. 2 und §§ 93 Abs. 5, 116 AktG auch von *Gläubigern* der Aktiengesellschaft geltend gemacht werden, soweit sie von dieser keine Befriedigung erlangen können. Das gilt nicht, wenn gegenüber den Gläubigern der Beweis geführt wird, dass keine gröbliche Verletzung der Sorgfalt eines ordentlichen und gewissenhaften Geschäftsleiters vorliegt.

Ein *Verzicht oder Vergleich* hinsichtlich der Ansprüche aus Gründerhaftung ist erst nach Ablauf von drei Jahren nach Eintragung der Gesellschaft in das Handelsregister möglich unter der Voraussetzung, dass die Hauptversammlung zustimmt und nicht eine Minderheit von Aktionären, deren Anteile zusammen 10 % des Grundkapitals erreichen, dem widerspricht (§ 50 AktG).

Die Ersatzansprüche der Gesellschaft nach den §§ 46 bis 48 AktG *verjähren* in fünf Jahren (§ 51 AktG).

2.9 Nachgründung

Die in § 52 AktG geregelte Nachgründung ist nicht etwa eine der Bargründung oder der Sachgründung vergleichbare Gründungsmodalität, wie es die Bezeichnung nahelegt. Es geht dabei vielmehr um den Abschluss wirtschaftlich bedeutsamer Rechtsgeschäfte binnen zwei Jahren ab Gründung. Die Regelung des § 52 AktG verfolgt den Zweck, die Umgehung der Sachgründungsvorschriften und insbesondere der Gründungsprüfungsvorschriften (§§ 27, 32 ff. AktG) zu verhindern. Die inhaltliche Verknüpfung mit dem Gründungsverfahren rechtfertigt die Behandlung der Nachgründung an dieser Stelle.

2.9.1 Anwendungsbereich

Die Vorschrift des § 52 AktG betrifft *Verträge* über den Erwerb von *Vermögensgegenständen*, insbesondere von vorhandenen oder herzustellenden Anlagen, die in den ersten zwei Jahren seit der Eintragung der Aktiengesellschaft in das Handelsregister geschlossen werden. Dabei werden nur Geschäfte mit Gründern oder mit mehr als 10 % des Grundkapitals an der Gesellschaft beteiligten Aktionären, nicht aber solche mit fremden Dritten, erfasst. Der Begriff des Vermögensgegenstandes ist weit und umfasst jedenfalls alles das, was gem. § 27 Abs. 2 AktG als Sacheinlage einlagefähig (dazu Abschn. 2.3.2.1) ist. Auf die Art des Vertrages kommt es nicht an, deshalb werden außer Kaufverträgen auch beispielsweise Werkverträge sowie Miet-, Pacht- und Leasingverträge erfasst. Die Nachgründungsvorschriften können nicht dadurch umgangen werden, dass ein einheitlicher wirtschaftlicher Vorgang in mehrere Verträge zerlegt wird. Auf der anderen Seite sind mehrere Verträge mit einem Vertragspartner grundsätzlich getrennt zu betrachten. Die Vorschrift des § 52 AktG ist auch dann anzuwenden, wenn im maßgeblichen Zeitraum eine Sachkapitalerhöhung (§ 183 AktG) erfolgt, die in ihrem Umfang 10 % des Grundkapitals übersteigt, ferner wenn die Aktiengesellschaft übernehmender Rechtsträger bei einer Verschmelzung oder Spaltung zur Aufnahme ist und die zu gewährenden Aktien 10 % des Grundkapitals übersteigen (siehe §§ 67, 125 UmwG).

Weitere Voraussetzung des § 52 AktG ist, dass die Vergütung mehr als 10 % des Grundkapitals ausmacht. Maßgeblich ist die Höhe des Grundkapitals im Zeitpunkt des Vertragsschlusses. Die Gewinn- und Kapitalrücklagen bleiben außer Betracht. Wird das Grundkapital innerhalb des Zweijahreszeitraumes erhöht, so ist ab Eintragung der Durchführung der Kapitalerhöhung in das Handelsregister das höhere Grundkapital maßgebend.

Bei der Berechnung der Zweijahresfrist ist auf die Eintragung der Aktiengesellschaft in das Handelsregister abzustellen. Das gilt auch für eine Aktiengesellschaft, die durch Umwandlung eines seit langen Jahren bestehenden Unternehmens entstanden ist; maßgeblich ist hier die Eintragung der Umwandlung in die Aktiengesellschaft. Ungeklärt ist, ob im Falle der wirtschaftlichen Neugründung durch Aktivierung einer Vorratsgesellschaft (dazu Abschn. 2.10) die Zweijahresfrist i. S. d. § 52 Abs. 1 AktG und die Jahresfrist des § 52 Abs. 5 AktG vom

Zeitpunkt der erstmaligen Eintragung oder von der wirtschaftlichen Neugründung an zu berechnen sind; aus Gründen äußerster Vorsicht sollte auf den Zeitpunkt der Eintragung der mit der Aktivierung verbundenen Änderungen abgestellt werden.

Die Vorschriften über die Nachgründung gelten nach § 52 Abs. 9 AktG nicht, wenn der Erwerb der Vermögensgegenstände im Rahmen der laufenden Geschäfte der Gesellschaft, in der Zwangsvollstreckung oder an der Börse erfolgt. Während der Erwerb in der Zwangsvollstreckung oder an der Börse in der Praxis keine große Rolle spielt, ist der andere Ausnahmetatbestand durchaus von Bedeutung. Maßgeblich dafür ist die Art und Weise der Geschäftstätigkeit nach dem in der Satzung angegebenen Unternehmensgegenstand (dazu Abschn. 3.1.2); Hauptfall ist der Erwerb von Grundbesitz durch Immobiliengesellschaften. Aber auch die sogenannten Hilfsgeschäfte, also solche, ohne die der Unternehmensgegenstand nicht verfolgt werden kann, fallen unter den Ausnahmetatbestand. Das betrifft insbesondere den Erwerb von Gegenständen des Umlaufvermögens, also z. B. von Roh- und Hilfsstoffen für die Fertigung oder von zur Weiterveräußerung bestimmten Waren.

Die aus sich heraus kaum verständliche Vorschrift des § 52 Abs. 10 AktG besagt, dass ein wegen § 27 Abs. 3 AktG unwirksamer Vertrag (dazu Kap. 2.3.2.1) durch Wiederholung des Vertragsschlusses geheilt wird, sofern dies unter Beachtung der Nachgründungsvorschriften geschieht.

2.9.2 Rechtliche Bestimmungen für Nachgründungsverträge

Nachgründende Verträge sind in Schriftform zu schließen, sofern nicht gesetzlich eine strengere Form vorgeschrieben ist (§ 52 Abs. 2 AktG). Der Aufsichtsrat hat den Vertrag zu prüfen und einen schriftlichen Bericht zu erstatten (Nachgründungsbericht); für den Nachgründungsbericht gelten die Vorschriften über den Gründungsbericht (§ 32 AktG) sinngemäß (§ 52 Abs. 3 AktG). Außerdem hat eine Prüfung durch einen Gründungsprüfer in entsprechender Anwendung des § 33 AktG stattzufinden (§ 52 Abs. 4 AktG). Nach § 53 AktG gelten für die Nachgründung die Vorschriften der §§ 46 ff. AktG über die Gründerhaftung (dazu Abschn. 2.8) entsprechend, wobei die Haftung nicht die Gründer, sondern die Mitglieder von Vorstand und Aufsichtsrat trifft.

Der geprüfte Vertrag ist der Hauptversammlung zur Zustimmung vorzulegen. Vom Zeitpunkt der Einberufung der Hauptversammlung an ist der Vertrag in den Geschäftsräumen der Aktiengesellschaft zur Einsicht der Aktionäre auszulegen, und auf Verlangen ist jedem Aktionär unverzüglich eine Abschrift des Vertrages zu erteilen (§ 52 Abs. 2 AktG); geschieht das nicht, so ist der Vorstand hierzu vom Registergericht durch Festsetzung von Zwangsgeld anzuhalten (§ 407 Abs. 1 AktG). In der Hauptversammlung ist der Vertrag auszulegen und vom Vorstand zu erläutern.

Der Zustimmungsbeschluss der Hauptversammlung bedarf einer Mehrheit von mindestens drei Vierteln des bei der Beschlussfassung vertretenen Grundkapitals und damit auch der notariellen Beurkundung (§§ 52 Abs. 5 S. 1, 130 Abs. 1 S. 3 AktG). Wird der Vertrag im ersten Jahre nach der Eintragung der Aktiengesellschaft in das Handelsregister geschlossen, müssen außerdem die Anteile der zustimmenden Mehrheit mindestens ein Viertel des gesamten Grundkapitals erreichen (§ 52 Abs. 5 S. 2 AktG). Nach Zustimmung der Hauptversammlung hat der Vorstand den Vertrag zur Eintragung in das Handelsregister anzumelden, wobei der Anmeldung der Vertrag mit dem Nachgründungsbericht und dem Bericht des Gründungsprüfers beizufügen ist (§ 52 Abs. 6 AktG). Mit der Eintragung der Tatsache des Vertragsschlusses – nicht des Textes des Vertrages – unter Angabe des Tages des Vertragsschlusses, der Zustimmung der Hauptversammlung sowie des zu erwerbenden Vermögensgegenstandes, der Person des Veräußerers und der ihm zu gewährenden Vergütung, wird der Vertrag wirksam (§ 52 Abs. 1 AktG).

Ein ohne die Zustimmung der Hauptversammlung und Eintragung in das Handelsregister geschlossener nachgründender Vertrag ist ebenso wie eine etwaige Übereignung des Gegenstandes *schwebend unwirksam*. Das bedeutet allerdings nicht, dass der Veräußerer sich in der Schwebezeit gem. § 178 BGB von dem Vertrag durch Widerruf wieder lösen könnte. Der Veräußerer ist gebunden, und das Wirksamwerden des Vertrages hängt nur noch von der Hauptversammlung der erwerbenden Aktiengesellschaft ab. Der Vertrag wird endgültig unwirksam, wenn die Hauptversammlung dem Vertrag ihre Zustimmung versagt.

Ist die Zweijahresfrist des § 52 Abs. 1 AktG verstrichen, so können der Vorstand der Aktiengesellschaft und der Veräußerer dem nachgründenden Vertrag gem. § 141 Abs. 2 BGB durch *Bestätigung* zur Wirksamkeit vom Zeitpunkt der Bestätigung an verhelfen. Zu Beweiszwecken ist es dringend angeraten, die beiderseitige Vornahme der Bestätigung schriftlich zu dokumentieren. Dann braucht die Hauptversammlung nicht mehr zuzustimmen, um den Vertrag voll wirksam werden zu lassen, und das weitere Nachgründungsverfahren entfällt (vgl. Münchener Kommentar-Pentz, Rz. 61 zu § 52 AktG).

2.10 Vorratsgründungen

Die Eintragung einer Aktiengesellschaft kann angesichts des oben dargestellten aufwendigen Gründungsverfahrens mehrere Wochen oder sogar Monate dauern.

Deshalb setzt sich in der Praxis mehr und mehr der Einsatz von Vorratsgesellschaften durch. Vorratsgesellschaften werden nicht nur in der Rechtsform der Aktiengesellschaft, sondern wegen der vergleichbaren Probleme auch als GmbH sowie als GmbH & Co. KG von einer Reihe von Anbietern bereitgestellt. Die Vorratsgesellschaft wird alleine zu dem Zweck gegründet, dem späteren Erwerber den Zeitverlust zwischen Gründung und Eintragung der Gesellschaft zu ersparen und ihm die möglichst schnelle Aufnahme der Geschäftstätigkeit zu ermöglichen. Der BGH hatte schon im Jahre 1992 die Gründung von Vorrats-Aktiengesellschaften für zulässig erklärt unter der Voraussetzung, dass die Gründung als solche offen im Unternehmensgegenstand erkennbar ist, wofür die Angabe „Verwaltung eigenen Vermögens" ausreiche (BGH DB 1992, 1228).

Der BGH wertet die Aktivierung der Vorratsgesellschaft zur erstmaligen Aufnahme eines Geschäftsbetriebs durch den späteren Erwerber als wirtschaftliche Neugründung und unterwirft sie deshalb der registergerichtlichen Kontrolle. Die Aktivierung wird vollzogen durch die Änderung von Firma und Unternehmensgegenstand sowie die Auswechslung der Mitglieder von Vorstand und Aufsichtsrat. Der neue Vorstand hat bei der Anmeldung der Änderungen die wirtschaftliche Neugründung gegenüber dem Registergericht offenzulegen und gemäß § 37 Abs. 1 S. 2 AktG zu versichern, dass die Einlagen bewirkt sind und sich – allenfalls geringfügig vermindert um Gründungsaufwand, Verwaltungskosten und Steuern – in seiner freien Verfügung befinden (BGH DB 2003, 330).

Darüber hinaus verlangt der BGH, dass die reale Kapitalaufbringung nicht nur durch die registergerichtliche Kontrolle, sondern auch auf der materiellrechtlichen Haftungsebene durch entsprechende Anwendung des Haftungsmodells der Unterbilanzhaftung sichergestellt wird (BGH DB 2003, 2055). Der BGH hat mit der zitierten Entscheidung auch die bis dahin offene Frage geklärt, welcher Zeitpunkt für die Ermittlung einer etwaigen Unterbilanz (s. dazu Abschn. 2.7) maßgeblich ist. Anders als bei einer „echten" Neugründung, wo es auf den Zeitpunkt der Eintragung in das Handelsregister ankommt, wird bei der wirtschaftlichen Neugründung auf den Zeitpunkt ihrer Offenlegung gegenüber dem Handelsregister abgestellt; dieser Zeitpunkt ist auch maßgebend für eine etwaige Handelndenhaftung gem. § 41 AktG (vgl. BGH a. a. O.). Es liegt daher im Interesse der Erwerber der Aktien der Vorratsgesellschaft und des neuen Vorstands, dass die Anmeldung der Satzungsänderungen von dem Notar sofort im Anschluss an die Beurkundung zum Handelsregister eingereicht wird. Von diesem Zeitpunkt an kann der neue Vorstand der für den neuen Unternehmensgegenstand aktivierten Vorratsgesellschaft Rechtsgeschäfte ohne Haftungsgefahren für sich selbst und die neuen Aktionäre vornehmen; im Innenverhältnis bedarf der Vorstand einer Ermächtigung seitens der Aktionäre zur Aufnahme der neuen Geschäftstätigkeit schon vor Eintragung der Veränderungen.

3 Satzung

Bei dem Inhalt der Satzung ist zu unterscheiden zwischen den notwendigen und den fakultativen Bestimmungen.

3.1 Notwendiger Inhalt der Satzung

Die Satzung muss zwingend folgende Bestimmungen treffen (§ 23 Abs. 3, 4 AktG):

3.1.1 Firma und Sitz

Die Satzung muss die Firma und den Sitz der Gesellschaft bestimmen. Im Handelsrecht ist „Firma“ der Name des kaufmännischen Unternehmens (§ 17 HGB); das weicht ab vom allgemeinen Sprachgebrauch, wo das Wort Firma ein Synonym für „Unternehmen“ ist. Die Firma muss die Bezeichnung der Rechtsform enthalten, wobei eine allgemein verständliche Abkürzung, z. B. AG, ausreicht (§ 4 AktG). Die Firma muss nicht dem Gegenstand des Unternehmens entnommen sein, und es sind neben Personalfirmen und Sachfirmen auch Phantasiefirmen zulässig, wenn sie folgende drei Voraussetzungen erfüllen:

- die Firma muss zur Kennzeichnung geeignet sein und Unterscheidungskraft besitzen (§ 18 Abs. 1 HGB),
- die Firma darf keine irreführenden Angaben enthalten (§ 18 Abs. 2 HGB),
- die Firma muss sich von allen an demselben Ort bestehenden eingetragenen Firmen deutlich unterscheiden (§ 30 Abs. 1 HGB).

Als *Sitz* der Gesellschaft hat die Satzung einen Ort im Inland zu bestimmen (§ 5 AktG). Dieser *Satzungssitz* ist in den meisten Fällen zugleich auch der Ort der tatsächlichen Verwaltung, d. h. der *Verwaltungssitz*. Die gesetzlichen Vorschriften lassen ausdrücklich zu, dass der Verwaltungssitz nicht mit dem Satzungssitz übereinstimmt, ferner, dass der Verwaltungssitz sich im Ausland befindet. Damit ist es möglich, dass die Gesellschaft ihre Geschäftstätigkeit auch ausschließlich im Rahmen einer (Zweig-) Niederlassung im Ausland entfaltet, die sämtliche Geschäftsaktivitäten umfasst und somit den Verwaltungssitz der Gesellschaft darstellt. Ein Beschluss der Hauptversammlung zur Verlegung (auch) des Satzungssitzes ins Ausland wäre nach § 241 Nr. 3 AktG nichtig; käme es dennoch zur Eintragung eines solchen Beschlusses, so hätte das Registergericht die Auflösung der Gesellschaft nach § 262 Abs. 1 Nr. 5 AktG i. V. m § 399 FamFG in die Wege zu leiten (s. dazu Kap. 15).

Die Gesellschaften mit ausländischem Verwaltungssitz bleiben im Inland erreichbar über die bei der Anmeldung der Gesellschaft anzugebende inländische Geschäftsanschrift (§ 37 Abs. 3 AktG); darüber hinaus können sie die Erreichbarkeit weiter absichern durch die Anmeldung einer für Willenserklärungen und Zustellungen empfangsberechtigten Person (§ 39 Abs. 1 AktG). Es ist zu erwarten, dass insbesondere ausländische Unternehmen von der Möglichkeit Gebrauch machen werden, ihre inländischen Tochtergesellschaften vom Ausland her zu leiten, ferner dass deutsche Konzernobergesellschaften ihre im Ausland tätigen Tochtergesellschaften in der Rechtsform der deutschen GmbH oder Aktiengesellschaft gründen und einen einheitlichen Satzungssitz bestimmen, der mit dem Sitz der Obergesellschaft identisch ist.

3.1.2 Gegenstand des Unternehmens

In der Satzung ist der Gegenstand des Unternehmens zu bestimmen. Der Unternehmensgegenstand bezeichnet das Mittel, mit dem der Gesellschaftszweck erreicht werden soll. Zweck der Gesellschaft ist in der Regel die Gewinnerzielung, kann aber auch die Verfolgung von gemeinnützigen Zielen sein. Der Unternehmensgegenstand muss derartig individualisiert sein, dass der Schwerpunkt der Geschäftstätigkeit erkennbar wird. Anzugeben ist z. B., ob Produkte erzeugt, bearbeitet oder gehandelt werden; die Produkte sind der Art nach zu bezeichnen. Bei Dienstleistungsunternehmen ist die Tätigkeit anzugeben. Verstößt der Unternehmensgegenstand gegen gesetzliche Vorschriften, so muss das Registergericht die Eintragung der Gesellschaft in das Handelsregister ablehnen.

Bestimmte Geschäftstätigkeiten bedürfen der staatlichen Genehmigung, z. B. die Ausübung bestimmter freier Berufe und einzelner Handwerksberufe, die Herstellung von Arzneimitteln, die Vornahme von Bankgeschäften. Das Erfordernis der Vorlage einer Genehmigungsurkunde bei der Anmeldung ist entfallen, dennoch hat der Vorstand eine erforderliche Genehmigung unverzüglich zu beschaffen, weil sonst die Geschäftstätigkeit nicht ausgeübt werden darf. Bei einem Verstoß droht das Einschreiten der zuständigen Behörden, ferner könnten Wettbewerber gegen die Gesellschaft nach dem Gesetz gegen den unlauteren Wettbewerb (UWG) vorgehen.

3.1.3 Höhe des Grundkapitals

Das Grundkapital der Aktiengesellschaft beträgt mindestens 50.000 Euro (§ 7 AktG).

3.1.4 Zerlegung des Grundkapitals

Die Satzung muss folgende Bestimmungen zum Grundkapital treffen:

- Zerlegung des Grundkapitals entweder in Nennbetragsaktien oder in Stückaktien,
- bei Nennbetragsaktien:
  Nennbeträge und Zahl der Aktien jeden Nennbetrags,
- bei Stückaktien: Zahl der Stückaktien,
- die Gattung der Aktien und die Zahl der Aktien jeder Gattung, wenn mehrere Gattungen bestehen.

3.1.5 Inhaber- oder Namensaktien

Die Satzung hat zu bestimmen, ob Inhaber- oder Namensaktien oder beide Aktienarten ausgegeben werden. Wenn die Aktien voll eingezahlt sind, besteht für die Gründer die freie Wahl, ob sie Inhaber- oder Namensaktien ausgeben. Solange die Aktien indessen nicht voll eingezahlt sind, müssen sie auf Namen lauten (§ 10 Abs. 2 AktG).

3.1.6 Zahl der Vorstandsmitglieder

Die Satzung kann festlegen, dass der Vorstand nur aus einer einzigen Person besteht (§ 76 Abs. 2 AktG). Sie kann auch eine höhere Zahl festlegen oder eine Mindest- und Höchstzahl vorgeben oder anordnen, dass die Zahl vom Aufsichtsrat festgelegt wird. Bei Aktiengesellschaften mit einem Grundkapital von mehr als 3 Mio. Euro hat der Vorstand aus mindestens zwei Personen zu bestehen. Die Satzung kann aber bestimmen, dass der Vorstand auch bei einem diesen Betrag übersteigenden Grundkapital nur aus einer Person besteht. Unterliegt die Aktiengesellschaft der Mitbestimmung nach dem Mitbestimmungsgesetz 1976 (dazu Abschn. 6.1.3), ist als gleichberechtigtes Vorstandsmitglied ein Arbeitsdirektor zu bestellen (§ 76 Abs. 2 S. 3 AktG i. V. m. § 33 MitbestG); der Vorstand besteht dann zwingend aus mindestens zwei Personen.

3.1.7 Bekanntmachungen der Gesellschaft

Die Satzung muss Bestimmungen über die Form der Bekanntmachungen der Gesellschaft enthalten (§ 23 Abs. 4 AktG). Der Sinn dieser Regelung erschließt sich nicht auf den ersten Blick, denn die Bekanntmachung der die Aktiengesellschaft betreffenden Eintragungen und weiteren Angaben in das Handelsregister obliegt ausschließlich dem Registergericht, das sich dazu gem. § 10 HGB der Internetseite www.handelsregisterbekanntmachungen.de bedient. Die Bekanntmachungen, zu denen die Aktiengesellschaft selbst durch Gesetz oder Satzung verpflichtet ist, erfolgen gem. § 25 S. 1 AktG durch Einrücken in den elektronischen Bundesanzeiger (www.ebundesanzeiger.de), wobei hier der Vorstand die Initiative ergreifen muss. Daneben kann die Satzung Papierzeitungen oder elektronische Informationsmedien, auch die eigene Website, als weitere Gesellschaftsblätter bezeichnen (§ 25 S. 2 AktG), die dann zusätzlich zu nutzen sind, und nur darauf bezieht sich die Bestimmung des § 23 Abs. 4 AktG. Die durch den Vorstand der Aktiengesellschaft aufgrund gesetzlicher Vorschriften selbst zu bewirkenden Bekanntmachungen betreffen insbesondere:

- Entstehung/Wegfall einer Schachtel- oder Mehrheitsbeteiligung an der Gesellschaft,	§ 20 Abs. 6 AktG,
- Aufforderung an Aktionäre zur Einlagenleistung,	§ 63 AktG,
- Einberufung der Hauptversammlung,	§ 121 Abs. 3 AktG,
- Bekanntmachung der Tagesordnung,	§ 124 AktG,
- Frist für Ausübung des Bezugsrechts,	§ 186 Abs. 2 AktG,
- Ausgabe von Wandelschuldverschreibungen,	§ 221 AktG,
- Erhebung von Anfechtungs- od. Nichtigkeitsklagen,	§§ 246 ff. AktG,
- Nichtigerklärung von Beschlüssen durch Urteil,	§§ 248 ff. AktG,
- Gläubigeraufruf der Abwickler,	§ 267 AktG,
- Entscheidungen im Spruchverfahren,	§ 14 SpruchG,
- Jahresabschluss; Konzernabschluss,	§ 325 HGB.

3.1.8 Sondervorteile, Gründungsaufwand

Der Aufwand für die Gründung der Gesellschaft ist grundsätzlich von den Gründern selbst zu tragen, er kann aber durch die Satzung der Gesellschaft auferlegt werden (§ 26 Abs. 2 AktG). Der Gründungsaufwand umfasst Gründungsentschädigung und Gründerlohn. Die Unterlagen über Sondervorteile und Gründungsaufwand unterliegen der Einsichtnahme von jedermann und sind überdies bekanntzumachen (vgl. Abschn. 2.6.2).

Unter *Gründungsentschädigung* versteht man den Ersatz von Aufwendungen der Gründer für die Beurkundung der Gründung, die Gründungsprüfung, die

Anmeldung zum Handelsregister sowie für die Herbeiführung der Eintragung der Gesellschaft und deren Veröffentlichung. Da die Gesellschaft im Zeitpunkt der Entstehung dieser Kosten noch nicht gegründet ist, handelt es sich um Aufwendungen, die nach allgemeinen Grundsätzen von den Gründern zu leisten sind. Abweichend davon gehen diese Aufwendungen zu Lasten der Aktiengesellschaft, wenn die Satzung eine entsprechende Bestimmung aufweist.

Als *Gründerlohn* gelten – unabhängig von der gewählten Bezeichnung – sämtliche Tätigkeitsvergütungen an Gründer oder an Dritte für die Mitwirkung bei der Gründung und ihrer Vorbereitung, einschließlich der Honorare für Gutachten, Beratung oder Vermittlung. Die Bezüge des Vorstands vor der Eintragung der Aktiengesellschaft in das Handelsregister gehören nicht dazu.

Die Einräumung besonderer Vorteile („*Sondervorteile*") bedarf gem. § 26 Abs. 1 AktG der Verankerung in der Satzung. Gemeint sind Gläubigerrechte, die Aktionären oder Dritten in sachlichem Zusammenhang mit der Gründung gewährt werden. Beispiele sind Warenbezugsrechte oder Ansprüche auf Umsatzprovision.

Werden zu Lasten der Aktiengesellschaft Leistungen, die als Sondervorteile oder Gründungsaufwand zu qualifizieren sind, ohne satzungsmäßige Grundlagen erbracht, so hat die Aktiengesellschaft Rückforderungsansprüche gegen den Empfänger; die Gründer sind nach § 46 AktG verantwortlich (zur Gründerhaftung siehe Abschn. 2.8).

3.1.9 Sacheinlagen, Sachübernahmen

Die Aktionäre sind grundsätzlich verpflichtet, den Ausgabebetrag der Aktien in bar einzuzahlen (§ 54 Abs. 2 AktG), s. dazu Abschn. 2.3.1. Anstelle der *Bargründung* können die Gründer auch eine *Sachgründung* mittels Sacheinlagen oder Sachübernahmen beschließen. Die Sachgründung ist nach § 27 Abs. 1 S. 1 AktG nur zulässig, wenn bestimmte Festsetzungen dazu in der Satzung getroffen werden. Festzusetzen sind danach der Gegenstand der Sacheinlage oder der Sachübernahme, die Person, von der die Gesellschaft den Gegenstand erwirbt, und der Nennbetrag, bei Stückaktien die Zahl der bei der Sacheinlage zu gewährenden Aktien oder die bei der Sachübernahme zu gewährende Vergütung. Unterbleibt die Festsetzung dieser Angaben in der Satzung, sind Verträge über Sacheinlagen und Sachübernahmen und die Rechtshandlungen zu ihrer Ausführung der Gesellschaft gegenüber unwirksam. Ist die Vereinbarung einer Sacheinlage unwirksam, so ist der Aktionär verpflichtet, den Ausgabebetrag der Aktien in bar zu leisten (§ 27 Abs. 3 AktG). Zu Sacheinlagen und Sachübernahmen s. Abschn. 2.3.2.

3.2 Individuelle Gestaltungen

Der Satzungsgeber verfügt nur über einen begrenzten Spielraum für individuelle Gestaltungen, da die Satzung von den gesetzlichen Vorschriften nur *abweichen*, wenn das ausdrücklich vom Gesetz zugelassen ist, und *ergänzende* Bestimmungen sind nur dann zulässig, wenn das Gesetz nicht eine abschließende Regelung enthält (§ 23 Abs. 5 AktG). Diese Einschränkung der Satzungsautonomie bezweckt den Schutz von Gläubigern und künftigen Aktionären.

Hierin unterscheidet sich die Aktiengesellschaft ganz wesentlich von der GmbH: die Vorschriften des GmbH-Gesetzes sind überwiegend dispositiv, das heißt sie können durch die Satzung abbedungen oder modifiziert werden, soweit das Gesetz sie nicht ausdrücklich als zwingend bezeichnet, z. B. § 51a Abs. 3 GmbHG, also genau umgekehrt.

Der Grundsatz der Satzungsstrenge lässt nicht zu, dass die Satzung Rechtsverhältnisse der Aktionäre untereinander regelt, wie es bei Gesellschaften mit beschränkter Haftung gebräuchlich ist, wie z. B. Vor- oder Ankaufsrechte, Wettbewerbsverbote, Stimmrechtsvereinbarungen. Derartige Regelungen sind deshalb bei der Aktiengesellschaft außerhalb der Satzung in einer schuldrechtlichen, satzungsergänzenden Nebenabrede der Aktionäre (Aktionärsvereinbarung, auch Konsortial-, Schutzgemeinschafts- oder Poolvertrag bezeichnet) zu treffen. Zur Aktionärsvereinbarung s. Abschn. 3.3.

Den Gründern ist zu empfehlen, rechtzeitig vor der Errichtung der Aktiengesellschaft mit ihrem Berater Überlegungen anzustellen, welche der nach dem Aktiengesetz zulässigen individuellen Ausgestaltungsmöglichkeiten zu nutzen sind. Nachstehend werden die bedeutsamsten Regelungsmöglichkeiten dargestellt. Bei dem im Anhang wiedergegebenen Muster einer Satzung sind einige der nachstehend gegebenen Gestaltungsmöglichkeiten eingearbeitet.

Stückaktien oder Nennbetragsaktien (§ 8 Abs. 1 AktG)
Die Gesellschaft muss sich entscheiden, ob Stückaktien oder Namensaktien ausgegeben werden, beide Formen können nicht nebeneinander bestehen. Seit einigen Jahren ist die Ausgabe von Stückaktien zur Regel geworden. Zu Stückaktien und Nennbetragsaktien s. im Einzelnen Abschn. 8.1.3.

Inhaber-/Namensaktien (§ 10 Abs. 1 AktG)
Bei der kleinen Aktiengesellschaft ist regelmäßig die Namensaktie vorzuziehen, weil jederzeit anhand des Aktienregisters feststellbar ist, wer Aktionär der Gesellschaft ist, und weil – anders als bei Inhaberaktien – aufgrund von § 68 Abs. 2 AktG die Übertragung der Aktie an die Zustimmung der Gesellschaft

gebunden werden kann, sog. Vinkulierung. Zu Inhaberaktien und Namensaktien s. im Einzelnen Abschn. 8.1.1 und 8.2.

Ausschluss/Einschränkung der Verbriefung (§ 10 Abs. 5 AktG)
Der Ausschluss der Verbriefung empfiehlt sich aus Kosten- und Vereinfachungsgründen und ist heute durchweg üblich (zur Verbriefung s. Abschn. 8.1.4).

Ausgabe von Vorzugsaktien (§§ 12 Abs. 1, 139 AktG)
Die Satzung kann die Ausgabe stimmrechtsloser Vorzugsaktien vorsehen, s. dazu Abschn. 8.1.2.

Geschäftsjahr (§ 23 Abs. 5 S. 2 AktG)
Die Satzung kann ein vom Kalenderjahr abweichendes Geschäftsjahr festlegen.

Umwandlung von Aktien (§ 24 AktG)
Die Satzung kann bestimmen, dass auf Verlangen eines Aktionärs seine Inhaberaktie in eine Namensaktie oder seine Namensaktie in eine Inhaberaktie umzuwandeln ist.

Einstellungen in andere Gewinnrücklagen (§ 58 Abs. 2 AktG)
Die Satzung kann die Befugnis der Verwaltung zur Einstellung eines Teils des Jahresüberschusses in andere Gewinnrücklagen erweitern, aber auch einschränken oder völlig aufheben, so dass die Kompetenzen der Hauptversammlung im Bereich der Gewinnverwendung entsprechend gestärkt werden können. Zur Bildung von Gewinnrücklagen s. Abschn. 10.1.2.

Sachdividende (§ 58 Abs. 5 AktG)
Die Satzung kann vorsehen, dass die Hauptversammlung auch eine Sachausschüttung beschließen kann.

Abschlagszahlung auf den Bilanzgewinn (§ 59 AktG)
Eine Ermächtigung des Vorstands zur Vornahme von Abschlagszahlungen auf den voraussichtlichen Bilanzgewinn ist insbesondere bei ertragsstarken Gesellschaften mit kleinem Aktionärskreis wirtschaftlich sinnvoll.

Änderungen der Gewinnverteilung (§ 60 Abs. 3 AktG)
Die Satzung kann von dem Grundsatz der Gleichbehandlung der Aktionäre bei der Dividendenzahlung (§ 60 Abs. 1 AktG) abweichen. Üblich ist es, dass Vorzugsaktionäre durch Gewährung eines Vorabgewinns – Mehrdividende – gegenüber den Stammaktionären begünstigt werden. Ferner regelt die Satzung häufig, dass bei Ausgabe neuer Aktien aus einer Kapitalerhöhung der Beginn

der Gewinnbeteiligung abweichend von § 60 Abs. 2 AktG bestimmt werden kann mit der Folge, dass die neuen Aktien beispielsweise schon an dem Gewinn des im Zeitpunkt der Ausgabe der neuen Aktien laufenden Geschäftsjahrs gleichberechtigt beteiligt werden.

Zustimmungserfordernis bei Aktienübertragung (§ 68 Abs. 2 AktG)
Durch die Begründung eines Zustimmungserfordernisses für die Übertragung der Aktien, sog. Vinkulierung, kann die Gesellschaft Einfluss auf die Zusammensetzung des Aktionärskreises nehmen. Die Satzung kann darüber hinaus die Gründe bestimmen, aus denen die Zustimmung zur Übertragung verweigert werden darf, ferner, dass nicht der Vorstand, sondern der Aufsichtsrat oder die Hauptversammlung über die Erteilung der Zustimmung beschließt. Zur Vinkulierung s. Abschn. 8.2.3.

Mindestzahl der Vorstandsmitglieder (§ 76 Abs. 2 AktG)
Bei einer Gesellschaft mit einem Grundkapital von mehr als 3 Mio. Euro muss der Vorstand aus mindestens zwei Personen bestehen, doch kann die Satzung regeln, dass der Vorstand auch bei Überschreiten dieses Betrages nur aus einer Person besteht.

Geschäftsführung (§ 77 AktG)
Durch die Satzung kann bestimmt werden, dass es für Beschlüsse im Vorstand über Geschäftsführungsmaßnahmen nicht der Einstimmigkeit bedarf, sondern dass eine Mehrheit ausreicht, ferner dass die Stimme des Vorstandsvorsitzenden bei Stimmengleichheit den Ausschlag gibt. Zur Geschäftsführung s. Abschn. 5.4.2.

Vertretung (§ 78 AktG)
Die Satzung kann bestimmen, dass es bei der Vertretung der Gesellschaft im Außenverhältnis nicht der Mitwirkung aller Vorstandsmitglieder bedarf, und sie kann die Ausgestaltung der Vertretungsbefugnis einzelner Vorstandsmitglieder dem Aufsichtsrat übertragen. Zur Vertretung s. Abschn. 5.4.3. Des Weiteren kann die Satzung den Aufsichtsrat ermächtigen, Vorstandsmitgliedern zu gestatten, Rechtsgeschäfte mit sich als Vertreter eines Dritten vorzunehmen (Befreiung von § 181 Alt. 2 BGB).

Zahl der Aufsichtsratsmitglieder (§ 95 AktG)
Die Satzung kann eine die Mindestzahl von drei übersteigende Mitgliederzahl für den Aufsichtsrat festlegen (s. dazu Abschn. 6.1.1). Für die Festlegung einer höheren Zahl als drei ist anzuführen, dass bei einem nur aus drei Personen bestehenden Aufsichtsrat schon das Fehlen eines einzelnen Mitglieds zur Beschlussunfähigkeit führt (§ 108 Abs. 2 S. 2 AktG).

Entsendungsrecht (§ 101 Abs. 2 AktG)
Die Satzung kann für bestimmte Aktionäre ein Recht zur Entsendung von Aufsichtsratsmitgliedern begründen (s. dazu Abschn. 6.2) und auf diese Weise den Einfluss der betreffenden Aktionäre stärken.

Abberufung von Aufsichtsratsmitgliedern (§ 103 AktG)
Die Satzung kann die für die Abberufung von Aufsichtsratsmitgliedern der Aktionäre erforderliche Stimmenmehrheit von drei Vierteln herabsetzen; s. dazu Abschn. 6.2.

Beschlussfassung des Aufsichtsrats (§ 108 Abs. 4 AktG)
Die Satzung kann gestatten, dass Aufsichtsratsbeschlüsse auch gegen den Willen einzelner Aufsichtsratsmitglieder ohne Abhaltung einer Sitzung, also z. B. telefonisch oder per E-Mail, gefasst werden können; s. dazu Abschn. 6.4.4.

Teilnahme an Aufsichtsratssitzungen (§ 109 Abs. 3 AktG)
Die Satzung kann zulassen, dass anstelle von verhinderten Aufsichtsratsmitgliedern andere Personen an den Sitzungen teilnehmen (s. dazu Abschn. 6.4.5).

Vergütung der Aufsichtsratsmitglieder (§ 113 Abs. 1 AktG)
Die Vergütung der Aufsichtsratsmitglieder kann durch die Satzung festgelegt werden. Geschieht das nicht, so hat die Hauptversammlung darüber zu beschließen, die dabei keinerlei Bindungen unterliegt und lediglich gehalten ist, keine unangemessen hohe Vergütung festzusetzen. Bei Fehlen einer Satzungsbestimmung ist die Vergütung aus der Warte des Aufsichtsratsmitglieds deshalb sowohl hinsichtlich des Ob als auch der Höhe nach bis zur Beschlussfassung ungewiss. Zur Aufsichtsratsvergütung s. Abschn. 6.5.

Teilnahme an der Hauptversammlung (§ 118 AktG)
Die Aufsichtsratsmitglieder haben an der Hauptversammlung teilzunehmen. Die Satzung kann vorsehen, dass die Teilnahme im Wege der Bild- und Tonübertragung geschehen darf, was bei einem überörtlich oder gar international besetzten Aufsichtsrat eine erhebliche und mit der Einsparung von Aufwendungen verbundene Erleichterung darstellt. Ferner kann die Satzung bestimmen, dass die Hauptversammlung in Ton und Bild übertragen werden darf (§ 118 Abs. 3 AktG).

Einberufung der Hauptversammlung (§ 121 Abs. 4 AktG)
Die Satzung kann die Einberufung der Hauptversammlung weiter erleichtern und zulassen, dass nicht nur durch eingeschriebenen Brief, sondern z. B. auch per Telefax oder E-Mail einberufen werden kann. Zur Einberufung s. Abschn. 7.2.

Ort der Hauptversammlung (§ 121 Abs. 5 AktG)
Die Satzung kann zulassen, dass die Hauptversammlung auch an anderen Orten als dem Sitz der Gesellschaft stattfindet, auch im Ausland.

Teilnahmevoraussetzungen (§ 123 Abs. 2 AktG)
Die Satzung kann die Teilnahme an der Hauptversammlung oder die Ausübung des Stimmrechts von der rechtzeitigen Anmeldung abhängig machen, wodurch die organisatorische Abwicklung der Hauptversammlung erleichtert wird.

Mehrheiten bei Hauptversammlungsbeschlüssen und Wahlen (§ 133 AktG)
Grundsätzlich bedürfen Hauptversammlungsbeschlüsse der einfachen Mehrheit der abgegebenen Stimmen. Die Satzung kann festlegen, dass für Beschlüsse eine höhere Stimmenmehrheit als die einfache Mehrheit erforderlich ist, wenn dem nicht zwingende gesetzliche Vorschriften, z. B. § 113 Abs. 1 S. 4 AktG, entgegenstehen. Sofern das Aktiengesetz eine höhere Stimmenmehrheit vorsieht, kann die Satzung eine niedrigere Mehrheit, bis hin zur einfachen Stimmenmehrheit, anordnen (z. B. § 103 Abs. 1 AktG), wenn dem nicht zwingendes Recht entgegensteht (z. B. § 147 Abs. 1 AktG).

Für Wahlen kann die Satzung andere Bestimmungen treffen, dass also eine größere Mehrheit erforderlich ist oder dass eine kleinere Mehrheit, z. B. die relative Mehrheit, genügt, und auch dass bei Stimmengleichheit das Los entscheidet.

Des Weiteren kann die Satzung in den Fällen, in denen das Gesetz zusätzlich eine Kapitalmehrheit von drei Vierteln verlangt, statt dessen auch eine *höhere* Mehrheit bestimmen, z. B. für Satzungsänderungen (§ 179 AktG), jedwede Kapitalerhöhungs- und -herabsetzungsbeschlüsse (§§ 182, 193, 202, 207, 222, 237 AktG), Ausgabe von Schuldverschreibungen und Genussrechten (§ 221 AktG), Unternehmensverträge (§ 293 AktG); bei einem Teil dieser Beschlüsse ist es aber auch erlaubt, durch die Satzung eine *niedrigere* Mehrheit als die Dreiviertelmehrheit zu bestimmen, z. B. für Satzungsänderungen (§ 179 AktG), reguläre Kapitalerhöhungen (§ 182 AktG), Kapitalerhöhungen aus Gesellschaftsmitteln (§ 207 AktG), Ausgabe von Schuldverschreibungen und Genussrechten (§ 221 AktG).

Weitere Erfordernisse für Hauptversammlungsbeschlüsse
Die Satzung kann neben der Stimmenmehrheit und der Kapitalmehrheit weitere Erfordernisse für das Zustandekommen von Hauptversammlungsbeschlüssen aufstellen; Hauptanwendungsfall ist die Bestimmung einer Mindestpräsenz, ohne die die Hauptversammlung nicht beschlussfähig ist.

Das Gesetz lässt darüber hinaus die Festlegung weiterer satzungsmäßiger Erfordernisse für eine Reihe von bestimmten Beschlüssen zu, wie z. B. die Zustimmung einiger bestimmter oder sämtlicher Aktionäre einschließlich der nicht erschienenen Aktionäre oder aber die Zustimmung auch der Vorzugsaktionäre. Das gilt z. B. für Satzungsänderung (§ 179 AktG), Kapitalerhöhung (§ 182 AktG), Ausschluss des Bezugsrechts (§ 186 Abs. 3 AktG), Ausgabe von Schuldverschreibungen und Genussrechten (§ 221 AktG), Einziehung von Aktien (§ 237 Abs. 4 AktG), Abschluss von Unternehmensverträgen (§ 293 Abs. 1 AktG).

Form der Vollmacht (§ 134 Abs. 3 AktG)
Die Satzung kann zulassen, dass die Vollmacht für die Vertretung des Aktionärs in der Hauptversammlung nicht nur ausschließlich schriftlich, sondern auch auf andere Weise, insbesondere in Textform, erteilt werden kann. Die Textform (§ 126b BGB) umfasst insbesondere auch Mitteilungen per Telefax oder E-Mail. Dadurch werden vor allem spontan einberufene Vollversammlungen sowie Versammlungen von Gesellschaften mit sehr weit entfernt lebenden Aktionären erleichtert.

Einziehung von Aktien (§ 237 AktG)
Die Satzung kann die zwangsweise Einziehung von Aktien anordnen oder gestatten. Die Satzung hat dann auch die Voraussetzungen für die Zwangseinziehung und die Einzelheiten ihrer Durchführung festzulegen. Zur Einziehung von Aktien s. Abschn. 12.5.3. Die Zulassung der Zwangseinziehung durch die Satzung ist sinnvoll, wenn die Zugehörigkeit zum Aktionärskreis nicht jedermann offenstehen soll, z. B. bei Familien- oder Freiberufler-Aktiengesellschaften. Die Aktieneinziehung hat an Bedeutung gewonnen, seitdem sie – sofern die Gesellschaft Stückaktien ausgegeben hat – auch ohne Kapitalherabsetzung durchgeführt werden kann.

Zeitablauf (§ 262 Abs. 1Nr. 1 AktG)
Die Bestimmung eines Zeitpunkts, an dem die Gesellschaft endet, ist in der Praxis wenig gebräuchlich. Erlaubt wäre es auch, die Dauer der Gesellschaft mit einem bestimmten Sachverhalt zu verknüpfen, etwa dem Bestehen einer Lizenz.

3.3 Abschluss einer Aktionärsvereinbarung

Die Aktionärsvereinbarung ist nicht Bestandteil der Satzung und ihr Abschluss ist nicht Teil des Gründungsverfahrens, dennoch soll sie wegen ihrer großen praktischen Bedeutung an dieser Stelle behandelt werden. Sie wird regelmäßig vor der Gründung geschlossen, bei Errichtung der Gesellschaft durch Formwechsel vor dem Umwandlungsbeschluss. Es handelt sich dabei um einen von mehreren Aktionären geschlossenen Vertrag zur Regelung bestimmter rechtlicher Fragen untereinander in Bezug auf ihre Anteile an der Aktiengesellschaft. Aktionärsvereinbarungen regeln insbesondere:

- Stimmbindung;
  generell oder in Bezug auf bestimmte Beschlüsse, z. B. zur Besetzung des Aufsichtsrats;
- Informationspflichten,
- Gewährung von Darlehen,
- Übernahme von Verlusten,
- Vorkaufs- bzw. Ankaufsrechte,
- Anbietungspflicht;
  die für bestimmte, genau aufzuführende Sachverhalte begründete Anbietungspflicht kann verbunden werden mit Preisfindungsbestimmungen für die betroffenen Aktien;
- Haltepflichten,
- Mitverkaufsrechte und Mitverkaufspflichten,
- Wettbewerbsverbot.

Die meisten dieser Regelungsgegenstände sind auch in Gesellschaftsverträgen der GmbH zu finden, sind also nicht typisch für die Rechtsform der Aktiengesellschaft. Der Unterschied liegt darin, dass diese Regelungen wegen des Grundsatzes der Satzungsstrenge nicht in die Satzung der Aktiengesellschaft aufgenommen werden dürfen, zumal sie auch nicht zu jedermanns Kenntnis bestimmt sind, und deshalb in einen gesonderten Vertrag überführt werden. Während die Bestimmungen der Satzung auch für später eintretende Aktionäre gelten, muss deren Einbeziehung in eine etwa bestehende Aktionärsvereinbarung ausdrücklich individuell geregelt werden.

4 Entstehung der Aktiengesellschaft durch Umwandlung

Die Aktiengesellschaft kann nicht nur durch Neugründung, sondern auch durch Formwechsel, Verschmelzung oder Spaltung nach dem Umwandlungsgesetz entstehen. Das Aktiengesetz geht von der Neugründung als dem Regelfall aus. Neue Unternehmen entstehen zumeist als Einzelunternehmen, Personengesellschaften oder Gesellschaften mit beschränkter Haftung und erhalten erst später die Rechtsform der Aktiengesellschaft. Nicht alle Rechtsträger können auf direktem Wege durch Formwechsel – bzw. Verschmelzung oder Spaltung zur Neugründung – zur Aktiengesellschaft umgewandelt werden. Folgende Strukturmaßnahmen, geordnet nach der Ausgangsrechtsform, kommen in Betracht.

4.1 Einzelunternehmer

Ein Einzelunternehmer kann sein Unternehmen nach den Vorschriften des Umwandlungsgesetzes oder durch eine Einbringung in die Rechtsform der Aktiengesellschaft überführen.

4.1.1 Ausgliederung

Die Ausgliederung nach Maßgabe der §§ 152 ff. UmwG ist für den Einzelunternehmer die einzige Gestaltungsmöglichkeit, um für sein Unternehmen die Rechtsform der Aktiengesellschaft durch eine Umwandlung nach dem Umwandlungsgesetz auf direktem Wege zu erlangen. Die Ausgliederung ist nicht jedem Einzelunternehmer, sondern nur einem im Handelsregister eingetragenen Kaufmann möglich (§ 152 UmwG). Die Eintragung in das Handelsregister kann ein Gewerbetreibender ohne weiteres nach § 29 oder § 2 S. 2 HGB herbeiführen: Kaufmann ist, wer ein Handelsgewerbe betreibt; als Handelsgewerbe wiederum gilt jeder Gewerbebetrieb, es sei denn, dass dieser nach Art oder Umfang einen in kaufmännischer Weise eingerichteten Geschäftsbetrieb nicht erfordert (§ 1 HGB). Aber auch die Kleingewerbetreibenden sind berechtigt, sich eintragen zu lassen, und sie gelten dann mit erfolgter Eintragung ebenfalls als Kaufleute (§ 2 HGB). Das gilt entsprechend bei einem Betrieb der Land- und Forstwirtschaft (§ 3 HGB). Ist der Einzelunternehmer Angehöriger eines freien Berufs, so kommt für ihn dieser Weg nicht in Betracht, sondern nur der der Einbringung; etwas anderes gilt wiederum, wenn er neben den freiberuflichen auch gewerbliche Aktivitäten aufnimmt mit der Folge, dass der dadurch entstandene gemischte Betrieb nach dem Gesamtbild als gewerblich anzusehen ist. Die Ausgliederung kann nicht erfolgen, wenn die Summe der betrieblichen und privaten Verbindlichkeiten des Einzelkaufmanns den Gesamtbetrag seines betrieblichen und privaten Vermögens übersteigt.

Ausgliederung bedeutet, dass ein übertragender Rechtsträger einen Teil oder mehrere Teile seines Vermögens im Wege der Sonderrechtsnachfolge in einem Vorgang auf einen oder mehrere übernehmende Rechtsträger überträgt. Das Umwandlungsgesetz spricht rechtsformneutral von Rechtsträgern, weil nicht nur Handelsgesellschaften, sondern auch andere Rechtsträger an Gestaltungen nach dem Umwandlungsgesetz beteiligt sein können. Wenn die Übertragung an einen oder mehrere bereits bestehenden Rechtsträger erfolgt, spricht das Umwandlungsgesetz von einer Ausgliederung „zur Aufnahme"; bei Übertragung an einen oder mehrere dadurch gegründete neue Rechtsträger von einer Ausgliederung „zur Neugründung". Der Vermögensübergang im Rahmen der Ausgliederung ist eine besondere Form der Gesamtrechtsnachfolge, da nur die in der Ausgliederungserklärung bezeichneten Positionen übergehen, wird diese eingeschränkte Gesamtrechtsnachfolge auch als Sonderrechtsnachfolge oder partielle Gesamtrechtsnachfolge bezeichnet. Bei der Übertragung an eine Aktiengesellschaft erwirbt der Kaufmann als Gegenleistung für die Übertragung Aktien der bestehenden oder der neuen Aktiengesellschaft. Bei schon bestehenden Aktiengesellschaften tritt er neben die dort schon vorhandenen Aktionäre, bei Neugründung wird er alleiniger Aktionär der neuen Aktiengesellschaft. Die Eintragung der Ausgliederung in das Handelsregister bewirkt den Vermögensübergang auf der einen Seite und den Erwerb der Anteile auf der anderen Seite.

Durch den Ausgliederungs- und Übernahmevertrag (Ausgliederung zur Aufnahme) bzw. durch den Ausgliederungsplan (Ausgliederung zur Neugründung) wird der auf die jeweilige aufnehmende bzw. neue Aktiengesellschaft übergehende Vermögensteil des Kaufmanns festgelegt. Die übergehenden Gegenstände des Aktiv- und Passivvermögens sind genau zu bezeichnen (§ 126 Abs. 1 Nr. 9 UmwG). Wird eine Sache, ein Recht oder eine Verbindlichkeit vergessen, so werden sie vom Übergang nicht erfasst. Es empfiehlt sich für diese Fälle, eine Auffangklausel aufzunehmen. Der Kaufmann kann bestimmte Vermögensgegenstände oder Schulden bei der Ausgliederung bewusst zurückhalten. Ist die Kapitalaufbringung gefährdet, kommt anstelle einer Auffüllung des Eigenkapitals durch Bareinlage auch die Zurückbehaltung von betrieblichen Verbindlichkeiten bei dem Kaufmann in Betracht. Der Kaufmann kann sich, wie § 156 UmwG auch ausdrücklich besagt, nicht durch die Umwandlung seinen Verbindlichkeiten entziehen; er haftet persönlich weiter, wobei die *Nachhaftung* gemäß § 157 UmwG auf die Dauer von fünf Jahren beschränkt ist.

Nach §§ 133 Abs. 1, 135 Abs. 1 UmwG haften die an der Ausgliederung beteiligten Rechtsträger gesamtschuldnerisch für die vor dem Wirksamwerden der Ausgliederung begründeten Verbindlichkeiten des ausgliedernden Kaufmanns. Das betrifft nicht nur die ausgegliederten Verbindlichkeiten, sondern *alle*, auch die privaten Verbindlichkeiten. Einem aufnehmenden Rechtsträger ist daher dringend zu raten, die Vermögensverhältnisse des ausgliedernden Kaufmanns rechtzeitig zu prüfen. Führt die Prüfung nicht zu einem positiven Ergebnis, sollte statt der Ausgliederung eine Einbringung im Rahmen einer Sachkapitalerhöhung bei der aufnehmenden Gesellschaft in Erwägung gezogen werden.

Durch die Ausgliederung gehen nicht nur Vermögensgegenstände und Schulden auf den aufnehmenden oder neuen Rechtsträger über, sondern auch die in der Ausgliederungs- und Übernahmevertrag bzw. Ausgliederungsplan bezeichneten Dauerschuldverhältnisse. Auf diese Weise können also insbesondere auch Miet-, Pacht- oder Leasingverträge übertragen werden, ohne dass es der Mitwirkung des anderen Vertragsbeteiligten bedarf. Arbeitsverträge gehen unabhängig gemäß § 613a BGB mit dem Betrieb auf die Aktiengesellschaft über. Nicht abschließend geklärt ist, ob bei einer Ausgliederung ein Dauerschuldverhältnis, insbesondere ein Mietvertrag, auf mehrere Rechtsträger aufgeteilt werden kann (s. Lutter-Priester, Rz. 64 zu § 126 UmwG).

Besteht ein *Betriebsrat*, so ist diesem der Entwurf des Ausgliederungs- und Übernahmevertrags bzw. Ausgliederungsplans einen Monat vor Beschlussfassung zuzuleiten (§ 126 Abs. 3 UmwG). Die Monatsfrist wird bei der Ausgliederung zur Neugründung bis zur Anmeldung der Ausgliederung gerechnet, bei der Ausgliederung zur Aufnahme bis zur Beschlussfassung der Anteilseigner des aufnehmenden Rechtsträgers über den Vertrag.

Ist bei der Ausgliederung zur Aufnahme eine übernehmende Aktiengesellschaft weniger als zwei Jahre im Handelsregister eingetragen, so sind bei dieser die Vorschriften über die *Nachgründung* anzuwenden (§ 52 AktG; s. dazu Abschn. 2.9).

Hinsichtlich der *steuerlichen Folgen* gilt Abschn. 4.3.2 entsprechend, sofern die bei der Ausgliederung übernommenen Gegenstände einen Betrieb oder zumindest einen Teilbetrieb im steuerlichen Sinne darstellen.

4.1.2 Einbringung

Wird ein Unternehmen statt durch Umwandlung im Wege der Einbringung in die Rechtsform der Aktiengesellschaft überführt, so ist das keine Umwandlung im rechtlichen Sinne. Sofern die Aktiengesellschaft noch nicht existiert, erfolgt die Einbringung mittels einer *Sacheinlage* unter Beachtung der dafür vorgesehenen besonderen Vorschriften, insbesondere über die Gründungsprüfung (dazu Abschn. 2.4). Besteht die Aktiengesellschaft bereits, so vollzieht sich die Einbringung im Rahmen einer *Kapitalerhöhung* mit Sacheinlage (dazu Abschn. 12.1); erfolgt die Kapitalerhöhung mit Sacheinlage binnen zwei Jahren ab Eintragung der Aktiengesellschaft in das Handelsregister, so sind die Vorschriften über die Nachgründung anzuwenden (§ 52 AktG; s. dazu Abschn. 2.9).

Sowohl bei der Sachgründung als auch bei der Sachkapitalerhöhung kommt es nicht zur Gesamtrechtsnachfolge, die Vermögensgegenstände sind deshalb *einzeln* zu übertragen; Verbindlichkeiten und Verträge gehen nur dann auf die Aktiengesellschaft über, wenn die jeweiligen Vertragspartner ausdrücklich *zustimmen* (vgl. §§ 414 ff. BGB). Anders als bei der Ausgliederung endet die Haftung des Unternehmers nicht spätestens nach fünf Jahren.

In der Regel ist eine Umwandlung nach Maßgabe des Umwandlungsgesetzes im Hinblick auf die Gesamtrechtsnachfolge und auf die zeitliche Begrenzung der Nachhaftung des Unternehmers der Einbringung vorzuziehen; dagegen ist die Einbringung vorteilhafter als eine Ausgliederung zur Aufnahme, wenn die Haftung der aufnehmenden Aktiengesellschaft für die Verbindlichkeiten des Einzelkaufmanns gem. § 133 Abs. 1 UmwG nicht gewollt ist.

Hinsichtlich der *steuerlichen Folgen* gilt Abschn. 4.3.2 entsprechend, sofern die bei der Einbringung übernommenen Gegenstände einen Betrieb oder zumindest einen Teilbetrieb im steuerlichen Sinne darstellen.

4.2 Gesellschaft bürgerlichen Rechts

Eine Gesellschaft bürgerlichen Rechts kann nicht als übertragender oder formwechselnder Rechtsträger an einer Umwandlung nach dem Umwandlungsgesetz beteiligt sein. Ist die Gesellschaft gewerblich oder vermögensverwaltend tätig, können die Gesellschafter aber ohne weiteres die Eintragung als OHG oder KG in das Handelsregister herbeiführen (vgl. §§ 106, 105 Abs. 2 HGB), wodurch die Gesellschaft umwandlungsfähig wird; das gilt entsprechend bei einem Betrieb der Land- und Forstwirtschaft (§ 3 HGB). Zum Formwechsel einer OHG oder KG s. Abschn. 4.3.

Besteht eine Gesellschaft bürgerlichen Rechts ausschließlich aus natürlichen Personen, die sich zur Ausübung eines freien Berufs zusammengeschlossen haben, so können sie eine Partnerschaft nach dem Gesetz über Partnerschaftsgesellschaften Angehöriger Freier Berufe (Partnerschaftsgesellschaftsgesetz - PartGG) miteinander eingehen. Durch die Eintragung in das Partnerschaftsregister wandelt sich die Gesellschaft bürgerlichen Rechts im Verhältnis zu Dritten in eine Partnerschaft (§ 7 PartGG). Die Gesellschaft erlangt dadurch die Umwandlungsfähigkeit nach den Vorschriften des Umwandlungsgesetzes (vgl. §§ 3 Abs. 1 UmwG, 191 Abs. 1 UmwG), und die formwechselnde Umwandlung in die Aktiengesellschaft steht ihr damit offen (s. dazu Abschn. 4.4).

Als Alternative zu der umwandlungsrechtlichen Lösung kommt die *Einbringung* des Vermögens der Gesellschaft im Rahmen einer Sachgründung bzw. Sachkapitalerhöhung Betracht, vgl. Abschn. 4.1.2.

4.3 Personenhandelsgesellschaften

Personenhandelsgesellschaften sind die offene Handelsgesellschaft (OHG) und die Kommanditgesellschaft (KG).

4.3.1 Umwandlungsrechtliche Vorschriften

Die Umwandlung der Personenhandelsgesellschaften (Offene Handelsgesellschaft, Kommanditgesellschaft) durch Formwechsel in eine Aktiengesellschaft richtet sich nach den §§ 214 ff., 190 ff. UmwG. Der Formwechsel der Personenhandelsgesellschaften soll hier nicht vollständig dargestellt werden, es sollen vielmehr nur die wichtigsten *Unterschiede* zu dem unten in Abschn. 4.6 ausführlich dargestellten Formwechsel einer GmbH in eine Aktiengesellschaft aufgezeigt werden.

Ein *Umwandlungsbericht* ist nach § 215 UmwG nicht erforderlich, wenn alle Gesellschafter der formwechselnden Gesellschaft zur Geschäftsführung berechtigt sind oder wenn alle nicht zur Geschäftsführung berechtigten Gesellschafter gem. § 192 Abs. 2 UmwG auf seine Erstattung verzichten. Bei der OHG sind grundsätzlich alle Gesellschafter zur Geschäftsführung befugt; sind indessen gemäß § 114 HGB einzelne Gesellschafter von der Geschäftsführung ausgeschlossen, so ist ein Umwandlungsbericht zu erstellen, wenn kein Verzicht erfolgt. Bei der Kommanditgesellschaft sind die Kommanditisten gemäß § 164 HGB grundsätzlich von der Geschäftsführung ausgeschlossen, doch kann durch eine entsprechende Regelung in dem Gesellschaftsvertrag der KG dem Kommanditisten Geschäftsführungsbefugnis im Umfang des § 116 HGB eingeräumt werden. Ein Umwandlungsbericht ist also bei der Kommanditgesellschaft nur dann nicht erforderlich, wenn allen Kommanditisten durch Gesellschaftsvertrag Geschäftsführungsbefugnis im Sinne des § 116 HGB eingeräumt worden ist.

Wenn der Gesellschaftsvertrag keine Mehrheitsentscheidung für Umwandlungsbeschlüsse vorsieht, muss der *Umwandlungsbeschluss* der formwechselnden Personenhandelsgesellschaft mit den Stimmen aller Gesellschafter, auch der nicht erschienenen Gesellschafter, gefasst werden, sofern der Gesellschaftsvertrag nicht eine Entscheidung zulässt mit einer Mehrheit, die mindestens drei Viertel der abgegebenen Stimmen betragen muss (§ 217 UmwG). Der Beschluss ist in einer Gesellschafterversammlung zu fassen und bedarf der notariellen Beurkundung (§ 193 UmwG). Der Beschlussentwurf ist spätestens einen Monat vor der Gesellschafterversammlung einem etwa bestehenden Betriebsrat zuzuleiten (§ 194 Abs. 2 UmwG).

Der Nennbetrag des Grundkapitals der Gesellschaft darf das nach Abzug der Schulden verbleibende Vermögen der formwechselnden Gesellschaft nicht übersteigen (§ 220 Abs. 1 UmwG), d. h. das Aktivvermögen muss höher sein als die Schulden, und dieser Unterschiedsbetrag muss mindestens so hoch sein wie das Grundkapital; maßgeblich sind die Verkehrswerte der Vermögensgegenstände (Lutter, Rz. 13 zu § 220 UmwG). Reicht der Wert des Vermögens zur Deckung des Nennbetrages nicht aus, so wird das Gericht den Gesellschaftern durch eine Zwischenverfügung Gelegenheit zur Behebung der Beanstandung geben; in Betracht kommen die Auffüllung des Eigenkapitals durch Bareinlage und die Zurückbehaltung bestimmter Verbindlichkeiten. Geschieht das nicht, weist das Gericht die Anmeldung des Formwechsels zurück. Erfolgt die Eintragung des Formwechsels trotz unzureichenden Vermögens, etwa weil die Unterdeckung nicht erkannt worden war oder erst nach der Anmeldung eingetreten ist, so kommt eine Haftung der Gesellschafter für den Fehlbetrag in Betracht (vgl. Lutter-Joost, Rz. 22 zu § 220 UmwG, Rz. 4 zu § 219 UmwG).

Soweit die Gesellschafter der formwechselnden Gesellschaft für die Verbindlichkeiten der Gesellschaft gegenüber Dritten persönlich haften, berührt der Formwechsel die Ansprüche der Gesellschaftsgläubiger gegen die betreffenden Gesellschafter nicht, die *Haftung* nach § 128 HGB dauert fort (§ 224 Abs. 1 UmwG). Allerdings ist die Nachhaftung auf fünf Jahre zeitlich begrenzt, gerechnet ab Eintragung der neuen Rechtsform (§ 224 Abs. 2, 3 UmwG).

Auch beim Formwechsel von Personengesellschaften in die Rechtsform der Aktiengesellschaft gilt die rechtliche und wirtschaftliche Identität des Unternehmens als gewahrt. Die wirtschaftliche Kontinuität des Unternehmensträgers wird beibehalten. Es ändert sich allein die rechtliche Organisation des Unternehmens, dem vor und nach dem Formwechsel dasselbe Vermögen zugeordnet wird, ein Vermögensübergang findet nicht statt. Man kann bildhaft sagen, dass der Unternehmensträger das „rechtliche Kleid“ wechselt. Nach dem Formwechsel sind anstelle der Vorschriften des Handelsgesetzbuches über die Handelsgesellschaften diejenigen des Aktiengesetzes auf das Unternehmen anzuwenden.

4.3.2 Steuerliche Behandlung

Beim Formwechsel von der Personenhandelsgesellschaft – und damit auch der GmbH & Co. KG – zur Kapitalgesellschaft gilt § 20 UmwStG über § 25 UmwStG entsprechend, und danach wird der Formwechsel als *Einbringungstatbestand* behandelt. Anders als eine Betriebsveräußerung oder Betriebsaufgabe zwingt der Formwechsel nicht zur Auflösung der im Betriebsvermögen enthaltenen stillen Reserven, vielmehr dürfen die *Buchwerte* beibehalten werden. Der Formwechsel kann demnach ohne Auslösung einkommensteuerlicher Folgen geschehen. Einkommensteuern werden dann erst bei einer künftigen Weiterveräußerung der Aktien, die den Gesellschaftern infolge der Einbringung gewährt werden (sog. *einbringungsgeborene Anteile*), ausgelöst.

Die Vorschrift des § 20 UmwStG ist nicht anwendbar, wenn nicht alle *wesentlichen Betriebsgrundlagen* der Personengesellschaft eingebracht werden. In diesem Fall müssen die stillen Reserven insgesamt (ermäßigt nach § 34 EStG) versteuert werden (Umwandlungssteuererlass, Tz. 20.09).

Die stillen Reserven sind auch dann zu versteuern, wenn der Betrieb durch eine *verdeckte Sacheinlage* an die Aktiengesellschaft übergeht. Zu denken ist hier an den Fall, dass der Betrieb der Personengesellschaft schlicht eingestellt und sodann von der Aktiengesellschaft wieder aufgenommen wird. In diesem Fall ist § 20 UmwStG nicht anwendbar, so dass die stillen Reserven im vollen Umfang der – ermäßigten – Besteuerung gemäß § 34 EStG zu unterwerfen sind.

Zu beachten sind die Besonderheiten bei Vorhandensein von *Sonderbetriebsvermögen*, das sind Gegenstände, die nicht im gesamthänderischen Eigentum der Gesellschafter stehen, sondern einem einzelnen Gesellschafter gehören, der sie der Gesellschaft unentgeltlich oder entgeltlich zur Nutzung überlassen hat, wodurch sie steuerlich notwendiges Betriebsvermögen werden. Diese Gegenstände, z. B. Betriebsgrundstücke, werden durch den Formwechsel nicht Eigentum der Aktiengesellschaft, sondern gehen, sofern keine Betriebsaufspaltung besteht, in das steuerliche Privatvermögen ihrer Eigentümer über mit der Folge, dass die in diesen Wirtschaftsgütern enthaltenen stillen Reserven aufgedeckt werden und zu versteuern sind. Handelt es sich bei dem betreffenden Vermögensgegenstand um eine wesentliche Betriebsgrundlage, so kommt nach Auffassung der Finanzverwaltung die Buchwertfortführung bei der Einbringung des Betriebes in die Aktiengesellschaft gemäß § 20 UmwStG nicht in Betracht, vielmehr sind die stillen Reserven in Betriebsvermögen und Sonderbetriebsvermögen aufzulösen (Umwandlungssteuererlass, Tz. 20.10). Der Übergang ins Privatvermögen kann dadurch vermieden werden, dass der Eigentümer des betreffenden Grundstücks dieses unter Beachtung des § 6 Abs. 5 EStG in ein anderes Betriebsvermögen überführt.

Die Einbringung des Unternehmens im Ganzen in die Aktiengesellschaft löst keine *Umsatzsteuer* aus (§ 1 Abs. 1a UStG).

Gehört zum Gesamthandsvermögen der Gesellschaft ein *Grundstück*, so löst der Formwechsel und der damit verbundene Übergang des Eigentums an dem Grundstück auf die Aktiengesellschaft keine Grunderwerbsteuer aus (BFH BStBl. 1997 II, 661).

Der *Zeitpunkt* des Formwechsels ist steuerlich wichtig, weil von diesem Stichtag an das Einkommen nicht mehr nach den Vorschriften des Einkommensteuergesetzes, sondern nach denen des Körperschaftsteuergesetzes zu ermitteln ist, und weil die Zurechnung der Einkünfte nicht mehr zu den natürlichen Personen erfolgt, die Mitunternehmer der Personengesellschaft waren, sondern zu der Aktiengesellschaft als eigenständigem Steuersubjekt des Körperschaftsteuergesetzes. Gemäß §§ 25 S. 2, 9 S. 2 UmwStG ist für die übertragende Gesellschaft eine Steuerbilanz auf den steuerlichen Übertragungsstichtag aufzustellen. Zu bilanzieren wäre demnach auf den Tag der Übertragung des wirtschaftlichen Eigentums des Betriebsvermögens an die übernehmende Aktiengesellschaft. Nach §§ 25, 20 Abs. 6 UmwStG darf jedoch die Sacheinlage auf den Tag zurückbezogen werden, für den die Schlussbilanz der formwechselnden Personenhandelsgesellschaft aufgestellt ist; dieser Stichtag darf höchstens acht Monate vor der Anmeldung des Formwechsels zur Eintragung in das Handelsregister liegen. Der erhebliche Vorteil dieser Regelung liegt auf der Hand: es muss keine zusätzliche Bilanz erstellt werden. Kann die Achtmonatsfrist nicht eingehalten werden, muss der Formwechsel nicht unterbleiben, sondern kann auf der Grundlage einer Zwischenbilanz auf einen weniger als acht Monate zurückliegenden Stichtag durchgeführt werden.

4.4 Partnerschaftsgesellschaft

Für die Partnerschaftsgesellschaft gelten die vorstehenden Ausführungen zu den Personenhandelsgesellschaften entsprechend, vgl. §§ 225 a bis 225c UmwG. Abweichend davon ist bei der Partnerschaftsgesellschaft ein Umwandlungsbericht nur erforderlich, wenn ein Partner der formwechselnden Partnerschaft gemäß § 6 Abs. 2 PartGG von der Geschäftsführung ausgeschlossen ist (§ 225b UmwG) und ein Verzicht nicht erklärt wird.

4.5 GmbH & Co. KG

Die Umwandlung einer GmbH & Co. KG in eine Aktiengesellschaft ist auf zwei Wegen möglich.

Der einfachste Weg ist das sog. *erweiterte Anwachsungsmodell*, bei dem die Kommanditanteile von den Kommanditisten durch eine Sachkapitalerhöhung gem. § 56 GmbH in die Komplementär-GmbH eingebracht werden, wodurch die Kommanditgesellschaft erlischt und ihr Vermögen im Wege der Gesamtrechtsnachfolge auf die GmbH übergeht. Die durch die Einbringung zum alleinigen Unternehmensträger gewordene GmbH wird sodann durch Formwechsel, wie nachfolgend dargestellt, in eine Aktiengesellschaft umgewandelt. Besitzt die GmbH & Co. KG Grundstücke, scheidet diese Alternative in der Regel wegen der dadurch ausgelösten Grunderwerbsteuern aus.

Die Kommanditgesellschaft kann außerdem durch *Formwechsel* in eine Aktiengesellschaft umgewandelt werden (s. dazu auch Abschn. 4.3). Dabei ist allerdings zu berücksichtigen, dass die Identität der Gesellschafter der Kommanditgesellschaft über den Formwechsel hinweg zu wahren ist (§ 202 Abs. 1 Nr. 2 UmwG); die als Komplementärin fungierende GmbH ist aber in der Regel nicht am Kapital der GmbH & Co. KG beteiligt. Dieses Hindernis lässt sich dadurch überwinden, dass einer der beteiligten Kommanditisten vor dem Formwechsel einen Teil seiner Kommanditeinlage an die Komplementär-GmbH überträgt. Die Übertragung geschieht treuhänderisch; die GmbH hat dann nach erfolgtem Formwechsel die von ihr dadurch erlangten Aktien an den Treugeber zu übertragen. Anders als beim Anwachsungsmodell bleibt bei der formwechselnden Umwandlung einer GmbH & Co. KG die Komplementär-GmbH erhalten, die dann anderen unternehmerischen Zwecken zugeführt, nach §§ 66 ff. GmbHG liquidiert oder aber auf die Aktiengesellschaft verschmolzen werden kann.

Zur steuerlichen Seite s. Abschn. 4.3.2.

4.6 GmbH

Durch Umwandlung mittels Formwechsel ändert sich die Rechtsform, also die äußere Form, während die rechtliche und wirtschaftliche Identität gewahrt bleibt. Es handelt sich um denselben Rechtsträger vor und nach dem Formwechsel. Änderungen gibt es alleine bei der rechtlichen Organisation des Unternehmens, dem vor und nach der Umwandlung dasselbe Vermögen zugeordnet wird; ein Vermögensübergang findet nicht statt. Wird also eine GmbH in eine Aktiengesellschaft umgewandelt, so besteht die Veränderung darin, dass anschließend statt der Vorschriften des GmbH-Gesetzes die des Aktiengesetzes anzuwenden sind, es wurde lediglich das „Rechtskleid“ gewechselt.

Die Umwandlung der GmbH zur Aktiengesellschaft durch Formwechsel wird hier entsprechend ihrer großen Bedeutung in der Praxis eingehend zu behandeln. Man kann davon ausgehen, dass die meisten aus einem Formwechsel hervorgehenden Aktiengesellschaften zuvor die Rechtsform der GmbH hatten. Der Ablauf des Formwechsels von der GmbH zur Aktiengesellschaft ist in den §§ 190 ff., insbesondere 226 ff., UmwG geregelt.

4.6.1 Umwandlungsbericht

Die Geschäftsführer der umzuwandelnden GmbH haben einen Umwandlungsbericht zu erstellen (§ 192 UmwG). In dem Umwandlungsbericht sind der Formwechsel und insbesondere die künftige Beteiligung der Geschäftsanteilsinhaber an der Aktiengesellschaft rechtlich und wirtschaftlich zu erläutern und zu begründen.

Der Bericht beginnt mit einer *Darstellung* der umzuwandelnden GmbH, verbunden mit einem Überblick über die bisherige rechtliche und wirtschaftliche Entwicklung. Die Gründe für den vorgesehenen Wechsel in die Rechtsform der Aktiengesellschaft sollten sich daraus ableiten und der Formwechsel als Fortsetzung der bisherigen Entwicklung darstellen lassen. So kann z. B. das stetige Wachstum eines zunächst in der Rechtsform einer Personengesellschaft und später einer GmbH geführten Familienunternehmens und der damit verbundene Kapitalbedarf für die Finanzierung der weiteren Expansion die Öffnung des Unternehmens für Dritte und zu diesem Zweck den Formwechsel in eine Aktiengesellschaft nahelegen (vgl. Lutter, Rz. 11 zu § 192 UmwG). Ferner kann damit die im Hinblick auf die Generationenfolge vorgesehene Trennung zwischen Gesellschafterstellung und Geschäftsleitung vorbereitet werden.

Die *Zweckmäßigkeit* des Formwechsels und die damit erstrebten Vorteile sind aus den in dem Bericht dargelegten rechtlichen und wirtschaftlichen Gründen abzuleiten. Etwaige Nachteile der angestrebten Rechtsform sind indessen nicht zu verschweigen, sofern sie schon erkennbar sind. In diesem Falle ist auszuführen, warum die Vorteile die Nachteile des Formwechsels überwiegen. Die Überlegungen zu der Frage, ob statt des Formwechsels zur Aktiengesellschaft auch andere Maßnahmen zur Verwirklichung des angestrebten Ziels in Betracht kommen, sind darzulegen.

Außerdem sind die rechtlichen und wirtschaftlichen *Folgen* des Formwechsels zu erläutern und zu begründen. Besonders hervorgehoben ist die Verpflichtung zur Erläuterung der künftigen Beteiligungsform der Gesellschafter. Die sich aus der qualitativen Veränderung der Gesellschaftsanteile, also Aktien statt Geschäftsanteile, ergebenden Änderungen sind zu erklären. Darzustellen ist beispielsweise, dass der GmbH-Gesellschafter ein weitgehendes Auskunfts- und Einsichtsrecht nach § 51a GmbHG besitzt, wohingegen dem Aktionär lediglich das Auskunftsrecht in der Hauptversammlung (§ 131 AktG) zusteht. So ist auch zu erläutern, dass die Zuständigkeiten und Befugnisse der Hauptversammlung (AG) im Vergleich zu denen der Gesellschafterversammlung (GmbH) sehr stark eingeschränkt sind bei gleichzeitiger Zuweisung wichtiger Kompetenzen an den Aufsichtsrat.

Schließlich ist im Umwandlungsbericht zweckmäßigerweise die Höhe der *Barabfindung* zu erläutern, die von der Gesellschaft an diejenigen Gesellschafter zu leisten ist, die in der Gesellschafterversammlung gegen den Umwandlungsbeschluss Widerspruch zur Niederschrift erklären und nach der Umwandlung aus der Gesellschaft ausscheiden (dazu Abschn. 4.6.2.5).

Der Umwandlungsbericht ist von den Geschäftsführern spätestens zusammen mit der Einberufung der Gesellschafterversammlung, in der über den Formwechsel beschlossen werden soll, allen Gesellschaftern zu *übersenden* (§§ 238, 230 Abs. 1 UmwG); zudem ist der Umwandlungsbericht in der Gesellschafterversammlung für die Gesellschafter auszulegen (§ 239 Abs. 1 UmwG).

Ein Umwandlungsbericht ist nicht erforderlich, wenn eine *Einmann-GmbH* umgewandelt wird oder wenn sämtliche Gesellschafter der GmbH durch notariell beurkundete Erklärungen auf den Bericht *verzichten* (§§ 238, 192 Abs. 3 UmwG).

4.6.2 Umwandlungsbeschluss

Der Formwechsel erfordert einen von der Gesellschafterversammlung der umzuwandelnden GmbH zu fassenden Umwandlungsbeschluss (§ 193 Abs. 1 UmwG).

4.6.2.1 Vorbereitung

Die Geschäftsführer der formwechselnden GmbH haben die Gesellschafter unter Beachtung der gesetzlichen und vertraglichen Formen und Fristen zu der Gesellschafterversammlung einzuberufen. Dabei ist der Formwechsel als Gegenstand der Beschlussfassung in Textform anzukündigen; der Umwandlungsbericht ist beizufügen, sofern nicht die Gesellschafter den Verzicht darauf in Aussicht gestellt haben oder es sich um eine Einmann-Gesellschaft handelt.

Ferner ist nach §§ 238, 231 UmwG den Gesellschaftern das Barabfindungsangebot nach § 207 UmwG zu übersenden, sofern nicht auch hier ein Verzicht zu erwarten ist (vgl. unten 4.6.2.5). Der Entwurf des Umwandlungsbeschlusses ist spätestens einen Monat vor der Beschlussfassung über den Formwechsel dem zuständigen *Betriebsrat* zuzuleiten (§ 194 Abs. 2 UmwG). Mit Zustimmung des Betriebsrats kann die Monatsfrist abgekürzt werden. Ist das Stammkapital der umzuwandelnden GmbH geringer als das Mindestgrundkapital der Aktiengesellschaft von 50.000 Euro (§ 6 AktG), so ist vor der Umwandlung das Stammkapital auf den Mindestbetrag zu *erhöhen* (§ 243 Abs. 2 UmwG).

Im Rahmen der Vorbereitung einer Umwandlung in die Rechtsform der Aktiengesellschaft schließen die Gesellschafter regelmäßig eine Aktionärsvereinbarung, in der insbesondere die in Abschn. 3.3 dargestellten Gegenstände geregelt werden.

4.6.2.2 Beschlussfassung

Der Umwandlungsbeschluss ist nach § 193 Abs. 1 S. 2 UmwG in einer *Gesellschafterversammlung* zu fassen, nicht etwa im Umlaufverfahren oder in sonstiger Art und Weise, wie sie § 48 GmbHG oder ggf. der Gesellschaftsvertrag der GmbH für Gesellschafterbeschlüsse vorsehen. In der Gesellschafterversammlung, die den Formwechsel beschließen soll, ist der Umwandlungsbeschluss zur *Einsichtnahme* auszulegen (§ 239 Abs. 1 UmwG). Der Umwandlungsbeschluss einer GmbH beim Formwechsel in eine Aktiengesellschaft muss insbesondere folgende Bestimmungen treffen (§§ 194, 243, 218 UmwG):

1. die Rechtsform, die die GmbH durch den Formwechsel erlangen soll;
2. die Firma des Rechtsträgers in der neuen Rechtsform;
   die bisher geführte Firma darf grundsätzlich beibehalten werden (§ 200 UmwG);
3. eine Beteiligung der bisherigen Gesellschafter der GmbH an dem Rechtsträger in der neuen Rechtsform, der Aktiengesellschaft;
   diese Vorschrift soll sicherstellen, dass *alle* vorhandenen Gesellschafter an dem neuen Rechtsträger beteiligt werden;
4. Zahl und Art der Aktien, die die Gesellschafter durch den Formwechsel erlangen;
5. die Rechte, die einzelnen Gesellschaftern der GmbH sowie den Inhabern besonderer Rechte gewährt werden sollen, oder die Maßnahmen, die für diese Personen vorgesehen sind;

6. ein Abfindungsangebot (§ 207 UmwG) an jeden Gesellschafter, der gegen den Umwandlungsbeschluss Widerspruch zur Niederschrift erklärt, seinen umgewandelten Anteil gegen eine angemessene Barabfindung zu erwerben (dazu Abschn. 4.6.2.5);
   das Abfindungsangebot ist entbehrlich, wenn die Abtretung der Geschäftsanteile von der Zustimmung aller Gesellschafter abhängig ist (vgl. § 193 Abs. 2 UmwG), oder wenn an der GmbH nur eine Person beteiligt ist (§ 194 Abs. 1 Nr. 6 UmwG). Die Barabfindung ist ferner nicht anzubieten, wenn feststeht, dass kein Gesellschafter ausscheiden will und alle Gesellschafter auf das Angebot verzichten;
7. die Folgen des Formwechsels für die Arbeitnehmer und ihre Vertretungen sowie die insoweit vorgesehenen Maßnahmen;
   der Formwechsel berührt die Arbeitsverträge nicht, da die Identität der arbeitgebenden Gesellschaft unberührt bleibt und die Rechte und Pflichten der Arbeitnehmer aus den bestehenden Arbeitsverträgen unverändert fortbestehen. Aus diesem Grunde kommt auch nicht die Vorschrift des § 613a BGB (Betriebsübergang) zum Tragen. Das Direktionsrecht des Arbeitgebers wird nach der Umwandlung durch den Vorstand der Aktiengesellschaft ausgeübt. Umsetzungen oder gar betriebsbedingte Kündigungen kann der Formwechsel nicht auslösen. Bestehende Betriebsvereinbarungen und Tarifverträge gelten fort. Die Betriebsverfassung nach dem Betriebsverfassungsgesetz bleibt unberührt und die Organe, Ausschüsse und sonstigen Einrichtungen nach dem Betriebsverfassungsgesetz bleiben bestehen. Musste bereits die GmbH einen Aufsichtsrat bilden, so bestehen die Aufsichtsratsmandate gem. § 203 UmwG in der Aktiengesellschaft fort; s. dazu auch Abschn. 2.2;
8. die Feststellung der Satzung der Aktiengesellschaft;
   in die Satzung sind Festsetzungen über Sondervorteile, Gründungsaufwand, Sacheinlagen und Sachübernahmen aus dem Gesellschaftsvertrag der formwechselnden GmbH zu übernehmen (§§ 243 Abs. 1, 218 Abs. 1 UmwG).

Die Umwandlung einer GmbH in eine Aktiengesellschaft bedarf einer Mehrheit von mindestens drei Vierteln der bei der Gesellschafterversammlung abgegebenen Stimmen; sollte der Gesellschaftsvertrag der GmbH eine größere Mehrheit vorsehen, so ist diese maßgebend (§ 240 Abs. 1 UmwG). Ist die Abtretung von Geschäftsanteilen bei einer formwechselnden Gesellschaft von der Genehmigung einzelner Gesellschafter abhängig, so bedarf der Umwandlungsbeschluss zu seiner Wirkung ihrer Zustimmung (§ 193 Abs. 2 UmwG); das bedeutet, dass in diesen Fällen ein mit der erforderlichen Dreiviertelmehrheit beschlossenen Formwechsel scheitert, wenn die betreffenden Gesellschafter nicht dafür stimmen.

4.6.2.3 Niederschrift

Der Umwandlungsbeschluss und etwa erforderliche Zustimmungserklärungen müssen notariell beurkundet werden (§ 193 Abs. 3 S. 1 UmwG). Die Gebühren des Notars bemessen sich nach dem Wert des übergehenden Aktivvermögens, ohne dass die Verbindlichkeiten davon abgezogen werden können; die Gebühr ist begrenzt auf 5.000 Euro (§§ 27, 47 KostO).

Auf Verlangen ist jedem Anteilsinhaber auf seine Kosten unverzüglich eine Abschrift der Niederschrift des Beschlusses zu erteilen (§ 193 Abs. 3 S. 2 UmwG); geschieht dies nicht, so ist der Geschäftsführer hierzu vom Registergericht durch Festsetzung von Zwangsgeld anzuhalten (§ 316 Abs. 1 UmwG).

In der Niederschrift des Umwandlungsbeschlusses sind die Gesellschafter, die für den Formwechsel gestimmt haben und damit bei der Anwendung der Gründungsvorschriften des Aktiengesetzes an die Stelle der Gründer treten, namentlich aufzuführen (§§ 244 Abs. 1, 245 Abs. 1 UmwG).

In die Niederschrift wird üblicherweise auch die Bestellung der von den Aktionären zu wählenden Aufsichtsratsmitglieder aufgenommen, die ihrerseits alsbald die Vorstandsmitglieder bestellen (vgl. Abschn. 2.2).

4.6.2.4 Klagen gegen die Wirksamkeit; Zuzahlung in bar

Mit der Beschlussfassung läuft die einmonatige Frist für die Klage gegen die Wirksamkeit des Umwandlungsbeschlusses gemäß § 195 Abs. 1 UmwG an. Ein Gesellschafter kann Klage erheben, wenn er die Nichtigkeit, Unwirksamkeit oder Anfechtbarkeit des Umwandlungsbeschlusses geltend machen will. Durch einen mit dem Umwandlungsbeschluss zu beurkundenden etwaigen Verzicht der Anteilseigner auf die Klageerhebung wird die Eintragung des Formwechsels beschleunigt, da das Registergericht dann nicht der Frage nachgehen muss, ob innerhalb der Einmonatsfrist eine Klage gegen den Umwandlungsbeschluss erhoben worden ist.

Die Klage eines Gesellschafters kann wegen § 195 Abs. 2 UmwG nicht darauf gestützt werden, dass die Anteile an der Aktiengesellschaft zu niedrig bemessen sind oder dass die Aktien kein ausreichender Gegenwert für die weggefallenen Geschäftsanteile sind, dass also – mit anderen Worten – die bestehenden Beteiligungsquoten im Umwandlungsbeschluss nicht exakt abgebildet sind. Der Gesellschafter kann in diesem Fall von der Gesellschaft einen Ausgleich durch bare Zuzahlung verlangen (§ 196 UmwG). Leistet die Gesellschaft die bare Zuzahlung nicht oder erscheint diese dem Gesellschafter zu niedrig, so kann er die gerichtliche Entscheidung nach den Vorschriften des Spruchverfahrensgesetzes beantragen.

4.6.2.5 Barabfindung

Die GmbH hat jedem Gesellschafter, der an der Gesellschafterversammlung teilgenommen, gegen den Umwandlungsbeschluss gestimmt und darüber hinaus gegen den Formwechsel Widerspruch zur Niederschrift erklärt hat, den Erwerb seines umgewandelten Anteils gegen eine angemessene Barabfindung anzubieten (§ 207 Abs. 1 S. 1 UmwG). Dem Widerspruch zur Niederschrift steht es gleich, wenn ein nicht erschienener Gesellschafter zu der Gesellschafterversammlung zu Unrecht nicht zugelassen worden ist oder die Gesellschafterversammlung nicht ordnungsgemäß einberufen oder der Gegenstand der Beschlussfassung nicht ordnungsgemäß bekanntgemacht worden ist (§ 207 Abs. 2 i. V. m. § 29 Abs. 2 UmwG). Die Abfindungslast trägt die Gesellschaft. Die Barabfindung ist nicht anzubieten, wenn feststeht, dass kein Gesellschafter ausscheiden will und alle Gesellschafter auf das Angebot verzichten (vgl. Lutter-Decher, Rz. 19 zu § 207 UmwG).

Der Gesellschafter, der gegen den Umwandlungsbeschluss Widerspruch zur Niederschrift eingelegt hat oder wegen §§ 207 Abs. 2, 29 Abs. 2 UmwG gleichgestellt ist, scheidet im Anschluss an den Formwechsel gegen Annahme des Angebots auf Barabfindung (§ 209 UmwG) bzw. durch anderweitige Veräußerung (§ 211 UmwG) aus der Gesellschaft aus. Kommt infolge der Nein-Stimme des Gesellschafters der Umwandlungsbeschluss gar nicht erst zustande, etwa weil der Gesellschafter eine Beteiligung von mehr als 25 % hält (vgl. § 240 Abs. 1 S. 1 UmwG) oder weil aufgrund einer entsprechenden Bestimmung im Gesellschaftsvertrag der GmbH der Beschluss der Einstimmigkeit oder der Zustimmung dieses Gesellschafters bedarf, so ist die Umwandlung gescheitert, so dass von vornherein keine Grundlage für die Zahlung von Abfindungen besteht.

Die Barabfindung ist von der Aktiengesellschaft zu leisten, die im Gegenzug die (neuen) Anteile des ausscheidenden Gesellschafters erwirbt. Damit liegt ein Erwerb eigener Aktien vor, der nur unter bestimmten Voraussetzungen zulässig ist (§ 71 AktG). Insbesondere ist es erforderlich, dass die Rücklage für eigene Aktien (§ 272 Abs. 4 HGB) aus freien Mitteln gebildet werden kann (vgl. Lutter, Rz. 13 zu § 207 UmwG). Ist das nicht möglich, so hat der Formwechsel zu unterbleiben.

Der Formwechsel scheidet ferner aus wegen § 71 Abs. 2 AktG (trotz § 71 Abs. 1 Nr. 3 AktG), wenn von vornherein abzusehen ist, dass die gegen die Abfindungszahlung zurückzunehmenden eigenen Aktien mehr als 10 % des

Grundkapitals ausmachen. Sollte der Formwechsel zu scheitern drohen, weil die 10 %-Grenze überschritten oder die Erhaltung des Grundkapitals nicht gewährleistet ist, kann dem in geeigneten Fällen dadurch begegnet werden, dass die Gesellschafter, die den Formwechsel nicht mitvollziehen wollen, zuvor zum Verkauf ihrer Geschäftsanteile an die anderen Gesellschafter bewegt werden. Stellt sich allerdings erst *nach* der Beschlussfassung heraus, dass die zurückzunehmenden Aktien mehr als 10 % des Grundkapitals ausmachen, ist der Beschluss wirksam und die Gesellschaft zum Erwerb der Aktien und zur Abfindung der ausscheidenden Gesellschafter verpflichtet (vgl. § 207 Abs. 1 S. 1 2. Halbsatz UmwG).

Maßgeblich für die Höhe der Barabfindung ist der Verkehrswert des Unternehmens. Wird der Verkehrswert durch einen Wirtschaftsprüfer oder vereidigten Buchprüfer ermittelt, so wendet dieser dabei den für ihn berufsrechtlich maßgeblichen IDW-Standard „Grundsätze zur Durchführung von Unternehmensbewertungen" (IDW S 1, abgedruckt WPg 2005, 1303) an. Nach IDW S 1 ist der Wert eines Unternehmens alleine aus seiner Eigenschaft abzuleiten, finanzielle Überschüsse für die Unternehmenseigner zu erwirtschaften. Dieser Wert ergibt sich grundsätzlich aufgrund der finanziellen Überschüsse, die bei Fortführung des Unternehmens und Veräußerung etwaigen nicht betriebsnotwendigen Vermögens erwirtschaftet werden (Zukunftserfolgswert). Der Zukunftserfolgswert kann nach dem Ertragswertverfahren oder nach den Discounted Cash Flow-Verfahren ermittelt werden. Bei der Bemessung der Barabfindung kommt es auf die Verhältnisse der GmbH im Zeitpunkt der Beschlussfassung über den Formwechsel an. Gesellschaftsvertragliche Regelungen über die Abfindung ausscheidender Gesellschafter sind nicht anzuwenden. Die Angemessenheit der Barabfindung ist durch einen vom Gericht zu bestellenden *Sachverständigen* zu prüfen, sofern die ausscheidungswilligen Gesellschafter nicht durch notariell beurkundete Erklärungen darauf verzichten (§§ 208, 30 UmwG).

Hält ein Anteilseigner die ihm nach § 207 Abs. 1 UmwG angebotene Barabfindung für zu niedrig, so hat auf seinen Antrag das zuständige Landgericht nach den Vorschriften des Spruchverfahrensgesetzes die angemessene Barabfindung zu bestimmen (§ 212 UmwG); die Erhebung einer Klage gegen die Wirksamkeit des Umwandlungsbeschlusses unter Berufung auf eine zu niedrige Bemessung der Barabfindung ist dagegen nach § 210 UmwG ausdrücklich ausgeschlossen. Bestimmt das Landgericht in dem Spruchverfahren eine höhere Abfindung, so steht diese auch denjenigen ausscheidenden Gesellschaftern zu, die keinen Antrag auf gerichtliche Entscheidung gestellt hatten (§ 13 SpruchG). Der Anspruch auf Zahlung der Barabfindung entsteht mit der Eintragung der Umwandlung in das Handelsregister, er ist sofort fällig und verzinslich (§§ 208, 30 UmwG).

4.6.3 Gründungsvorschriften

Beim Formwechsel einer GmbH in die Aktiengesellschaft sind gem. § 197 S. 1 UmwG die für diese Rechtsform geltenden Gründungsvorschriften anzuwenden.

Nach § 32 AktG haben die Gründer einen schriftlichen Bericht über den Hergang der Gründung zu erstatten (Gründungsbericht); da der Formwechsel insoweit wie eine Sachgründung zu behandeln ist, sind in dem Gründungsbericht die wesentlichen Umstände darzulegen, von denen die Angemessenheit der Leistungen für Sacheinlagen oder Sachübernahmen abhängt. Die Pflicht zur Erstattung des Gründungsberichts trifft die nach § 245 Abs. 1 UmwG als Gründer geltenden Gesellschafter, die für den Formwechsel gestimmt haben.

In dem Gründungsbericht sind auch Ausführungen zum Reinvermögen der Gesellschaft zu machen. Der Nennbetrag des Grundkapitals der Aktiengesellschaft darf das nach Abzug der Schulden verbleibende Vermögen der formwechselnden Gesellschaft nicht übersteigen (§§ 245 Abs. 1 S. 2, 220 Abs. 1 UmwG), d. h. das Aktivvermögen muss höher sein als die Schulden, und dieser Unterschiedsbetrag muss mindestens so hoch sein wie das Grundkapital; maßgeblich sind die Verkehrswerte der Vermögensgegenstände (Lutter, Rz. 13 zu § 220 UmwG). Reicht der Wert des Vermögens zur Deckung des Nennbetrages nicht aus, so hat das Gericht den Gründern durch eine Zwischenverfügung Gelegenheit zur Behebung der Beanstandung, etwa mittels Barzahlung, zu geben. Kommen die Gründer dem nicht nach, weist das Gericht die Anmeldung des Formwechsels zurück. Erfolgt die Eintragung des Formwechsels trotz unzureichenden Vermögens, etwa weil die Unterdeckung nicht erkannt worden war oder erst nach der Anmeldung eingetreten ist, so kommt eine Haftung der Gründer für den Fehlbetrag in Betracht (vgl. Lutter-Joost, Rz. 22 zu § 220 UmwG, Rz. 4 zu § 219 UmwG). Ferner sind in dem Gründungsbericht auch der bisherige Geschäftsverlauf und die Lage der formwechselnden Gesellschaft darzulegen (§ 220 Abs. 2 UmwG).

Der Hergang der Umwandlung ist durch die Mitglieder des Vorstands und des Aufsichtsrats (§ 33 Abs. 1 AktG) und durch externe, gerichtlich bestellte Gründungsprüfer (§§ 33 Abs. 2 AktG, 220 Abs. 3 UmwG) zu prüfen.

4.6.4 Anmeldung

Der Formwechsel ist zur Eintragung in das Handelsregister, in dem die formwechselnde GmbH eingetragen ist, anzumelden (§§ 198 Abs. 1, 246 Abs. 1 UmwG). Zuständig sind die Geschäftsführer; dabei müssen nicht alle Geschäftsführer mitwirken, es reicht die Anmeldung durch Geschäftsführer in vertretungsberechtigter Anzahl aus.

Die Anmeldenden haben zu erklären, dass gegen den Umwandlungsbeschluss eine Klage nicht oder nicht fristgemäß erhoben oder eine solche Klage rechtskräftig abgewiesen oder zurückgenommen worden ist (§ 198 Abs. 3 UmwG i. V. m. § 16 Abs. 2 und 3 UmwG). Liegt diese Erklärung nicht vor, darf die Umwandlung nicht eingetragen werden, es sei denn, dass alle Anteilseigner auf die Klageerhebung verzichtet haben. Der Formwechsel ist trotz einer anhängigen Klage einzutragen, wenn das zuständige Prozessgericht durch rechtskräftigen Beschluss festgestellt hat, dass die Erhebung der Klage der Eintragung nicht entgegensteht, sog. Unbedenklichkeitsverfahren (§ 198 Abs.3 i. V. m. § 16 Abs. 3 UmwG).

Der Anmeldung sind nach den allgemeinen Umwandlungsvorschriften insbesondere folgende *Unterlagen* beizufügen:

- die Niederschrift des Umwandlungsbeschlusses einschließlich der Satzung der Aktiengesellschaft (§ 199 UmwG);
- der Umwandlungsbericht oder die Erklärungen über den Verzicht auf seine Erstellung (§ 199 UmwG);
- ein Nachweis über die Zuleitung des Entwurfs des Umwandlungsbeschlusses gem. § 194 Abs. 2 UmwG an den Betriebsrat der formwechselnden Gesellschaft, sofern ein solcher besteht (§§ 199, 194 Abs. 2 UmwG). Besteht kein Betriebsrat, so ist von den Anmeldenden eine entsprechende Versicherung abzugeben;
- ggf. der Nachweis, dass der Betriebsrat der Abkürzung der Monatsfrist des § 194 Abs. 2 UmwG zugestimmt hat;

aufgrund der Zielrechtsform Aktiengesellschaft ist außerdem beizufügen (§ 197 S. 1 UmwG i. V. m. § 37 Abs. 4 AktG):

- die Satzung der Aktiengesellschaft;
- eine Berechnung des Aufwands für den Formwechsel;
- die Urkunden über die Bestellung des Vorstands und des Aufsichtsrats;
- eine Liste der Aufsichtsratsmitglieder, aus welcher Name, Vorname, ausgeübter Beruf und Wohnort ersichtlich sind;
- der Gründungsbericht und die Prüfungsberichte der Mitglieder des Vorstands und des Aufsichtsrats sowie der externen Gründungsprüfer nebst Unterlagen.

4.6.5 Gerichtliche Prüfung, Eintragung, Bekanntmachung

Das Registergericht hat zu prüfen, ob die Voraussetzungen für die Eintragung des Formwechsels in formeller und materieller Hinsicht erfüllt sind. Die formelle Prüfung bezieht sich darauf, ob die erforderlichen Anmeldungen und Erklärungen vorliegen und die Anlagen der Anmeldung vollständig beigefügt sind.

In materieller Hinsicht wird beim Formwechsel in die Aktiengesellschaft insbesondere geprüft, ob der Nennbetrag des Grundkapitals der Aktiengesellschaft durch das Vermögen der formwechselnden Gesellschaft gedeckt ist (§§ 245 Abs. 1, 220 Abs. 1 UmwG). Gegenstand der Prüfung sind auch der Gründungsbericht und die Berichte über die Gründungsprüfung.

Das Gericht macht gem. § 201 UmwG die Eintragung der neuen Rechtsform unter www.handelsregisterbekanntmachungen.de ihrem ganzen Inhalt nach bekannt (§ 10 HGB). Die Bekanntmachung der Eintragung enthält die Angaben gemäß § 39 AktG und den Hinweis an die Gläubiger auf ihr Recht gem. §§ 204, 22 UmwG (s. dazu den nachfolgenden Abschn. 4.6.6).

4.6.6 Wirkungen der Eintragung

Die Eintragung der neuen Rechtsform in das Handelsregister bewirkt gem. § 202 Abs. 1 UmwG, dass die formwechselnde GmbH als Aktiengesellschaft weiter besteht und aus den GmbH-Gesellschaftern Aktionäre werden. Dabei sind die GmbH und die Aktiengesellschaft identisch, es findet auch nicht etwa eine Vermögensübertragung im Wege der Gesamtrechtsnachfolge statt. Die Aktionäre können von der Aktiengesellschaft gem. § 248 Abs. 1 UmwG die Ausgabe von Aktien verlangen, sofern nicht der Verbriefungsanspruch durch die Satzung ausgeschlossen ist. Der Formwechsel macht im Hinblick auf die beibehaltene Identität nicht die Erstellung eines Jahresabschlusses auf den Zeitpunkt des Formwechsels nötig. Durch den Formwechsel wird das bisherige Stammkapital der formwechselnden GmbH zum Grundkapital der Aktiengesellschaft (§ 247 Abs. 1 UmwG). Unterliegt die GmbH der unternehmerischen Mitbestimmung, so bleiben die Aufsichtsratsmitglieder beim Formwechsel in eine Aktiengesellschaft grundsätzlich für den Rest ihrer Wahlzeit im Amt (§ 203 AktG).

Den Gläubigern der formwechselnden Gesellschaft ist, wenn sie binnen sechs Monaten nach der Bekanntmachung der Eintragung des Formwechsels in das Handelsregister ihren Anspruch nach Grund und Höhe anmelden, unter den Voraussetzungen des § 22 UmwG Sicherheit zu leisten, wenn sie glaubhaft machen, dass durch den Formwechsel die Erfüllung ihrer Forderung gefährdet wird (§ 204 UmwG).

Steuerlich ist die formwechselnde Umwandlung einer Kapitalgesellschaft in eine andere Kapitalgesellschaft – und somit auch der Formwechsel von der GmbH zur Aktiengesellschaft – unbeachtlich.

In der Zeit zwischen dem Formwechselbeschluss und der Eintragung des Formwechsels bleiben das GmbH-Gesetz und der Gesellschaftsvertrag der GmbH maßgeblich. Liegt vor der Eintragung ein Bilanzstichtag, so ist der Jahresabschluss für die GmbH unter Beachtung der für diese geltenden Rechtsvorschriften (z. B. § 42 GmbHG) aufzustellen. Die Zuständigkeit für die Feststellung des Jahresabschlusses der im Formwechsel begriffenen GmbH richtet sich danach, ob im Zeitpunkt der Feststellung der Formwechsel schon eingetragen ist. Wenn das der Fall ist, liegt die Zuständigkeit gem. § 172 AktG beim Aufsichtsrat, ansonsten weiterhin gem. § 46 Nr. 1 GmbHG bei der Gesellschafterversammlung.

4.7 Verschmelzung zur Neugründung einer Aktiengesellschaft

Eine neue Aktiengesellschaft kann in der Weise entstehen, dass zwei oder mehr Rechtsträger ihr Vermögen durch eine Verschmelzung auf eine neue, von ihnen dadurch gegründete Aktiengesellschaft übertragen (§ 2 Nr. 2 UmwG).

4.8 Spaltung zur Neugründung einer Aktiengesellschaft

Eine neue Aktiengesellschaft kann auch bei einer Spaltung entstehen dadurch, dass Rechtsträger ihr Vermögen aufspalten, von ihrem Vermögen einen Teil oder mehrere abspalten oder aus ihm ausgliedern, und zwar jeweils zur Übertragung auf dadurch gegründete neue Aktiengesellschaften (§ 123 UmwG). Ein Anwendungsfall der Spaltung ist die Ausgliederung aus dem Vermögen eines Einzelkaufmanns zur Neugründung (Abschn. 4.1.1).

5 Vorstand

Während die GmbH in der Regel nur zwei Organe hat, nämlich Geschäftsführer und Gesellschafterversammlung, sind für die Aktiengesellschaft drei Organe zwingend vorgeschrieben, nämlich Vorstand, Aufsichtsrat und Hauptversammlung. Zwischen diesen Organen besteht eine gesetzlich festgelegte Gewaltenteilung im Sinne einer Gewaltenverzahnung und Gewaltenkontrolle (vgl. K. Schmidt, Gesellschaftsrecht, § 28 V).

Der Vorstand leitet die Aktiengesellschaft eigenverantwortlich; der Aufsichtsrat und die Hauptversammlung sind von der Unternehmensleitung ausgeschlossen. Der Aufsichtsrat hat die Aufgabe, den Vorstand zu überwachen, ohne eigene unternehmerische Initiative entfalten zu können. Die Hauptversammlung entscheidet nur in den wenigen vom Aktiengesetz vorgesehenen Fällen, sie besitzt also – anders als die Gesellschafterversammlung der GmbH – keine Allzuständigkeit.

Die Stellung des Vorstands ist in §§ 76 bis 94 AktG geregelt; weitere Vorschriften zu den Rechten und Pflichten des Vorstands finden sich verstreut über das gesamte Aktiengesetz, aber auch in anderen Gesetzen, z. B. im Handelsgesetzbuch. Die Vorschriften für die Vorstandsmitglieder gelten nach § 94 AktG auch für ihre *Stellvertreter*, d. h. die als solche bezeichneten stellvertretenden Vorstandsmitglieder haben alle Rechte und Pflichten wie ordentliche Vorstandsmitglieder auch und rücken also nicht wie Ersatzmitglieder des Aufsichtsrats erst zu gegebener Zeit in die organschaftliche Stellung ein. Der Stellvertreter unterscheidet sich von den anderen Vorstandsmitgliedern nur dadurch, dass er in der internen Vorstandshierarchie nach Maßgabe der Geschäftsordnung hinter den ordentlichen Vorstandsmitgliedern zurücksteht (Hüffer, Rz. 2 zu § 94 AktG). So kann die Geschäftsordnung bestimmen, dass das stellvertretende Vorstandsmitglied nur für einen bestimmten Tätigkeitsbereich oder nur bei Verhinderung oder Ausscheiden eines ordentlichen Vorstandsmitglieds geschäftsführungsbefugt ist. Hinsichtlich der Vertretungsbefugnis besteht kein Unterschied zwischen einem ordentlichen und einem stellvertretenden Vorstandsmitglied (§ 82 Abs. 1 AktG).

5.1 Die Rechtsstellung des Vorstands

Der Vorstand hat die Geschäfte der Gesellschaft zu führen und diese nach außen zu vertreten. Ohne die vorangehende Bestellung mindestens eines Vorstandsmitglieds ist die Eintragung einer neugegründeten Aktiengesellschaft nicht möglich, da alle Vorstandsmitglieder bei der Gründungsprüfung und bei der Anmeldung der Gesellschaft zur Eintragung in das Handelsregister mitzuwirken haben. Zu unterscheiden sind die organschaftliche Stellung des Vorstands und sein Anstellungsverhältnis. Die Organstellung begründet bestimmte, auf gesetzlichen Vorschriften beruhende Rechte und Pflichten sowie die Vertretungsbefugnis, während das durch den Dienstvertrag geregelte Anstellungsverhältnis ergänzend Regelungen zur persönlichen Rechtsstellung des Vorstandsmitglieds trifft, insbesondere zur Konkretisierung der Pflichten und zur Vergütung der Tätigkeit.

5.2 Bestellung und Amtsbeendigung

Durch die Bestellung erwirbt der Vorstand das Recht und die Pflicht, die Aktiengesellschaft zu leiten, sie nach außen zu vertreten und ihre Geschäfte zu führen sowie alle sonstigen Befugnisse nach Gesetz und Satzung auszuüben.

5.2.1 Bestellung

Die Mitglieder des Vorstands werden durch den Aufsichtsrat bestellt. Die Zahl der zu bestellenden Vorstandsmitglieder richtet sich nach der Festlegung in der Satzung (§§ 76 Abs. 2 S. 1, 23 Abs. 3 Nr. 6 AktG). Die Bestellung der Vorstandsmitglieder erfolgt auf höchstens fünf Jahre. Eine wiederholte Bestellung bzw. Verlängerung der Amtszeit um jeweils maximal fünf Jahre ist zulässig; der darauf gerichtete Aufsichtsratsbeschluss kann aber frühestens ein Jahr vor Ablauf der bisherigen Amtszeit gefasst werden (§ 84 Abs. 1 AktG). Sind mehrere Vorstandsmitglieder vorhanden, so kann der Aufsichtsrat einen von ihnen zum Vorsitzenden des Vorstands ernennen (§ 84 Abs. 2 AktG). Der Aufsichtsrat kann gem. § 105 Abs. 2 AktG vorübergehend ein Mitglied des Aufsichtsrats zum Stellvertreter für ein fehlendes oder verhindertes Vorstandsmitglied bestellen; in dieser Zeit ruht sein Amt als Aufsichtsrat. Die Bestellung eines Vorstandsmitglieds endet mit Zeitablauf, sie kann aber auch vorzeitig durch Amtsniederlegung oder Widerruf der Bestellung (s. dazu Abschn. 5.2.3) beendet werden.

Unterliegt die Aktiengesellschaft der Mitbestimmung nach dem Mitbestimmungsgesetz 1976 (dazu Abschn. 6.1.3), so bedarf der Beschluss des Aufsichtsrats über die Bestellung von Vorstandsmitgliedern grundsätzlich einer Mehrheit, die mindestens zwei Drittel der Stimmen seiner Mitglieder umfasst (§ 31 Abs. 2 MitbestG); ferner ist als gleichberechtigtes Vorstandsmitglied ein *Arbeitsdirektor* zu bestellen (vgl. § 76 Abs. 2 S. 3 AktG i. V. m. § 33 MitbestG), so dass der Vorstand dann aus mindestens zwei Personen besteht.

Fehlt der Aktiengesellschaft ein erforderliches Vorstandsmitglied, so hat in dringenden Fällen auf Antrag eines Beteiligten das *Registergericht* das Vorstandsmitglied zu bestellen (§ 85 AktG).

Auf Geschäftsbriefen der Aktiengesellschaft sind alle Vorstandsmitglieder anzugeben; ist ein Vorstandsvorsitzender bestellt, so ist dieser als solcher zu bezeichnen (§ 80 AktG).

5.2.2 Persönliche Voraussetzungen

Mitglied des Vorstands kann nur sein, wer bestimmte persönliche Voraussetzungen erfüllt. Nur eine natürliche, unbeschränkt geschäftsfähige Person kann bestellt werden. Vorstandsmitglied kann weder ein Betreuter bei Anordnung eines Einwilligungsvorbehalts noch der Adressat eines Berufsverbotes sein. Bislang stellten nur Verurteilungen wegen vorsätzlicher oder fahrlässiger Begehung einer Insolvenzstraftat ein Bestellungshindernis dar. Mit Inkrafttreten des MoMiG sind einerseits nur noch Verurteilungen wegen Vorsatztaten von Bedeutung, andererseits sind aber die Ausschlusstatbestände erheblich erweitert worden und umfassen jetzt zudem auch Verurteilungen im Ausland. Im Einzelnen besagt § 76 Abs. 3 S. 2 AktG, dass Mitglied des Vorstands nicht sein kann, wer

1. als Betreuter bei der Besorgung seiner Vermögensangelegenheiten ganz oder teilweise einem Einwilligungsvorbehalt (§ 1903 BGB) unterliegt,
2. aufgrund eines gerichtlichen Urteils oder einer vollziehbaren Entscheidung einer Verwaltungsbehörde einen Beruf, einen Berufszweig, ein Gewerbe oder einen Gewerbezweig nicht ausüben darf, sofern der Unternehmensgegenstand der GmbH ganz oder teilweise mit dem Gegenstand des Verbots übereinstimmt,
3. wegen einer oder mehrerer vorsätzlich begangener Straftaten
   a) des Unterlassens der Stellung des Antrags auf Eröffnung des Insolvenzverfahrens (Insolvenzverschleppung) gem. § 15a Abs. 4 InsO,
   b) nach den §§ 283 bis 283d StGB (Insolvenzstraftaten),
   c) der falschen Angaben nach § 82 GmbHG oder § 399 AktG,
   d) der unrichtigen Darstellung nach § 400 AktG, § 331 HGB, § 313 UmwG oder § 17 PublG

   zu einer Freiheits- oder Geldstrafe oder

e) nach den §§ 263 bis 264a, 265b (Betrug, Computer-, Subventions-, Kapitalanlage-, Kreditbetrug) oder Untreue sowie Vorenthalten und Veruntreuen von Arbeitsentgelt (§§ 266, 266a StGB) zu einer Freiheitsstrafe mindestens einem Jahr verurteilt worden ist.

Auch eine Verurteilung im Ausland wegen einer vergleichbaren Tat stellt ein Bestellungshindernis dar. Der Ausschluss wegen einer Straftat gilt für die Dauer von fünf Jahren seit der Rechtskraft des Urteils, wobei die Zeit nicht eingerechnet wird, in welcher der Täter auf behördliche Anordnung in einer Anstalt verwahrt worden ist.

Die Ausschlussgründe gem. Ziff. 3 Buchstaben a, c, d und e sind durch das MoMiG neu eingeführt worden. Zuvor hatte nur die Verurteilung wegen einer Insolvenzstraftat (lit. b) zum Ausschluss geführt. Sofern ein Vorstandsmitglied nach altem Recht bestellt worden ist, verliert er durch die Änderung des Gesetzes nicht die Befähigung zum Geschäftsführeramt, sofern die Verurteilung wegen dieser Delikte vor dem Inkrafttreten des MoMiG rechtskräftig geworden ist (§ 19 EGAktG).

Die Bestellung einer vom Amt ausgeschlossenen Person zum Vorstandsmitglied ist nach § 134 BGB nichtig. Tritt ein Ausschlusstatbestand erst zeitlich nach einer zunächst wirksamen Bestellung ein, so führt dies zum sofortigen Amtsverlust. Die Nichtigkeit ist für Außenstehende in der Regel nicht erkennbar, deshalb besteht bei Unternehmen minderer Seriosität die Gefahr, dass sich das für die Bestellung zuständige Gesellschaftsorgan über die Bestellungsverbote hinwegsetzt. Um der Umgehung dieser Verbote durch Einschaltung eines Strohmanns entgegenzuwirken, wurde im GmbH-Gesetz ein Schadensersatzanspruch der Gesellschaft gegen die Gesellschafter normiert für den Fall der vorsätzlichen oder grob fahrlässigen Überlassung der Führung der Geschäfte an eine Person, die die persönlichen Voraussetzungen nicht erfüllt, sofern der Gesellschaft ein Schaden dadurch entsteht, dass diese Person die ihr gegenüber der Gesellschaft bestehenden Obliegenheiten verletzt (§ 6 Abs. 5 GmbHG).

Eine entsprechende Regelung ist bei der Aktiengesellschaft entbehrlich, weil die Aufsichtsratsmitglieder ohnehin nach § 116 AktG für eigenes Verschulden bei der Auswahl eines ungeeigneten Vorstandsmitglieds haften. Die Haftung wird insbesondere zum Tragen kommen, wenn der Aufsichtsrat bei Herannahen einer Krise des Unternehmens die Führung der Geschäfte ungeeigneten Personen überträgt. Bei der Anwendung des § 116 AktG wird künftig der Rechtsgedanke des § 6 Abs. 5 GmbHG besonders zu berücksichtigen sein. Es bleibt abzuwarten, welche Anforderungen die Gerichte an das Verhalten des Bestellungsorgans stellen werden. Im Zweifel ist es ratsam, sich von der als Vorstandsmitglied zu bestellenden Person eine unbeschränkte Auskunft aus dem Zentralregister (§ 42 BZRG) vorlegen zu lassen.

5.2.3 Beendigung des Vorstandsamts

Im Regelfall endet das Vorstandsamt durch den Ablauf der Fünfjahresfrist. Das Amt als Vorstand kann ferner dadurch enden, dass der Vorstand sein Amt aus wichtigem Grunde niederlegt, z. B. weil die Hauptversammlung ihm unberechtigterweise die Entlastung (§ 120 AktG) verweigert. Schließlich kann der Aufsichtsrat die Bestellung zum Vorstandsmitglied bei Vorliegen eines *wichtigen Grundes* widerrufen. Als wichtiger Grund gelten nach § 84 Abs. 3 AktG insbesondere

- grobe Pflichtverletzung,
- Unfähigkeit zur ordnungsmäßigen Geschäftsführung oder
- Vertrauensentzug durch die Hauptversammlung aus sachlichen Gründen (s. Abschn. 7.1.4 „Vertrauensentzug“).

Grundsätzlich liegt ein wichtiger Grund vor, wenn die Fortsetzung der Vorstandstätigkeit bis zum Ende der Amtszeit unzumutbar ist. Dabei sind die Interessen der Aktiengesellschaft und des Vorstandsmitglieds gegeneinander abzuwiegen.

5.2.4 Anmeldung

Jede Änderung des Vorstands oder der Vertretungsbefugnis eines Vorstandsmitglieds ist zur Eintragung in das Handelsregister anzumelden (§ 81 AktG). Dabei sind die Urkunden über die Änderung beizufügen, und die neuen Vorstandsmitglieder haben zu versichern, dass keine Bestellungshindernisse bestehen (§ 81 AktG).

5.3 Anstellungsverhältnis

Durch den *Dienstvertrag* (§ 611 BGB) werden die Rechte und Pflichten des Vorstands, insbesondere seine Ansprüche auf Vergütung für die zu leistenden Dienste, im Einzelnen geregelt.

5.3.1 Abschluss und Beendigung des Dienstvertrags

Der Dienstvertrag mit dem Vorstand wird aufseiten der Aktiengesellschaft vom Aufsichtsrat geschlossen (§§ 84 Abs. 1 S. 5, 112 AktG), gegebenenfalls durch einen aus der Mitte des Aufsichtsrats gebildeten Personalausschuss, sofern ein dahingehender Beschluss des Aufsichtsrats oder eine entsprechende Regelung in der Geschäftsordnung des Aufsichtsrats besteht (s. dazu Abschn. 6.4.2). Die Höchstdauer des Dienstvertrages beträgt fünf Jahre, der Vertrag kann jedoch vorsehen, dass er für den Fall einer Verlängerung der Amtszeit bis zu deren Ablauf weitergilt (§ 84 Abs. 1 S. 5 AktG). Außer durch Zeitablauf kann der Dienstvertrag auch durch einen von dem Vorstandsmitglied mit dem Aufsichtsrat zu schließenden Aufhebungsvertrag enden.

Der Widerruf der Bestellung durch den Aufsichtsrat (§ 84 Abs. 3 AktG) führt nicht automatisch auch zur Beendigung des Anstellungsvertrags, dazu bedarf es zusätzlich der außerordentlichen Kündigung gem. § 626 BGB unter Beachtung der zweiwöchigen Ausschlussfrist. Der Vertrauensentzug durch die Hauptversammlung (§ 84 Abs. 3 S. 2 AktG; s. dazu Abschn. 7.1.4) stellt als solcher keinen wichtigen Grund für die außerordentliche Kündigung seitens der Gesellschaft dar (vgl. BGH NJW 1989, 2683). Entscheidungen des Aufsichtsrats zur Abberufung oder außerordentlichen Kündigung obliegen dem Aufsichtsrat als Ganzem, der darüber durch Beschluss entscheidet. Die zweiwöchige Ausschlussfrist gem. § 626 BGB läuft nicht schon dann an, wenn ein einzelnes Aufsichtsratsmitglied Kenntnis vom Vorliegen eines wichtigen Grundes hat, maßgeblich ist der Tag der unter Wahrung der Ladungsfrist einberufenen Aufsichtsratssitzung, bei der der zugrundeliegende Sachverhalt dem Gremium unterbreitet wird (Hüffer, Rz. 42 zu § 84 AktG).

Legt ein Vorstandsmitglied das Amt aus wichtigem Grunde nieder, so ist es nicht verpflichtet, zugleich den Anstellungsvertrag zu kündigen.

5.3.2 Bezüge des Vorstands

Die Gesamtbezüge der Vorstandsmitglieder können Festgehalt, Gewinnbeteiligungen, Aufwandsentschädigungen, Versicherungsentgelte, Provisionen und Nebenleistungen jeder Art umfassen.

Eine Gewinnbeteiligung von Vorstandsmitgliedern kann z. B. in einem Anteil am Jahresgewinn bestehen, der nach dem Jahresüberschuss (§ 275 Abs. 2 Nr. 19 HGB), vermindert um einen Verlustvortrag aus dem Vorjahr, um die Tantieme selbst und um die Beträge, die nach Gesetz oder Satzung aus dem Jahresüberschuss in Gewinnrücklagen einzustellen sind, bemessen werden kann. In diesem Fall wäre die Gewinnbeteiligung unabhängig vom Ausschüttungsverhalten der Gesellschaft. Die Gewinnbeteiligung kann aber auch vom Jahresgewinn losgelöst und stattdessen von der Dividendenzahlung abhängig gemacht werden. Ist die Gesellschaft durch einen Gewinnabführungsvertrag mit einem beherrschenden Unternehmen verbunden, so gilt statt der Dividende der Betrag der Gewinnabführung als Bemessungsgrundlage.

Zu den Nebenleistungen gehören insbesondere die Überlassung eines Dienstfahrzeugs auch zur privaten Nutzung, die Zurverfügungstellung einer Wohnung, die Übernahme von privaten Versicherungsbeiträgen und die Gewährung von Aktienbezugsrechten (Stock Options).

Der Dienstvertrag kann auch die Verpflichtung der Gesellschaft zum Abschluss einer D & O-Versicherung zugunsten des Vorstands umfassen; s. dazu Abschn. 5.6.4. Dabei sollte ein angemessener Selbstbehalt vereinbart werden. Der von der Gesellschaft zu leistende Versicherungsbeitrag kann zu den – steuerpflichtigen – Gesamtbezügen i. S. d. § 87 Abs. 1 AktG gehören; die Finanzverwaltung behandelt diese Versicherungsbeiträge dann nicht als Lohnzuwendung, wenn das Management als Ganzes versichert ist, die Versicherung Schäden des Unternehmens abdeckt, die Ansprüche aus der Versicherung dem Unternehmen zustehen und der Prämienkalkulation Betriebsdaten des Unternehmens zugrunde liegen (BMF-Schreiben vom 24.01.2002 - DStR 2002, 678).

Ist ein Vorstandsmitglied zugleich auch Mehrheitsaktionär, so ist die Angemessenheit der Bezüge auch aus steuerlichen Gründen zu überprüfen. Zwar lässt sich die für die GmbH entwickelte Rechtsprechung zur *verdeckten Gewinnausschüttung* nicht ohne weiteres auf Aktiengesellschaften übertragen, schon weil der Vorstand seinen Dienstvertrag nicht mit der Gesellschafterversammlung, sondern mit dem Aufsichtsrat (§ 112 AktG) schließt. Der Bundesfinanzhof hat jedoch entschieden, dass die Strukturverschiedenheit zwischen der GmbH und der Aktiengesellschaft nicht die Möglichkeit ausschließt, dass der Mehrheitsaktionär, der Vorstandsmitglied ist, die ihm gegebenen Einflussmöglichkeiten bei der Regelung von Rechtsverhältnissen zwischen sich und der Aktiengesellschaft einseitig in seinem Interesse ausnutzt. Von daher hält der BFH die Annahme von verdeckten Gewinnausschüttungen durch überhöhte Vorstandsbezüge nicht von vornherein für ausgeschlossen und hat mehrfach in Einzelfällen das Vorliegen einer verdeckten Gewinnausschüttung bejaht (vgl. BFH BStBl. 1976 II, 74; GmbHR 2003, 846).

Die Gesamtbezüge sollen in einem angemessenen Verhältnis zu den Aufgaben des Vorstandsmitglieds und zur Lage der Gesellschaft stehen; das gilt sinngemäß für Ruhegehalt, Hinterbliebenenbezüge und Leistungen verwandter Art (§ 87 Abs. 1 AktG). Maßgeblich für die Prüfung der Angemessenheit der Gesamtbezüge ist der Zeitpunkt des Abschlusses des Dienstvertrags bzw. der Vereinbarung über weitere Leistungen, nicht der Zeitpunkt, in dem die Leistungen fällig werden; dies ist vor allem für Tantiemen, Stock Options und Pensionszusagen von Bedeutung. Die gemäß § 87 Abs. 1 S. 1 AktG angemessen festgesetzten Vorstandsbezüge können indessen bei Eintritt einer wesentlichen Verschlechterung der wirtschaftlichen Situation der Aktiengesellschaft vom Aufsichtsrat *herabgesetzt* werden, wenn die Weitergewährung der ursprünglich angemessenen Bezüge eine schwere Unbilligkeit für die Gesellschaft darstellen würde (§ 87 Abs. 2 S. 1 AktG); das gilt nicht für Ruhestandsbezüge. Die Herabsetzung der Bezüge lässt den Dienstvertrag im Übrigen unberührt, doch kann das betroffene Vorstandsmitglied die Herabsetzung zum Anlass nehmen, seinen Dienstvertrag mit einer Frist von sechs Wochen für den Ablauf des nächsten Kalendervierteljahrs zu kündigen.

Die Mitglieder des Vorstands einer Aktiengesellschaft sind in dem Unternehmen, dessen Vorstand sie angehören, nicht sozialversicherungspflichtig beschäftigt, wobei Konzernunternehmen i. S. d. § 18 AktG als ein Unternehmen gelten (vgl. § 1 S. 4 SGB VI, § 27 Abs. 1 Nr. 5 SGB III). Aufgrund der fehlenden Arbeitnehmereigenschaft sind Rechtsstreitigkeiten des Vorstands mit der Aktiengesellschaft auch nicht bei den Arbeitsgerichten, sondern bei den ordentlichen Gerichten auszutragen (vgl. § 5 Abs. 1 S. 3 ArbGG).

5.4 Geschäftsführung und Vertretung

Das Aktiengesetz trifft Regelungen zur Zuständigkeit des Vorstands für die Geschäftsführung (§ 77 AktG) und für die Vertretung der Gesellschaft (§ 78 AktG).

5.4.1 Die Begriffe Geschäftsführung und Vertretung

Unter *Geschäftsführung* versteht man jegliche tatsächliche oder rechtsgeschäftliche Tätigkeit für die Gesellschaft, sie umfasst die Leitung des Unternehmens, aber auch jede unternehmensinterne oder gegenüber Außenstehenden vorgenommene Einzelmaßnahme. Die *Vertretung* ist jedes nach außen gerichtete rechtsgeschäftliche Handeln im Namen der Gesellschaft und mit Wirkung für diese. Eine bestimmte Maßnahme des Vorstands, z. B. der Kauf einer Maschine, ist zugleich eine Geschäftsführungsmaßnahme und eine Vertretungshandlung. Die Unterscheidung von Geschäftsführung und Vertretung ist die nach dem Innenverhältnis und nach dem Außenverhältnis. Die Geschäftsführungsbefugnis besagt, welche Handlungen der Vorstand vornehmen *darf* (§ 82 Abs. 2 AktG); die Vertretungsmacht hingegen entscheidet, was der Vorstand mit rechtlicher Wirkung für oder gegen die von ihm vertretene Aktiengesellschaft bewirken *kann*.

In der Regel ist die Vertretungsmacht weiter als die Geschäftsführungsbefugnis. Kauft beispielsweise der Einzelvorstand einer Aktiengesellschaft ein Grundstück, so wird die Aktiengesellschaft gem. § 78 Abs. 1 AktG durch diesen Kaufvertrag ohne weiteres berechtigt und verpflichtet, d. h. sie erwirbt das Eigentum, zugleich erwächst ihr aber auch die Verpflichtung zur Kaufpreiszahlung. Bestand für den Grundstückskauf keine Geschäftsführungsbefugnis, z. B. weil ein gem. § 111 Abs. 4 S. 2 AktG vom Aufsichtsrat begründeter Zustimmungsvorbehalt (dazu Abschn. 6.3.1) nicht beachtet worden ist, so ist der Kaufvertrag dennoch wirksam. Der Verstoß gegen die dem Vorstand gem. § 82 Abs. 2 AktG obliegende Verpflichtung zur Beachtung von Beschränkungen der Geschäftsführungsbefugnis kann gem. § 93 Abs. 2 AktG zu Schadensersatzverpflichtungen führen und überdies einen wichtigen Grund für die Abberufung (§ 84 Abs. 3 AktG) und die fristlose Kündigung des Dienstvertrages darstellen.

5.4.2 Geschäftsführungsbefugnis

Der Vorstand ist im Rahmen des Gesellschaftszwecks und des Unternehmensgegenstands grundsätzlich unbegrenzt geschäftsführungsbefugt. Einschränkungen der Geschäftsführungsbefugnis sind nur zulässig, wenn sie gesetzlich vorgesehen sind.

Gesamtgeschäftsführung, Einzelgeschäftsführung
Besteht der Vorstand nur aus einer Person, so ist die *Geschäftsführungsbefugnis* auf seine Person konzentriert. Besteht der Vorstand aus mehreren Personen, so sind sämtliche Vorstandsmitglieder nur gemeinschaftlich zur Geschäftsführung befugt (§ 77 Abs. 1 S. 1 AktG); jegliche Geschäftsführungsmaßnahme bedarf eines – einstimmigen – Vorstandsbeschlusses. Die Satzung oder die Geschäftsordnung des Vorstandes kann Abweichendes bestimmen (§ 77 Abs. 1 S. 2 AktG), insbesondere die mehrheitliche Beschlussfassung vorsehen. Unzulässig wäre eine Regelung, dass eine Minderheit von Vorstandsmitgliedern oder ein einziges Vorstandsmitglied Meinungsverschiedenheiten im Vorstand gegen die Mehrheit seiner Mitglieder entscheiden können. Die Satzung oder die Geschäftsordnung kann aber vorsehen, dass im Falle der Stimmengleichheit die Stimme des Vorstandsvorsitzenden den Ausschlag gibt (Ausnahme: Zweipersonenvorstand), ferner, dass ein Vorstandsmitglied ein Vetorecht hat und damit Mehrheitsentscheidungen blockieren kann. Die Geschäftsführung kann dadurch erleichtert werden, dass einem Vorstandsmitglied Einzelgeschäftsführungsbefugnis für eine bestimmte Funktion, für eine bestimmte Sparte oder für Geschäfte mit Bezug auf ein bestimmtes räumliches Gebiet oder dass ihm uneingeschränkte Einzelgeschäftsführungsbefugnis eingeräumt wird.

Geschäftsordnung

Die Gründer der Aktiengesellschaft können bereits durch die Satzung einzelne Fragen der Geschäftsordnung mit bindender Wirkung für Vorstand und Aufsichtsrat regeln oder anordnen, dass der Erlass der Geschäftsordnung für den Vorstand dem Aufsichtsrat übertragen wird; aber auch ohne eine solche Anordnung der Satzung kann der Aufsichtsrat eine Geschäftsordnung für den Vorstand erlassen. Nur wenn weder die Satzung noch der Aufsichtsrat von diesen Möglichkeiten Gebrauch gemacht haben, ist der Vorstand befugt, sich selbst eine Geschäftsordnung zu geben, wobei in diesem Fall der Vorstandsbeschluss über die Geschäftsordnung einstimmig gefasst werden muss (§ 77 Abs. 2 AktG).

Zum Inhalt der Geschäftsordnung trifft das Aktiengesetz keine Bestimmungen. Üblich sind Regelungen über die Zusammenarbeit innerhalb des Vorstands, insbesondere die Geschäftsverteilung, ferner über Sitzungen und Beschlüsse, über Ausschüsse und die Zusammenarbeit mit dem Aufsichtsrat. Ist ein Arbeitsdirektor (§ 33 MitbestG) bestellt, so muss diesem bei der Regelung der Geschäftsverteilung die Zuständigkeit für den Bereich Arbeit und Soziales übertragen werden (vgl. Hüffer, Rz. 23 zu § 77 AktG).

Eine vom Aufsichtsrat erlassene Geschäftsordnung umfasst auch den *Katalog zustimmungsbedürftiger Geschäfte* (§ 111 Abs. 4 S. 2 AktG; dazu Abschn. 6.3.1). Enthält die Satzung bereits derartige Zustimmungsvorbehalte, so kann der Aufsichtsrat darüber hinaus noch weitere Geschäfte von seiner Zustimmung abhängig machen.

Hat der Vorstand sich eine Geschäftsordnung gegeben, so kann diese vom Aufsichtsrat aufgehoben und durch eine neue Geschäftsordnung ersetzt werden. Tritt ein neues Vorstandsmitglied in den Vorstand ein, so bleibt die vom Vorstand früher in Kraft gesetzte Geschäftsordnung unberührt.

Vetorecht des Aufsichtsrats

Die Verpflichtung des Vorstands gem. § 82 Abs. 2 AktG, die ihm durch aktienrechtskonforme Regelungen auferlegten Beschränkungen einzuhalten, umfasst nicht die Verpflichtung, etwaige Weisungen des Aufsichtsrats oder der Hauptversammlung, mit denen diese bestimmte Maßnahmen positiv-gebietend durchsetzen wollen, zu befolgen. Der Aufsichtsrat hat lediglich ein Vetorecht. Eine Beschränkung der Handlungsfreiheit des Vorstands durch die Hauptversammlung kommt nur dann in Betracht, wenn der Vorstand eine Entscheidung der Hauptversammlung gem. § 119 Abs. 2 AktG herbeigeführt hat oder wenn die Hauptversammlung gem. § 83 Abs. 1 S. 2 AktG initiativ wird (s. dazu Abschn. 7.1.2).

Kreditgewährung (§ 89 AktG)
Die Geschäftsführungsbefugnis des Vorstands ist durch ausdrückliche gesetzliche Bestimmung insoweit eingeschränkt, dass er bestimmte Kreditverträge der Aktiengesellschaft nur mit Zustimmung des Aufsichtsrats schließen darf. Dies betrifft die Gewährung von Krediten an folgende Personen:

- Vorstandsmitglieder;
  bei Abschluss eines Kreditvertrages mit einem Vorstandsmitglied wird die Aktiengesellschaft ohnehin vom Aufsichtsrat vertreten (§ 112 AktG),
- Prokuristen,
- Generalhandlungsbevollmächtigte (54 Abs. 1 Alt. 1 HGB),
- gesetzliche Vertreter, Prokuristen, Generalhandlungsbevollmächtigte des herrschenden bzw. des abhängigen Unternehmens,
- Ehegatten, Lebenspartner und minderjährige Kinder der vorstehend aufgeführten Personen,
- Dritte, die für Rechnung dieser Personen handeln,
- Personengesellschaften und juristische Personen, bei denen Vorstandsmitglieder, Prokuristen oder Generalhandlungsbevollmächtigte der Aktiengesellschaft ein Amt als gesetzlicher Vertreter oder Aufsichtsrat innehaben;
  das gilt nicht, wenn es sich dabei um verbundene Unternehmen handelt oder wenn dem Unternehmen Waren auf Kredit geliefert werden.

Die Zustimmung des Aufsichtsrats ist gem. § 89 Abs. 1 S. 1 AktG vor der Kreditgewährung zu erteilen. Der Aufsichtsratsbeschluss kann nur für bestimmte Kreditgeschäfte oder Arten von Kreditgeschäften und nicht für länger als drei Monate im Voraus gefasst werden. Der Beschluss muss auch die Verzinsung und die Rückzahlung regeln. Als Kreditgewährung gilt auch die Entnahme eines Vorschusses auf das Gehalt, sofern der Kredit ein Monatsgehalt übersteigt (§ 89 Abs. 1 S. 5 AktG). Liegt eine den gesetzlichen Vorschriften entsprechende Einwilligung des Aufsichtsrats nicht vor, ist der Kredit sofort zurückzugewähren, es sei denn, der Aufsichtsrat stimmt nachträglich zu.

Entsprechendes gilt für die Kreditgewährung an Aufsichtsratsmitglieder und ihnen nahestehende Personen (§ 115 AktG). Anders als Vorstände dürfen Aufsichtsratsmitglieder keine Entnahmen tätigen. Zulässig ist jedoch die Warenlieferung auf Kredit an das Handelsgeschäft eines als Einzelkaufmann tätigen Aufsichtsratsmitglieds (§ 115 Abs. 1 S. 5 AktG).

5.4.3 Vertretungsbefugnis

Der Vorstand vertritt die Gesellschaft gerichtlich und außergerichtlich (§ 78 Abs. 1 AktG). Die Vertretung umfasst die Abgabe von Willenserklärungen und die Vornahme von rechtsgeschäftlichen Handlungen gegenüber Dritten (Aktivvertretung) sowie deren Entgegennahme einschließlich der Empfangnahme von Zustellungen (Passivvertretung). Die Passivvertretung der Aktiengesellschaft ist zusammenhängend dargestellt in Abschn. 5.4.5. In diesem Abschnitt geht es nur um die aktive Vertretung. Die Vertretungsbefugnis des Vorstands ist, wie der Wortlaut der Vorschrift zeigt, unbeschränkt; sie kann auch nicht beschränkt werden, weder durch die Satzung noch durch den Aufsichtsrat (§ 82 Abs. 1 AktG). Besteht der Vorstand nur aus einer Person, so ist diese immer uneingeschränkt vertretungsbefugt. Sind mehrere Vorstandsmitglieder bestellt, so sind sie grundsätzlich nur alle gemeinschaftlich zur Vertretung der Gesellschaft befugt (§ 78 Abs. 2 AktG). Die Satzung kann abweichend davon bestimmen, dass allen oder einzelnen Vorstandsmitgliedern Einzelvertretungsbefugnis verliehen wird; des Weiteren kann gemeinschaftliche Vertretung durch zwei oder mehr Vorstandsmitglieder angeordnet werden, schließlich – und das ist die gebräuchlichste Gestaltung – die unechte Gesamtvertretung, bei der ein Vorstandsmitglied die Gesellschaft zusammen mit einem Prokuristen vertritt (§ 78 Abs. 3 S. 1 AktG). Trifft die Satzung eine derartige Regelung nicht, so kann der Aufsichtsrat entsprechende Bestimmungen erlassen, sofern die Satzung ihn hierzu ermächtigt hat (§ 78 Abs. 3 S. 2 AktG).

Gesamtvertretungsberechtigte Vorstandsmitglieder können ein einzelnes gesamtvertretungsberechtigtes Vorstandsmitglied ermächtigen, bestimmte Geschäfte oder bestimmte Arten von Geschäften allein vorzunehmen, sog. Einzelermächtigung (§ 78 Abs. 4 AktG). Ist nach der Satzung die Vertretung durch einzelne Vorstandsmitglieder in Gemeinschaft mit einem Prokuristen (unechte Gesamtvertretung) zugelassen, so können auch Prokuristen an der Ermächtigung mitwirken; sie können auch selbst Ermächtigte sein. Bei einseitigen Rechtsgeschäften kann der Adressat die Erklärung des Ermächtigten zurückweisen, wenn dieser keine Ermächtigungsurkunde vorlegt (Kölner Kommentar-Mertens, Rz. 58 zu § 78 AktG).

5.4.4 Einschränkungen der Vertretungsbefugnis

Die Vertretungsmacht des Vorstands ist in einigen Fällen durch gesetzliche Vorschriften eingeschränkt.

5.4.4.1 Ausschließliche Vertretung durch den Aufsichtsrat

Im Anwendungsbereich des § 112 AktG wird die Gesellschaft ausschließlich vom Aufsichtsrat vertreten; es geht dabei um die gerichtliche und außergerichtliche Vertretung der Aktiengesellschaft gegenüber amtierenden und ausgeschiedenen Vorstandsmitgliedern. Umfasst werden jedwede Rechtsgeschäfte sowie aktive und passive Rechtsstreitigkeiten. Die Vertretungsmacht wird durch den Gesamtaufsichtsrat wahrgenommen, gegebenenfalls durch einen beschließenden Ausschuss.

Ausschließlich vom Aufsichtsrat vertreten wird die Gesellschaft auch bei der Beauftragung von Sachverständigen nach § 111 Abs. 2 S. 2 AktG und bei der Erteilung von Prüfungsaufträgen an den Abschlussprüfer nach § 111 Abs. 2 S. 3 AktG.

Bei der Erhebung einer Anfechtungsklage gegen einen Hauptversammlungsbeschluss seitens des Vorstands oder eines Vorstandsmitglieds wird die Gesellschaft durch den Aufsichtsrat, umgekehrt bei einer solchen Klage eines Aufsichtsratsmitglieds durch den Vorstand vertreten.

Der Vorstand darf die Gesellschaft nicht vertreten zur Geltendmachung von Ersatzansprüchen, soweit gem. § 147 Abs. 2 AktG dafür besondere Vertreter bestellt sind; das gilt entsprechend für den Aufsichtsrat, wenn es um Ersatzansprüche gegen Vorstandsmitglieder geht. Bei nach § 148 AktG zugelassenen Klagen von Aktionären kann der Vorstand das Verfahren an sich ziehen, soweit dem nicht § 112 AktG entgegensteht.

Der Aufsichtsrat vertritt die Gesellschaft bei Rechtsgeschäften der Gesellschaft mit einer weiteren vom Vorstand vertretenen Person, wenn der Vorstand nicht von dem Verbot der Mehrvertretung befreit worden ist. Um die damit verbundenen Verzögerungen zu vermeiden, ist es vor allem bei den in einen Konzern eingebundenen Gesellschaften sinnvoll, die Vorstandsmitglieder von den Beschränkungen des § 181 Alt. 2 BGB zu befreien (zu Insichgeschäften s. nachfolgend Abschn. 5.4.4.2).

Zur Passivvertretung der Gesellschaft durch Mitglieder des Aufsichtsrats bei Führungslosigkeit s. Abschn. 5.4.5.

5.4.4.2 Verbot von Insichgeschäften

Zu beachten ist vom Vorstand außerdem die im Zivilrecht allgemein geltende Vorschrift des § 181 BGB, also das Verbot von Insichgeschäften. Danach ist es nicht zulässig, dass jemand im Namen einer von ihm vertretenen Person, hier der Aktiengesellschaft, mit sich selbst im eigenen Namen (*Selbstkontrahieren*) oder mit sich als dem Vertreter einer weiteren vertretenen Person (*Mehrvertretung*) ein Rechtsgeschäft vornimmt. Von diesem Verbot kann durch die vertretene Person Befreiung erteilt werden.

Im Aktienrecht schließt die Vorschrift des § 112 AktG (s. dazu Abschn. 6.3.2) eine Befreiung von dem Verbot des Selbstkontrahierens (§ 181 BGB, erste Alternative) von vornherein aus. Zulässig ist es aber, dass der Aufsichtsrat ein Vorstandsmitglied vom Mehrvertretungsverbot (§ 181 BGB, zweite Alternative) befreit, wenn eine entsprechende Regelung der Satzung ihn dazu ermächtigt. Die Befreiung eines Vorstandsmitglieds von den Beschränkungen des § 181 BGB ist als eine die Vertretungsbefugnis berührende Tatsache in das Handelsregister einzutragen (§ 39 Abs. 1 S. 3 AktG).

5.4.4.3 Zustimmungsbedürftige Rechtsgeschäfte

Schließlich ist eine Reihe von Rechtsgeschäften des Vorstands nur wirksam mit Zustimmung der Hauptversammlung:

- Nachgründungsverträge,	§ 52 Abs. 1 AktG,
- Übertragung des ganzen Gesellschaftsvermögens,	§ 179a AktG,
- Unternehmensverträge,	§§ 293, 295 AktG,
- Verschmelzungsverträge,	§§ 13, 65 UmwG,
- Spaltungs- und Übernahmeverträge,	§§ 126, 13, 65 UmwG,
- Ausgliederungs- und Übernahmeverträge,	§§ 126, 13, 65 UmwG,
- Vergleichs- und Verzichtsverträge über bestimmte Ersatzansprüche der Gesellschaft	§§ 50, 53, 93, 116, 117, 309, 317, 323 AktG.

5.4.5 Passivvertretung; Vertretung bei Führungslosigkeit

Die Entgegennahme von Willenserklärungen und rechtsgeschäftsähnlichen Handlungen sowie die Empfangnahme von Zustellungen ist Sache des Vorstands. Bei Führungslosigkeit geht die passive Vertretungsberechtigung auf den Aufsichtsrat über (§ 78 Abs. 1 S. 2 AktG). Der Tatbestand der Führungslosigkeit ist erfüllt, wenn die Gesellschaft keine Vorstandsmitglieder hat (§ 78 Abs. 1 S. 2 AktG). Hat die Gesellschaft mehrere Vorstandsmitglieder, so ist jedes von ihnen einzeln passiv vertretungsberechtigt; das gilt entsprechend für die Mitglieder des Aufsichtsrats im Falle der Führungslosigkeit (§ 78 Abs. 2 S. 2 AktG). Der Erklärende bzw. Zustellende muss nicht die persönlichen Anschriften der Passivvertreter ermitteln, er kann die im Handelsregister eingetragene Geschäftsanschrift verwenden, solange dort ein Geschäftslokal besteht. Ist kein

Geschäftslokal unter der eingetragenen Anschrift vorhanden und kann die Übermittlung auch nicht an einen „Empfangsberechtigten“ (§ 39 Abs. 1 S. 2 AktG) unter dessen eingetragenen Anschrift erfolgen, so ist die öffentliche Zustellung nach § 185 Nr. 2 ZPO zulässig.

Scheitert eine Zustellung an die Gesellschaft, weil kein Geschäftslokal besteht, kommt eine Zustellung an die Aufsichtsratsmitglieder nicht in Betracht, solange die Bestellung wenigstens eines Vorstandsmitglieds zumindest formal fortbesteht. Die bloße Unerreichbarkeit von bestellten Vorstandsmitgliedern erfüllt den Tatbestand der Führungslosigkeit nicht. Insoweit hat sich die Situation der Gläubiger durch die Neufassung des § 78 AktG nicht verbessert, die somit auf den mit zeitlichen Verzögerungen verbundenen Weg der öffentlichen Zustellung nach § 185 Nr. 2 ZPO verwiesen sind.

Hintergrund der Erstreckung der passiven Vertretungsbefugnis auf die Aufsichtsratsmitglieder durch das MoMiG war die Beobachtung, dass bisweilen bei in der Krise befindlichen Unternehmen Zustellungen und der Zugang von Erklärungen an die Gesellschaft durch die Abberufung der Vorstandsmitglieder vereitelt werden.

5.4.6 Bevollmächtigte

Das Prinzip der Vertretung der Aktiengesellschaft durch den Vorstand gemäß § 78 Abs. 1 AktG schließt natürlich nicht aus, dass die Aktiengesellschaft auch durch Bevollmächtigte vertreten wird, nämlich durch Prokuristen (§ 48 HGB), Handlungsbevollmächtigte (§ 54 HGB) und Generalbevollmächtigte (§§ 164 ff. BGB).

Zuständig für die Erteilung derartiger Vollmachten ist allein der Vorstand; gem. § 111 Abs. 4 S. 2 AktG kann die Erteilung von Prokura und Handlungsvollmacht jedoch an die Zustimmung des Aufsichtsrats gebunden werden.

Die Befugnis zur Vollmachtserteilung erstreckt sich auch auf die Erteilung einer Generalvollmacht i. S. d. §§ 164 ff. BGB, die auch Handlungen umfasst, die nicht betriebsbezogen sind. Sie ist damit weiter als die Generalhandlungsvollmacht i. S. d. § 54 HGB, welche nur zu Handlungen ermächtigt, die der Betrieb eines derartigen Handelsgewerbes gewöhnlich mit sich bringt. Voraussetzung für die Erteilung einer Generalvollmacht ist, dass die Vertretungsbefugnis des Vorstands unberührt bleibt und die Vollmacht widerruflich ist (Hüffer, Rz. 10 zu § 78 AktG).

5.5 Aufgaben und Pflichten

Der Vorstand hat die Aufgabe, die Gesellschaft unter eigener Verantwortung zu leiten und die ihm in dieser Stellung zukommenden gesetzlichen Pflichten zu erfüllen.

5.5.1 Eigenverantwortliche Leitung der Gesellschaft

Zentrale Vorschrift ist § 76 Abs. 1 AktG, wonach der Vorstand unter eigener Verantwortung die Gesellschaft zu leiten hat. Er ist dabei an das Unternehmensinteresse gebunden und der Steigerung des nachhaltigen Unternehmenswerts verpflichtet. Er entwickelt die strategische Ausrichtung des Unternehmens, stimmt sie mit dem Aufsichtsrat ab und sorgt für ihre Umsetzung. Dabei ist der Vorstand an Anweisungen weder des Aufsichtsrats noch der Aktionäre gebunden. Ungeachtet dessen ist es im Interesse einer guten und verantwortungsvollen Unternehmensführung geboten, dass der Vorstand die strategische Ausrichtung des Unternehmens mit dem Aufsichtsrat abstimmt und mit ihm in regelmäßigen Abständen den Stand der Strategieumsetzung erörtert.

Der Aufsichtsrat kann die Geschäftsführung nur langfristig durch die von ihm zu treffende Auswahl der zu Vorstandsmitgliedern zu bestellenden Personen beeinflussen. Eingriffe des Aufsichtsrats in die Geschäftsführung des Vorstandes finden nur insoweit statt, als die Vornahme bestimmter Geschäftsführungsmaßnahmen gemäß § 111 Abs. 4 S. 2 AktG an die Zustimmung des Aufsichtsrates gebunden ist (s. dazu Abschn. 6.3.1). Der Aufsichtsrat kann dann mit seinem *Vetorecht* einzelne Geschäftsführungsmaßnahmen verhindern. Der Aufsichtsrat hat hingegen kein Initiativrecht, kann also nicht positiv-gebietend verlangen, dass bestimmte Geschäftsführungsmaßnahmen vorgenommen werden. Der Vorstand kann im Einzelfall auf seine Weisungsfreiheit verzichten und nach § 119 Abs. 2 AktG von der Hauptversammlung die Entscheidung einzelner Fragen der Geschäftsführung verlangen (s. dazu Abschn. 7.1.2). Den darauf ergehenden Hauptversammlungsbeschluss muss der Vorstand befolgen; für daraus entstehende Schäden ist er der Gesellschaft gemäß § 93 Abs. 4 S. 1 AktG ausdrücklich nicht haftbar.

Bei bestimmten Verträgen kann neben dem Vorstand auch die Hauptversammlung die Initiative ergreifen, und zwar bei solchen, die der Vorstand nur mit Zustimmung der Hauptversammlung schließen kann (§ 83 Abs. 1 S. 2 AktG); s. dazu Abschn. 5.4.4.3.

Der Bundesgerichtshof hat vor geraumer Zeit im *Holzmüller-Fall* (BGH NJW 1982, 1703) entschieden, dass bei gesetzlich nicht geregelten Strukturentscheidungen von herausragender Bedeutung für die Gesellschaft der Vorstand nicht nur berechtigt, sondern sogar verpflichtet ist, die Zustimmung der Hauptversammlung gemäß § 119 Abs. 2 AktG einzuholen. Verstoße der Vorstand gegen diese Verpflichtung, so sei die Maßnahme zwar wegen § 82 Abs. 1 AktG nach außen wirksam, doch könne sie Schadensersatzverpflichtungen des Vorstands gegenüber der Gesellschaft gemäß § 93 Abs. 2 AktG nach sich ziehen. Die Konsequenzen der Holzmüller-Entscheidung für die Praxis waren lange Zeit umstritten. Klarheit schuf der Bundesgerichtshof durch die *Gelatine-Entscheidung* (DB 2004, 1200). Danach ist die Zustimmung der Hauptversammlung nur einzuholen, wenn die Maßnahme einen grundlegenden Eingriff in die Mitgliedschafts- und Vermögensrechte der Aktionäre darstellt. Das ist der Fall, wenn die wirtschaftliche Bedeutung einer Maßnahme wesentlich ist; daran fehlt es, wenn der betroffene Vermögensgegenstand oder Unternehmensteil nur 50 % des Vermögens ausmacht. Der BGH hat keinen Schwellenwert festgelegt, sieht aber eine Maßnahme jedenfalls dann als wesentlich an, wenn ihre wirtschaftliche Bedeutung in etwa die Ausmaße wie in der Holzmüller-Entscheidung (das waren 80 %) erreicht. Ist nach alledem ein Hauptversammlungsbeschluss erforderlich, so bedarf dieser eine Mehrheit, die mindestens drei Viertel des bei der Beschlussfassung vertretenen Grundkapitals umfasst; s. auch Abschn. 7.1.2.

Einschränkungen der eigenverantwortlichen Geschäftsführung des Vorstands kommen bei Bestehen eines *Beherrschungsvertrages* in Betracht (§§ 308, 291 Abs. 1 AktG); s. dazu Abschn. 14.2.

5.5.2 Pflichten im Gründungsstadium

Der Vorstand hat die Voraussetzungen dafür zu schaffen, dass die Aktiengesellschaft unverzüglich nach der Gründung in das Handelsregister eingetragen wird, damit die Gesellschaft Rechtsfähigkeit erlangt; erst die Eintragung bewirkt, dass (nur) die Gesellschaft selbst den Gläubigern haftet und eine Inanspruchnahme der Gründer grundsätzlich ausgeschlossen ist. Zur Eingehung von Geschäften im Namen der Aktiengesellschaft vor deren Eintragung bedarf der Vorstand der Zustimmung aller Gründer. Setzt er sich darüber hinweg, so verpflichtet er zwar im Außenverhältnis die Gesellschaft, ist aber im Innenverhältnis schadensersatzpflichtig.

Nimmt die Gesellschaft die Geschäfte schon vor der Eintragung auf, so haften die Aktionäre der Gesellschaft persönlich insoweit, als durch diese Aktivitäten das Grundkapital angetastet wird (z. B. Aufwendungen für Gehälter, Raummiete; nicht: Kauf eines werthaltigen Vermögensgegenstandes, z. B. eines Autos oder Computers). Der Vorstand hat die Ansprüche der Gesellschaft gegen die

Aktionäre auf Auffüllung des Kapitals (Unterbilanzhaftung) gegen diese geltend zu machen und durchzusetzen. Je länger und intensiver die Gesellschaft zwischen Gründung und Eintragung wirtschaftet, umso größer ist die Gefahr, dass es zum Eintritt der Unterbilanzhaftung kommt.

Die einzelnen Aufgaben des Vorstands im Gründungsstadium sind dargestellt in Abschn. 2.2.

5.5.3 Gesellschaftsinterne Aufgaben und Pflichten

Der Vorstand hat bestimmte Aufgaben und Pflichten gesellschaftsinterner Art zu erfüllen.

5.5.3.1 Berichte an den Aufsichtsrat

Der Vorstand hat dem Aufsichtsrat Berichte zu erstatten (§ 90 AktG). Die Berichtspflicht steht im Zusammenhang mit der Überwachungsfunktion des Aufsichtsrats gem. § 111 AktG und dessen damit verbundenen Aufgabe, den Vorstand bei der Leitung des Unternehmens zu beraten. Aufgrund der Berichte ist der Aufsichtsrat in der Lage, eine nicht nur vergangenheitsbezogene, sondern in die Zukunft gerichtete Überwachung der Vorstandstätigkeit auszuüben und den Vorstand im Hinblick auf die künftige Geschäftspolitik zu beraten. Der Vorstand hat grundsätzlich selbst die Initiative zur Berichterstattung zu ergreifen; dem Aufsichtsrat steht es aber frei, auch von sich aus einen Bericht anzufordern.

Nach § 90 Abs. 1 AktG hat der Vorstand dem Aufsichtsrat unaufgefordert zu berichten über

1. die beabsichtigte Geschäftspolitik und andere grundsätzliche Fragen der *Unternehmensplanung* (insbesondere die Finanz-, Investitions- und Personalplanung), wobei auf Abweichungen der tatsächlichen Entwicklung von früher berichteten Zielen unter Angabe von Gründen einzugehen ist;
   der Vorstand ist berichtspflichtig, soweit eine Unternehmensplanung besteht. Ob der Vorstand zur Planung verpflichtet ist und welchen Umfang diese Pflicht hat, sagt das Aktiengesetz nicht. In der Unternehmenspraxis ist von einer Verpflichtung zur Unternehmensplanung, bestehend aus jährlicher Budgetplanung und Mehrjahresplanung, auszugehen. Dabei ist die Planungspflicht bei inhabergeführten Aktiengesellschaften weniger umfassend als bei Unternehmen mit fremden Aktionären. Zu berichten ist jedenfalls über die Budgetplanung und die wesentlichen Ergebnisse der Planrechnungen. Eine Unternehmensplanung umfasst üblicherweise die kurz-, mittel- und langfris-

tige Planung, und sie erstreckt sich nicht lediglich auf die im Gesetz beispielhaft genannten Bereiche, sondern auch auf Produktion, Absatz und Beschaffung. Dazu kommen, je nach Bedarf, auch der Entwicklungsplan, der Kostenplan, der Ergebnisplan usw. Schließlich gibt der Vorstand einen sog. follow up, d. h. er berichtet, ob früher formulierte Planziele erreicht worden sind und worauf ggf. die Abweichungen beruhen;
der Bericht über die Unternehmensplanung ist mindestens einmal jährlich zu erstatten, wenn nicht Änderungen der Lage oder neue Fragen eine unverzüglich Berichterstattung gebieten (§ 90 Abs. 2 Nr. 1 AktG);

2. die Rentabilität der Gesellschaft, insbesondere die *Rentabilität* des Eigenkapitals;
   die Rentabilität wird bestimmt durch das Verhältnis von Unternehmensertrag zum eingesetzten Kapital, sie drückt dessen Verzinsung aus. Weitere notwendige Angaben sind die Gesamtkapitalrendite, die Umsatzrendite und der *Cash-Flow*. Der Cash-Flow ist eine betriebswirtschaftliche Kennzahl, die den aus der laufenden Umsatztätigkeit resultierenden Finanzmittelüberschuss zeigt, der dem Unternehmen für Investitionsausgaben, Tilgungszahlungen und Gewinnausschüttungen zur Verfügung steht. Er wird abgeleitet aus dem Jahresüberschuss durch Hinzurechnung aller nicht auszahlungswirksamen Aufwendungen und Kürzung aller nicht einzahlungswirksamen Erträge. Eine Faustformel besagt, dass der Cash-Flow dem Jahresergebnis zuzüglich Abschreibungen und Erhöhung der Rückstellungen entspricht;
   dieser Bericht ist in der Aufsichtsratssitzung, in der über den Jahresabschluss verhandelt wird (Bilanzsitzung), zu erstatten (§§ 90 Abs. 2 Nr. 2, 171 Abs. 1 AktG);
3. den *Gang der Geschäfte*, insbesondere den Umsatz, und die Lage der Gesellschaft;
   der Vorstand hat in seinem Bericht aussagekräftiges und hinreichend gegliedertes und detailliertes Zahlenmaterial vorzulegen. Die Abweichung von den Planzahlen ist zu erläutern, die Auswirkungen auf die Ertragslage und die Liquidität sind darzustellen;
   diese Berichte sind regelmäßig zu erstatten, mindestens vierteljährlich (§ 90 Abs. 2 Nr. 3 AktG);
4. Geschäfte, die für die Rentabilität oder Liquidität der Gesellschaft von erheblicher Bedeutung sein können;
   hier geht es um *einzelne Maßnahmen*, die wegen ihrer großen Bedeutung auf die Rentabilität oder die Liquidität der Gesellschaft durchschlagen. Dies kann auf der Einnahmenseite der Abschluss eines großen Liefervertrages sein, auf der Ausgabenseite der Erwerb eines Betriebs oder einer Beteiligung;
   die Berichte sind möglichst so rechtzeitig zu erstatten, dass der Aufsichtsrat vor Vornahme der Geschäfte Gelegenheit hat, zu ihnen Stellung zu nehmen (§ 90 Abs. 2 Nr. 4 AktG).

Ist die Gesellschaft Mutterunternehmen i. S. d. § 290 Abs. 1, 2 HGB (s. dazu Abschn. 14.6), so ist in der Berichterstattung auch auf Tochterunternehmen einzugehen (§ 90 Abs. 1 S. 2 AktG). Neben diesen *periodischen* Berichtspflichten besteht die Verpflichtung des Vorstands, von sich aus außerhalb dieses Turnus an den Vorsitzenden des Aufsichtsrates zu berichten, wenn sonstige wichtige Anlässe bestehen (§ 90 Abs. 1 S. 3 AktG). Bei diesen dürfte es sich in den meisten Fällen um Ereignisse handeln, die *plötzlich* von außen an die Gesellschaft herangetragen werden, wie z. B. erhebliche Betriebsstörungen, Arbeitskampf, empfindliche behördliche Auflagen, wesentliche Steuernachforderungen, Gefährdung größerer Außenstände, Liquiditätsprobleme (vgl. Hüffer, Rz. 8 zu § 90 AktG).

Der Vorstand hat dem Aufsichtsrat gem. § 90 Abs. 3 AktG zusätzlich Bericht zu erstatten, wenn er vom Aufsichtsrat oder einem einzelnen Aufsichtsratsmitglied aufgefordert wird, über bestimmte Angelegenheiten der Gesellschaft zu berichten. Der Gegenstand der Berichte nach § 90 Abs. 3 AktG überschneidet sich mit dem der gem. § 90 Abs. 1 AktG periodisch zu erteilenden Berichte. Mit Hilfe dieser *Anforderungsberichte* kann der Aufsichtsrat sich auch außerhalb des Turnus informieren und inhaltlich tiefer in den Gegenstand der Berichterstattung eindringen.

Nach § 90 Abs. 4 AktG haben die Berichte den Grundsätzen einer gewissenhaften und getreuen Rechenschaft zu entsprechen. Daraus wird abgeleitet, dass die Berichte klar gegliedert und übersichtlich, vollständig und sachlich zutreffend sein müssen (Hüffer, Rz. 13 zu § 90 AktG). Sie sind möglichst rechtzeitig und in der Regel in Textform zu erstatten.

Die Berichte an den Aufsichtsrat werden dem Gesamtgremium, vertreten durch den Aufsichtsratsvorsitzenden, erteilt. Jedes Aufsichtsratsmitglied hat das Recht, von den Berichten Kenntnis zu nehmen. Soweit die Berichte in Textform erstattet wurden, sind sie auch jedem Aufsichtsratsmitglied auf Verlangen zu übermitteln, soweit der Aufsichtsrat nichts anderes beschlossen hat (§ 90 Abs. 5 S. 2 AktG). Kommt der Vorstand seiner Rechtspflicht zur Berichterstattung aus § 90 AktG nicht nach, so ist er hierzu vom Registergericht durch Festsetzung von Zwangsgeld anzuhalten (§ 407 Abs. 1 AktG).

5.5.3.2 Buchführung, Jahresabschluss

Der Vorstand hat nach § 91 Abs. 1 AktG dafür zu sorgen, dass die erforderlichen *Handelsbücher* geführt werden. Mit dieser sich bereits aus den Vorschriften des Handelsgesetzbuches ergebenden Verpflichtung wird die Gesamtverantwortung aller Vorstandsmitglieder für die Buchführung und die Aufstellung des Jahresabschlusses klargestellt. Dabei steht es dem Vorstand natürlich frei, die Ausführung Dritten zu überlassen, sei es Angestellten der Aktiengesellschaft oder Außenstehenden, wie z. B. Angehörigen der steuerberatenden Berufe. Aus der dem Vorstand nach § 91 Abs. 1 AktG obliegenden Verantwortung folgt dann die Verpflichtung, dafür zu sorgen, dass die Unterlagen im Unternehmen aufbereitet und unverzüglich und vollständig bearbeitet werden. Von der Einhaltung der übertragenen Pflichten hat sich der Vorstand laufend zu überzeugen. Die Vorstandspflichten im Rahmen der Rechnungslegung und der Gewinnverwendung werden weiter unten (Kap. 10) im Einzelnen dargestellt.

5.5.3.3 Organisation, Risikomanagement

Die Vorschrift des § 91 Abs. 2 AktG legt dem Vorstand bestimmte Maßnahmen im Bereich der *Organisation* auf. Er hat geeignete Maßnahmen zu treffen, insbesondere ein Überwachungssystem einzurichten, damit den Fortbestand der Gesellschaft gefährdende Entwicklungen früh erkannt werden. Diese Regelung ist eine Konkretisierung der dem Vorstand nach § 93 Abs. 1 AktG obliegenden Sorgfaltspflichten, zu denen unter anderem auch die Festlegung der Unternehmenspolitik, die zugehörige funktionsfähige Unternehmensüberwachung und die Koordination der verschiedenen Führungsebenen gehören (vgl. Lück, DB 1998, 8). Unternehmerische Risiken können zwar nicht durch derartige organisatorischen Maßnahmen vermieden werden, sie sollen allerdings erkannt, begleitend überwacht und spätestens in dem Zeitpunkt, in dem sie wesentlich für die wirtschaftliche Lage des Unternehmens werden, abgewehrt werden.

Ein einzurichtendes *Risiko-Managementsystem* setzt sich zusammen aus einem Internen Überwachungssystem, aus dem Controlling und aus einem Früherkennungssystem. Das Interne Überwachungssystem (auch Internes Kontrollsystem) hat die Aufgabe, die Zuverlässigkeit der betrieblichen Prozesse unter Beachtung des Wirtschaftlichkeitsprinzips zu gewährleisten; es besteht aus

- organisatorischen Sicherungsmaßnahmen,
- internen Kontrollen und
- internen Prüfungen, insbesondere der internen Revision.

Das Controlling umfasst die zielorientierte Koordination von Planung, Informationsversorgung, Kontrolle und Steuerung. Unter Früherkennungssystemen versteht man Informationssysteme, die Risiken für ein Unternehmen so rechtzeitig erkennen lassen, dass Reaktionen des Unternehmens zur Abwehr der Risiken noch möglich sind. Der Aufbau eines Risiko-Managementsystems wird in vielen Fällen nicht ohne Hilfe externer betriebswirtschaftlicher Berater möglich sein.

Die Regelung des § 91 Abs. 2 AktG hat nur klarstellenden Charakter, denn der Vorstand war seit jeher zur Beobachtung und Begrenzung von Risiken verpflichtet. Ihre Bedeutung gewinnt die Regelung dadurch, dass das Risikomanagement durch die Festschreibung im Gesetz zur zwingenden Vorstandspflicht aufgewertet wird. Verstöße gegen diese Verpflichtung können eher als zuvor zu Schadensersatzansprüchen der Aktiengesellschaft gegen den Vorstand führen. Dazu kommt, dass natürlich auch der Aufsichtsrat im Rahmen seiner Überwachungspflicht (§ 111 Abs. 1 AktG) die Beachtung dieser Verpflichtung zu kontrollieren hat. Schließlich hat nach § 317 Abs. 4 HGB der Abschlussprüfer bei einer börsennotierten Aktiengesellschaft zu prüfen, ob der Vorstand die ihm nach § 91 Abs. 2 AktG obliegenden Maßnahmen in einer geeigneten Form getroffen hat und ob das danach eingerichtete Überwachungssystem seine Aufgaben erfüllen kann.

5.5.3.4 Hauptversammlung

Zu den Aufgaben des Vorstands gehört die Einberufung der *Hauptversammlung*, über die die Mitglieder des Vorstands mit einfacher Mehrheit beschließen (§ 121 Abs. 2 AktG). Die Ausführung des Beschlusses kann einem einzelnen Vorstandsmitglied übertragen werden, welches dann bei Einberufung durch eingeschriebenen Brief diesen alleine unterschreiben kann. Vorstand und Aufsichtsrat haben – zur Wahl von Aufsichtsratsmitgliedern und Prüfern nur der Aufsichtsrat – in der Bekanntmachung der Tagesordnung Vorschläge zur Beschlussfassung zu machen (§ 124 Abs. 3 AktG); zur Einberufung der Hauptversammlung eingehend Abschn. 7.2.

Der Vorstand erfüllt die der Aktiengesellschaft nach § 125 AktG vor der Hauptversammlung obliegenden *Mitteilungspflichten* gegenüber Aktionären und Aufsichtsratsmitgliedern (s. dazu Abschn. 7.2.2).

Die Vorstandsmitglieder sollen an der Hauptversammlung *teilnehmen* (§ 118 Abs. 2 AktG); dort hat der Vorstand die von den Aktionären im Rahmen des Auskunftsrechts gem. § 131 AktG gestellten Fragen zu beantworten (s. dazu Abschn. 7.3.5). Die Vorstandsmitglieder sind nicht nur teilnahmeberechtigt, sondern auch teilnahmepflichtig. Erscheinen sie nicht, so stellt das einen wichtigen Grund für ihre Abberufung dar, ferner können der Gesellschaft gegenüber Schadenersatzverpflichtungen entstehen, zumal wenn das Auskunftsrecht der Aktionäre verletzt und Hauptversammlungsbeschlüsse daraufhin nach § 243 Abs. 1 AktG angefochten werden.

Auf Verlangen der Hauptversammlung ist der Vorstand zur Vorbereitung und Ausführung von Hauptversammlungsbeschlüssen verpflichtet (§ 83 AktG). Die Pflicht zur *Vorbereitung* von Hauptversammlungsbeschlüssen setzt voraus, dass die Hauptversammlung für die zu beschließende Maßnahme zuständig ist und sie den Vorstand durch einen entsprechenden Weisungsbeschluss zur Vorbereitung verpflichtet hat. Die Zuständigkeit ist in den Fällen des § 119 AktG (s. dazu Abschn. 7.1.2) und gegebenenfalls auf Grund entsprechender Satzungsbestimmungen gegeben.

Die Vorbereitungspflicht des Vorstands gilt auch für Verträge, die nur mit Zustimmung der Hauptversammlung wirksam werden (§ 83 Abs. 1, Abs. 2 AktG). Der Vorstand muss demnach bei Vorliegen eines entsprechenden Weisungsbeschlusses auch dann einen solchen Vertrag vorbereiten und abschließen, wenn er selbst ihn nicht befürwortet oder gar ablehnt; bei derartigen Verträgen kann somit nicht nur der Vorstand, sondern auch die Hauptversammlung die Initiative ergreifen und mit der erforderlichen Mehrheit den Vertragsschluss herbeiführen, z. B.:

- Nachgründungsverträge,	§ 52 Abs. 1 AktG,
- Übertragung des ganzen Gesellschaftsvermögens,	§ 179a AktG,
- Unternehmensverträge,	§§ 293, 295 AktG,
- Verschmelzungsverträge,	§§ 13, 65 UmwG,
- Spaltungs- und Übernahmeverträge,	§§ 126, 13, 65 UmwG,
- Ausgliederungs- und Übernahmeverträge,	§§ 126, 13, 65 UmwG,

- bestimmte Vergleichs-/Verzichtsverträge; s. dazu Abschn. 7.1.4.

Der Vorstand ist verpflichtet, von der Einberufung einer Hauptversammlung an bestimmte Unterlagen in dem Geschäftsraum der Gesellschaft und sodann in der Hauptversammlung zur Einsicht der Aktionäre auszulegen und auf Verlangen jedem Aktionär Abschriften zu erteilen; s. auch Abschn. 7.2.1.

Die Pflicht zur *Ausführung* von Hauptversammlungsbeschlüssen umfasst vor allem die Vornahme von Anmeldungen zum Handelsregister, z. B. bei Satzungsänderung (§ 181 AktG), bei Kapitalerhöhungen (§ 184 AktG) oder bei Unternehmensverträgen (§ 194 Abs. 1 AktG).

Der Vorstand hat unverzüglich nach privatschriftlich protokollierten Hauptversammlung eine vom Aufsichtsratsvorsitzenden unterzeichnete Abschrift des Protokolls einzureichen (§ 130 Abs. 5 AktG). Die Einsichtnahme in diese Unterlagen beim Handelsregister ist jedermann gestattet (§ 9 Abs. 1 HGB). Außerdem hat der Vorstand jedem Aufsichtsratsmitglied und jedem Aktionär auf Verlangen die in der Hauptversammlung gefassten Beschlüsse mitzuteilen (§ 125 Abs. 4 AktG).

5.5.3.5 Weitere Aufgaben und Pflichten

Bekanntmachungen (§ 25 AktG)
Der Vorstand der Aktiengesellschaft hat nach Maßgabe der entsprechenden gesetzlichen Vorschriften bestimmte Bekanntmachungen im elektronischen Bundesanzeiger zu bewirken (s. dazu Abschn. 3.1.7).

Anmeldungen zur Eintragung (§ 36 AktG)
Der Vorstand ist für die Anmeldung bestimmter Sachverhalte zur Eintragung in das Handelsregister zuständig. In der Regel reicht es aus, wenn „der Vorstand" handelt, d. h. Vorstandsmitglieder in vertretungsberechtigter Zahl, auch in unechter Gesamtvertretung unter Mitwirkung eines Prokuristen (vgl. Hüffer, Rz. 17 zu § 78 AktG). Abweichend davon wirken bei der Anmeldung der Gründung der Gesellschaft alle Mitglieder des Vorstands und des Aufsichtsrats sowie sämtliche Gründer mit (§ 36 Abs. 1 Akt). Kapitalerhöhungen sind vom Vorstand und vom Vorsitzenden des Aufsichtsrats anzumelden.

Die Bestellung von Vorstandsmitgliedern und die Beendigung des Vorstandsamts sind vom Vorstand zur Eintragung in das Handelsregister anzumelden, ebenso eine Veränderung der Vertretungsbefugnis (z. B. Einzelvertretung statt Gesamtvertretung). Dabei reicht es aus, dass Vorstandsmitglieder in vertretungsberechtigter Anzahl handeln. An der Anmeldung ihrer eigenen Bestellung können neu bestellte Vorstandsmitglieder mitwirken, abberufene Vorstandsmitglieder dagegen nicht an der Anmeldung ihrer Amtsbeendigung. Will ein Vorstandsmitglied sein Amt niederlegen und die Anmeldung noch selbst bewirken, so muss er die Amtsniederlegung aufschiebend bedingt auf den Zeitpunkt der Eintragung der Amtsbeendigung in das Handelsregister erklären.

Die Anmeldungen zur Eintragung in das Handelsregister sind in öffentlich beglaubigter Form einzureichen (§ 12 Abs. 1 HGB). Das Amtsgericht kann die Vornahme bestimmter Anmeldungen zum Handelsregister durch Festsetzung von Zwangsgeld erzwingen, vgl. §§ 14 HGB, 407 Abs. 2 AktG.

Einlagen (§ 63 AktG)
Der Vorstand fordert gem. § 63 AktG die Einlagen bei den Gründern bzw. Aktionären ein, im Falle der Kapitalerhöhung bei den Zeichnern. Bei Bargründung und Barkapitalerhöhung ist auf jeder Aktie mindestens ein Viertel des geringsten Ausgabebetrages zuzüglich eines etwaigen Agios – dieses in voller Höhe – einzuzahlen. Die Entscheidung über die Einforderung der restlichen Einlagen

liegt beim Vorstand, der ggf. nach § 111 Abs. 4 S. 2 AktG die Zustimmung des Aufsichtsrats einholen muss.

Wettbewerbsverbot (§ 88 AktG)
Vorstandsmitglieder dürfen ohne Einwilligung des Aufsichtsrats weder ein Handelsgewerbe betreiben noch im Geschäftszweig der Gesellschaft für eigene oder fremde Rechnung Geschäfte machen, sie dürfen auch nicht Mitglied des Vorstands oder Geschäftsführer oder persönlich haftender Gesellschafter einer anderen Handelsgesellschaft sein und schließlich ebenso wenig eine beherrschende Beteiligung an einer konkurrierenden Kapitalgesellschaft halten. Darüber hinaus verbietet die Treuepflicht den Vorstandsmitgliedern, in den Geschäftskreis der Gesellschaft fallende Geschäftschancen an sich zu ziehen, insbesondere um sich selbständig zu machen.

Erteilt der Aufsichtsrat die Einwilligung, so muss diese eindeutig für bestimmte Arten von Geschäften bzw. Handelsgewerbe oder Gesellschaften bestimmt sein, darf also nicht blanko erteilt werden. Der Verstoß gegen das Wettbewerbsverbot kann nicht durch rückwirkende Genehmigung beseitigt werden, die Zustimmung muss im Voraus erteilt werden.

Durch diese Vorschrift wird der Schutz der Aktiengesellschaft vor anderweitigem Einsatz der Arbeitskraft der Vorstandsmitglieder bezweckt, ferner der Schutz vor Wettbewerbshandlungen. Bei Verstößen gegen dieses Verbot kann die Gesellschaft Schadensersatz fordern oder in die von dem Vorstand geschlossenen Verträge eintreten, um auf diese Weise den Geschäftsgewinn an sich zu ziehen. Durch entsprechende vertragliche Vereinbarungen mit dem Vorstand kann das Wettbewerbsverbot mit einer Vertragsstrafe bewehrt werden, und es kann auch auf die Zeit nach dem Ausscheiden des Vorstandsmitglieds erweitert werden, wobei zeitliche und räumliche Grenzen festzulegen sind, damit das Wettbewerbsverbot nicht wegen Sittenwidrigkeit unwirksam ist. Ansprüche der Aktiengesellschaft aus § 88 AktG unterliegen der kurzen Verjährung von drei Monaten ab Kenntnis, sonst von fünf Jahren.

Verschwiegenheitspflicht (§ 93 AktG)
Die grundsätzlich bereits aus der allgemeinen Treuepflicht abzuleitende Verschwiegenheitspflicht eines Vorstandsmitglieds ist ausdrücklich im Gesetz festgeschrieben. Die Verschwiegenheitspflicht gilt nicht gegenüber einer Prüfstelle i. S. d. § 342b HGB. Die Verletzung der Verschwiegenheitspflicht kann Schadensersatzansprüche (§ 93 Abs. 2 AktG) und, auf Antrag der Aktiengesellschaft, strafrechtliche Konsequenzen (§ 404 AktG) nach sich ziehen.

Aufsichtsratssitzungen (§ 109 AktG)
Die Vorstandsmitglieder sind zur Teilnahme an den Aufsichtsratssitzungen verpflichtet; der Aufsichtsrat kann allerdings auch ohne die Vorstandsmitglieder tagen.

Differenzhaftung
Deckt der Wert von Sacheinlagen bei Sachgründung oder Sachkapitalerhöhung den Ausgabebetrag der dafür zu gewährenden Aktien nicht, muss der Vorstand den Anspruch der Aktiengesellschaft auf Zahlung des Unterschiedsbetrags gegen den Gründer bzw. Einleger geltend machen (s. Abschn. 2.3.2.3).

Unterbilanzhaftung
Bei Aufnahme der Geschäftstätigkeit vor der Eintragung der Aktiengesellschaft muss der Vorstand nach Abschluss der Gründungsphase, mit anderen Worten nach der Eintragung der Gesellschaft in das Handelsregister, etwaige Ansprüche der Gesellschaft gegen die Gründer aus Unterbilanzhaftung geltend machen, soweit das Grundkapital infolge der Geschäftstätigkeit vermindert worden ist (dazu Abschn. 2.7).

5.5.4 Pflichten gegenüber Dritten

Mitteilungspflichten (§ 42 AktG)
Der Vorstand hat nach § 42 AktG dem Handelsregister unverzüglich eine Mitteilung einzureichen, wenn alle Aktien allein oder neben der Gesellschaft einem Aktionär gehören (Einmann-Aktiengesellschaft). Dabei sind Name und Vorname sowie Geburtsdatum und Wohnort des alleinigen Aktionärs zu nennen. Die Mitteilungspflicht besteht, wenn die Gesellschaft gem. § 2 AktG von einer Person gegründet wird, ferner, wenn die Aktiengesellschaft zunächst durch zwei oder mehr Personen gegründet wird, dann aber ein einzelner Aktionär von den anderen Aktionären deren Aktien vollständig übernimmt, schließlich, wenn von einem Alleinaktionär alle Aktien an einen anderen Alleinaktionär übertragen werden.

Zu den aktienrechtlichen Mitteilungspflichten bei Erwerb von wesentlichen Beteiligungen bzw. von wechselseitigen Beteiligungen s. Abschn. 14.1. und zu Mitteilungspflichten im Zusammenhang mit der *Einberufung* einer Hauptversammlung siehe Abschn. 7.2.2.

Geschäftsbriefe (§ 80 AktG)
Auf allen Geschäftsbriefen, die an einen bestimmten Empfänger gerichtet werden, müssen die Rechtsform und der Sitz der Gesellschaft, das Registergericht des Sitzes der Gesellschaft und die Nummer, unter der die Gesellschaft in das

Handelsregister eingetragen ist, sowie alle Vorstandsmitglieder und der Vorsitzende des Aufsichtsrats mit dem Familiennamen und mindestens einem ausgeschriebenen Vornamen angegeben werden. Ist ein Vorsitzender des Vorstands (§ 84 Abs. 2 AktG) ernannt, so ist dieser als solcher zu bezeichnen. Werden diese Angaben nicht gemacht, so ist der Vorstand hierzu vom Registergericht durch Festsetzung von Zwangsgeld anzuhalten (§ 407 Abs. 1 AktG).

Anmeldung des Aufsichtsratsvorsitzenden (107 AktG)
Der Vorstand hat zum Handelsregister anzumelden, wer zum Aufsichtsratsvorsitzenden und wer zu seinem Stellvertreter gewählt worden ist (s. dazu Abschn. 6.4.1).

Einreichung von Unterlagen (§ 12 HGB)
Der Vorstand muss bestimmte Unterlagen in elektronischer Form zum Handelsregister einreichen (§ 12 Abs. 2 HGB):

- Liste der Aufsichtsratsmitglieder im Falle von Änderungen (§ 106 AktG),
- eine Abschrift der Niederschrift der Hauptversammlung (§ 130 Abs. 5 AktG),
- Beschluss über die Ausgabe von Wandelschuldverschreibungen sowie eine Erklärung über deren Ausgabe (§ 221 Abs. 2 S. 2 AktG),
- Verschmelzungsvertrag/Spaltungsvertrag (§§ 61, 125 S. 1 UmwG).

Der Jahresabschluss und der Konzernabschluss sind beim Betreiber des elektronischen Bundesanzeigers elektronisch einzureichen; s. dazu Abschn. 10.4.

Sozialversicherungsträger
Der Vorstand ist für die Erfüllung der *Melde- und Zahlungspflichten des Arbeitgebers* gegenüber den Sozialversicherungsträgern verantwortlich (§§ 28a, 28e SGB IV). Erfüllt die Aktiengesellschaft ihre Pflichten nicht, können die Vorstandsmitglieder persönlich nach Maßgabe der Vorschriften des Bürgerlichen Gesetzbuchs über die Unerlaubte Handlung zur Haftung herangezogen werden (BGH, NJW 1997, 130). Der Verstoß gegen die Pflicht zur Abführung von Arbeitnehmerbeiträgen zur gesetzlichen Sozialversicherung ist überdies strafbar nach § 266a StGB.

Steuern
Der Vorstand hat die steuerlichen Pflichten der Aktiengesellschaft zu erfüllen und insbesondere dafür zu sorgen, dass die Steuern aus den von ihm verwalteten Mitteln entrichtet werden (§ 34 AO). Zu den wichtigen Pflichten gehört die Abgabe der Steuererklärungen (§ 149 AO) und die Abführung einbehaltener Abzugssteuern. Kommt die Gesellschaft den Mitwirkungspflichten im Besteuerungsverfahren nicht nach, so kann das Finanzamt Zwangsmittel einsetzen, ins-

besondere ein Zwangsgeld gegen den Vorstand persönlich festsetzen (§ 329 AO). Daneben kommt die Festsetzung von Verspätungszuschlägen und die Erteilung von Schätzungsbescheiden in Betracht, derentwegen der Vorstand gegenüber der Aktiengesellschaft in der Regel persönlich schadensersatzpflichtig ist. Zahlt die Aktiengesellschaft festgesetzte Steuern nicht, so kann das Finanzamt den Vorstand bei Vorliegen der Voraussetzungen durch Haftungsbescheid gem. §§ 69, 191 AO persönlich in Anspruch nehmen.

5.5.5 Pflichten in der Krise des Unternehmens

Gerät die Gesellschaft in wirtschaftliche Schwierigkeiten, wächst dem Vorstand eine gesteigerte Verantwortung zu, von der er weder durch den Aufsichtsrat noch durch die Hauptversammlung befreit werden kann.

5.5.5.1 Verlustanzeige

Der Vorstand hat unverzüglich die Hauptversammlung einzuberufen, wenn sich bei der Aufstellung der Jahresbilanz oder einer Zwischenbilanz ergibt oder bei pflichtmäßigem Ermessen anzunehmen ist, dass ein Verlust in Höhe der Hälfte des Grundkapitals besteht (§ 92 Abs. 1 AktG). Anders als bei der Insolvenzantragspflicht nach § 15a InsO sind hier die Buchwerte gem. Handelsbilanz (§§ 242 ff. HGB) maßgebend. Die Einberufungs- und Anzeigepflicht stellt die rechtzeitige Information der Aktionäre über den Eintritt eines außergewöhnlichen Verlusts und die daraus folgende Gefahr einer Krise der Gesellschaft sicher. Sie ermöglicht der Hauptversammlung, Sanierungsmaßnahmen zu beraten oder zu beschließen, z. B. durch Kapitalerhöhung, oder den mit der Gesellschaft verfolgten Zweck aufzugeben und sie aufzulösen. Kommt der Vorstand der Verpflichtung zur Einberufung und *Verlustanzeige* nicht nach, macht er sich nach § 401 Abs. 1 AktG strafbar.

5.5.5.2 Insolvenzantrag

Bei Eintritt der Zahlungsunfähigkeit oder der Überschuldung muss der Vorstand unverzüglich, spätestens aber binnen drei Wochen, Antrag auf Eröffnung des Insolvenzverfahrens stellen (§ 15a Abs. 1 InsO). Hat eine Aktiengesellschaft keinen Vorstand (Führungslosigkeit, § 78 Abs. 1 S. 2 AktG), ist jedes Mitglied des Aufsichtsrats antragspflichtig, es sei denn, das Aufsichtsratsmitglied hat von der Zahlungsunfähigkeit und der Überschuldung oder der Führungslosigkeit keine Kenntnis (§ 15a Abs. 3 InsO).

Der Insolvenzgrund der *Zahlungsunfähigkeit* besteht, wenn die Gesellschaft nicht in der Lage ist, die fälligen Zahlungspflichten zu erfüllen, was in der Regel anzunehmen ist, wenn sie ihre Zahlungen eingestellt hat (§ 17 Abs. 2 InsO). Im Einzelfall kann die Abgrenzung der Zahlungsunfähigkeit von der bloßen Zahlungsstockung schwierig sein. Lässt sich eine Zahlungsunfähigkeit voraussichtlich innerhalb kurzer Zeit beheben, so gilt sie als Zahlungsstockung und stellt keinen Insolvenzeröffnungsgrund dar. Dabei darf der Zeitraum nicht überschritten werden, den eine kreditwürdige Person braucht, um sich die benötigten Mittel zu beschaffen, wofür drei Wochen erforderlich, aber auch ausreichend erscheinen. Beträgt eine innerhalb von drei Wochen nicht zu beseitigende Liquiditätslücke weniger als 10 % der Gesamtverbindlichkeiten, ist regelmäßig von Zahlungsfähigkeit auszugehen, es sei denn, es ist bereits absehbar, dass die Lücke demnächst mehr als 10 % erreichen wird. Beträgt die Liquiditätslücke 10 % oder mehr, ist regelmäßig von Zahlungsunfähigkeit auszugehen, sofern nicht ausnahmsweise mit an Sicherheit grenzender Wahrscheinlichkeit zu erwarten ist, dass die Liquiditätslücke demnächst vollständig oder fast vollständig beseitigt werden wird und den Gläubigern ein Zuwarten nach den besonderen Umständen des Einzelfalls zuzumuten ist (BGH NJW 2005, 3062).

Überschuldung liegt nach § 19 Abs. 2 InsO in der Fassung durch das Finanzmarktstabilisierungsgesetz vom 17. Oktober 2008 vor, wenn das Vermögen der Gesellschaft die bestehenden Verbindlichkeiten nicht mehr deckt, es sei denn, die Fortführung des Unternehmens ist nach den Umständen überwiegend wahrscheinlich. Dieser Überschuldungsbegriff gilt nur vorübergehend bis zum 31. Dezember 2008; danach kommt wieder der vormalige Begriff zur Anwendung, welcher besagt, dass Überschuldung vorliegt, wenn das Vermögen die bestehenden Verbindlichkeiten nicht mehr deckt, wobei bei der Bewertung des Vermögens jedoch die Fortführung des Unternehmens zugrunde zu legen ist, wenn diese nach den Umständen überwiegend wahrscheinlich ist (Art. 6 i. V. m. Art. 7 Abs. 2 FMStG). Ob Überschuldung vorliegt, ist im Rahmen einer *Überschuldungsprüfung* zu ermitteln. Bei dieser ist nicht die nach den Vorschriften des Handelsgesetzbuchs errichtete Bilanz (Handelsbilanz), sondern eine ohne Bindung an die handelsrechtlichen Ansatz- und Wertvorschriften erstellte besondere Überschuldungsbilanz maßgebend. Eine große praktische Bedeutung besitzt dabei der Rangrücktritt, das ist eine Vereinbarung des Gläubigers mit der Gesellschaft, dass seine Forderung im Insolvenzverfahren nachrangig ist (vgl. § 39 Abs. 2 InsO). Bei Bestehen einer Rangrücktrittsvereinbarung ist die betreffende Verbindlichkeit der Gesellschaft nicht in der Überschuldungsbilanz anzusetzen (§ 19 Abs. 2 S. 3 InsO). Bei Gesellschafterdarlehen bzw. Aktionärsdarlehen kommt die Vereinbarung eines Rangrücktritts häufig vor.

Antragsbefugt ist jedes Vorstandsmitglied alleine. Stellen nur einzelne und nicht alle Vorstandsmitglieder den Antrag, so muss der Insolvenzgrund glaubhaft gemacht werden, und das Gericht muss die übrigen Vorstandsmitglieder vor einer Entscheidung anhören. Hat eine Gesellschaft keinen Vorstand (Führungslosigkeit, § 78 Abs. 1 S. 2 AktG), ist jedes Aufsichtsratsmitglied antragsbefugt (§ 15 Abs. 1 InsO); in diesem Fall ist außer dem Insolvenzgrund auch die Führungslosigkeit glaubhaft zu machen, und das Gericht muss die übrigen Aufsichtsratsmitglieder vor einer Entscheidung anhören (§ 15 Abs. 2 InsO).

Verstoßen Vorstandsmitglieder bzw. im Falle der Führungslosigkeit: informierte Aufsichtsratsmitglieder, gegen die Antragspflicht nach § 15a InsO, so machen sie sich schadensersatzpflichtig gegenüber der Gesellschaft (§ 93 Abs. 2 AktG) und deren Gläubigern (§ 823 Abs. 2 BGB), ferner tritt Strafbarkeit ein nach § 15a Abs. 4 und 5 InsO. Zu den Möglichkeiten des Aufsichtsrats, auf die Erfüllung der Antragspflicht durch den Vorstand hinzuwirken, s. Abschn. 6.7.

Im Falle *drohender Zahlungsunfähigkeit* muss ein Insolvenzantrag nicht gestellt werden, er *kann* aber gestellt werden. Die Zahlungsunfähigkeit droht, wenn die Gesellschaft voraussichtlich nicht in der Lage sein wird, die bestehenden Zahlungspflichten im Zeitpunkt der Fälligkeit zu erfüllen (§ 18 InsO). Antragsberechtigt ist nur die Gesellschaft, von Gläubigerseite kann der Antrag nicht gestellt werden. Beteiligen sich nicht alle Vorstandsmitglieder an der Antragstellung, so ist der Antrag nur zulässig, wenn Vorstandsmitglieder in vertretungsberechtigter Zahl handeln.

5.5.5.3 Zahlungsverbot

Nach Eintritt der Zahlungsunfähigkeit der Gesellschaft oder nach Feststellung ihrer Überschuldung darf der Vorstand keine Zahlungen mehr leisten; davon ausgenommen sind Zahlungen, die auch nach diesem Zeitpunkt mit der Sorgfalt eines ordentlichen und gewissenhaften Geschäftsleiters vereinbar sind (§ 92 Abs. 2 S. 2 AktG). Schon vor diesem Zeitpunkt sind Zahlungen an Aktionäre verboten, soweit sie zur Zahlungsunfähigkeit der Gesellschaft führen mussten; eine Ausnahme gilt, wenn dies auch bei Beachtung der Sorgfalt eines ordentlichen und gewissenhaften Geschäftsleiters nicht erkennbar war (§ 92 Abs. 2 S. 3 AktG).

Bei Zuwiderhandlung gegen das Zahlungsverbot sind die Vorstandsmitglieder der Gesellschaft zum Schadensersatz verpflichtet (§ 93 Abs. 3 Nr. 6 AktG), wenn sie nicht nachweisen können, dass einer der beiden Ausnahmetatbestände vorlag.

5.6 Haftung des Vorstands

Der Vorstand kann durch sein Verhalten Schaden verursachen, was wiederum Ersatzansprüche gegen Vorstandsmitglieder nach sich ziehen kann. In diesem Abschnitt werden die in Frage kommenden Haftungsvorschriften dargestellt. Als Geschädigte kommen in Betracht die Gesellschaft selbst, alle oder einzelne Aktionäre sowie Außenstehende.

5.6.1 Haftung gegenüber der Gesellschaft

Schadensersatzansprüche der Aktiengesellschaft gegen Vorstandsmitglieder können sowohl auf allgemeinen als auch auf aktienrechtlichen Haftungstatbeständen beruhen.

5.6.1.1 Allgemeiner Haftungstatbestand

Der Eigenverantwortlichkeit und Weisungsfreiheit des Vorstands steht eine besonders strenge Haftung der Vorstandsmitglieder gegenüber. Verletzen sie ihre Pflichten, so sind sie der Gesellschaft zum Ersatz des daraus entstehenden Schadens verpflichtet; sind mehrere Vorstandsmitglieder schadensersatzpflichtig, so haften sie als Gesamtschuldner (§ 93 Abs. 2 S. 1 AktG). Die Haftung nach § 93 Abs. 2 AktG trifft auch die *stellvertretenden* Vorstandsmitglieder (§ 94 AktG). Den Vorstandsmitgliedern ist bei der Ausübung ihrer Tätigkeit die Beachtung folgender Verhaltensanforderungen zu empfehlen (vgl. Lutter, Zehn Gebote an den Geschäftsführer, GmbHR 2000, 301):

- Einhaltung der Gesetze, insbesondere des Aktiengesetzes,
- Einhaltung von Satzung und Geschäftsordnung,
- Einhaltung der Regeln des Anstellungsvertrags,
- Beachtung des Katalogs zustimmungsbedürftiger Geschäfte,
- Ordnungsgemäße Organisation der Gesellschaft,
- Kontrolle der Organisation,
- Regelmäßige Kontrolle der Liquidität und Finanzlage der Gesellschaft,
- Vermeidung übergroßer Risiken,
- Vermeidung bzw. Offenlegung von Interessenkonflikten mit der Gesellschaft,
- Sorgfältige Vorbereitung geschäftlicher und unternehmerischer Entscheidungen.

Bei Beachtung aller dieser Gebote tragen die Vorstandsmitglieder kein nennenswertes Haftungsrisiko. Entsteht der Gesellschaft ein Schaden, ist nicht nur zu prüfen, ob eine Pflicht verletzt ist, sondern auch, ob das sorgfaltswidrig war. Eine objektiv feststellbare Pflichtwidrigkeit löst dann keine Haftung aus, wenn die Vorstandsmitglieder die Sorgfalt eines ordentlichen und gewissenhaften Geschäftsleiters angewandt hatten; ist diese Frage streitig, trifft die Beweislast die Vorstandsmitglieder (vgl. § 93 Abs. 2 AktG).

Für den allgemeinen Verhaltensstandard ist maßgebend, wie ein pflichtbewusster, selbständig tätiger Geschäftsmann in verantwortlicher Position, der fremde Vermögensinteressen wahrnimmt, zu handeln hat (vgl. BGH NJW 1995, 1290, 1291). Die Beachtung dieses Sorgfaltsstandards ist bei Erfüllung aller Pflichten geboten, also auch dort, wo das einzelne Vorstandsmitglied nicht über eigene Sachkunde verfügt.

Bei der Anwendung des Sorgfaltsmaßstabs ist zu unterscheiden zwischen fehlgeschlagenen unternehmerischen Entscheidungen einerseits und der Verletzung von Pflichten (Treuepflichten, Informationspflichten, sonstige allgemeine Pflichten aus Gesetz und Satzung) andererseits; nur für letztere gilt der allgemeine Sorgfaltsmaßstab des § 93 Abs. 1 S. 1 AktG. Bei den zuerst genannten unternehmerischen Fehlentscheidungen indessen liegt eine Pflichtverletzung nach § 93 Abs. 1 S. 2 AktG nicht vor, wenn das Vorstandsmitglied bei einer unternehmerischen Entscheidung vernünftigerweise annehmen durfte, auf der Grundlage angemessener Information zum Wohle der Gesellschaft zu handeln („Business Judgment Rule"). Das bedeutet, dass der Vorstand nicht für jeden geschäftlichen Fehlschlag einzustehen hat, ihm ist vielmehr für die Leitung der Geschäfte der Gesellschaft ein weiter Handlungsspielraum zuzubilligen, ohne den ein unternehmerisches Handeln nicht denkbar ist; erst wenn das Handeln des Vorstands schlechthin *unvertretbar* erscheint, kommen Schadensersatzansprüche in Betracht (vgl. BGH NJW 1997, 1926 „ARAG/Garmenbeck").

5.6.1.2 Spezielle Haftungstatbestände

Aktienrechtliche Sondertatbestände
Schadensersatzpflicht besteht gem. § 93 Abs. 3 AktG insbesondere dann, wenn entgegen den Vorschriften des Aktiengesetzes

1. Einlagen an die Aktionäre zurückgewährt werden;
   das betrifft Verstöße gegen das Verbot der Einlagenrückgewähr nach § 57 Abs. 1 AktG. Ein Verstoß gegen das Verbot der Einlagenrückgewähr kann auch in Betracht kommen bei Bestehen eigenkapitalersetzender Aktionärsdarlehen. Grundsätzlich gilt, dass die Gesellschaft sich das für die Geschäftstätigkeit benötigte Kapital sowohl bei Dritten als auch bei ihren eigenen Aktionären beschaffen kann. Dabei steht es den Aktionären frei, ob sie ihre Gesellschaft durch Eigenkapital (z. B. mittels Kapitalerhöhung) oder mit Fremdkapital (z. B. über Darlehen) finanzieren. Das ändert sich bei Eintritt einer Krise

der Gesellschaft, also wenn diese kreditunwürdig wird; das ist der Fall, wenn sie von dritter Seite keinen Kredit mehr erhalten kann bzw. wenn ein Drittgläubiger einen gewährten Kredit trotz des damit absehbaren Endes der Gesellschaft alsbald abgezogen hätte (Hüffer, Rz. 16 zu § 57 GmbHG). Das ist die Situation, in der die Aktionäre als ordentliche Kaufleute der Gesellschaft Eigenkapital zugeführt hätten (vgl. § 32a Abs. 1 GmbHG). Bei der Aktiengesellschaft betrifft das Aktionäre, die Finanzierungsverantwortung tragen, und das gilt in der Regel bei Innehaben einer Sperrminorität von 25 %; wird aber von ihnen kein Eigenkapital zugeführt, sondern Fremdkapital, dann gilt das Darlehen als eigenkapitalersetzend.
Eigenkapitalersetzende Darlehen sind wie Einlagen zu behandeln, d. h. sie dürfen von der Gesellschaft nicht zurückgewährt werden; ebenso wenig dürfen Zinsen ausbezahlt werden. Verstößt die Gesellschaft dagegen, so muss der Aktionär die empfangenen Zahlungen nach § 62 AktG erstatten; daneben haftet der Vorstand auf Ersatz des der Gesellschaft dadurch entstandenen Schadens (§ 93 Abs. 3 Nr. 5 AktG). Die Tilgung ist erst dann erlaubt, wenn die Krise der Gesellschaft so weit behoben ist, dass der Jahresabschluss ohne das Darlehen einen Bilanzgewinn ausweisen könnte (Hüffer, Rz. 19 zu § 57 AktG); s. auch nachfolgend Ziff. 5;

2. den Aktionären Zinsen oder Gewinnanteile gezahlt werden;
   dies betrifft Verstöße gegen § 57 Abs. 2 und § 58 Abs. 4 AktG;
3. *eigene Aktien* der Gesellschaft oder einer anderen Gesellschaft gezeichnet, erworben, als Pfand genommen oder eingezogen werden;
   dies betrifft vor allem folgende Verbote:

- Zeichnung eigener Aktien,	§ 56 Abs. 1 AktG,
- Zeichnung/Erwerb von Aktien des beherrschenden oder mit Mehrheit beteiligten Unternehmens	§ 56 Abs. 2/ § 71d AktG,
- Erwerb eigener Aktien	§ 71 AktG,
- bestimmte Umgehungsgeschäfte	§ 71a AktG,
- Inpfandnahme eigener Aktien	§ 71e AktG;

   dazu s. Abschn. 11.4. Diese Verstöße können zugleich auch Ordnungswidrigkeiten darstellen (§ 405 Abs. 1 Nr. 4 AktG);
4. Aktien vor der vollen Leistung des Ausgabebetrags ausgegeben werden;
   dies zielt auf die Ausgabe von Inhaberaktien vor der vollen Leistung des Ausgabebetrags entgegen § 10 Abs. 2 AktG;
5. Gesellschaftsvermögen verteilt wird;
   das betrifft einen Verstoß gegen § 57 Abs. 3 AktG, wonach vor Auflösung der Gesellschaft unter die Aktionäre nur der Bilanzgewinn verteilt werden darf, ferner die Fälle der §§ 225 Abs. 2, 230, 233, 271 f. AktG;
6. Zahlungen geleistet werden, nachdem die Zahlungsunfähigkeit der Gesellschaft eingetreten ist oder sich ihre Überschuldung ergeben hat;

die Ersatzpflicht tritt nicht ein, wenn die Zahlungen auch nach diesem Zeitpunkt mit der Sorgfalt eines ordentlichen und gewissenhaften Geschäftsleiter vereinbar sind (§ 92 Abs. 3 S. 2 AktG);

7. Vergütungen an Aufsichtsratsmitglieder gewährt werden;
   dies betrifft
   a) die Zahlung von Aufsichtsratsvergütungen (§ 113 AktG), die nur aufgrund einer entsprechenden Regelung in der Satzung oder eines Hauptversammlungsbeschlusses gewährt werden dürfen und ohne eine solche Grundlage unrechtmäßig sind und der Rückforderung unterliegen,
   b) Zahlungen an Aufsichtsratsmitglieder aufgrund von ungenehmigten Dienst- oder Werkverträgen für Tätigkeiten „höherer Art", die gem. § 114 AktG der Zustimmung des Aufsichtsrats bedürfen (s. dazu Abschn. 6.5);
8. Kredit gewährt wird;
   dies betrifft ungenehmigte Kredite an
   - Vorstandsmitglieder (§ 89 Abs. 1 AktG),
   - Aufsichtsratsmitglieder (§ 115 AktG) und
   - ihnen nahestehende Personen und Gesellschaften

   dazu Abschn. 5.4.2;
9. Bezugsaktien bei der bedingten Kapitalerhöhung außerhalb des festgesetzten Zwecks oder vor der vollen Leistung des Gegenwerts ausgegeben werden;
   dies betrifft einen Verstoß gegen § 199 Abs. 1 AktG.

Einflussnahme

Eine Schadensersatzpflicht von Vorstandsmitgliedern kommt nach § 117 Abs. 2 AktG in Betracht, wenn der Gesellschaft wegen Einflussnahme seitens Dritter ein Schaden entsteht und das Vorstandsmitglied pflichtwidrig gehandelt hat. Nutzt irgend jemand, z. B. ein Aktionär, Lieferant oder Kreditgeber oder ein anderes Vorstands- oder Aufsichtsratsmitglied, seinen Einfluss auf die Gesellschaft aus, um ein Vorstands- oder Aufsichtsratsmitglied, einen Prokuristen oder Handlungsbevollmächtigten dazu zu bestimmen, zum Schaden der Gesellschaft oder ihrer Aktionäre zu handeln, so macht er sich gegenüber der Gesellschaft und gegebenenfalls gegenüber den Aktionären (§ 117 Abs. 1 S. 2 AktG) und den Gläubigern (§ 117 Abs. 5 AktG) schadensersatzpflichtig. Das gilt nach § 117 Abs. 7 AktG nicht, wenn die Einflussnahme geschieht durch Ausübung der Leitungsmacht einer Hauptgesellschaft (§ 319 AktG), in die die Gesellschaft eingegliedert ist, oder aufgrund eines Beherrschungsvertrages (§ 291 AktG).

Die Ansprüche der Aktiengesellschaft gegen den Einflussnehmer werden grundsätzlich vom Vorstand geltend gemacht; nach § 147 AktG kann aber auch die Hauptversammlung bzw. nach § 148 AktG eine Minderheit von Aktionären initiativ werden (dazu Abschn. 9.3.2.2). Ein Verzicht oder Vergleich über diese Ansprüche ist nur zulässig unter Beachtung der Voraussetzungen, wie sie für

Verzicht bzw. Vergleich bei Schadensersatzansprüchen gegen Vorstandsmitglieder gelten (§§ 117 Abs. 4, 93 Abs. 4 S. 3 und 4 AktG; s. Abschn. 6.5.2). Neben dem *Einflussnehmer* haften als Gesamtschuldner diejenigen Mitglieder des *Vorstands* und des *Aufsichtsrats*, die pflichtwidrig gehandelt haben. Sie haften allerdings gegenüber der Gesellschaft und den Aktionären nicht, wenn sie aufgrund eines gesetzmäßigen Beschlusses der Hauptversammlung, insbesondere nach § 119 Abs. 2 AktG, gehandelt haben (§ 117 Abs. 2 S. 3 AktG); das gilt nicht gegenüber Schadenersatzansprüchen von Gesellschaftsgläubigern der zahlungsunfähig gewordenen Aktiengesellschaft (§ 117 Abs. 5 S. 2 AktG). Nach Eröffnung des Insolvenzverfahrens über das Vermögen der Aktiengesellschaft übt der Verwalter die Rechte der Gläubiger aus.

Differenzhaftung, Unterbilanzhaftung
Der Vorstand macht sich gegenüber der Aktiengesellschaft schadensersatzpflichtig, wenn er seiner Pflicht zur Geltendmachung der Ansprüche der Aktiengesellschaft gegen die Gründer bzw. gegen Sacheinlagepflichtige aus Differenzhaftung und aus Unterbilanzhaftung (dazu Abschn. 2.7) nicht nachkommt.

5.6.1.3 Haftungsausschluss

Die Ersatzpflicht eines Vorstandsmitgliedes gegenüber der Gesellschaft scheidet nach § 93 Abs. 4 AktG aus, wenn die Handlung des Vorstands auf einem gesetzmäßigen Beschluss der Hauptversammlung beruht. Dazu kann es kommen, wenn die Hauptversammlung gem. § 111 Abs. 4 S. 3 oder § 119 Abs. 2 AktG auf Verlangen des Vorstands über eine Geschäftsführungsfrage entschieden hat. Demgegenüber schließt die Billigung der Handlung nur durch den Aufsichtsrat die Ersatzpflicht nicht aus (§ 93 Abs. 4 S. 2 AktG).

5.6.1.4 Geltendmachung

Zuständigkeit
Für die Geltendmachung der Schadensersatzansprüche der Aktiengesellschaft gegen ein amtierendes oder ausgeschiedenes Vorstandsmitglied ist gem. § 112 AktG grundsätzlich der Aufsichtsrat zuständig (dazu Abschn. 6.3.2). Der Aufsichtsrat ist nach § 147 AktG zur Geltendmachung binnen sechs Monaten *verpflichtet*, wenn es die Hauptversammlung beschließt und wenn zur Geltendmachung nicht nach § 147 Abs. 2 AktG besondere Vertreter bestellt werden. Darüber hinaus kommt nach § 148 AktG die Geltendmachung durch eine Minderheit von Aktionären im eigenen Namen nach Zulassung durch das Gericht in Betracht (zu §§ 147, 148 AktG eingehend Abschn. 9.3.2).

Verzicht; Vergleich
Ein Verzicht der Gesellschaft auf Schadensersatzansprüche gegen den Vorstand oder ein Vergleich darüber ist nur möglich, wenn die Hauptversammlung dem mit einfacher Mehrheit zustimmt und nicht eine Minderheit, deren Anteile zusammen 10 % des Grundkapitals erreichen, dagegen Widerspruch erhebt (s. dazu Abschn. 9.3.2.1). Ein derartiger Verzicht oder Vergleich kann frühestens drei Jahre nach der Entstehung des Anspruchs vereinbart werden (§ 93 Abs. 4 S. 3 AktG).

Verjährung
Die Schadensersatzansprüche gegen die Vorstandsmitglieder verjähren unabhängig von der Kenntnis der anspruchsberechtigten Gesellschaft in fünf Jahren, gerechnet ab Entstehung des Anspruchs (§ 93 Abs. 6 AktG).

5.6.2 Haftung gegenüber Aktionären

Grundsätzlich stehen die aus Pflichtverletzungen resultierenden Schadensersatzansprüche gegen Geschäftsführer nur der Gesellschaft selbst und nicht den Aktionären zu. Ausnahmsweise können Aktionäre den Ersatz des ihnen entstandenen Schadens gegen Vorstandsmitglieder geltend machen, wenn diese gegen ein Gesetz verstoßen haben, das den Schutz der Aktionäre bezweckt, z. B. Untreue (§ 266 StGB) oder Falsche Angaben (§ 399 AktG):

5.6.3 Haftung gegenüber Dritten

Der Ersatzanspruch der Gesellschaft wegen Verstoßes gegen § 93 AktG kann auch von den Gläubigern der Gesellschaft geltend gemacht werden, soweit sie von dieser keine Befriedigung ihrer Ansprüche erlangen können (§ 93 Abs. 5 AktG). Sofern ein Verstoß gegen einen der Sondertatbestände gem. Abs. 3 vorliegt, können die Gläubiger die Vorstandsmitglieder unmittelbar in Anspruch nehmen, in anderen Fällen nur, wenn dem betreffenden Vorstandsmitglied eine *gröbliche Verletzung* der Sorgfalt eines ordentlichen und gewissenhaften Geschäftsleiters anzulasten ist. Die Gesellschaftsgläubiger müssen sich weder einen Verzicht oder einen Vergleich der Gesellschaft mit dem Vorstandsmitglied entgegenhalten lassen noch einen der Handlung des Vorstands zustimmenden Beschluss der Hauptversammlung gem. § 119 Abs. 2 AktG, denn diese haben keine Wirkung im Außenverhältnis; sie schützen den Vorstand lediglich gegen Schadensersatzansprüche der Aktiengesellschaft. Nach Eröffnung des Insolvenzverfahrens über das Vermögen der Aktiengesellschaft übt der Insolvenzverwalter die Rechte der Gläubiger aus.

Eine persönliche *vertragliche* Haftung der Geschäftsführer gegenüber Dritten kommt etwa bei Schuldbeitritt oder Bürgschaft in Betracht.

Von großer praktischer Bedeutung ist die Haftung der Geschäftsführer nach §§ 69, 191 AO, wenn *steuerliche Pflichten* der GmbH von ihnen nicht erfüllt werden.

Zu einer Außenhaftung der Geschäftsführer kann es auch aufgrund der Vorschriften über unerlaubte Handlungen (§ 823 ff. BGB) kommen. Hervorzuheben ist § 823 Abs. 2 BGB, wonach bei einem Verstoß gegen ein den Schutz eines anderen bezweckenden Gesetzes der dadurch verursachte Schaden zu ersetzen ist. Schutzgesetze sind insbesondere

- § 15a InsO Insolvenzantragspflicht
- § 266 StGB Untreue
- § 263 StGB Betrug
- § 266a StGB Nichtabführung von Sozialversicherungsbeiträgen.

Weitere Schutzgesetze sind in Abschn. 5.7 aufgeführt.

Schließlich ist die Handelndenhaftung nach § 41 Abs. 1 S. 2 AktG zu erwähnen, auch wenn diese heute in der Praxis keine große Rolle mehr spielt. Aufgrund der Handelndenhaftung können Vorstandsmitglieder persönlich gegenüber Dritten haften, wenn sie vor der Eintragung in das Handelsregister im Namen der Gesellschaft gehandelt haben. Die Haftung endet, sobald die Gesellschaft eingetragen ist. Zur Anwendung von § 41 Abs. 1 S. 2 AktG kommt es in der Regel nur bei gescheiterten Gründungen.

5.6.4 Versicherungsschutz

Es liegt angesichts der erheblichen Haftungsrisiken nicht nur im Interesse der Vorstandsmitglieder, sondern auch im Interesse der Gesellschaft, durch den Abschluss einer Versicherung weitestgehenden Schutz gegen die Inanspruchnahme auf Schadensersatz zu schaffen. Der Abschluss einer Haftpflicht- und Rechtsschutzversicherung (Directors and Officers Liability Insurance, sog. D & O-Versicherung) durch die Gesellschaft zugunsten der Vorstandsmitglieder und darüber hinaus auch der Aufsichtsratsmitglieder ist in der Praxis sehr verbreitet. Dabei wird zumeist ein angemessener Selbstbehalt vereinbart. Die Zuständigkeit des Aufsichtsrats für die Entscheidung über den Abschluss des Versicherungsvertrages folgt aus §§ 84 Abs. 1 S. 5, 112 AktG.

5.7 Straf- und Ordnungswidrigkeitenrecht

Bei Verstößen von Geschäftsführern gegen gesetzliche Vorschriften ist zu unterscheiden zwischen sanktionslosen Zuwiderhandlungen und solchen, die eine mit Bußgeld zu ahndende Ordnungswidrigkeit oder gar eine Straftat darstellen. Dabei sind auch sanktionslose Verstöße nicht etwa rechtlich unerheblich, denn sie ziehen in der Regel Schadensersatzpflichten gegenüber der Gesellschaft oder Dritten nach sich.

Folgende Gesetzesvorschriften sind von erheblicher praktischer Bedeutung:

§ 399 AktG Falsche Angaben
Strafbarkeit bestimmter falscher Angaben bei Gründung und Kapitalerhöhung sowie zu Bestellungshindernissen.

§ 400 AktG Unrichtige Darstellung
Strafbarkeit der unrichtigen Darstellung der Verhältnisse der Gesellschaft in der Hauptversammlung oder in Aufklärungen und Nachweisen gegenüber einem Prüfer.

§ 401 AktG Verletzung der Verlustanzeigepflicht
Strafbarkeit bei Unterlassung der unverzüglichen Einberufung der Hauptversammlung entgegen § 92 Abs. 1 AktG (dazu Abschn. 5.5.5.1).

§ 404 AktG Verletzung der Geheimhaltungspflicht
Strafbarkeit bei unbefugter Offenbarung von Geheimnissen, insbesondere von Betriebs- oder Geschäftsgeheimnissen der Gesellschaft.

§ 331 HGB Unrichtige Darstellung
Strafbarkeit bei unrichtiger Darstellung im Rahmen der Rechnungslegung sowie bei Abschlussprüfung und Offenlegung.

§ 334 HGB Bußgeldvorschriften
Ordnungswidriges Handeln durch fehlerhafte Angaben bei Aufstellung von Jahresabschluss und Konzernabschluss, Lagebericht und Konzernlagebericht und durch Zuwiderhandlung gegen Vorschriften über die Offenlegung.

§ 15a Abs. 4 Insolvenzordnung
Strafbarkeit bei unterlassenem, nicht richtigem oder nicht rechtzeitigem Insolvenzantrag entgegen § 15a InsO (s. dazu Abschn. 5.5.5.2).

§ 370 AO Steuerhinterziehung
Die Vorstandsmitglieder haben nach § 34 AO die steuerlichen Pflichten der GmbH zu erfüllen, insbesondere dafür zu sorgen, dass die Steuern aus den von ihnen verwalteten Mitteln entrichtet werden (s. dazu auch Abschn. 5.5.4 „Steuern"). Sie machen sich strafbar, wenn durch unrichtige oder unvollständige Angaben Steuern der Gesellschaft vorsätzlich verkürzt werden.

§ 266 StGB Untreue
Die Strafvorschrift des § 266 StGB enthält zwei Tatbestände. Wegen *Missbrauchs* (§ 266 Alt. 1) kann sich strafbar machen, wer die ihm eingeräumte Befugnis, über fremdes Vermögen zu verfügen oder einen anderen zu verpflichten, missbraucht, und wegen *Treubruchs* (§ 266 Alt. 2), wer eine ihm aus einem Treueverhältnis obliegende Pflicht, fremde Vermögensinteressen wahrzunehmen, verletzt. Beide Tatbestände können auch von Vorstandsmitgliedern einer Aktiengesellschaft erfüllt werden, der Missbrauchstatbestand durch Überschreitung der Kompetenzen, der Treubruchstatbestand durch Verletzung von Treuepflichten. In beiden Fällen muss der Gesellschaft durch die Tat ein Nachteil zugefügt sein. Das Einverständnis aller Aktionäre oder des Alleinaktionärs kann die Strafbarkeit ausschließen; das Einverständnis ist aber unbeachtlich, wenn der zugefügte Nachteil gegen das Verbot der Einlagenrückgewähr verstößt (§ 57 AktG) oder wenn die Existenz der Gesellschaft konkret gefährdet wird. Die strafrechtliche Untreue zieht wiederum die zivilrechtliche Haftung des Täters gemäß § 823 Abs. 2 BGB i. V. m. § 266 StGB nach sich (vgl. Lutter/Hommelhoff/Kleindiek, Rz. 85 zu § 43 GmbHG).

§ 266a StGB Vorenthalten und Veruntreuen von Arbeitsentgelt
Diese Vorschrift betrifft die Nichtabführung von Arbeitnehmeranteilen und Arbeitgeberanteilen zur Sozialversicherung. Bemerkenswert ist, dass der Straftatbestand auch dann erfüllt ist, wenn überhaupt kein Arbeitsentgelt gezahlt wird! Ist der Arbeitgeber eine Aktiengesellschaft, so trifft der strafrechtliche Vorwurf nach § 14 StGB die Vorstandsmitglieder.

§§ 283 bis 283d StGB Insolvenzstraftaten
Als Insolvenzstraftaten werden Bankrott, besonders schwerer Fall des Bankrotts, Verletzung der Buchführungspflicht sowie Gläubigerbegünstigung und Schuldnerbegünstigung bezeichnet. Nach § 14 StGB sind diese Straftatbestände auf die Vorstandsmitglieder einer in die Insolvenz gefallenen Aktiengesellschaft anzuwenden.

6 Aufsichtsrat

Der Aufsichtsrat ist ein zusätzliches Organ der Gesellschaft, das zwischen dem Vorstand als dem geschäftsleitenden Organ auf der einen Seite und der Hauptversammlung auf der anderen Seite steht. Wesensmerkmal des Aufsichtsrats ist die Überwachungsfunktion gegenüber dem Vorstand. Während eine GmbH nur bei Überschreiten bestimmter Arbeitnehmerzahlen aufgrund der mitbestimmungsrechtlichen Gesetze einen Aufsichtsrat bilden muss, ist der Aufsichtsrat bei einer Aktiengesellschaft ebenso wie bei einer Kommanditgesellschaft auf Aktien stets notwendig. Angesichts der eigenverantwortlichen Tätigkeit des Vorstandes ist das Bestehen eines mit weitgehenden Kompetenzen versehenen Kontrollorgans auch in hohem Maße sinnvoll. Demgegenüber wäre die Wahrnehmung der Überwachungsfunktion durch die Gesellschafter – so wie bei der Gesellschaft mit beschränkter Haftung – ineffizient und bei Publikumsgesellschaften sogar praktisch unmöglich.

Die Vorschriften über den Aufsichtsrat finden sich insbesondere in den §§ 95 bis 116 AktG. Daneben sind die nachfolgenden Gesetze zu beachten, die Regelungen über die unternehmerische Mitbestimmung durch die Arbeitnehmer im Aufsichtsrat treffen:

- Drittelbeteiligungsgesetz von 1952/2004,
- Mitbestimmungsgesetz von 1976 („Paritätische Mitbestimmung“),
- Montan-Mitbestimmungsgesetz von 1951,
- Montan-Mitbestimmungsergänzungsgesetz von 1956.

Die Vorschriften für Montanunternehmen werden hier wegen der geringen praktischen Bedeutung für kleine Aktiengesellschaften nicht behandelt.

6.1 Größe, Zusammensetzung

Die Gesamtzahl der Mitglieder und die Zusammensetzung des Aufsichtsrats hängen davon ab, ob die Gesellschaft der unternehmerischen Mitbestimmung unterliegt oder nicht. Bei mitbestimmungsfreien Gesellschaften sind alleine die Vorschriften des Aktiengesetzes zu beachten, und danach bestellen ausschließlich die Aktionäre die Mitglieder des Aufsichtsrats. Bei mitbestimmten Gesellschaften wählen auch die Arbeitnehmer Vertreter in den Aufsichtsrat; dessen

Größe und Zusammensetzung richten sich danach, welches Mitbestimmungssystem zur Anwendung kommt.

6.1.1 Mitbestimmungsfreie Gesellschaften

Der Aufsichtsrat setzt sich bei mitbestimmungsfreien Gesellschaften ausschließlich aus Aufsichtsratsmitgliedern der Aktionäre zusammen und besteht grundsätzlich aus drei Mitgliedern. Die Satzung kann eine bestimmte höhere Zahl festsetzen, wobei diese Zahl durch drei teilbar sein muss. Entsprechend dem Grundkapital der Gesellschaft ist die *Höchstzahl* der Aufsichtsratsmitglieder limitiert auf neun bei einem Grundkapital bis zu 1,5 Mio. Euro, auf fünfzehn darüber und auf einundzwanzig bei einem Grundkapital von mehr als 10 Mio. Euro (§ 95 AktG).

Gehören dem Aufsichtsrat weniger Personen an als durch Gesetz oder Satzung festgesetzt, richten sich die Folgen danach, ob die Beschlussfähigkeit des Aufsichtsrats dadurch berührt wird. Beschlussfähig ist der Aufsichtsrat grundsätzlich nur, wenn mindestens die Hälfte der Mitglieder, aus denen er insgesamt zu bestehen hat, und nicht weniger als drei Personen an der Beschlussfassung teilnehmen (§ 108 Abs. 2 AktG). Hat der Aufsichtsrat die Beschlussfähigkeit verloren, so muss das Gericht auf Antrag des Vorstands, eines Aufsichtsratsmitglieds oder eines Aktionärs den Aufsichtsrat auf diese Zahl ergänzen. Der Vorstand ist verpflichtet, den Antrag unverzüglich bei dem Gericht zu stellen, es sei denn, dass die rechtzeitige Ergänzung vor der nächsten Aufsichtsratssitzung zu erwarten ist (§ 104 Abs. 1 AktG); geschieht dies nicht, so ist der Vorstand hierzu vom Registergericht durch Festsetzung von Zwangsgeld anzuhalten (§ 407 Abs. 1 AktG).

Ist der Aufsichtsrat zwar beschlussfähig, gehören ihm aber weniger Mitglieder an als die durch Gesetz oder Satzung festgelegte Zahl, so hat ihn das Gericht auf Antrag auf diese Zahl zu ergänzen (§ 104 Abs. 2 AktG). Der Vorstand ist nicht verpflichtet, diesen Antrag zu stellen, so dass die Unterbesetzung auf unbestimmte Zeit andauern kann.

6.1.2 Gesellschaften mit Drittelbeteiligung

Der Begriff der Drittelbeteiligung rührt daher, dass der Aufsichtsrat des Unternehmens zu einem Drittel aus Arbeitnehmervertretern bestehen muss.

Anwendbarkeit des Drittelbeteiligungsgesetzes
Vom Drittelbeteiligungsgesetz erfasst wird eine Gesellschaft, wenn sie in der Regel mehr als 500 Arbeitnehmer hat (§ 1 Abs. 1 Nr. 3 DrittelbG) und sie nicht

der paritätischen Mitbestimmung unterliegt. Arbeitnehmer sind Arbeiter und Angestellte einschließlich der Auszubildenden und ohne die leitenden Angestellten (§ 5 Abs. 1 und Abs. 3 BetrVG). Ist die Gesellschaft herrschendes Unternehmen eines Konzerns (§ 18 Abs. 1 AktG), so zählen auch die Arbeitnehmer eines Konzernunternehmens mit, wenn ein Beherrschungsvertrag (§ 293 AktG) besteht oder eine Eingliederung (§ 319 AktG) vorliegt. Bei einer AG & Co. KG werden die Arbeitnehmer der KG nicht der AG zugerechnet, so dass diese Rechtsform mitbestimmungsfrei bleibt, solange die Zahl der Mitarbeiter nicht über 2000 liegt. Tendenzunternehmen und Religionsgemeinschaften unterliegen nicht der Mitbestimmung (§ 1 Abs. 2 DrittelbG).

Hineinwachsen in die Aufsichtsratspflicht
Die meisten Aktiengesellschaften werden aufgrund ihrer Arbeitnehmerzahl nicht vom Drittelbeteiligungsgesetz erfasst. Bei Annäherung an die kritische Arbeitnehmerzahl kann die Gesellschaft Maßnahmen treffen, die den Eintritt der Mitbestimmungspflicht abwenden. Geschieht das nicht, so besteht die Verpflichtung, beim Überschreiten der Schwelle den Aufsichtsrat nach den Vorschriften des Drittelbeteiligungsgesetzes zu besetzen. Der Vorstand hat der Hauptversammlung einen Beschlussvorschlag für die entsprechende Ergänzung der Satzung vorzulegen und zu gegebener Zeit den Anstoß für die Durchführung der Wahl der Arbeitnehmervertreter zu geben.

Bekanntmachung; gerichtliche Entscheidung
Es kann im Einzelfall in dem Unternehmen unterschiedliche Meinungen darüber geben, ob die Voraussetzungen für die Drittelbeteiligung erfüllt sind. Denkbar ist ferner, dass der Vorstand zunächst einmal gar nicht bemerkt, dass das Unternehmen in die Mitbestimmung hineingewachsen ist. In diesen Fällen greifen § 96 Abs. 2, §§ 97 bis 99 AktG ein. Nach § 97 Abs. 1 AktG hat der Vorstand unverzüglich im elektronischen Bundesanzeiger und gleichzeitig durch Aushang in sämtlichen Betrieben der Gesellschaft und ihrer Konzernunternehmen bekanntzumachen, dass seiner Ansicht nach der Aufsichtsrat nicht nach den für ihn maßgebenden gesetzlichen Vorschriften zusammengesetzt ist, und dabei die nach seiner Auffassung maßgebenden gesetzlichen Vorschriften anzugeben. Sofern nicht dagegen gerichtliche Entscheidung nach § 98 AktG beantragt wird, ist der neue Aufsichtsrat nach den angegebenen Vorschriften zusammenzusetzen. Den Antrag nach § 98 AktG kann u. a. jedes Aufsichtsratsmitglied und jeder Aktionär sowie der Betriebsrat und ein Zehntel oder hundert der Arbeitnehmer stellen.

Wird der Vorstand nicht aktiv, bleibt alles beim Alten, d. h. es bleibt bei der Besetzung des Aufsichtsrats ausschließlich durch Aufsichtsratsmitglieder der Aktionäre, wenn nicht ihrerseits die anderen Antragsberechtigten aktiv werden und eine gerichtliche Entscheidung herbeiführen. Sanktionen gegen einen untätig bleibenden Vorstand sind gesetzlich nicht vorgesehen. Denkbar sind Schadensersatzansprüche wegen Verletzung geltenden Rechts, allerdings dürfte der Nachweis eines ersatzfähigen Schadens ausgeschlossen sein.

Größe und Zusammensetzung
Hinsichtlich der Größe des Aufsichtsrats unterscheiden sich Gesellschaften mit Drittelbeteiligung nicht von mitbestimmungsfreien Gesellschaften. Der Aufsichtsrat einer dem Drittelbeteiligungsgesetz unterliegenden Gesellschaft muss zu einem Drittel aus Arbeitnehmervertretern bestehen (§ 4 Abs. 1 DrittelbG), deshalb werden nicht alle, sondern nur zwei Drittel der Aufsichtsratsmitglieder von den Aktionären gewählt. Bei Unternehmen mit bis zu zwei Aufsichtsratsmitgliedern der Arbeitnehmer müssen diese allesamt im Unternehmen beschäftigt sein; sind mehr als zwei Aufsichtsratsmitglieder von den Arbeitnehmern zu wählen, so müssen mindestens zwei von ihnen aus dem Unternehmen kommen. Die Arbeitnehmervertreter müssen volljährig sein und mindestens ein Jahr Unternehmenszugehörigkeit aufweisen; dabei sollen Frauen und Männer entsprechend ihrem zahlenmäßigen Verhältnis im Unternehmen unter den Aufsichtsratsmitgliedern vertreten sein (§ 4 Abs. 3 DrittelbG). Die Arbeitnehmervertreter werden von den wahlberechtigten Arbeitnehmern des Unternehmens nach den Grundsätzen der Mehrheitswahl in allgemeiner, geheimer, gleicher und unmittelbarer Wahl für dieselbe Wahlperiode wie die Aufsichtsratsmitglieder der Gesellschafter gewählt (§ 5 DrittelbG). Ein Aufsichtsratsmitglied der Arbeitnehmer kann von den Arbeitnehmern vorzeitig abberufen werden (§ 12 DrittelbG).

6.1.3 Gesellschaften mit paritätischer Mitbestimmung

Da bei der Mitbestimmung nach dem Mitbestimmungsgesetz 1976 die Zahl der Vertreter der Aktionäre und der Arbeitnehmer im Aufsichtsrat gleich hoch ist, wird diese als paritätische Mitbestimmung bezeichnet.

Anwendbarkeit des Mitbestimmungsgesetzes
Wächst eine dem Drittelbeteiligungsgesetz unterfallende Gesellschaft weiter und erreicht die Zahl von 2000 Arbeitnehmern, so fällt sie in den Geltungsbereich des Mitbestimmungsgesetzes (§ 1 Abs. 1 Nr. 2 MitbestG). Bei der Berechnung der maßgeblichen Arbeitnehmerzahl werden die Arbeitnehmer eines Konzernunternehmens bei der herrschenden Gesellschaft auch ohne Bestehen eines Beherrschungsvertrags mitgezählt (§ 5 MitbestG).

Hat die Aktiengesellschaft die Stellung eines persönlich haftenden Gesellschafters bei einer Kommanditgesellschaft, und hält die Mehrheit der Kommanditisten zugleich die Mehrheit bei der Aktiengesellschaft, so werden die Arbeitnehmer der Kommanditgesellschaft der Aktiengesellschaft zugerechnet (§ 4 MitbestG). Somit führt die Überschreitung der Arbeitnehmerzahl von 2000 bei einer typischen AG & Co. KG zum Eintritt der paritätischen Mitbestimmung bei der Komplementär-AG, ohne dass zuvor das Zwischenstadium der Drittelbeteiligung durchlaufen wurde.

Nach Überschreiten der Schwellenzahl wird das Mitbestimmungsgesetz anwendbar. Die Geschäftsführer haben dies unverzüglich im elektronischen Bundesanzeiger und gleichzeitig durch Aushang in sämtlichen Betrieben der Gesellschaft und ihrer Konzernunternehmen bekanntzumachen und dabei die nach ihrer Auffassung maßgebenden gesetzlichen Vorschriften anzugeben (§ 97 Abs. 1 AktG). Sofern nicht dagegen gerichtliche Entscheidung nach § 98 AktG beantragt wird, ist ein Aufsichtsrat zu bilden, der nach den angegebenen Vorschriften zusammenzusetzen ist. Werden weder die Geschäftsführer noch die Antragsberechtigten aktiv, bleibt es bei der Drittelbeteiligung.

Größe und Zusammensetzung
Der Aufsichtsrat der paritätisch mitbestimmten Aktiengesellschaft besteht aus zwölf Mitgliedern, bei mehr als zehntausend Arbeitnehmern aus sechzehn und bei mehr als zwanzigtausend Arbeitnehmern aus zwanzig Mitgliedern (§ 7 Abs. 1 MitbestG). Den Antrag an das Gericht auf Ergänzung des unterbesetzten oder gar beschlussunfähigen Aufsichtsrat können bei der mitbestimmten Aktiengesellschaft u. a. auch der Betriebsrat sowie ein Zehntel oder einhundert der Arbeitnehmer beantragen (s. § 104 AktG).

Der Aufsichtsrat der paritätisch mitbestimmten Aktiengesellschaft setzt sich je zur Hälfte aus Aufsichtsmitgliedern der Anteilseigner und der Arbeitnehmer zusammen (vgl. § 7 Abs. 1 MitbestG, § 96 Abs. 1 AktG). Unter den Arbeitnehmervertretern muss sich auch eine bestimmte Zahl von Gewerkschaftsvertretern befinden; s. dazu im Einzelnen § 7 Abs. 2 MitbestG. Bei Unternehmen mit mehr als achttausend Arbeitnehmern werden die Aufsichtsratsmitglieder grundsätzlich nicht unmittelbar, sondern durch Delegierte gewählt (§ 9 MitbestG). Die Delegierten wiederum werden von den Arbeitnehmern nach den Grundsätzen der Verhältniswahl in geheimer Wahl gewählt; unter den Delegierten müssen auch die leitenden Angestellten entsprechend dem zahlenmäßigen Verhältnis vertreten sein (§ 10 MitbestG).

6.2 Bestellung, Abberufung

Die Bestellung und Abberufung der Aufsichtsratsmitglieder der Aktionäre ist im Aktiengesetz geregelt, die der Arbeitnehmervertreter in den Mitbestimmungsgesetzen.

Persönliche Voraussetzungen
Mitglied des Aufsichtsrats kann nach § 100 Abs. 1 AktG nur eine natürliche, unbeschränkt geschäftsfähige Person sein. Mitglied des Aufsichtsrats kann nach § 100 Abs. 2 AktG nicht sein, wer

- bereits in zehn Handelsgesellschaften, die gesetzlich einen Aufsichtsrat zu bilden haben, Aufsichtsratsmitglied ist, wobei Aufsichtsratsämter mit dem Aufsichtsratsvorsitz doppelt anzurechnen sind,
- gesetzlicher Vertreter eines von der Gesellschaft abhängigen Unternehmens ist, oder
- gesetzlicher Vertreter einer anderen Kapitalgesellschaft ist, deren Aufsichtsrat ein Vorstandsmitglied der Gesellschaft angehört.

Die Satzung kann weitere persönliche Voraussetzungen fordern, aber nur für Aufsichtsratsmitglieder, die von der Hauptversammlung ohne Bindung an Wahlvorschläge gewählt oder aufgrund der Satzung in den Aufsichtsrat entsandt werden (§ 100 Abs. 4 AktG); zu denken ist daran, dass die Satzung die Zugehörigkeit zu einem bestimmten Beruf, zu einer bestimmten Familie oder die Eigenschaft als Aktionär fordert.

Unvereinbarkeit
Nach § 105 AktG ist die Tätigkeit als Aufsichtsratsmitglied unvereinbar mit der Zugehörigkeit zum Vorstand sowie mit der Bestellung zum Prokuristen oder zum Betrieb eines Handelsgewerbes ermächtigten Handlungsbevollmächtigten (Generalhandlungsbevollmächtigter i. S. d. § 54 Abs. 1 Alt. 1 HGB) der Gesellschaft. Die *Inkompatibilität* beruht auf der Überlegung, dass die Geschäftsführung und ihre Überwachung grundsätzlich nicht in denselben Händen liegen sollen. Macht der Aufsichtsrat von dem Recht Gebrauch, eines seiner Mitglieder vorübergehend zum Stellvertreter eines weggefallenen oder verhinderten Vorstandsmitglieds zu bestellen (dazu Abschn. 5.2.1), so ruht das Aufsichtsratsamt des Stellvertreters (§ 105 Abs. 2 S. 3 AktG).

Wahl/Entsendung
Die Aufsichtsratsmitglieder der Aktionäre werden von der Hauptversammlung für eine bestimmte Amtszeit gewählt (§ 101 AktG); zur Auswahl der von den

Aktionären zu wählenden Aufsichtsratsmitglieder s. Abschn. 2.2 „Auswahl". Durch die Satzung kann nach für bestimmte Aktionäre oder für die jeweiligen Inhaber bestimmter Aktien ein *Entsendungsrecht* begründet werden; die betreffenden Aufsichtsratsmitglieder gelangen somit durch Entsendung und nicht durch Wahl in den Aufsichtsrat (vgl. § 101 Abs. 2 AktG). Die Zahl der Entsandten darf ein Drittel der Zahl der Aktionärsvertreter nicht übersteigen. Das Amt endet mit der bei der Bestellung festgelegten Amtszeit. Dabei können Aufsichtsräte nicht für längere Zeit als bis zur Beendigung der Hauptversammlung bestellt werden, die über die Entlastung für das vierte Geschäftsjahr nach dem Beginn der Amtszeit beschließt, wobei das Geschäftsjahr, in dem die Amtszeit beginnt, nicht mitgerechnet wird, so dass die Höchstdauer effektiv etwa fünf Jahre beträgt (§ 102 AktG). Wird über die Entlastung nicht in den ersten acht Monaten des folgenden Geschäftsjahres Beschluss gefasst, endet die Stellung als Aufsichtsratsmitglied mit dem Ablauf dieser Frist (BGH AG 2002, 676). Bei neugegründeten Aktiengesellschaften ist die Amtszeit der von den Aktionären gewählten oder entsandten Aufsichtsratsmitglieder gem. § 30 Abs. 1 AktG beschränkt; s. dazu Abschn. 2.2.

Abberufung
Ein Aufsichtsratsmitglied der Aktionäre kann vor Ablauf der Amtszeit durch die Hauptversammlung abberufen werden (§ 103 Abs. 1 AktG). Die Abberufung bedarf eines mit Dreiviertelmehrheit der abgegebenen *Stimmen* zu fassenden (und damit nicht notariell zu beurkundenden) Beschlusses. Die Satzung kann eine andere (kleinere oder größere) Mehrheit bestimmen, also auch die einfache Stimmenmehrheit nach § 133 Abs. 1 AktG. Ein Aufsichtsratsmitglied, das durch Entsendung in den Aufsichtsrat gelangt ist, kann von dem Entsendungsberechtigten jederzeit abberufen und durch ein andere Person ersetzt werden (§ 103 Abs. 2 AktG).

Für die Abberufung von Aufsichtsratsvertretern der Arbeitnehmer in mitbestimmten Unternehmen sind die Arbeitnehmer zuständig, die die Bestellung mit Dreiviertelmehrheit widerrufen können (z. B. § 12 DrittelbG). Für jedes Aufsichtsratsmitglied gilt, dass es auf Antrag des Aufsichtsrats durch das zuständige Gericht abberufen wird, wenn in seiner Person ein wichtiger Grund vorliegt (§ 103 Abs. 3 AktG). Der Begriff des wichtigen Grundes deckt sich hier mit dem des § 84 Abs. 3 S. 2 AktG (dazu Abschn. 5.2.3).

Bekanntmachung
Der Vorstand hat bei jeder Änderung in den Personen der Aufsichtsratsmitglieder eine Liste der Mitglieder des Aufsichtsrats, aus welcher Name, Vorname, ausgeübter Beruf und Wohnort der Mitglieder ersichtlich ist, zum Handelsregister einzureichen. Das Registergericht macht auf der Internetseite www.handels-

registerbekanntmachungen.de einen Hinweis darauf bekannt, dass die Liste zum Handelsregister eingereicht worden ist (§ 106 AktG).

Ersatzmitglieder
Anders als beim Vorstand (§ 94 AktG) ist die Bestellung von Stellvertretern für Aufsichtsratsmitglieder nicht zulässig. Es können jedoch gleichzeitig mit der Bestellung der Aufsichtsratsmitglieder vorsorglich Ersatzmitglieder gewählt werden, die bei Wegfall des Aufsichtsratsmitglieds, das sie jeweils ersetzen sollen, für dessen restliche Amtszeit nachrücken (§ 101 Abs. 3 AktG). Es ist möglich, ein Ersatzmitglied für mehrere bestimmte Aufsichtsratsmitglieder zu bestellen.

Fehlerhaftigkeit der Wahl
Die Wahl eines Aufsichtsratsmitglieds durch die Hauptversammlung ist gem. § 250 Abs. 1 AktG nur – aber auch immer dann – *nichtig*, wenn einer für die Beschlussfassung der Hauptversammlung generell geltenden Nichtigkeitsgründe nach § 241 Nr. 1, Nr. 2 oder Nr. 5 AktG vorliegt, ferner insbesondere dann, wenn

- der Aufsichtsrat unter Verstoß gegen §§ 96 Abs. 2, 97 Abs. 2 S. 1 oder 98 Abs. 4 AktG zusammengesetzt wird,
- durch die Wahl die gesetzliche Höchstzahl der Aufsichtsratsmitglieder überschritten wird,
- die gewählte Person nach § 100 Abs. 1 und 2 AktG die persönlichen Voraussetzungen für die Mitgliedschaft im Aufsichtsrat nicht erfüllt.

6.3 Aufgaben, Kompetenzen

Das Aktienrecht weist dem Aufsichtsrat einen bedeutenden Anteil an der Unternehmensführung zu, für die sich in der Praxis der Begriff Corporate Governance durchgesetzt hat. Corporate Governance umfasst die rechtliche Entscheidungsorganisation im Unternehmen, insbesondere Rechte, Aufgaben und Verantwortlichkeiten von Vorstand, Aufsichtsrat und Abschlussprüfer und ihr Zusammenwirken zu einer verantwortlichen, auf langfristige Wertschöpfung ausgerichteten Unternehmensleitung und -kontrolle (vgl. Schneider, DB 2000, 2413; Schneider/Strenger, AG 2000, 106). Eine von der Bundesregierung eingesetzte Regierungskommission hat den „Deutschen Corporate Governance Kodex“ formuliert, der vom Bundesministerium der Justiz im amtlichen Teil des elektronischen Bundesanzeigers (www.ebundesanzeiger.de) bekanntgemacht ist. Der Kodex stellt wesentliche gesetzliche Vorschriften zu Leitung und Überwachung deutscher börsennotierter Gesellschaften (Unternehmensführung) dar und enthält international und national anerkannte Standards guter und verantwortungsvoller Unternehmensführung. Er soll das deutsche Corporate Governance System transparent und nachvollziehbar machen und das Vertrauen der internationalen und nationalen Anleger, der Kunden, der Mitarbeiter und der Öffentlichkeit in die Leitung und Überwachung deutscher börsennotierter Aktiengesellschaften fördern. Schließlich verdeutlicht er die Rechte der Aktionäre, die der Gesellschaft das erforderliche Eigenkapital zur Verfügung stellen und das unternehmerische Risiko tragen.

Der Kodex gilt unmittelbar nur für börsennotierte Gesellschaften, stellt aber auch für die Organe der kleinen Aktiengesellschaft eine sinnvolle und zweckmäßige Verhaltensrichtlinie dar; seine Beachtung kann für außenstehende Kapitalgeber ein Entscheidungskriterium sein und ist deshalb empfehlenswert.

Der Aufsichtsrat bestellt, überwacht und berät den Vorstand und ist in Entscheidungen, die von grundlegender Bedeutung für das Unternehmen sind, unmittelbar eingebunden. Nachstehend werden die wichtigsten Rechte und Pflichten des Aufsichtsrats zusammenfassend dargestellt.

6.3.1 Überwachung der Geschäftsführung

Die charakteristische Aufgabe des Aufsichtsrats ist die Überwachung der Geschäftsführung (§ 111 Abs. 1 AktG). Zur Überwachung der Geschäftsführung stehen dem Aufsichtsrat unterschiedliche Mittel zur Verfügung.

Geschäftsordnung für den Vorstand (§ 77 Abs. 2 AktG)
Durch den Erlass einer Geschäftsordnung für den Vorstand kann der Aufsichtsrat Einfluss auf die Entscheidungsfindung im Vorstand nehmen.

Bestellung und Abberufung der Mitglieder des Vorstands (§ 84 AktG)
Von grundlegender Bedeutung ist die dem Aufsichtsrat nach § 84 AktG zugewiesene Berechtigung, die Vorstandsmitglieder zu bestellen und sie abzuberufen. Durch die Einstellung geeigneter Führungskräfte wird die Güte der Geschäftsleitung wesentlich beeinflusst. Mit dem Vorstand soll der Aufsichtsrat für eine langfristige Nachfolgeplanung sorgen. Bei Fehlentwicklungen kann der Aufsichtsrat durch Abberufung vom Amt und die Beendigung des Anstellungsvertrages zügig Abhilfe schaffen. Unterliegt die Gesellschaft der paritätischen Mitbestimmung, so bedarf der Beschluss des Aufsichtsrats über die Bestellung eines Vorstandsmitglieds einer Mehrheit, die mindestens zwei Drittel der Stimmen seiner Mitglieder umfasst (§ 31 MitbestG), und es ist ein Vorstandsmitglied als *Arbeitsdirektor* zu bestellen (§ 33 Abs. 1 MitbestG).

Berichtspflicht des Vorstands (§ 90 AktG)
Von großer praktischer Bedeutung ist die Entgegennahme der von dem Vorstand turnusmäßig zu erteilenden Berichte, ferner die ggf. nötig werdende Anforderung von zusätzlichen Berichten (s. dazu Abschn. 5.5.3.1). Die dem Vorstand auferlegte Berichtspflicht erleichtert dem Aufsichtsrat die Ausübung seiner Überwachungsfunktion. Der Aufsichtsrat soll die Informations- und Rechtspflichten des Vorstands näher festlegen.

Einsichts- und Prüfungsrecht (§ 111 Abs. 2 AktG)
Der Aufsichtsrat kann die Bücher und Schriften der Gesellschaft sowie die Vermögensgegenstände, namentlich die Gesellschaftskasse und die Bestände an Wertpapieren und Waren, einsehen und prüfen. Der Aufsichtsrat kann damit auch einzelne seiner Mitglieder oder für bestimmte Aufgaben besondere Sachverständige beauftragen.

Insbesondere kann der Aufsichtsrat auch einen Wirtschaftsprüfer mit der Prüfung von Vorgängen bei der Geschäftsführung beauftragen (vgl. LG Bielefeld, ZIP 2000, 20); dieses Recht besteht *neben* dem Recht der Hauptversammlung zur Bestellung von Sonderprüfern (§ 142 AktG; dazu Abschn. 9.3.2) und vermag dessen mit negativer Publizität verbundene Ausübung entbehrlich zu machen.

Begründung von Zustimmungsvorbehalten (§ 111 Abs. 4 AktG)
Die Wirksamkeit der Überwachung der Geschäftsführung des Vorstands wird erheblich verstärkt durch die Begründung von Zustimmungsvorbehalten für bestimmte Arten von Geschäften. Der Aufsichtsrat ist verpflichtet, einen *Katalog zustimmungsbedürftiger Geschäfte* aufzustellen. Die darin aufgeführten Geschäfte darf der Vorstand nur mit Zustimmung des Aufsichtsrats vornehmen (Vetorecht). Erteilt der Aufsichtsrat die danach erforderliche Zustimmung nicht, so muss der Vorstand die betreffende Maßnahme unterlassen, sofern nicht gem. § 111 Abs. 4 S. 3 AktG die verweigerte Zustimmung auf Verlangen des Vorstands durch einen Hauptversammlungsbeschluss ersetzt wird (s. dazu Abschn. 7.1.2).

Das Zustimmungserfordernis muss sich auf bestimmte Arten von Geschäften beziehen, keinesfalls kann ein Vetorecht für „alle wesentlichen Geschäfte“ begründet werden. Das Gesetz formuliert keine inhaltliche Vorgabe für den Zustimmungskatalog. Der nur für börsennotierte Gesellschaften geltende Deutsche Corporate Governance Kodex sagt, dass hierzu Entscheidungen oder Maßnahmen gehören, die die Vermögens-, Finanz- oder Ertragslage grundlegend verändern. Die Aufstellung übermäßig bürokratischer Zustimmungskataloge und die Vorlage auch unbedeutsamer Geschäftsführungsmaßnahmen sind zu vermeiden, zumal daraus auch eine unerwünschte Einbeziehung des Aufsichtsrats in die Geschäftsführung des Vorstands mit einer Verschiebung der Organverantwortlichkeiten resultieren könnte.

Üblich ist das Zustimmungserfordernis bei Überschreiten bestimmter Größenordnungen z. B. für die Errichtung neuer Betriebsstätten, für den Erwerb und die Veräußerung von Beteiligungen, für Grundstücksgeschäfte, für die Aufnahme und Gewährung von Krediten sowie für die jährliche Budgetplanung (Hüffer, Rz. 18 zu § 111 AktG). Zuständig für die Erteilung der Zustimmung ist der Aufsichtsrat als Ganzes oder ein aus seiner Mitte gebildeter Ausschuss. Setzt der Vorstand sich über die fehlende Zustimmung hinweg, so ist sein Handeln dennoch wirksam, da die Vertretungsbefugnis nach außen durch das Zustimmungserfordernis nicht eingeschränkt wird (vgl. oben Abschn. 5.4.1); die Gesellschaft erwirbt also Rechte und Pflichten aus diesem Geschäft. Das Zuwiderhandeln kann aber Schadensersatzpflichten auslösen und einen wichtigen Grund für die Abberufung (§ 84 Abs. 3 S. 2 AktG) und die außerordentliche Kündigung des Anstellungsvertrags (§ 622 BGB) darstellen.

6.3.2 Weitere Aufgaben des Aufsichtsrats

Neben der Überwachung des Vorstands sind dem Aufsichtsrat weitere Aufgaben zugewiesen.

Gründung (§ 33 AktG)
Der Aufsichtsrat hat eigene Pflichten bei der Gründung der Gesellschaft. Von besonderer Bedeutung ist die Pflicht zur Prüfung des Hergangs der Gründung; s. dazu Abschn. 2.4.2.

Geltendmachung von Schadensersatzansprüchen (§ 93 AktG)
Der Aufsichtsrat ist gegebenenfalls verpflichtet, das Bestehen von Schadensersatzansprüchen der Gesellschaft gegen Vorstandsmitglieder eigenverantwortlich zu prüfen (Annex-Zuständigkeit zu § 111 AktG). Dabei hat er zu berücksichtigen, dass dem Vorstand für die Leitung der Geschäfte ein weiter Handlungsspielraum zugebilligt werden muss, ohne den ein unternehmerisches Handeln schlechterdings nicht denkbar ist (vgl. Abschn. 5.6.1.1). Kommt der Aufsichtsrat zu dem Ergebnis, dass sich der Vorstand schadensersatzpflichtig gemacht hat, so muss er aufgrund einer sorgfältigen und sachgerecht durchzuführenden Risikoanalyse abschätzen, ob und in welchem Umfang die gerichtliche Geltendmachung zu einem Ausgleich des entstandenen Schadens führt. Dabei kann Gewissheit, dass die Schadensersatzklage zum Erfolg führen wird, nicht verlangt werden.

Stehen der Aktiengesellschaft nach dem Ergebnis dieser Prüfung durchsetzbare Schadensersatzansprüche zu, so hat der Aufsichtsrat diese Ansprüche grundsätzlich zu verfolgen. Davon darf er nur dann ausnahmsweise absehen, wenn gewichtige Gründe des Gesellschaftswohls dagegen sprechen und diese Umstände die Gründe, die für eine Rechtsverfolgung sprechen, überwiegen oder ihnen zumindest gleichwertig sind (BGH NJW 1997, 1926 ff.). Unabhängig vom Aufsichtsrat kann auch die Hauptversammlung bzw. eine Minderheit von Aktionären gem. §§ 147, 148 AktG die Initiative zur Geltendmachung von Ersatzansprüchen gegen den Vorstand ergreifen (dazu Abschn. 9.3.2).

Abschlussprüfer (§ 111 Abs. 2 AktG)
Der Aufsichtsrat – und nicht der Vorstand als das allgemeine Vertretungsorgan – vertritt die Gesellschaft gegenüber dem Abschlussprüfer, dem er nach dessen Bestellung durch die Hauptversammlung (§ 119 Abs. 1 Nr. 4 AktG) den Prüfungsauftrag für den Jahresabschluss und den Konzernabschluss (§ 111 Abs. 2 S. 3 AktG) erteilt. Dem Aufsichtsrat ist nach § 321 Abs. 5 S. 2 HGB vom Abschlussprüfer der Prüfungsbericht vorzulegen (s. dazu Abschn. 10.1.6.2).

Einberufung der Hauptversammlung (§ 111 Abs. 3 AktG)
Im Zusammenhang mit der Überwachungspflicht des Aufsichtsrats steht auch seine Verpflichtung, eine Hauptversammlung einzuberufen, wenn das Wohl der Gesellschaft es fordert (§ 111 Abs. 3 AktG). Ein Anwendungsfall der Vorschrift liegt vor, wenn der Aufsichtsrat aufgrund seiner Überwachung die Erkenntnis gewonnen hat, dass der Vorstand nicht mehr das Vertrauen der Gesellschaft genießen darf. Die Hauptversammlung kann sodann durch mit einfacher Mehrheit zu fassenden Beschluss dem betreffenden Vorstandsmitglied das Vertrauen entziehen und dadurch dem Aufsichtsrat ermöglichen, gem. § 84 Abs. 3 S. 2 AktG die Bestellung zum Vorstandsmitglied zu widerrufen (dazu Abschn. 7.1.4 „Vertrauensentzug“). Des Weiteren kommt die Einberufung der Hauptversammlung durch den Aufsichtsrat in Betracht, wenn dieser der Auffassung ist, dass der Vorstand seiner Pflicht, einen Insolvenzantrag zu stellen, nicht nachkommt.

Vertretung der Aktiengesellschaft (§ 112 AktG)
Der Aufsichtsrat vertritt die Aktiengesellschaft Vorstandsmitgliedern gegenüber gerichtlich und außergerichtlich (§ 112 AktG). Der Zweck dieser Vorschrift ist, die gebotene Unbefangenheit bei Rechtsgeschäften mit dem Vorstand auf der Seite der Aktiengesellschaft sicherzustellen; das wäre nicht der Fall, wenn der Vorstand zugleich auch die Gesellschaft vertreten würde. Wegen dieser Gesetzesvorschrift kann der Vorstand der Aktiengesellschaft anders als der Geschäftsführer der GmbH nicht vom Verbot des Selbstkontrahierens nach § 181 BGB, *erste* Alternative, befreit werden (s. dazu Abschn. 5.4.4).

Die Vertretungsregelung des § 112 AktG gilt nicht nur für den Abschluss von Rechtsgeschäften, sondern auch für die Durchsetzung von Schadensersatzansprüchen gegen Vorstandsmitglieder aus § 93 AktG und die Vertretung der Gesellschaft bei der Abwehr von gerichtlich und außergerichtlich gegen die Gesellschaft geltend gemachten Ansprüchen von Vorstandsmitgliedern und betrifft sowohl amtierende als auch ausgeschiedene Vorstandsmitglieder. Soweit gem. § 147 AktG für die Geltendmachung von Ersatzansprüchen gegen ein Vorstandsmitglied aus der Gründung oder aus der Geschäftsführung besondere Vertreter durch die Hauptversammlung oder vom Gericht bestellt sind, vertreten diese und nicht der Aufsichtsrat die Aktiengesellschaft gegen das Vorstandsmitglied; insoweit wird § 112 AktG von § 147 Abs. 2, 3 AktG verdrängt.

Die Vorschrift des § 112 AktG regelt die Befugnis des Aufsichtsrats zur Vertretung der Aktiengesellschaft nicht abschließend. Der Aufsichtsrat vertritt die Gesellschaft auch bei der Beauftragung eines Sachverständigen zur Vornahme einzelner Prüfungshandlungen (§ 111 Abs. 2 S. 2 AktG; dazu Abschn. 6.3.1) und bei der Erteilung des Prüfungsauftrages an den von den Gründern bzw. von der Hauptversammlung bestellten Abschlussprüfer (§ 111 Abs. 2 S. 3 AktG).

Bei Anfechtungs- und Nichtigkeitsklagen (dazu Abschn. 7.7) wird die Gesellschaft von Vorstand und Aufsichtsrat gemeinschaftlich vertreten; wird die Klage vom Vorstand oder einem einzelnen Vorstandsmitglied erhoben, so liegt die Vertretung beim Aufsichtsrat allein (§§ 246 Abs. 2 S. 2, 249 Abs. 1 AktG).

Hat eine Gesellschaft keinen Vorstand (Führungslosigkeit), wird sie für den Fall, dass ihr gegenüber Willenserklärungen abgegeben oder Schriftstücke zugestellt werden, durch den Aufsichtsrat vertreten (§ 78 Abs. 1 S. 2 AktG; s. dazu Abschn. 5.4.5).

Teilnahme an der Hauptversammlung (§ 118 AktG)
Die Mitglieder des Aufsichtsrats sollen ebenso wie die Vorstandsmitglieder an den Hauptversammlungen teilnehmen (§ 118 Abs. 2 AktG); darin liegt zugleich das Recht wie auch die Pflicht dieser Personen zur Teilnahme. Die Satzung kann jedoch bestimmte Fälle vorsehen, in denen die Teilnahme von Mitgliedern des Aufsichtsrats im Wege der Bild- und Tonübertragung erfolgen darf, z. B. bei Auslandsaufenthalt. Es gibt für den Aufsichtsratsvorsitzenden keine Verpflichtung aus dem Aktiengesetz, die *Leitung* der Hauptversammlung zu übernehmen; üblich ist es aber, dass ihm dies durch die Satzung auferlegt wird. Die Pflichten des Leiters der Hauptversammlung sind in Abschn. 7.3.4 dargestellt.

Beschlussvorschläge (§ 124 Abs. 3 AktG)
Der Aufsichtsrat hat der Hauptversammlung Vorschläge zur Beschlussfassung zu machen (§ 124 Abs. 3 AktG; s. dazu Abschn. 7.2.2).

Prüfung (§ 171 Abs. 1 AktG)
Der Aufsichtsrat hat den vom Vorstand aufgestellten Jahresabschluss, den Lagebericht und den Vorschlag für die Verwendung des Bilanzgewinns sowie ggf. auch den Konzernabschluss und den Konzernlagebericht zu prüfen; s. dazu Abschn. 10.1.6.1.

Bericht an die Hauptversammlung (§ 171 Abs. 2 AktG)
Der Aufsichtsrat hat über das Ergebnis der Prüfung des Jahresabschlusses, des Lageberichts und des Vorschlags für die Verwendung des Bilanzgewinns sowie ggf. des Konzernabschlusses und des Konzernlageberichts schriftlich an die Hauptversammlung zu berichten (s. dazu Abschn. 10.1.6.1).

Änderung der Fassung der Satzung (§ 179 AktG)
Die Hauptversammlung kann dem Aufsichtsrat die Befugnis übertragen, Satzungsänderungen vorzunehmen, die nur die Fassung der Satzung betreffen (§ 179 Abs. 1 S. 2 AktG); üblicherweise findet sich die Ermächtigung dazu schon in der Gründungssatzung. Es geht dabei nicht um den Inhalt, sondern um die sprachliche Form der Satzung, z. B. wenn eine Kapitalerhöhung durchgeführt und dadurch die Betragsangabe beim Grundkapital unrichtig geworden ist.

6.4 Innere Ordnung

Die innere Organisation des Aufsichtsrats ist durch die Vorschriften der §§ 107 bis 110 AktG nur unvollkommen geregelt; diese lassen Spielraum für die individuelle Gestaltung durch Satzung und Geschäftsordnung entsprechend den Anforderungen bei der jeweiligen Gesellschaft.

6.4.1 Der Aufsichtsratsvorsitzende

Der Aufsichtsrat hat aus seiner Mitte einen *Vorsitzenden* und mindestens einen *Stellvertreter* zu wählen (§ 107 Abs. 1 AktG). Der Stellvertreter hat nur dann die Rechte und Pflichten des Aufsichtsratsvorsitzenden, wenn dieser verhindert ist. Das Amt des Aufsichtsratsvorsitzenden wird in der Praxis nicht selten Juristen übertragen, damit die Einhaltung der aktienrechtlichen Vorschriften bei Aufsichtsratssitzungen und Hauptversammlungen gewährleistet ist. Der Vorstand hat dem Handelsregister anzumelden, wer zum Vorsitzenden und wer zum Stellvertreter gewählt worden ist; eine Eintragung erfolgt nicht.

Unterliegt die Gesellschaft der paritätischen Mitbestimmung, so werden der Aufsichtsvorsitzende und sein Stellvertreter vom Aufsichtsrat aus seiner Mitte mit einer Mehrheit von zwei Dritteln der Mitglieder, aus denen der Aufsichtsrat insgesamt zu bestehen hat, gewählt (§ 27 Abs. 1 MitbestG). Wird die Mehrheit im ersten Wahlgang nicht erreicht, so wählen die Aufsichtsratsmitglieder der Gesellschafter in einem zweiten Wahlgang der Aufsichtsratsvorsitzenden und die der Arbeitnehmer den Stellvertreter (§ 27 Abs. 2 MitbestG).

Aufgabe des Aufsichtsratsvorsitzenden ist die Einberufung des Aufsichtsrats zu den Sitzungen. Das Gesetz regelt Form und Frist der Einberufung nicht, deshalb sollte die Satzung dazu Bestimmungen treffen. Der Aufsichtsrat muss zwei Sitzungen im Kalenderhalbjahr abhalten. In nichtbörsennotierten Gesellschaften kann der Aufsichtsrat beschließen, dass nur eine Sitzung im Kalenderhalbjahr abgehalten wird (§ 110 Abs. 3 AktG); es ist zweckmäßig, die Sitzungen des Aufsichtsrats mit der turnusmäßigen Berichterstattung des Vorstands nach § 90 Abs. 1, 2 AktG (dazu Abschn. 5.5.3.1) zu verbinden. Der Aufsichtsratsvorsitzende ist gem. § 110 Abs. 1 AktG auf begründetes Verlangen eines Aufsichtsratsmitglieds oder des Vorstands überdies verpflichtet, unverzüglich mit Zweiwochenfrist zu einer Aufsichtsratssitzung einzuberufen. Wird dem Verlangen nicht entsprochen, so kann das Aufsichtsratsmitglied oder der Vorstand unter Mitteilung des Sachverhalts und der Angabe einer Tagesordnung selbst den Aufsichtsrat einberufen. Für die Abhaltung einer Sitzung ist nicht in allen Fällen zwingend die körperliche Anwesenheit aller Aufsichtsratsmitglieder erforderlich, vielmehr ist in Ausnahmefällen auch eine Sitzung in Form einer Telefon- oder Videokonferenz erlaubt und ausreichend (vgl. Hüffer, Rz. 11 zu § 110 AktG); dies stellt eine bedeutsame Erleichterung dar für Gesellschaften mit im Ausland weilenden Aufsichtsratsmitgliedern.

Dem Aufsichtsratsvorsitzenden obliegt die Vorbereitung und Leitung der Aufsichtsratssitzungen. Soweit für bestimmte Themen Ausschüsse gebildet sind, hat er diesen die Beratungs- und Beschlussgegenstände zuzuleiten und die Arbeitsergebnisse in den Gesamtaufsichtsrat einzubringen. Der Vorsitzende repräsentiert den Aufsichtsrat gegenüber dem Vorstand und den einzelnen Vorstandsmitgliedern. In dieser Eigenschaft ist er der ständige Ansprechpartner und Berater des Vorstands. Dem Aufsichtsratsvorsitzenden wird in der Praxis regelmäßig durch die Satzung die Leitung der Hauptversammlung übertragen (s. dazu Abschn. 7.3.4).

Der Aufsichtsratsvorsitzende unterzeichnet die über die Sitzungen des Aufsichtsrats anzufertigenden Niederschriften (§ 107 Abs. 2 AktG). In der *Niederschrift* sind der Ort und der Tag der Sitzung, die Teilnehmer, die Gegenstände der Tagesordnung, der wesentliche Inhalt der Beratungen und die Beschlüsse anzugeben. Kommen Beschlüsse nicht einverständlich zustande oder werden Beschlussanträge abgelehnt, so sind die Ja- und Neinstimmen sowie die Enthaltungen zu protokollieren. Die unterlassene Protokollierung macht einen Beschluss nicht unwirksam (§ 107 Abs. 2 S. 3 AktG). Jedes Aufsichtsratsmitglied hat Anspruch auf Aushändigung einer Protokollabschrift, es kann nicht auf die bloße Einsichtnahme verwiesen werden.

Dem Aufsichtsratsvorsitzenden obliegt darüber hinaus

- die Erläuterung des Berichts des Aufsichtsrats in der Hauptversammlung, § 176 Abs. 1 S. 2 AktG,
- die Unterzeichnung der Niederschrift der Hauptversammlung bei nichtbörsennotierten Aktiengesellschaften, § 130 Abs. 1 S. 3 AktG,
- die Mitwirkung bei der Erfüllung von Anmeldepflichten gegenüber dem Handelsregister, z. B. §§ 36, 184 AktG.

6.4.2 Ausschüsse

Der Aufsichtsrat kann aus seiner Mitte einen oder mehrere *Ausschüsse* bilden, insbesondere zur Vorbereitung seiner Verhandlungen und Beschlüsse und zur Überwachung der Ausführung der Beschlüsse (§ 107 Abs. 3 S. 1 AktG). Zulässig ist auch die Bildung von *beschließenden Ausschüssen*, d. h. von Ausschüssen, die sich nicht auf die Beschlussvorbereitung bzw. -überwachung beschränken, sondern die Beschlüsse anstelle des Aufsichtsrats fassen. Wegen der besonderen Bedeutung dürfen bestimmte Beschlussgegenstände einem Ausschuss nur zur *Vorbereitung* und zur *Überwachung*, nicht aber zur Beschlussfassung zugewiesen werden (s. im Einzelnen § 107 Abs. 3 S. 2 AktG):

Grundsätzlich haben Ausschüsse aus mindestens drei Personen zu bestehen. Zwingend ist dies für die beschließenden Ausschüsse, wie sich aus § 108 Abs. 2 S. 3 AktG ergibt. Obliegt einem Ausschuss die Vorbereitung oder die Überwachung der Ausführung von Beschlüssen, so können auch Zweimann-Ausschüsse tätig werden, zumal in diesen Fällen auch eine Übertragung der Aufgabe an ein einzelnes Aufsichtsratsmitglied möglich ist. Über die Arbeit der Ausschüsse ist dem Aufsichtsrat regelmäßig zu berichten (§ 107 Abs. 3 S. 3 AO).

Bei Gesellschaften, die dem Mitbestimmungsgesetz unterliegen, ist nach § 27 Abs. 3 MitbestG die Einrichtung eines *Vermittlungsausschusses* zwingend vorgeschrieben. Im Übrigen entscheidet der Aufsichtsrat autonom darüber, ob er Ausschüsse bildet oder nicht und mit welchen Gegenständen die Ausschüsse befasst werden. In der Praxis häufig anzutreffen sind folgende Ausschüsse:

- *Personalausschuss;*
  der Personalausschuss regelt die Vertragsangelegenheiten der Vorstandsmitglieder;
- *Präsidium;*
  das Aufsichtsratspräsidium, dem in der Regel der Vorsitzende und ein oder mehrere stellvertretende Vorsitzende des Aufsichtsrats angehören, bereitet, wenn es denn gebildet worden ist, die Aufsichtsratssitzungen vor und legt die Bedingungen der Vorstandsverträge fest; es nimmt dann insoweit Aufgaben des Aufsichtsratsvorsitzenden einerseits und des Personalausschusses andererseits wahr;
- *Finanzausschuss;*
  dieser wird mit der Vorprüfung des Jahresabschlusses und der Überwachung der Finanzplanung befasst;
- *Prüfungsausschuss (Audit Committee);*
  der Deutsche Corporate Governance Kodex empfiehlt börsennotierten Gesellschaften die Einrichtung eines Prüfungsausschusses (Audit Committee), der sich insbesondere mit Fragen der Rechnungslegung und des Risikomanagements, der erforderlichen Unabhängigkeit des Abschlussprüfers, der Erteilung des Prüfungsauftrages an den Abschlussprüfer, der Bestimmung von Prüfungsschwerpunkten und der Honorarvereinbarung mit dem Abschlussprüfer befasst;
- *Investitionsausschuss;*
  der Investitionsausschuss ist für die Erteilung der Zustimmung zu Investitionsvorhaben bei Bestehen entsprechender Zustimmungsvorbehalte gem. § 111 Abs. 4 S. 2 AktG zuständig.

6.4.3 Geschäftsordnung

Einzelheiten der inneren Organisation des Aufsichtsrats regelt die vom Aufsichtsrat mit einfacher Stimmenmehrheit zu beschließende Geschäftsordnung für den Aufsichtsrat. Die Geschäftsordnung des Aufsichtsrats verliert ihre Gültigkeit nicht mit dem Ablauf der Amtsperiode eines oder mehrerer Aufsichtsratsmitglieder, sondern erst bei Aufhebung oder Änderung durch neuerlichen Mehrheitsbeschluss des Aufsichtsrats.

Raum für Regelungen durch die Geschäftsordnung besteht dort, wo nicht das Aktiengesetz oder die Satzung bereits zwingend Regelungen vorgegeben haben. Die Geschäftsordnung des Aufsichtsrats enthält üblicherweise Regelungen über

- Wahl des Aufsichtsratsvorsitzenden und des Stellvertreters,
- Häufigkeit der Aufsichtsratssitzungen,
- Formen und Fristen der Einberufung des Aufsichtsrats,
- Beschlussfassung,
- Ausschüsse.

6.4.4 Beschlussfassung

Durch § 108 Abs. 1 AktG wird ausdrücklich bestimmt, dass der Aufsichtsrat durch *Beschluss* entscheidet. Der Aufsichtsrat ist beschlussfähig, wenn mindestens die Hälfte der Mitglieder, aus denen er nach Gesetz oder Satzung insgesamt zu bestehen hat, an der Beschlussfassung teilnimmt, wobei in jedem Fall mindestens drei Mitglieder teilnehmen müssen (§ 108 Abs. 2 AktG). Die Satzung kann vorschreiben, dass Beschlussfähigkeit nur besteht, wenn mehr als die Hälfte oder sogar alle Mitglieder teilnehmen, wobei auch hier mindestens drei Mitglieder teilnehmen müssen. Der Beschlussfähigkeit steht nicht entgegen, dass dem Aufsichtsrat weniger Mitglieder als durch Gesetz oder Satzung vorgeschrieben angehören. Bei Gesellschaften, die der paritätischen Mitbestimmung unterliegen, ist der Aufsichtsrat nur *beschlussfähig*, wenn mindestens die Hälfte der Mitglieder, aus denen er insgesamt zu bestehen hat, an der Beschlussfassung teilnimmt, auch wenn das für seine Zusammensetzung maßgebende zahlenmäßige Verhältnis dabei nicht gewahrt ist (§ 28 MitbestG).

Die Beschlüsse des Aufsichtsrats bedürfen der Mehrheit der abgegebenen Stimmen (einfache Stimmenmehrheit). Sie ist erreicht, wenn die Zahl der gültigen Ja-Stimmen die der gültigen Nein-Stimmen um wenigstens eine Stimme übertrifft. Stimmenthaltungen werden nicht mitgezählt, sie gelten insbesondere nicht als Nein-Stimmen. Bei Stimmengleichheit ist der Beschlussantrag abgelehnt. Die Satzung kann regeln, dass der Aufsichtsratsvorsitzende oder sein Stellvertreter das Recht zum Stichentscheid bei Stimmengleichheit hat.

Auch für Gesellschaften mit paritätischer Mitbestimmung gilt grundsätzlich, dass Aufsichtsratsbeschlüsse der *einfachen Mehrheit* der abgegebenen Stimmen bedürfen. Ergibt eine Abstimmung im Aufsichtsrat Stimmengleichheit, so hat bei einer erneuten Abstimmung über denselben Gegenstand, wenn auch sie Stimmengleichheit ergibt, der Aufsichtsratsvorsitzende zwei Stimmen (§ 29 MitbestG). Bei der Wahl des Aufsichtsratsvorsitzenden und seines Stellvertreters gilt etwas anderes, s. oben. Ist über die Bestellung von Vorstandsmitgliedern zu beschließen, so hat die Vorschrift des § 31 MitbestG Vorrang, wonach in der Regel eine Zweidrittelmehrheit erforderlich ist. Beschlüsse über die Ausübung von Beteiligungsrechten bedürfen nur der Mehrheit der Stimmen der Aufsichtsratsmitglieder der Anteilseigner (§ 32 Abs. 1 MitbestG).

Zu beachten ist das sich aus dem entsprechend angewandten § 34 BGB ergebende *Stimmverbot* bei der Beschlussfassung über Rechtsgeschäfte, an denen das Aufsichtsratsmitglied beteiligt ist, insbesondere über die Erteilung der Zustimmung nach §§ 114, 115 AktG. Nimmt nur die Hälfte der Aufsichtsratsmitglieder bzw. nehmen nur drei Aufsichtsratsmitglieder an der Abstimmung teil oder besteht der Aufsichtsrat ohnehin nur aus drei Personen, so droht bei Geltung eines Stimmverbots die Beschlussunfähigkeit des Aufsichtsrats. Diese kann abgewendet werden durch Stimmenthaltung des betroffenen Aufsichtsratsmitglieds mit der Folge, dass die nach § 108 Abs. 2 AktG mindestens erforderliche Zahl von Mitgliedern an der Beschlussfassung teilnimmt, ohne dass das betroffene Mitglied den Ausgang der Abstimmung beeinflusst (vgl. Hopt/Roth in Großkomm. AktG, § 108 Rz. 63).

Aufsichtsratsmitglieder können sich nicht durch Bevollmächtigte vertreten lassen. Abwesende Aufsichtsratsmitglieder können aber durch *schriftliche Stimmabgabe* an der Beschlussfassung teilnehmen (§ 108 Abs. 3 AktG). Die schriftlichen Stimmabgaben können durch andere Aufsichtsratsmitglieder überreicht werden, aber auch durch Personen, die nicht dem Aufsichtsrat angehören, wenn sie nach § 109 Abs. 3 AktG zur Teilnahme an der Sitzung berechtigt sind (dazu Abschn. 6.4.5). Eine Stimmabgabe für das verhinderte Aufsichtsratsmitglied setzt voraus, dass der Antrag bzw. die Beschlussfassung schriftlich vorformuliert ist.

Beschlüsse können auch außerhalb von Aussichtsratssitzungen gefasst werden. Schriftliche, fernmündliche oder andere vergleichbare Formen der Beschlussfassung des Aufsichtsrats sind grundsätzlich nur dann zulässig, wenn kein Mitglied diesem Verfahren widerspricht; die Satzung kann eine abweichende Regelung treffen (§ 108 Abs. 4 AktG). In der Praxis ist es daher üblich, den Aufsichtsratsvorsitzenden durch die Satzung zu ermächtigen, die Verfahrensweise bei der Beschlussfassung alleine zu bestimmen, wodurch eine erhebliche Einsparung von Zeit und Kosten erzielt werden kann. Die Feststellung des Jahresabschlusses durch den Aufsichtsrat kann nicht im Rahmen einer schriftlichen Beschlussfassung erfolgen, wie sich aus § 171 Abs. 1 S. 2 AktG ergibt.

6.4.5 Teilnahme an Sitzungen des Aufsichtsrats

An den Sitzungen des Aufsichtsrates und der Ausschüsse sollen nach § 109 Abs. 1 AktG grundsätzlich Personen, die weder dem Aufsichtsrat noch dem Vorstand angehören, nicht teilnehmen. Das gilt z. B. auch für den Hauptaktionär. Zweck dieser Regelung ist vor allem die klare Abgrenzung des Aufsichtsrats gegenüber Beiräten und ähnlichen Gremien oder Personen, die nicht durch regelmäßige Teilnahme an den Sitzungen Einfluss gewinnen sollen, ohne dass sie die einem Aufsichtsratsmitglied zukommende Verantwortlichkeit tragen (vgl. Hüffer, Rz. 1 zu § 109 AktG). Dem Aufsichtsrat steht es frei, zur Beratung über einzelne Themen Sachverständige und Auskunftspersonen hinzuzuziehen. Das Teilnahmeverbot gilt ausdrücklich nicht für Vorstandsmitglieder, doch können diese aber aus § 109 AktG auch keinen Anspruch auf Teilnahme an der Aufsichtsratssitzung ableiten. Während selbstverständlich sämtliche Aufsichtsratsmitglieder zur Teilnahme an den Sitzungen des Gesamtaufsichtsrats berechtigt und verpflichtet sind, sind sie zwar grundsätzlich auch zur Teilnahme an Sitzungen von Ausschüssen berechtigt, doch kann der Aufsichtsratsvorsitzende bestimmen, dass Nichtmitglieder eines bestimmten Ausschusses von der Teilnahme an dessen Sitzungen ausgeschlossen sind (§ 109 Abs. 2 AktG).

Die Satzung kann zulassen, dass anstelle eines verhinderten Aufsichtsratsmitglieds ein von diesem mit einer in Textform erteilten Ermächtigung versehener Dritter an der Aufsichtsratssitzung teilnehmen kann (§ 109 Abs. 3 AktG). Der Ermächtigte hat kein eigenes Rede- und Antragsrecht.

Der Abschlussprüfer nimmt an der Beratung des Aufsichtsrats über Jahresabschluss, Lagebericht, Gewinnverwendungsbeschluss und ggf. Konzernabschluss und Konzernlagebericht (Bilanzsitzung) teil (§ 171 AktG).

6.5 Rechtsbeziehungen zur Gesellschaft

Rechtliche Grundlage der Aufsichtsratstätigkeit ist nicht eine entsprechende vertragliche Beziehung des Aufsichtsratsmitglieds mit der Gesellschaft, sondern alleine der Beschluss der Hauptversammlung über die Bestellung. Nimmt der Gewählte das Amt an, so entsteht dadurch ein organschaftliches Rechtsverhältnis zu der Gesellschaft, dessen Inhalt sich alleine nach den dafür geltenden Bestimmungen des Gesetzes und der Satzung richtet.

Vergütung
Den Aufsichtsratsmitgliedern kann für ihre Tätigkeit eine Vergütung gewährt werden (§ 113 AktG). Die Festsetzung der Bezüge ist dem Grunde und der Höhe nach genauen Regelungen unterworfen. Die Vergütung muss entweder durch die Satzung festgesetzt oder von der Hauptversammlung bewilligt sein. Liegt beides nicht vor, so dürfen keine Vergütungen gezahlt werden, und der Vorstand macht sich bei einem Verstoß schadensersatzpflichtig (§ 93 Abs. 3 Nr. 7 AktG). Die Höhe der Vergütung soll in einem angemessenen Verhältnis zu den Aufgaben der Aufsichtsratsmitglieder und zur Lage der Gesellschaft stehen (§ 113 Abs. 1 S. 3 AktG), d. h. der Verantwortung und dem Tätigkeitsumfang der Aufsichtsratsmitglieder sowie der wirtschaftlichen Lage und dem Erfolg des

Unternehmens Rechnung tragen. Dabei sollen der Vorsitz und der stellvertretende Vorsitz im Aufsichtsrat und die Mitgliedschaft in Ausschüssen berücksichtigt werden. Neben einer festen soll eine erfolgsorientierte Vergütung gewährt werden, die auch auf den langfristigen Unternehmenserfolg bezogene Bestandteile enthält. Die Aufsichtsratsvergütungen sind gem. § 10 Nr. 4 KStG nur zur Hälfte bei der Aktiengesellschaft körperschaftsteuerlich berücksichtigungsfähig mit der Folge, dass die Aktiengesellschaft durch diese Vergütungen erheblich stärker belastet ist als durch andere Betriebsausgaben in nominell gleicher Höhe.

Werden die Aufsichtsratsmitglieder in eine von der Gesellschaft abgeschlossene D & O-Versicherung einbezogen, so stellt der Versicherungsbeitrag m. E. keine Vergütung der Gesellschaft i. S. d. § 113 AktG an das Aufsichtsratsmitglied dar, wenn die Voraussetzungen des BMF-Schreibens vom 24. Januar 2002 erfüllt sind (s. dazu Abschn. 5.3.2).

Für die Mitglieder des ersten Aufsichtsrats, der durch die Gründer gem. § 30 Abs. 1 AktG bestellt wird, kann nur die Hauptversammlung, nicht aber die Satzung die Vergütung bestimmen; der Hauptversammlungsbeschluss kann erst in der Versammlung gefasst werden, die über die Entlastung der Mitglieder des ersten Aufsichtsrats beschließt (§ 113 Abs. 2 AktG). Das gilt nicht in Umwandlungsfällen, weil der Aufsichtsrat dort nicht „erster Aufsichtsrat" i. S. d. §§ 30 Abs. 1, 113 Abs. 2 AktG ist (Lutter, Rz. 35 zu § 197 UmwG).

Eine Beteiligung des Aufsichtsrats am *Jahresgewinn* berechnet sich nach dem Bilanzgewinn, vermindert um einen Betrag von mindestens 4 % der auf den geringsten Ausgabebetrag der Aktien geleisteten Einlagen (§ 113 Abs. 3 AktG). Allerdings kann die Aufsichtsratstantieme aufgrund einer entsprechenden Bestimmung in der Satzung auch auf andere Berechnungsgrundlagen gestützt werden, z. B. die gezahlte Dividende der Gesellschaft. Denkbar sind auch die Zahlung eines jährlichen Festbetrags oder eines von der Anwesenheit abhängigen Sitzungsgelds sowie eine Kombination dieser Vergütungsarten.

Auslagen
Auch ohne Festsetzung in der Satzung steht jedem Aufsichtsratsmitglied ein Anspruch auf Ersatz angemessener Auslagen gem. § 670 BGB zu, das sind insbesondere Reisekosten und Auslagen für Telefon und Porto. Zu den Auslagen zählt indessen nicht die Umsatzsteuer auf die Tätigkeitsvergütung, deren gesonderte Begleichung nur verlangt werden kann, wenn sie unter Beachtung von § 113 AktG ausdrücklich festgesetzt bzw. bewilligt ist.

Verträge

Die Vorschrift des § 114 AktG über Verträge der Aktiengesellschaft mit Aufsichtsratsmitgliedern bezweckt den Schutz der Gesellschaft vor einer Umgehung des § 113 AktG. Der Vorstand als das vom Aufsichtsrat überwachte Organ der Gesellschaft soll keine Zahlungen an einzelne Aufsichtsratsmitglieder unter Verletzung des § 113 AktG und hinter dem Rücken der anderen Aufsichtsratsmitglieder leisten können. Erfasst werden durch diese Vorschrift nicht sämtliche Verträge, sondern nur Dienst- und Werkverträge über eine *„Tätigkeit höherer Art*"; Arbeitsverträge sind ausdrücklich ausgeschlossen. Bei der Prüfung, was Tätigkeiten höherer Art sind, kann auf die Rechtsprechung zu § 627 BGB zurückgegriffen werden. Danach muss es sich um Dienste handeln, die üblicherweise aufgrund besonderen Vertrauens übertragen werden. Das ist in der Regel der Fall bei der Tätigkeit von Ärzten, Rechtsanwälten, Steuerberatern, Wirtschaftsprüfern, Architekten (vgl. Palandt-Putzo, Rz. 2 zu § 627 BGB). Nichtig und deshalb von vornherein nicht zustimmungsfähig i. S. d. § 114 AktG sind Verträge über Tätigkeiten, die zum gesetzlichen Aufgabenbereich eines Aufsichtsrats gehören.

Dienst- und Werkverträge mit Aufsichtsratsmitgliedern über Tätigkeiten höherer Art sind *unwirksam*, wenn der Aufsichtsrat dem Vertrag nicht durch Beschluss zustimmt; zum Stimmverbot des an dem Vertrag beteiligten Aufsichtsratsmitglieds s. Abschn. 6.4.4. Der Aufsichtsrat muss bei der Beschlussfassung zumindest den wesentlichen Vertragsinhalt, darunter die Vergütungshöhe, kennen (OLG Köln, AG 1995, 90 ff.). Die Zustimmung kann vor Vertragsabschluss oder zu einem späteren Zeitpunkt erfolgen. Fehlt die Zustimmung oder kann die Beschlussfassung infolge unzureichender Dokumentation nicht nachgewiesen werden, so kann das Aufsichtsratsmitglied die Vergütung nicht einklagen; ist ihm die Vergütung bereits ausgezahlt worden, so kann die Gesellschaft sie bei ihm zurückfordern (§ 114 Abs. 2 AktG).

Wird über das Vermögen der Gesellschaft das Insolvenzverfahren eröffnet und macht der Insolvenzverwalter – unter Umständen nach vielen Jahren – bei dem Aufsichtsratsmitglied die Rückzahlung einer unter Verstoß gegen § 114 AktG gezahlten Vergütung geltend, so kann das Aufsichtsratsmitglied den ihm für die geleistete Tätigkeit zustehenden Bereicherungsanspruch gegen die Gesellschaft nicht mit dem Rückgewähranspruch der Gesellschaft aufrechnen, sondern muss ihn als Forderung beim Insolvenzverwalter geltend machen und wird dann nur mit der entsprechenden Quote bedacht (vgl. LG Stuttgart, ZIP 1998, 1275, nicht rechtskräftig).

Kredit
Nach § 115 AktG darf die Aktiengesellschaft einem Aufsichtsratsmitglied Kredit nur mit vorheriger Zustimmung des Aufsichtsrats gewähren. Dasselbe gilt für Kredite an den Ehegatten oder an ein minderjähriges Kind eines Aufsichtsratsmitglieds. Bei der Beschlussfassung des Aufsichtsrats über die Erteilung der Zustimmung besteht ein Stimmverbot für das betroffene Aufsichtsratsmitglied (s. dazu Abschn. 6.4.4). Sinn und Zweck dieser Regelung ist die Vermeidung einer Beeinflussung des Aufsichtsratsmitglieds durch großzügige Kreditgewährung seitens des Vorstandes.

6.6 Verschwiegenheitspflicht

Die Aufsichtsratsmitglieder unterliegen wie Vorstandsmitglieder der Verschwiegenheitspflicht (§ 93 Abs. 1 S. 2 AktG). Ergänzend bestimmt § 116 S. 2 AktG, dass Aufsichtsratsmitglieder insbesondere zur Verschwiegenheit über erhaltene vertrauliche Berichte und vertrauliche Beratungen verpflichtet sind. Hintergrund für diese besondere Betonung der Verschwiegenheitspflicht ist, dass eine vertrauensvolle Zusammenarbeit zwischen Aufsichtsrat und Vorstand nur möglich ist, wenn der Vorstand sich uneingeschränkt darauf verlassen kann, dass die von ihm erteilten Informationen vertraulich behandelt werden. Die Verletzung der Verschwiegenheitspflicht kann Schadensersatzansprüche (§ 93 Abs. 2 AktG) und, auf Antrag der Aktiengesellschaft, strafrechtliche Konsequenzen (§ 404 Abs. 1 Nr. 1 AktG) nach sich ziehen.

6.7 Haftung des Aufsichtsrats

Die Aufsichtsratsmitglieder sind ebenso wie Vorstandsmitglieder einer strengen Haftung unterworfen (§§ 116, 93 AktG).

Allgemeiner Haftungstatbestand
Nach § 116 S. 1 AktG gilt für die Sorgfaltspflicht und Verantwortlichkeit der Aufsichtsratsmitglieder die Vorschrift des § 93 AktG über die Sorgfaltspflicht und Verantwortlichkeit der Vorstandsmitglieder sinngemäß. Während die Sorgfaltspflicht und Verantwortlichkeit der Vorstandsmitglieder sich auf die ihnen obliegende Geschäftsführung bezieht, betrifft die Sorgfaltspflicht und Verantwortlichkeit der Aufsichtsratsmitglieder insbesondere die ihnen durch § 111 AktG zugewiesenen Aufgabe der *Überwachung der Geschäftsführung*. Von erheblicher Bedeutung ist auch die Pflicht, nur geeignete Personen zu Vorstandsmitgliedern zu bestellen. Die entsprechende Anwendung des § 93 AktG bedeutet im Einzelnen, dass die Aufsichtsratsmitglieder

- bei der Überwachung des Vorstands die Sorgfalt eines ordentlichen und gewissenhaften Aufsichtsrats anzuwenden haben,
- ihre Pflichten nicht verletzen, wenn sie bei einer Entscheidung vernünftigerweise annehmen durften, auf der Grundlage angemessener Informationen zum Wohle der Gesellschaft zu handeln,
- die Beweislast tragen, wenn streitig ist, ob die Sorgfalt eines ordentlichen und gewissenhaften Aufsichtsrats angewandt worden ist.

Bei der Überwachung stützt der Aufsichtsrat sich in erster Linie auf die vom Vorstand in seinen schriftlichen und mündlichen Berichten mitgeteilten Tatsachen. Grundsätzlich darf er den Informationen des Vorstands vertrauen; er ist nicht zu eigenen Nachforschungen verpflichtet. Insoweit unterscheidet sich die Verantwortung des Aufsichtsrats grundlegend von der eines Vorstands; er führt keinen eigenen unternehmerischen Entscheidungsprozess durch, er prüft nicht alle unternehmerischen Details einer Entscheidung, er berät nicht und führt kein Risikomanagement durch. Insbesondere ist der Aufsichtsrat auch kein Garant für die Ordnungsmäßigkeit der Unternehmensführung durch den Vorstand.

Die besondere Organpflicht des Aufsichtsrats umfasst seine Verpflichtung, die aktienrechtlichen Überwachungsinstrumente einzusetzen, insbesondere den Anspruch auf Berichterstattung gem. § 90 AktG auszuüben und einen Katalog zustimmungsbedürftiger Rechtsgeschäfte zu errichten. Besonderes Augenmerk hat der Aufsichtsrat Einzelgeschäften zu widmen, die für die Rentabilität und Liquidität der Gesellschaft von Bedeutung sind. Erlangt der Aufsichtsrat Kenntnis von rechtswidrigen Sachverhalten und insbesondere von solchen Vorgängen, die eine existentielle Bedrohung der Gesellschaft darstellen, muss er diesen Informationen nachgehen und Maßnahmen ergreifen. Geschieht das nicht, so besteht für jedes einzelne Aufsichtsratsmitglied die Gefahr, wegen Verletzung der Überwachungspflicht über § 116 S. 1 AktG auf Schadensersatz in Anspruch genommen zu werden. Wird die Führung der Geschäfte der Gesellschaft vorsätzlich oder grob fahrlässig einer Person überlassen, die die persönlichen Voraussetzungen nicht erfüllt, so haften die Mitglieder des Aufsichtsrats für den Schaden, der der Gesellschaft dadurch entsteht, dass diese Person die ihr gegenüber der Gesellschaft bestehenden Obliegenheiten verletzt (s. dazu Kap. 5.2.2).

Insolvenz
Erfährt der Aufsichtsrat, dass die Gesellschaft insolvenzreif ist, hat er den Vorstand anzuhalten, der Insolvenzantragspflicht nachzukommen. Unterstützt der Aufsichtsrat hingegen die Verschleppung des Insolvenzantrags durch den Vorstand, so kann darin eine strafrechtlich und damit zugleich auch schadensersatzrechtlich relevante Unterstützungshandlung (Anstiftung oder Beihilfe) liegen.

Der Aufsichtsrat selbst kann den Antrag nicht stellen, so lange noch mindestens ein Vorstandsmitglied im Amt und die Gesellschaft somit nicht führungslos ist. Unterlässt der Vorstand den gebotenen Antrag, so muss der Aufsichtsrat unverzüglich eine Hauptversammlung nach § 111 Abs. 3 AktG einberufen, in der nicht nur der Vertrauensentzug gegenüber dem Vorstand gem. § 84 Abs. 3 AktG beschlossen, sondern auch die schlechte wirtschaftliche Situation der Gesellschaft dargelegt und mit den Aktionären diskutiert werden kann. Auf diese Weise bekommen die Aktionäre Gelegenheit, die Gesellschaft mit frischem Kapital auszustatten, sei es durch eine Kapitalerhöhung, sei es durch die Gewährung von Darlehen oder die Stellung von Sicherheiten. Der Aufsichtsrat hat allerdings zu bedenken, dass die Einberufung der Hauptversammlung auch den Gläubigern bekannt werden kann; die Einberufung wird zwangsläufig immer dann publik, wenn die Aktionäre über den elektronischen Bundesanzeiger eingeladen werden. Die Reaktionen der Gläubiger darauf können die Lage der Gesellschaft weiter verschlechtern, deshalb kann es im Einzelfall sinnvoll sein, dass der Aufsichtsrat erst einmal durch einen Beschluss die Feststellung trifft, dass seiner Auffassung nach Zahlungsunfähigkeit bzw. Überschuldung vorliege und der Vorstand deshalb verpflichtet sei, den Insolvenzantrag zu stellen. Dieser Beschluss muss vom Vorstand nicht befolgt werden und ist lediglich deklaratorischer Natur. Stellt der Vorstand auch in Kenntnis dieses Beschlusses keinen Antrag und gelingt es ihm nicht, durch anderweitige Maßnahmen die Insolvenzreife zu beseitigen, muss der Aufsichtsrat die Einberufung der Hauptversammlung unverzüglich bewirken. Unterbleibt die Einberufung der Hauptversammlung durch den Aufsichtsrat, so können die Aufsichtsratsmitglieder sich dadurch schadensersatzpflichtig gegenüber der Gesellschaft machen.

Geltendmachung
Ansprüche gegen Aufsichtsratsmitglieder sind grundsätzlich vom Vorstand durchzusetzen, ggf. durch nach § 147 AktG von der Hauptversammlung oder durch vom Amtsgericht bestellte besondere Vertreter. Darüber hinaus kommt nach § 148 AktG die Geltendmachung durch eine Minderheit von Aktionären im eigenen Namen nach Zulassung durch das Gericht in Betracht (zu §§ 147, 148 AktG eingehend Abschn. 9.3.2.2). Die Ansprüche können in den Fällen der §§ 116, 93 Abs. 5 und 117 Abs. 5 AktG auch von den Gläubigern der Aktiengesellschaft verfolgt werden, wenn bei der Gesellschaft keine Zahlung erlangt werden kann und eine „gröbliche" Verletzung der Sorgfaltspflichten vorliegt. Die Aufsichtsratsmitglieder können in eine von der Aktiengesellschaft geschlossene D & O-Versicherung einbezogen werden (s. dazu Abschn. 5.6.4).

Rechtsprechung zur Aufsichtsratshaftung
In den folgenden Fällen wurde die Haftung eines Aufsichtsratsmitglieds bejaht:

LG Stuttgart, Urteil vom 29. Okt. 1999, nicht rechtskräftig (AG 2000, 237)
Das beklagte Aufsichtsratsmitglied wurde wegen schuldhafter Verletzung der ihm obliegenden Überwachungspflicht verurteilt, den der Aktiengesellschaft, der Altenburger und Stralsunder Spielkarten Fabriken AG mit Sitz in Leinfelden-Echterdingen, daraus entstandenen Schaden zu ersetzen. Die auf §§ 116, 93, 111 AktG gestützte Klage war von dem Insolvenzverwalter der Aktiengesellschaft erhoben worden. Dieser hatte nach seiner Bestellung aufgedeckt, dass die Gesellschaft ihr Betriebsgrundstück, welches einen auf dem Markt tatsächlich erzielbaren Verkehrswert von (aufgerundet) 23 Mio. DM besaß, zu einem Preis von nur 14 Mio. DM und damit um 9 Mio. DM zu niedrig an Dritte verkauft hatte. Der Aufsichtsrat einschließlich des Beklagten, der nachweislich positive Kenntnis von dem höheren Verkehrswert besaß, hatte dem Vertragsschluss zugestimmt. Das Gericht wertete dies als einen schuldhaften Verstoß des Beklagten gegen seine Sorgfaltspflichten als Aufsichtsrat und verurteilte ihn, den erwiesenen Schaden der Gesellschaft in Höhe von 9 Mio. DM durch Zahlung an den Insolvenzverwalter zu ersetzen.

LG Bielefeld, Urteil vom 16. Nov. 1999, nicht rechtskräftig (AG 2000, 136)
Das beklagte Aufsichtsratsmitglied wurde wegen schuldhafter Verletzung der ihm obliegenden Überwachungspflicht verurteilt, den der Aktiengesellschaft, der Balsam AG mit Sitz in Steinhagen, daraus entstandenen Schaden zu ersetzen. Die auf §§ 116, 93, 111 AktG gestützte Klage war von dem Insolvenzverwalter der Aktiengesellschaft erhoben worden. Die Gesellschaft hatte seit langem im operativen Geschäft hohe Verluste erzielt, zudem gab es auch erhebliche Verluste aus Devisenoptionsgeschäften. Zum Ausgleich der Fehlbeträge wurden fiktive Forderungen eingebucht, die sodann zur Beschaffung von Liquidität im Wege des Factorings verkauft wurden. Nach der Verhaftung aller vier Vorstandsmitglieder wurde Insolvenzantrag gestellt. Das beklagte Aufsichtsratsmitglied hatte frühzeitig von einem Mitarbeiter der Gesellschaft die Information erhalten, dass das Factoring-Volumen um ein Vielfaches größer sei als vom Vorstand angegeben. Diese Information wurde von dem Beklagten nicht an den Gesamtaufsichtsrat weitergegeben; der Beklagte hat auch nicht in anderer Weise darauf reagiert, er ist schlicht untätig geblieben. Das Gericht entschied, dass der Beklagte die ihm obliegende Überwachungspflicht nicht mit der gebotenen Sorgfalt erfüllt habe, wodurch der Gesellschaft ein Schaden entstanden sei. Der Beklagte hätte unverzüglich die anderen Aufsichtsratsmitglieder informieren müssen, die daraufhin einzelne oder alle Mitglieder des Vorstands hätten abberufen oder zumindest einen Zustimmungsvorbehalt für weitere Factoring-Geschäfte und die damit verbundenen Devisenoptionsgeschäfte hätten anordnen können. Wäre das geschehen, so wäre zumindest die Factoring-Gebühr in Höhe von ca. 7,5 Mio. DM für die in den beiden Monaten unmittel-

bar vor der Verhaftung des Vorstands verkauften Luftforderungen eingespart worden, und das rechtfertige die Verurteilung zur Zahlung des eingeklagten Betrages von 5 Mio. DM.

OLG Düsseldorf, Urteil vom 23. Juni 2008 (ZIP 2008, 1922)
Der beklagte Aufsichtsratsvorsitzende wurde wegen Beihilfe zu der von dem Vorstand begangenen vorsätzlichen sittenwidrigen Schädigung (§§ 830, 826 BGB) als Gesamtschuldner neben dem Vorstandsvorsitzenden verurteilt, dem klagenden Anleger den entstandenen Schaden zu ersetzen. Der Kläger hatte bei einer von mehreren Kapitalerhöhungen der Gesellschaft Aktien gezeichnet. Die bei den Kapitalerhöhungen geleisteten Einlagen waren von dem Vorstand nur in geringem Umfang in werthaltige Anlagen investiert worden; überwiegend wurden sie „abgeschöpft“ oder durch luxuriöse Repräsentationsaufwendungen verbraucht. Der beklagte Aufsichtsratsvorsitzende hatte an der Beschlussfassung des Aufsichtsrats über die Erteilung der Zustimmung zu der Ausgabe der Aktien (§ 202 Abs. 3 S. 2 AktG) und darüber hinaus an der Anmeldung der Kapitalerhöhung (§§ 203 Abs. 1, 188 Abs. 1 AktG) mitgewirkt.

Das Gericht führte zur Begründung aus, dass der Aufsichtsratsvorsitzende nachweislich hinsichtlich der unredlichen Geschäftspraktiken des Vorstands jedenfalls einen dringenden Verdacht gehabt hat. Er habe aber die sich ihm als Aufsichtsratsmitglied bietende Möglichkeit, sich Klarheit zu verschaffen, bewusst nicht wahrgenommen und dadurch die Schädigung der Aktionäre im Rahmen seiner Mitwirkung bei den Kapitalerhöhungen billigend in Kauf genommen.

OLG Karlsruhe, Urteil vom 4. Sept. 2008, nicht rechtskräftig (AG 2008, 900)
Der beklagte Aufsichtsratsvorsitzende wurde wegen Beihilfe zu den von dem Vorstand begangenen Straftaten des Betrugs und der Untreue als Gesamtschuldner neben dem Vorstand verurteilt, den klagenden Anlegern Schadensersatz zu leisten. Die Anleger hatten sich an geschlossenen Immobilienfonds beteiligt, die von der Gesellschaft aufgelegt worden waren und inzwischen wertlos geworden sind.

Das Gericht begründete das Urteil damit, dass die Kläger durch einen Emissionsprospekt zur Geldanlage veranlasst worden seien, der in mehrfacher Hinsicht erhebliche unrichtige Angaben enthielt, und dass der beklagte Aufsichtsratsvorsitzende Beihilfe geleistet haben, indem er die Durchführung des betrügerischen Vertriebs der Fondsanteile als Vorsitzenden des Aufsichtsrats gebilligt und aktiv unterstützt habe. In dem Prozess war festgestellt worden, dass der Beklagte in Kenntnis der Fehler des Emissionsprospekts und der fehlenden Werthaltigkeit der vertriebenen Fondsanteile die Durchführung des Vertriebs der Anteile im Rahmen einer Aufsichtsratssitzung ausdrücklich gebilligt und dadurch das deliktische Verhalten des Vorstands aktiv unterstützt hatte.

Das Gericht betonte die Verpflichtung eines jeden Aufsichtsratsmitglieds, bei drohenden Rechtsverstößen einzuschreiten, insbesondere alle zur Verfügung stehenden Mittel einzusetzen, um den Vorstand von bestimmten rechtswidrigen Maßnahmen abzubringen. Zu den Handlungsmöglichkeiten gehöre zunächst die Beratung des Vorstands. Darüber hinaus könne ein förmlicher Meinungsbeschluss herbeigeführt werden, schließlich könne der Aufsichtsrat bei drohender Gefahr – insbesondere auch bei drohenden Rechtsverstößen – einen Zustimmungsvorbehalt gem. § 111 Abs. 4 S. 2 AktG für bestimmte Arten von Geschäften beschließen. Das Gericht ließ offen, ob und inwieweit gegebenenfalls die Verpflichtung besteht, eine Strafanzeige zu erstatten oder zumindest anzudrohen.

7 Hauptversammlung

Die Aktiengesellschaft hat keine hierarchische Organverfassung, vielmehr sind die Kompetenzen gesetzlich mit zwingender Wirkung so auf die drei Organe verteilt, dass eine Art von Machtbalance zwischen ihnen besteht. Das ist anders bei der Gesellschaft mit beschränkter Haftung, wo die Gesellschafterversammlung in einem Überordnungsverhältnis zum Geschäftsführer steht und durch Weisungen in dessen Amtsführung nicht nur negativ verbietend, sondern auch positiv gebietend eingreifen kann (vgl. Baumbach-Zöller, Rz. 10 zu § 37 GmbHG). Der Hauptversammlung obliegt die interne Willensbildung der Gesellschaft in dem vom Gesetz geregelten Zuständigkeitsbereich. In diesem Rahmen dient die Hauptversammlung der Ausübung von Verwaltungsrechten der Aktionäre. Die Funktion als Willensbildungsorgan grenzt die Hauptversammlung von dem die Gesellschaft leitenden Vorstand und dem die Geschäftsführung überwachenden Aufsichtsrat als den Handlungsorganen ab. Die Rechte, die einzelnen Aktionären bzw. einer Minderheit von Aktionären zustehen, sind dargestellt in Abschn. 9.3.2.

7.1 Aufgaben, Kompetenzen

Die der Hauptversammlung zustehenden Aufgaben und Kompetenzen sind gesetzlich bestimmt. Die gesetzlichen Vorschriften stellen eine abschließende Regelung dar, eine Erweiterung oder Einschränkung durch Satzung oder Hauptversammlungsbeschluss ist nicht möglich.

7.1.1 Zuständigkeitskatalog des § 119 Abs. 1 AktG

Die Hauptversammlung ist nach § 119 Abs. 1 AktG insbesondere für folgende Maßnahmen zuständig:

1. die Wahl der Aufsichtsratsmitglieder der Aktionäre;
   insoweit wiederholt § 119 Abs. 1 Nr. 1 AktG die Regelung des § 101 Abs. 1 AktG; diese Zuständigkeitsnorm greift nicht, soweit gem. § 101 Abs. 2 AktG einzelne Mitglieder von bestimmten Aktionären aufgrund der Satzung in den Aufsichtsrat zu *entsenden* sind (s. dazu Abschn. 6.2). Die Arbeitnehmervertreter im Aufsichtsrat werden naturgemäß nicht von der Hauptversammlung, sondern von der Belegschaft nach den jeweiligen mitbestimmungsrechtlichen Vorschriften gewählt;

2. die Verwendung des Bilanzgewinns;
   die Regelung des § 119 Abs. 1 Nr. 2 AktG deckt sich inhaltlich mit der des § 174 Abs. 1 S. 1 AktG; s. dazu unten Abschn. 10.3;
3. die Entlastung der Mitglieder des Vorstands und des Aufsichtsrats;
   über die Entlastung der Verwaltungsmitglieder ist zwingend ein Beschluss herbeizuführen (§ 120 Abs. 1 AktG), sei dieser positiv oder negativ. Die Entlastung ist eine mit der Vorlage der Jahresrechnungslegung und der Verhandlung über die Verwendung des Bilanzgewinns verbundene *Billigung* des Handelns der Verwaltung (Vorstand und Aufsichtsrat) im abgelaufenen Geschäftsjahr als im großen und ganzen gesetz- und satzungsmäßig, zusammen mit der Kundgabe des *Vertrauens* für die weitere Tätigkeit (§ 120 Abs. 2 und 3 AktG). Anders als bei der Gesellschaft mit beschränkter Haftung bedeutet die Entlastung nicht den Verzicht auf Schadensersatzansprüche der Gesellschaft gegen Verwaltungsmitglieder (§ 120 Abs. 2 S. 2 AktG). Ein solcher *Verzicht* kann nur unter Beachtung der Regelung des § 93 Abs. 4 AktG (dazu Abschn. 5.6.1.4) wirksam erfolgen.
   Verweigert die Hauptversammlung die Erteilung der Entlastung, so stellt dies nicht notwendig einen Vertrauensentzug gegenüber dem Vorstand im Sinne des § 84 Abs. 2 S. 3 AktG (s. dazu Abschn. 7.1.4) dar, gibt also dem Aufsichtsrat nicht das Recht, die Bestellung des Vorstandes aus wichtigem Grund zu widerrufen. Ebenso wenig ist die Verweigerung der Entlastung des Aufsichtsrats als dessen Abberufung zu behandeln, auch wenn mit den Nein-Stimmen die erforderliche Mehrheit gem. § 103 Abs. 1 AktG erreicht wird, denn Vertrauensentzug und Abberufung haben grundsätzlich durch ausdrücklichen Hauptversammlungsbeschluss zu erfolgen. Die nicht entlasteten Verwaltungsmitglieder können die Entlastung nicht gerichtlich einklagen. Ist ihnen die Entlastung aber unberechtigt verweigert worden, so können sie mit sofortiger Wirkung die Amtsniederlegung und die Vorstandsmitglieder darüber hinaus die fristlose Kündigung des Anstellungsvertrags aus wichtigem Grund erklären.
   Über die Entlastung muss nicht zwingend im Rahmen der ordentlichen Hauptversammlung (§ 175 AktG) beschlossen werden, sie soll aber mit der Verhandlung über die Verwendung des Bilanzgewinns verbunden werden (§ 120 Abs. 3 AktG);
4. die Bestellung des Abschlussprüfers;
   diese Regelung wiederholt die Vorschrift des § 318 Abs. 1 HGB. Während die Hauptversammlung somit den Abschlussprüfer *auswählt*, wird der auf die Durchführung der Prüfung gerichtete *Werkvertrag* mit diesem vom Aufsichtsrat und nicht etwa vom Vorstand geschlossen (§ 111 Abs. 2 S. 3 AktG). Die Auswahl des Prüfers durch die Aktionäre ist sinnvoll, denn es ist das von ihnen aufgebrachte Kapital, mit dem der vom Prüfer zu kontrollierende Vorstand wirtschaftet;

5. Satzungsänderungen;
während die Feststellung der Satzung durch die Gründer (§ 2 AktG) noch einstimmig geschieht, kann eine spätere Änderung der Satzung grundsätzlich auch gegen den Willen einer Minderheit erfolgen. Die Satzungsänderung ist durch einen Mehrheitsbeschluss möglich, wobei es nach § 179 Abs. 2 AktG einer Mehrheit bedarf, die mindestens drei Viertel des bei der Beschlussfassung vertretenen Grundkapitals umfasst. Die Satzung kann die Vornahme von Satzungsänderungen auch von *höheren* Mehrheiten bis hin zur Einstimmigkeit abhängig machen und darüber hinaus als weiteres Erfordernis die Zustimmung aller, also auch der nicht erschienenen Aktionäre verlangen.
Die Satzung kann auch eine *geringere* Mehrheit für Satzungsänderungen bestimmen. Jedoch kann für die Änderung des Gegenstands des Unternehmens (s. dazu Abschn. 3.1.2) keine geringere Mehrheit als drei Viertel bestimmt werden, und für die Änderung des Gesellschaftszwecks bedarf es nach § 33 Abs. 1 S. 2 BGB der Zustimmung aller Aktionäre. Zu beachten ist, dass die Entziehung von Sonderrechten (Anwendungsfall: Entsendungsrecht eines Aktionärs für Aufsichtsratsmitglieder, § 101 Abs. 2 AktG) nur mit Zustimmung des berechtigten Aktionärs möglich ist. Entsprechendes gilt, wenn den Aktionären Nebenverpflichtungen auferlegt werden sollen, das sind wiederkehrende, nicht in Geld bestehende Leistungen (§ 55 AktG; einziger bekannter Anwendungsfall sind die Lieferpflichten von Zuckerrübenanbauern!). Darüber hinaus muss jeder Aktionär zustimmen, wenn die Aktien vinkuliert werden sollen, d. h. ihre Übertragung an die Zustimmung der Gesellschaft gebunden wird (§ 180 AktG).
Auch Satzungsänderungen, die nur die Fassung der Satzung betreffen, bedürfen grundsätzlich eines Hauptversammlungsbeschlusses. Durch die Satzung oder durch Beschluss der Hauptversammlung kann die Befugnis zu Änderungen, die nur die Fassung betreffen, dem Aufsichtsrat übertragen werden (dazu Abschn. 6.3.2).
Bestimmte Satzungsänderungen können von Gesetzes wegen mit einfacher Stimmenmehrheit von der Hauptversammlung beschlossen werden, z. B. die Herabsetzung der in der Satzung festgesetzten Vergütung des Aufsichtsrats (§ 113 Abs. 1 S. 4 AktG), die Kapitalherabsetzung bei der vereinfachten Einziehung von Aktien (§ 237 Abs. 4 S. 2 AktG) und die Umstellung auf den Euro (§ 4 Abs. 2 EGAktG).
6. Maßnahmen der Kapitalbeschaffung und der Kapitalherabsetzung;
diese Regelung ist nur deklaratorisch, denn die genannten Maßnahmen stellen immer zugleich auch Satzungsänderungen dar und gehören deshalb schon gem. Ziff. 5 zur Beschlusskompetenz der Hauptversammlung; zu den Kapitalbeschaffungsmaßnahmen und zur Kapitalherabsetzung siehe Kap. 12;

7. die Bestellung von Sonderprüfern;
   diese Maßnahme bezieht sich auf die Prüfung von Vorgängen bei der Gründung und bei der Geschäftsführung und soll klären, ob Umstände vorliegen, die die Erhebung von Ersatzansprüchen der Gesellschaft gegen Gründer und Mitglieder von Vorstand und Aufsichtsrat gebieten; s. dazu Abschn. 9.3.2;
8. die Auflösung der Gesellschaft;
   der mit der erforderlichen Mehrheit gefasste Auflösungsbeschluss ist nach § 262 Abs. 1 Nr. 2 AktG einer der gesetzlichen Gründe für die zur Abwicklung (Liquidation) der Gesellschaft führende Auflösung; s. dazu Kap. 15.

Diese Aufzählung ist nicht abschließend, weitere Beschlusszuständigkeiten werden nachstehend und im jeweiligen Sachzusammenhang dargestellt.

7.1.2 Geschäftsführungsfragen

Die Hauptversammlung kann über Fragen der Geschäftsführung nur dann entscheiden, wenn der Vorstand es verlangt (§ 119 Abs. 2 AktG). Nur der Vorstand kann ein derartiges Verlangen an die Hauptversammlung aussprechen, nicht etwa der Aufsichtsrat. Eine bloße *Erörterung* von Geschäftsführungsfragen im Rahmen der Hauptversammlung kann indessen vom Versammlungsleiter nicht unterbunden werden, wenn sie der Vorbereitung über die Beschlussfassung dient, z. B. zum Tagesordnungspunkt Entlastung. Die Vorlage an die Hauptversammlung gemäß § 119 Abs. 2 AktG kann bei einem mehrköpfigem Vorstand nicht durch ein einzelnes Vorstandsmitglied erfolgen, vielmehr trifft der Vorstand die Entscheidung mit der erforderlichen Stimmenzahl.

Der Vorstand kann die Hauptversammlung nach eigenem Ermessen mit jeder Geschäftsführungsmaßnahme befassen. Er hat dazu einen bestimmten *Antrag* zu formulieren, über den die Hauptversammlung zu entscheiden hat, und er muss der Vorlage die für die Entscheidungsfindung erforderlichen *Informationen* beigeben. Die Hauptversammlung beschließt über die Annahme des Antrags mit einfacher Stimmenmehrheit; die Satzung kann dafür eine höhere Mehrheit anordnen.

Stimmt die Hauptversammlung der Geschäftsführungsmaßnahme zu, so muss der Vorstand sie durchführen (§ 83 Abs. 2 AktG); lehnt die Hauptversammlung sie ab, so hat die Maßnahme zu unterbleiben. Der Vorstand kann nicht die Zuständigkeit nachträglich wieder an sich ziehen und selbst die Entscheidung treffen. Entsteht der Gesellschaft durch die Ausführung des Hauptversammlungsbeschlusses ein Schaden, so ist der Vorstand gegenüber der Gesellschaft gem. § 93 Abs. 4 AktG nicht ersatzpflichtig (s. dazu Abschn. 5.6.1.3).

Der Vorstand kann mit dem Abschluss des fraglichen Vertrages warten, bis die Hauptversammlung die vorherige Zustimmung zu dieser Maßnahme erteilt hat; er kann aber auch, was aus praktischen Gründen näher liegen dürfte, den Vertrag bereits vor Durchführung der Hauptversammlung abschließen, dessen Wirksamkeit aber durch Vereinbarung einer entsprechenden aufschiebenden Bedingung von der Zustimmung durch die Hauptversammlung abhängig machen.

Das *Ermessen* des Vorstandes bei der Entscheidung, ob er gem. § 119 Abs. 2 AktG für eine Geschäftsführungsmaßnahme einen Beschluss der Hauptversammlung verlangt oder nicht, schrumpft auf Null, wenn es um eine gesetzlich nicht geregelte *Strukturentscheidung* von herausragender Bedeutung geht („Holzmüller", „Gelatine", s. dazu Abschn. 5.5.1). Aufgrund seiner Vertretungsmacht ist der Vorstand zwar in der Lage, die Gesellschaft auch bei derartig gravierenden Entscheidungen rechtlich zu binden, er setzt sich aber bei einer falschen Ermessensentscheidung den Schadensersatzansprüchen der Aktionäre aus. In diesen Fällen ist der Vorstand somit verpflichtet, die Zustimmung der Hauptversammlung einzuholen. Der Zustimmungsbeschluss der Hauptversammlung bedarf einer Mehrheit, die mindestens drei Viertel des bei der Beschlussfassung vertretenen Grundkapitals umfasst (BGH, DB 2004, 1200).

Der Vorstand kann die Hauptversammlung ferner mit Geschäftsführungsmaßnahmen befassen, wenn er zur Vornahme bestimmter Rechtsgeschäfte der Zustimmung des Aufsichtsrats gem. § 111 Abs. 4 S. 2 AktG bedarf und der Aufsichtsrat diese verweigert hat. In diesem Fall kann der Vorstand verlangen, dass die Hauptversammlung über die Zustimmung beschließt (§ 111 Abs. 4 S. 3 AktG). Der Zustimmungsbeschluss der Hauptversammlung bedarf einer Mehrheit, die mindestens drei Viertel der abgegebenen Stimmen umfasst (§ 111 Abs. 4 S. 4 AktG).

Bei bestimmten Verträgen kann die Hauptversammlung von sich aus die Initiative zur Vornahme von Geschäftsführungsmaßnahmen ergreifen; insoweit ist der Grundsatz der eigenverantwortlichen Leitung der Gesellschaft durch den Vorstand durchbrochen. Und zwar kann nach § 83 Abs. 1 S. 2 AktG die Hauptversammlung den Vorstand durch einen mit der erforderlichen Mehrheit zu fassenden Beschluss verpflichten, bestimmte Verträge vorzubereiten, nämlich solche, die der Vorstand nur mit Zustimmung der Hauptversammlung schließen kann; s. dazu Abschn. 5.4.4.3

7.1.3 Sonderprüfung; Geltendmachung von Ersatzansprüchen

Schadensersatzansprüche der Aktiengesellschaft gegen Dritte sind aufgrund der Zuständigkeitsverteilung grundsätzlich vom Vorstand geltend zu machen. Richten sich die Ansprüche gegen Vorstandsmitglieder, so handelt der Aufsichtsrat (§ 112 AktG); das gilt insbesondere für die Ansprüche der Gesellschaft aus der Gründungsphase (s. dazu Abschn. 2.8) und aus der Geschäftsführung (s. dazu Abschn. 5.6.1). Richten sich die Ansprüche der Gesellschaft gegen Aufsichtsratsmitglieder, so ist der Vorstand zuständig.

In diesen Fällen sieht der Gesetzgeber aber eine Gefahr der Interessenkollision, deshalb begründet er Zuständigkeiten der Hauptversammlung bzw. von Aktionären für die Geltendmachung von Ersatzansprüchen (§§ 147, 148 AktG) und für die Bestellung von Sonderprüfern (§§ 142 bis 146 AktG), welche oftmals erst die tatsächlichen Grundlagen für Ersatzansprüche aufzuhellen haben. Hervorzuheben ist, dass schon eine Minderheit von Aktionären, deren Anteile zusammen 1 % des Grundkapitals erreichen, die Bestellung von Sonderprüfern und die Geltendmachung von Ersatzansprüchen, ggf. auch durch besondere Vertreter, durchsetzen kann. Bei der Berechnung des Minderheitsanteils am Grundkapital werden Vorzugsaktien mitberücksichtigt. Maßgeblich ist das gesamte Grundkapital, nicht das bei der Hauptversammlung vertretene Grundkapital. Zu den weiteren Rechten der Aktionäre im Zusammenhang mit der Bestellung von Sonderprüfern und der Geltendmachung von Schadensersatzansprüchen innerhalb und außerhalb der Hauptversammlung s. Abschn. 9.3.2.

7.1.4 Weitere Zuständigkeiten

Weitere Zuständigkeiten der Hauptversammlung sind insbesondere:

Nachgründung (§ 52 AktG)
Der Abschluss eines Vertrages, der als Nachgründung gilt, bedarf der Zustimmung der Hauptversammlung. Kommt der Zustimmungsbeschluss nicht zustande, ist der Vertrag unwirksam; zur Nachgründung s. Abschn. 2.9.

Vinkulierte Namensaktien (§ 68 Abs. 2 AktG)
Die Übertragung von vinkulierten Namensaktien bedarf der Zustimmung der Gesellschaft. Grundsätzlich ist der Vorstand dafür zuständig; die Hauptversammlung entscheidet über die Erteilung der Zustimmung, wenn ihr diese Zuständigkeit von der Satzung zugewiesen ist; s. dazu Abschn. 8.2.3. Die Erklärung der Zustimmung oder ihrer Versagung gegenüber den an der Übertragung beteiligten Personen obliegt dem Vorstand.

Vertrauensentzug (§ 84 Abs. 3 S. 2 AktG)
Die Hauptversammlung kann mit einfacher Stimmenmehrheit beschließen, einem Vorstandsmitglied das Vertrauen zu entziehen (s. dazu Abschn. 5.2.3). Der Vertrauensentzug ermöglicht dem Aufsichtsrat den Widerruf der Bestellung aus wichtigem Grund, es sei denn, dass das Vertrauen aus offenbar unsachlichen Gründen entzogen worden ist (s. dazu Abschn. 5.2.3).

Vergleichs- und Verzichtsverträge (§ 93 Abs. 4 S. 3 AktG)
Vergleichs- oder Verzichtsverträge über Ansprüche aus Gründerhaftung sowie über Schadensersatzansprüche gegen Vorstands- und Aufsichtsratsmitglieder und über bestimmte konzernrechtliche Schadensersatzansprüche können erst drei Jahre nach der Entstehung des Anspruches und nur mit Zustimmung der Hauptversammlung geschlossen werden.

Abberufung eines Aufsichtsratsmitglieds (§ 103 Abs. 1 AktG)
Die Hauptversammlung kann die von ihr gewählten Aufsichtsratsmitglieder der Aktionäre vor Ablauf der Amtszeit abberufen (s. dazu Abschn. 6.2).

Aufsichtsratsvergütung (§ 113 AktG)
Die Hauptversammlung bewilligt die Vergütung an die Mitglieder des ersten Aufsichtsrats für ihre Tätigkeit, wobei dieser Beschluss erst in der Hauptversammlung gefasst werden darf, die über die Entlastung der Mitglieder des ersten Aufsichtsrats beschließt. Auch in der Folgezeit ist die Hauptversammlung für die Bewilligung der Vergütung zuständig, wenn diese nicht durch die Satzung festgesetzt ist (s. dazu Abschn. 6.5).

Die Hauptversammlung kann die in der Satzung festgesetzte Vergütung der Aufsichtsratsmitglieder durch eine mit einfacher Stimmenmehrheit zu beschließende Satzungsänderung herabsetzen.

Sonderprüfung (§§ 142 bis 147 AktG)
Die Bestellung von Sonderprüfern und die Geltendmachung von Ersatzansprüchen obliegt grundsätzlich der Hauptversammlung (s. dazu Abschn. 9.3.2).

Feststellung Jahresabschluss (§ 173 Abs. 1 AktG)
Die Hauptversammlung ist für die Feststellung des Jahresabschlusses zuständig, wenn Vorstand und Aufsichtsrat beschlossen haben, die Feststellung der Hauptversammlung zu überlassen, oder wenn der Aufsichtsrat den Jahresabschluss nicht gebilligt hat (s. dazu Abschn. 10.2.2).

Satzungsänderung (§ 179 AktG)
Jede Satzungsänderung bedarf eines Beschlusses der Hauptversammlung, der mit einer Mehrheit zu fassen ist, die mindestens drei Viertel des bei der Beschlussfassung vertretenen Grundkapitals umfasst (s. dazu Abschn. 7.3.6). Die Hauptversammlung kann die Befugnis zu Änderungen der Satzung, die nur deren Fassung betreffen, dem Aufsichtsrat übertragen (§ 179 Abs. 1 S. 2 AktG; s. dazu Abschn. 6.3.2).

Übertragung Gesellschaftsvermögen (§ 179a AktG)
Ein Vertrag, durch den sich eine Aktiengesellschaft zur Übertragung des ganzen Gesellschaftsvermögens verpflichtet, bedarf der Zustimmung der Hauptversammlung, die darüber mit einer Mehrheit entscheidet, die mindestens drei Viertel des bei der Beschlussfassung vertretenen Grundkapitals umfasst, wenn die Satzung dafür nicht eine höhere Kapitalmehrheit bestimmt.

Einziehung von Aktien (§ 237 Abs. 3 AktG)
Über die Einziehung von Aktien im vereinfachten Einziehungsverfahren ohne Herabsetzung des Grundkapitals entscheidet die Hauptversammlung mit einfacher Stimmenmehrheit, s. dazu Abschn. 12.5.3.

Unternehmensverträge; Verschmelzungs- und Spaltungsverträge
Der Abschluss von Unternehmensverträgen sowie von Verschmelzungs- und Spaltungsverträgen bzw. die Aufstellung des Spaltungsplans fallen in die Zuständigkeit des Vorstands; der Vertrag bzw. Plan bedarf zu seiner Wirksamkeit der Zustimmung der Hauptversammlung.

Umwandlungsbeschluss
Der Beschluss über den *Formwechsel* der Gesellschaft in eine andere Rechtsform (Umwandlungsbeschluss; s. dazu Abschn. 13.3) ist von der Hauptversammlung zu fassen.

7.2 Einberufung, Tagesordnung

Die Einberufung der Hauptversammlung und die damit verbundene Ankündigung der Tagesordnung ist in §§ 121 bis 128 AktG geregelt; weitere Vorschriften dazu finden sich an anderen Stellen des Aktiengesetzes.

7.2.1 Einberufung

Die Hauptversammlung wird durch den Vorstand einberufen, der über die Einberufung mit einfacher Mehrheit beschließt (§ 121 Abs. 2 AktG). Der Aufsichtsrat ist dazu nur berechtigt – aber auch verpflichtet –, wenn das Wohl der Gesellschaft es erfordert, § 111 Abs. 3 AktG (s. dazu Abschn. 6.3.2).

Pflicht zur Einberufung
Für den Vorstand besteht Einberufungspflicht in den durch Gesetz oder Satzung bestimmten Fällen sowie dann, wenn das Wohl der Gesellschaft es erfordert (§ 121 Abs. 1 AktG). Die Einberufung aufgrund Satzungsbestimmung kommt insbesondere dann in Betracht, wenn eine Entscheidung zu treffen ist, für die die Hauptversammlung zuständig ist, z. B. die Einholung der Zustimmung der Hauptversammlung zur Übertragung vinkulierter Namensaktien. Eine Einberufung durch den Vorstand ausschließlich zum Wohl der Gesellschaft ist kaum denkbar, dieser Einberufungsgrund ist daher ohne Bedeutung im Wirtschaftsleben.

Zumeist wird die Hauptversammlung deshalb einberufen, weil ein gesetzlicher Grund vorliegt. Insbesondere ist der Vorstand gesetzlich verpflichtet, die *ordentliche Hauptversammlung* jährlich einzuberufen; s. dazu Abschn. 7.2.3. Bei Verlust des hälftigen Grundkapitals hat eine *außerordentliche Hauptversammlung* stattzufinden (§ 92 Abs. 1 AktG; dazu Abschn. 5.5.5.1).

Ferner hat der Vorstand auf Verlangen einer Minderheit von Aktionären, deren Anteile zusammen 5 % des Grundkapitals erreichen, die Hauptversammlung einzuberufen (§ 122 Abs. 1 AktG). Entspricht der Vorstand dem Minderheitsverlangen nicht, so kann das Registergericht die Aktionäre, die das Verlangen gestellt haben, ermächtigen, die Hauptversammlung einzuberufen; zugleich kann das Gericht den Vorsitzenden der Versammlung bestimmen (§ 122 Abs. 3 AktG).

Form, Frist
Sind der Gesellschaft die Aktionäre namentlich bekannt, kann die Einberufung mit eingeschriebenem Brief erfolgen (§ 121 Abs. 4 AktG). Die Satzung kann anderes bestimmen, insbesondere die Übermittlung der Einberufung per Telefax oder E-Mail zulassen. Sind die Aktionäre nicht – alle – bekannt, so ist die Einberufung in den Gesellschaftsblättern bekanntzumachen, also im elektronischen Bundesanzeiger (vgl. Abschn. 3.1.7).

Die Hauptversammlung ist mindestens dreißig Tage vor dem Tag der Versammlung einzuberufen (§ 123 Abs. 1 AktG). Macht die Satzung die Teilnahme an der Hauptversammlung oder die Ausübung des Stimmrechts davon abhängig, dass die Aktionäre sich vor der Versammlung anmelden, so wird die Einberufungsfrist nicht von dem Tag der Versammlung, sondern von dem Tag, bis zu dessen Ablauf sich die Aktionäre vor der Versammlung anzumelden haben, berechnet (§ 123 Abs. 2 AktG). Die Anmeldung muss der Gesellschaft unter der in der Einberufung hierfür mitgeteilten Adresse bis spätestens am siebten Tage vor der Versammlung zugehen, soweit die Satzung keine kürzere Frist vorsieht (§ 123 Abs. 2 AktG); das gilt entsprechend, wenn bei Inhaberaktien die Berechtigung zur Teilnahme an der Hauptversammlung oder zur Ausübung des Stimmrechts gegenüber der Gesellschaft nachzuweisen ist (§ 123 Abs. 3 AktG). Die genaue Berechnung der von dem Tag der Hauptversammlung zurückzurechnenden Fristen ist geregelt in § 123 Abs. 4 AktG.

Inhalt
Der Inhalt der Einberufung ist zwingend vorgeschrieben (§§ 121 Abs. 3, 124 AktG). Bekanntzumachen sind:

- Firma und Sitz der Gesellschaft,
- Zeit und Ort der Hauptversammlung;
  Ort der Hauptversammlung ist regelmäßig der in der Satzung bestimmte Sitz der Gesellschaft (§ 121 Abs. 5 AktG). Die Satzung kann auch einen anderen oder mehrere andere Versammlungsorte bestimmen, auch im Ausland;
- Bedingungen für die Teilnahme und die Ausübung des Stimmrechts;
  gemeint ist eine nach der Satzung etwa bestehende Verpflichtung zur Anmeldung des Aktionärs oder zum Nachweis der Berechtigung bei Inhaberaktien (§ 123 Abs. 2, 3 AktG);
- Tagesordnung (§ 124 Abs. 1 AktG).

Von dem Zeitpunkt der Einberufung an sind bestimmte Unterlagen in dem Geschäftsraum der Gesellschaft und sodann in der Hauptversammlung zur Einsicht der Aktionäre auszulegen; auf Verlangen ist jedem Aktionär eine Abschrift zu erteilen (vgl. § 175 Abs. 2 AktG, § 293g AktG, § 62 Abs. 3 UmwG).

Bestimmte Fehler bei der Einberufung ziehen die Nichtigkeit von Hauptversammlungsbeschlüssen nach sich (§ 241 Nr. 1 AktG); dazu und zur Heilung der Nichtigkeit s. Abschn. 7.7.1.

7.2.2 Bekanntmachung der Tagesordnung

Zu der Bekanntmachung der Tagesordnung und den weiteren Angaben sowie den Mitteilungspflichten trifft das Aktiengesetz eingehende Regelungen.

Beschlussgegenstände
Bei der Einberufung ist nach § 124 Abs. 1 S. 1 AktG die Tagesordnung, das ist die vom Vorstand formulierte Zusammenstellung der Versammlungsgegenstände in der Reihenfolge, wie sie behandelt werden sollen, bekanntzumachen. Sie

enthält auch Beschlussgegenstände, deren Bekanntmachung Aktionäre, deren Anteile 5 % des Grundkapitals oder den anteiligen Betrag von 500.000 Euro erreichen, verlangt haben (§ 122 Abs. 2 AktG); ist das Bekanntmachungsverlangen der Minderheit erst nach Einberufung der Hauptversammlung gestellt worden, genügt es, wenn die Bekanntmachung dieser Beschlussgegenstände erst innerhalb von zehn Tagen nach der Einberufung bekanntgemacht wird (§ 124 Abs. 1 S. 2 AktG). Ein Bekanntmachungsverlangen darf nicht berücksichtigt werden, wenn es erst so spät eingeht, dass die Bekanntmachung nicht mehr innerhalb von zehn Tagen nach der Einberufung möglich ist.

Beschlussvorschläge; Angaben
Zu jedem Gegenstand der Tagesordnung sind von Vorstand und Aufsichtsrat Vorschläge zur Beschlussfassung zu machen. Das gilt nicht, wenn der Gegenstand der Beschlussfassung auf Verlangen einer Minderheit auf die Tagesordnung gesetzt worden ist (§ 124 Abs. 3 AktG). Ausschließlich der Aufsichtsrat hat Beschlussvorschläge zur Wahl von Aufsichtsratsmitgliedern und Prüfern (Abschluss-/Sonderprüfer) zu unterbreiten. Der Vorschlag zur Wahl von Aufsichtsratsmitgliedern oder von Prüfern hat deren Namen, ausgeübten Beruf und Wohnort anzugeben. Sind Aufsichtsratsmitglieder zu wählen, so ist in der Bekanntmachung ferner anzugeben, nach welchen gesetzlichen Vorschriften sich der Aufsichtsrat zusammensetzt und ob die Hauptversammlung an Wahlvorschläge gebunden ist (§ 124 Abs. 2 S. 1, Abs. 3 S. 3 AktG).

Zu allen anderen Tagesordnungspunkte haben Vorstand *und* Aufsichtsrat Beschlussvorschläge zu unterbreiten (§ 124 Abs. 3 S. 1 AktG).

Satzungsänderungen
Steht eine Satzungsänderung auf der Tagesordnung, so ist der *Wortlaut* der vorgeschlagenen Satzungsänderung bekanntzumachen (§ 124 Abs. 2 S. 2 AktG).

Wesentlicher Vertragsinhalt
Soll die Hauptversammlung über einen Vertrag beschließen, der nur mit Zustimmung der Hauptversammlung wirksam wird, so ist der *wesentliche* Inhalt des Vertrags bekanntzumachen (§ 124 Abs. 2 S. 2 AktG); das betrifft insbesondere

Nachgründungsverträge,	§ 52 Abs. 1 AktG,
Geschäftsführungsmaßnahmen,	§§ 119 Abs. 2, 111 Abs. 4 S. 3 AktG,
Unternehmensverträge,	§§ 291 ff. AktG,
Verschmelzungsverträge,	§§ 13, 60 ff. UmwG,
Spaltungs- und Übernahmeverträge,	§§ 125, 13, 60 ff. UmwG,

Verzichts-/Vergleichsverträge:

mit Gründern,	§ 50 AktG,
mit Verwaltungsmitgliedern,	§§ 93 Abs. 4, 116 AktG und
mit beherrschenden Unternehmen,	§§ 309, 317 AktG.

Angaben bei Kapitalerhöhungen
Bei einer Kapitalerhöhung mit Sacheinlagen darf die Hauptversammlung nur beschließen, wenn die Einbringung von Sacheinlagen und der Gegenstand der Sacheinlage, die Person des Einlegers und der Nennbetrag, bei Stückaktien die Zahl der für die Sacheinlage zu gewährenden Aktien, ausdrücklich und ordnungsgemäß bekanntgemacht worden sind (§ 183 Abs. 1 S. 2 AktG). Entsprechendes gilt bei der bedingten Kapitalerhöhung (§ 194 Abs. 1 S. 3 AktG).

Ist Gegenstand der Beschlussfassung auch ein Bezugsrechtsausschluss, so ist dieser ausdrücklich und ordnungsgemäß bekanntzumachen (§ 186 Abs. 4 AktG). Der Bericht des Vorstands über den Bezugsrechtsausschluss ist den Aktionären durch Übersendung auf Anforderung und durch Auslegung in den Geschäftsräumen und in der Hauptversammlung zugänglich zu machen. Er ist seinem wesentlichen Inhalt nach mit der Tagesordnung bekanntzumachen; üblicherweise wird der Bericht vollständig wiedergegeben (zum Bezugsrechtsausschluss s. Abschn. 12.1.2.3).

Angaben beim Ausschluss von Minderheitsaktionären
Bei Einberufung einer Hauptversammlung, die über den Ausschluss von Minderheitsaktionären beschließen soll, hat die Tagesordnung Angaben zu enthalten über Firma und Sitz des Hauptaktionärs, bei natürlichen Personen Namen und Adresse, sowie die vom Hauptaktionär festgelegte Barabfindung (§ 327c Abs. 1 AktG).

Bekanntmachungsfehler
Über Tagungsordnungspunkte, die nicht ordnungsgemäß bekanntgemacht worden sind, dürfen keine Beschlüsse gefasst werden (§ 124 Abs. 4 S. 1 AktG); geschieht das dennoch, so sind diese Beschlüsse anfechtbar.

Mitteilungspflichten
Im Anschluss an die Einberufung hat der Vorstand bestimmte *Mitteilungspflichten* der Gesellschaft zu erfüllen. Nach § 125 AktG hat der Vorstand binnen zwölf Tagen nach der Bekanntmachung der Einberufung der Hauptversammlung den Kreditinstituten, Finanzdienstleistungsinstituten und den Aktionärsvereinigungen, die in der letzten Hauptversammlung das Stimmrecht für Aktionäre ausgeübt oder die die Mitteilung verlangt hatten, die Einberufung der Hauptversammlung und die Bekanntmachung der Tagesordnung mitzuteilen.

Bei börsennotierten Gesellschaften sind darüber hinaus einem Vorschlag zur Wahl von Aufsichtsratsmitgliedern Angaben zu deren Mitgliedschaft in anderen gesetzlich zu bildenden Aufsichtsräten beizufügen, und es sollen Angaben zu ihrer Mitgliedschaft in vergleichbaren in- und ausländischen Kontrollgremien von Wirtschaftsunternehmen beigefügt werden (§ 125 Abs. 1 S. 3 AktG). In der Mitteilung ist auf die Möglichkeiten der Ausübung des Stimmrechts durch einen Bevollmächtigten, auch durch eine Vereinigung von Aktionären, hinzuweisen (s. dazu Abschn. 7.3.3). Jedes Aufsichtsratsmitglied kann verlangen, dass ihm der Vorstand die gleichen Mitteilungen übersendet (§ 125 Abs. 3 AktG).

Die gleiche Mitteilung ist Aktionären zu machen, die es verlangen oder spätestens zwei Wochen vor dem Tage der Hauptversammlung als Aktionär im Aktienregister der Gesellschaft eingetragen sind. Ihnen sind Anträge von Aktionären einschließlich des Namens des Aktionärs, der Begründung und einer etwaigen Stellungnahme der Verwaltung zugänglich zu machen, wenn der Aktionär spätestens zwei Wochen vor dem Tage der Hauptversammlung einen *Gegenantrag* gegen einen Vorschlag von Vorstand und Aufsichtsrat zu einem bestimmten Punkt der Tagesordnung mit Begründung an die in der Einberufung hierfür mitgeteilte Adresse übersandt hat (§ 126 Abs. 1 AktG); das gilt entsprechend bei Vorschlägen von Aktionären zur Wahl von Aufsichtsratsmitgliedern oder von Abschlussprüfern (§ 127 AktG). Verwahrt ein Kreditinstitut für Aktionäre Aktien der Gesellschaft, so hat es die Mitteilungen unverzüglich an sie weiterzuleiten (§ 128 AktG).

Nach Durchführung der Hauptversammlung sind die gefassten Beschlüsse jedem Aufsichtsratsmitglied und jedem Aktionär auf Verlangen mitzuteilen (§ 125 Abs. 4 AktG).

7.2.3 Ordentliche Hauptversammlung

Der Vorstand hat die ordentliche Hauptversammlung jährlich unverzüglich nach Eingang des Aufsichtsratsberichts über die Prüfung des Jahresabschlusses einzuberufen, spätestens in den ersten acht Monaten des Geschäftsjahres. Geschieht das nicht, so ist er hierzu vom Registergericht durch Festsetzung von Zwangsgeld anzuhalten (§ 407 Abs. 1 AktG). Die Tagesordnung der ordentlichen Hauptversammlung umfasst gewöhnlich folgende Punkte (vgl. §§ 175, 118 AktG):

- Vorlage und Erläuterung des festgestellten Jahresabschlusses, des Lageberichts und des Berichts des Aufsichtsrats sowie ggf. des Konzernabschlusses und des Konzernlageberichts für das zurückliegende Geschäftsjahr; die Vorlagen des Vorstands sind vom Vorstand zu erläutern, der dabei auch zu einem Jahresfehlbetrag oder einem Verlust Stellung nehmen soll, welcher das Jahresergebnis wesentlich beeinträchtigt hat (§ 176 Abs. 1 AktG). Der Bericht des Aufsichtsrats ist von dem Aufsichtsratsvorsitzenden zu erläutern;

- Beschlussfassung über die Verwendung des Bilanzgewinns;
  weist der Jahresabschluss einen Bilanzverlust aus, so entfällt dieser Tagesordnungspunkt;
- Beschlussfassung über die Entlastung der Mitglieder des Vorstands und des Aufsichtsrats (s. dazu Abschn. 7.1.1);
- Beschlussfassung über die Wahl der Mitglieder des Aufsichtsrats;
  Wahlen zum Aufsichtsrat finden nur dann statt, wenn ein Amtsinhaber weggefallen ist oder wenn die Amtszeiten von Aufsichtsratsmitgliedern mit dem Ablauf der Hauptversammlung enden;
- Beschlussfassung über die Wahl des Abschlussprüfers;
  diese ist entbehrlich, wenn die Gesellschaft nicht prüfungspflichtig ist und auch keine freiwillige Abschlussprüfung stattfinden soll;
- Beschlussfassung über die Vergütung der Aufsichtsratsmitglieder;
  einer Beschlussfassung bedarf es nicht, wenn die Vergütung der Aufsichtsratsmitglieder in der Satzung festgesetzt ist oder wenn keine Vergütung gewährt werden soll.

7.3 Teilnahme, Stimmrecht, Beschlussfassung

7.3.1 Teilnahme

Zur Teilnahme an der Hauptversammlung sind *alle Aktionäre* berechtigt. Das gilt auch für die Inhaber von stimmrechtslosen Vorzugsaktien (§ 140 Abs. 1 AktG) und von nicht vollständig eingezahlten und deshalb nicht stimmberechtigten Aktien (§ 134 Abs. 2 AktG). Auch der Aktionär, dessen Stimmrecht gem. § 136 Abs. 1 AktG ausgeschlossen ist, weil er entlastet oder von einer Verbindlichkeit zu befreien oder weil gegen ihn Ansprüche der Gesellschaft geltend zu machen sind, hat ein Recht zur Teilnahme. Der Aktionär kann sich durch einen *Bevollmächtigten* vertreten lassen; bei Publikumsgesellschaften ist die Vertretung durch Kreditinstitute (§ 135 AktG) von großer praktischer Bedeutung. Zur Vertretung durch Bevollmächtigte s. Abschn. 7.3.3.

Die Satzung kann die Teilnahme an der Hauptversammlung oder die Ausübung des Stimmrechts davon abhängig machen, dass sich die Aktionäre vor der Versammlung fristgerecht anmelden (§ 123 Abs. 2 AktG). Bei Inhaberaktien kann die Satzung bestimmen, wie die Berechtigung zur Teilnahme an der Hauptversammlung oder zur Ausübung des Stimmrechts nachzuweisen ist (§ 123 Abs. 3 AktG). Durch die Anmeldung wird die Vorbereitung der Hauptversammlung erheblich erleichtert, wenn ein größerer Aktionärskreis besteht und die Zahl der

Teilnehmer ungewiss ist. Fehlt es an der vorgeschriebenen Hinterlegung oder Anmeldung, so darf der betreffende Aktionär an der Hauptversammlung nicht teilnehmen.

Die Mitglieder der *Verwaltung*, also von Vorstand und Aufsichtsrat, sollen an der Hauptversammlung teilnehmen (§ 118 Abs. 2 S. 1 AktG). Bei ihnen scheidet eine Vertretung durch Dritte aus. Kommen sie ihrer Teilnahmepflicht nicht nach, so kann das eine Abberufung aus wichtigem Grund rechtfertigen und Schadenersatzansprüche auslösen. Die Satzung kann bestimmte Fälle vorsehen, in denen die Teilnahme von Mitgliedern des Aufsichtsrats im Wege der Bild- und Tonübertragung erfolgen darf, z. B. bei Auslandsaufenthalt (§ 118 Abs. 2 S. 2 AktG).

Der Abschlussprüfer ist nur dann zur Teilnahme verpflichtet – und berechtigt –, wenn die Feststellung des Jahresabschlusses ausnahmsweise nicht durch Vorstand und Aufsichtsrat, sondern durch die Hauptversammlung erfolgt (§§ 176 Abs. 2, 173 AktG). In der Praxis ist die Teilnahme des Abschlussprüfers aber auch in den anderen Fällen üblich und wegen etwaiger Rückfragen seitens des Vorstandes an ihn sehr sinnvoll. Bei Bank- und Versicherungs-Aktiengesellschaften bestehen spezialgesetzlich geregelte Teilnahmerechte der Aufsichtsbehörden. Bei börsennotierten Gesellschaften kann es in Betracht kommen, dass der Versammlungsleiter die Anwesenheit von Pressevertretern zulässt; zu deren Ausschluss bedarf es eines Hauptversammlungsbeschlusses (Hüffer, Rz. 16 zu § 118 AktG).

7.3.2 Stimmrecht

Nur Stammaktien berechtigen zur Stimmabgabe bei der Beschlussfassung der Hauptversammlung; zu den Ausnahmefällen, in denen auch die Inhaber von Vorzugsaktien ein Stimmrecht haben, s. Abschn. 9.3.2. Das Stimmrecht wird nach Aktiennennbeträgen, bei Stückaktien nach deren Zahl ausgeübt (vgl. § 134 Abs. 1 S. 1 AktG), d. h. grundsätzlich gewährt jede Aktie eine Stimme. Einschränkungen kommen in Betracht, wenn die Einlage auf die Aktie nicht vollständig geleistet ist (§ 134 Abs. 2 AktG) oder wenn bei einer nichtbörsennotierten Aktiengesellschaft die Satzung das Stimmrecht durch Festsetzung eines Höchstbetrags oder von Abstufungen begrenzt (§ 134 Abs. 1 S. 2 AktG).

Außerdem sind die *Stimmrechtsausschlüsse* nach § 136 AktG zu beachten; danach kann niemand für sich oder für einen anderen das Stimmrecht ausüben, wenn darüber Beschluss gefasst wird, ob er zu entlasten oder von einer Verbindlichkeit zu befreien ist, oder ob die Gesellschaft gegen ihn einen Anspruch geltend machen soll. Wer einem Stimmrechtsausschluss unterliegt, darf sich nicht an der Abstimmung beteiligen, auch wenn er sich dabei ausdrücklich der Stimme enthält.

7.3.3 Bevollmächtigte

Die Ausübung des Stimmrechts durch Bevollmächtigte, insbesondere Aktionärsvereinigungen, Kreditinstitute und geschäftsmäßige Stimmrechtsvertreter, ist zulässig (§§ 134 Abs. 3, 135 AktG). Die Gesellschaft kann *Stimmrechtsvertreter* benennen; diese können vom Aktionär bevollmächtigt werden, das Stimmrecht nach seinen – ausdrücklich zu erteilenden – Weisungen auszuüben (§§ 134 Abs. 3 S. 3, 135 Abs. 1 S. 2 AktG). Die Satzung kann den Kreis der zu bevollmächtigenden Personen begrenzen und insbesondere bestimmen, dass der Bevollmächtigte Aktionär der Gesellschaft sein muss.

Die Vollmacht bedarf der Schriftform, wenn die Satzung keine Erleichterung bestimmt. Es ist zweckmäßig, die Textform (§ 126b BGB) zuzulassen, so dass Vollmachten auch per Telefax und E-Mail erteilt werden können. Für Aktien, aus denen der Aktionär wegen eines Stimmrechtsausschlusses nach § 136 AktG das Stimmrecht nicht selbst ausüben darf, kann das Stimmrecht auch nicht durch eine von ihm bevollmächtigte Person wahrgenommen werden; ebenso wenig darf der Betroffene seinerseits als Bevollmächtigter eines anderen Aktionärs an der Abstimmung teilnehmen.

7.3.4 Organisatorische Gestaltung; Versammlungsleitung

Der Ablauf der Hauptversammlung richtet sich nach den Vorgaben des Aktiengesetzes und der Satzung sowie gegebenenfalls einer Geschäftsordnung, die die Hauptversammlung sich selbst gegeben hat (§ 129 Abs. 1 S. 1 AktG).

Versammlungsleiter
Der Versammlungsleiter gestaltet die Hauptversammlung unter Beachtung der Satzung und der gesetzlichen Vorschriften sowie ggf. einer Geschäftsordnung. Zum Versammlungsleiter bestimmt die Satzung üblicherweise den Aufsichtsratsvorsitzenden. Fehlt eine solche Regelung, so muss die Hauptversammlung sich einen Leiter wählen; nicht gewählt werden können Vorstandsmitglieder und der beurkundende Notar. Auch die Vollversammlung (Abschn. 7.5) bedarf eines Versammlungsleiters, nicht aber die Hauptversammlung der Einmann-Aktiengesellschaft, da die in dessen Zuständigkeit fallende Aufstellung des Teilnehmerverzeichnisses und Feststellung über die Beschlussfassung bei der Einmann-Aktiengesellschaft entbehrlich sind (vgl. Münchener Kommentar-Kubis, Rz. 100 zu § 119 AktG; Rz. 15 zu § 129 AktG; Rz. 58 zu § 130 AktG).

Teilnehmerverzeichnis
Der Versammlungsleiter vergewissert sich, dass das nach § 129 Abs. 1 AktG erforderliche Teilnehmerverzeichnis aufgestellt ist. In das Verzeichnis sind die erschienenen Aktionäre sowie die vertretenen Aktionäre und ihre Vertreter aufzunehmen, und zwar sowohl Stammaktionäre als auch nicht stimmberechtigte Vorzugsaktionäre. Anzugeben sind Namen und Wohnort und der Umfang der gehaltenen oder vertretenen Aktien sowie ihre Gattung. Bei Nennbetragsaktien ist der Gesamtbetrag der Aktien anzugeben, bei Stückaktien deren Zahl. Machen der Aktionär oder sein Vertreter keine oder falsche Angaben, so stellt das eine Ordnungswidrigkeit dar (§ 405 Abs. 2 AktG). Das Teilnehmerverzeichnis erleichtert die Feststellung des Abstimmungsergebnisses und ermöglicht die Beurteilung von Stimmrechtsausschlüssen. Das Teilnehmerverzeichnis ist vor der ersten Abstimmung allen Teilnehmern zugänglich zu machen; jedem Aktionär ist auf Verlangen bis zu zwei Jahre nach der Hauptversammlung Einsicht in das Teilnehmerverzeichnis zu gewähren (§ 129 Abs. 4 AktG). Wird es unter Verletzung von § 129 AktG nicht oder nicht ordnungsgemäß geführt, so kann dies die Anfechtbarkeit (§ 243 AktG) der gefassten Beschlüsse begründen und Schadensersatzansprüche auslösen. Bei der Einmann-Aktiengesellschaft ist das Teilnehmerverzeichnis entbehrlich.

Auslegung
Der Versammlungsleiter kontrolliert, dass der Vorstand seiner Pflicht zur Auslegung der der Hauptversammlung vorzulegenden Unterlagen im Versammlungsraum nachgekommen ist; zu den Auslegungspflichten s. Abschn. 7.2.1.

Geschäftsordnung
Die Satzung kann Regeln für die Vorbereitung und Durchführung der Hauptversammlung aufstellen. Bei Fehlen solcher Regelungen bzw. zu ihrer Ergänzung kann die Hauptversammlung sich mit einer Mehrheit, die mindestens drei Viertel des bei der Beschlussfassung vertretenen Grundkapitals umfasst, eine Geschäftsordnung geben (§ 129 Abs. 1 S. 1 AktG).

Teilnahmerecht
Der Versammlungsleiter vergewissert sich, dass nur teilnahmeberechtigte Personen anwesend sind; zum Teilnahmerecht s. Abschn. 7.3.1.

Übertragung in Ton und Bild
Die Satzung oder die Geschäftsordnung kann bestimmen, dass die Hauptversammlung in Ton und Bild übertragen werden darf (§ 118 Abs. 3 AktG). Damit wird eine rechtliche Grundlage für die Übertragung im Firmen-TV, in Spartenkanälen und vor allem im Internet geschaffen. Dabei kann ein einzelner Aktionär der Aufzeichnung seines Redebeitrags nicht widersprechen.

Durchführung
Der Versammlungsleiter eröffnet und schließt die Hauptversammlung, und er ordnet eine etwa gebotene Unterbrechung an. Nach der Eröffnung und Begrüßung der Teilnehmer stellt er die anwesenden Verwaltungsmitglieder und ggf. den beurkundenden Notar und den Abschlussprüfer vor. Sodann wird die Ordnungsmäßigkeit der Einberufung festgestellt. Im Anschluss daran ist die *Tagesordnung* zu behandeln. Aufgabe des Versammlungsleiters ist dafür zu sorgen, dass diese ordnungsgemäß und innerhalb angemessener Zeit erledigt wird. Der Versammlungsleiter gibt den Aktionären Gelegenheit, zu jedem Tagesordnungspunkt Fragen und Anträge zu stellen und leitet die Beschlussfassung. Dabei lässt er gegebenenfalls in den Fällen des § 120 Abs. 1 S. 2 AktG über die Entlastung eines einzelnen Mitglieds gesondert abstimmen, und bei Wahlvorschlägen von Aktionären lässt er bei Vorliegen eines entsprechenden Antrags zuerst über die Wahlvorschläge von Aktionären abstimmen (§ 137 AktG; s. dazu Abschn. 9.3.2.1). Er ist für die Aufrechterhaltung der Ordnung zuständig. Dazu gehört die generelle Festlegung der Redezeit der einzelnen Aktionäre. Gegen Störungen seitens einzelner Aktionäre kann er einschreiten und äußerstenfalls den Störer aus der Versammlung verweisen.

7.3.5 Auskunftserteilung

Das Recht des Aktionärs auf Auskunft ist geregelt in § 131 AktG. Danach ist jedem Aktionär auf Verlangen in der Hauptversammlung Auskunft über Angelegenheiten der Gesellschaft zu geben, soweit sie zur sachgemäßen Beurteilung des Gegenstands der Tagesordnung erforderlich ist. Die Fragestellung hat ebenso wie die Auskunftserteilung vor der Beschlussfassung über den betreffenden Tagesordnungspunkt zu erfolgen.

Die vom Vorstand zu erteilende Auskunft hat den Grundsätzen einer gewissenhaften und getreuen Rechenschaft zu entsprechen, d. h. sie muss vollständig und sachlich zutreffend sein; ein vorsätzlicher Verstoß des Vorstandes dagegen kann nach § 400 Abs. 1 Nr. 1 AktG strafrechtliche Konsequenzen haben. Mit Hilfe des Auskunftsrechts verschaffen die Aktionäre sich insbesondere die zur sachgerechten Ausübung ihres Stimmrechts benötigten Informationen. Hintergrund des Auskunftsrechts ist aber auch das den Aktionären nach § 245 AktG zustehende Recht zur Anfechtung von Hauptversammlungsbeschlüssen, und deshalb steht das Auskunftsrecht allen Aktionären zu, also auch den Inhabern von stimmrechtlosen Vorzugsaktien.

Der Vorstand darf gem. § 131 Abs. 3 AktG die Auskunft *verweigern*,

1. soweit die Erteilung der Auskunft nach vernünftiger kaufmännischer Beurteilung geeignet ist, der Gesellschaft oder einem verbundenen Unternehmen einen nicht unerheblichen Nachteil zuzufügen;
2. soweit sie sich auf steuerliche Wertansätze oder die Höhe einzelner Steuern bezieht;
3. über den Unterschied zwischen dem Betrag, mit dem Gegenstände in der Jahresbilanz angesetzt worden sind, und einem höheren Wert dieser Gegenstände, es sei denn, dass die Hauptversammlung den Jahresabschluss gem. § 173 Abs. 1 AktG feststellt;
4. über die Bilanzierungs- und Bewertungsmethoden, soweit die Angabe dieser Methoden im Anhang ausreicht, um ein den tatsächlichen Verhältnissen entsprechendes Bild der Vermögens-, Finanz- und Ertragslage der Gesellschaft im Sinne des § 264 Abs. 2 HGB zu vermitteln; dies gilt nicht, wenn die Hauptversammlung den Jahresabschluss feststellt;
5. soweit sich der Vorstand durch die Erteilung der Auskunft strafbar machen würde;
6. wenn es sich um bestimmte Angaben bei Kreditinstituten handelt;
7. soweit die Auskunft auf der Internet-Seite der Gesellschaft über mindestens sieben Tage vor Beginn und in der Hauptversammlung durchgängig zugänglich ist.

Aus anderen Gründen darf die Auskunft nicht verweigert werden. Ist einem Aktionär in *dieser* Eigenschaft, also nicht deshalb, weil er z. B. Verwaltungsmitglied ist, eine Auskunft *außerhalb der Hauptversammlung* gegeben worden, so ist sie jedem anderen Aktionär auf dessen Verlangen in der Hauptversammlung ebenfalls zu erteilen, auch wenn sie zur sachgemäßen Beurteilung des Gegenstands der Tagesordnung nicht erforderlich ist. In diesem Fall darf der Vorstand nicht die Auskunft aus den vorstehend unter Ziffer 1 bis 4 genannten Gründen verweigern (§ 131 Abs. 4 AktG).

Wird einem Aktionär eine *Auskunft verweigert*, so kann er verlangen, dass seine Frage und der Grund, aus dem die Auskunft verweigert worden ist, in die Niederschrift über die Verhandlung aufgenommen werden (§ 131 Abs. 5 AktG). Verweigert der Vorstand die Auskunft, so kann der Aktionär ein *Auskunftserzwingungsverfahren* gem. § 132 AktG einleiten. Im Rahmen dieses Verfahrens entscheidet auf Antrag des Aktionärs das zuständige Landgericht darüber, ob der Vorstand die Auskunft geben muss. Den Antrag kann jeder Aktionär, dem die verlangte Auskunft nicht gegeben worden ist, und, wenn über den Gegenstand der Tagesordnung, auf den sich die Auskunft bezog, Beschluss gefasst worden ist, jeder in der Hauptversammlung erschienene Aktionär, der in der

Hauptversammlung gegen diesen Beschluss Widerspruch zur Niederschrift erklärt hatte, stellen. Der Antrag ist binnen zwei Wochen nach der Hauptversammlung zu stellen, in der die Auskunft abgelehnt worden ist (§ 132 Abs. 2 AktG). Auf die nach der gerichtlichen Entscheidung zu erteilende Auskunft muss der Antragsteller nicht bis zur nächsten Hauptversammlung warten, vielmehr ist diese Auskunft unverzüglich auch außerhalb der Hauptversammlung zu erteilen (§ 132 Abs. 4 AktG).

Der Aktionär kann bei Auskunftsverweigerung aber auch zusätzlich oder alternativ *Anfechtungsklage* gegen den ergangenen Beschluss erheben, sofern die verweigerte Auskunft den Beschlussgegenstand betraf. Wegen unrichtiger, unvollständiger oder verweigerter Erteilung von Informationen kann allerdings nur angefochten werden, wenn ein objektiv urteilender Aktionär die Erteilung der Information als wesentliche Voraussetzung für die sachgerechte Wahrnehmung seiner Teilnahme- und Mitgliedschaftsrechte angesehen hätte (§ 243 Abs. 4 S. 1 AktG); zur Anfechtungsklage s. Abschn. 7.7.2.

7.3.6 Beschlussfassung

Das Herzstück einer Hauptversammlung ist die Ausübung des Stimmrechts bei der Beschlussfassung.

Stimmenmehrheit
Hauptversammlungsbeschlüsse bedürfen der *Mehrheit* der abgegebenen Stimmen (einfache Stimmenmehrheit), soweit nicht Gesetz oder Satzung eine größere Mehrheit oder weitere Erfordernisse bestimmen (§ 133 Abs. 1 AktG). Die einfache Stimmenmehrheit ist erreicht, wenn die Zahl der gültigen Ja-Stimmen die der gültigen Nein-Stimmen um wenigstens eine übertrifft. Stimmenthaltungen und ungültige Stimmen werden dabei nicht mitgezählt. Einer Mehrheit, die mindestens drei Viertel der abgegebenen Stimmen umfasst, bedürfen nach dem Gesetz die

- Abberufung von Aufsichtsratsmitgliedern vor Ablauf der Amtszeit, § 103 Abs. 1 AktG;
  die Satzung kann eine andere, auch eine kleinere Mehrheit und weitere Erfordernisse bestimmen (s. Abschn. 6.2 „Abberufung“);
- Zustimmung zu Geschäftsführungsmaßnahmen, § 111 Abs. 4 S. 4 AktG;
  die Satzung kann weder eine andere Mehrheit noch weitere Erfordernisse bestimmen.

Darüber hinaus kann auch die Satzung für alle oder für bestimmte Hauptversammlungsbeschlüsse eine größere Mehrheit bestimmen bis hin zur Einstimmigkeit, soweit nicht das Gesetz ausdrücklich die einfache Stimmenmehrheit verlangt, wie z. B. in § 142 Abs. 1 AktG für die Bestellung eines Sonderprüfers (s. dazu Abschn. 9.3.2.1).

Für Wahlen kann die Satzung andere Bestimmungen treffen (§ 133 Abs. 2 AktG), insbesondere die relative Mehrheit genügen lassen oder die Entscheidung durch das Los bei Stimmengleichheit vorsehen.

Der Zustimmung aller, auch der nicht zu der Hauptversammlung erschienenen Aktionäre bedarf die Änderung des Zwecks der Gesellschaft (§ 33 Abs. 1 S. 2 BGB; s. dazu Abschn. 3.1.2) und der Formwechsel der Aktiengesellschaft in eine Personengesellschaft (§ 233 Abs. 1 UmwG).

Weitere Erfordernisse
Das Zustandekommen von Beschlüssen kann von weiteren Erfordernissen abhängig sein. Weitere Erfordernisse aus dem Gesetz sind insbesondere das Bestehen einer Mehrheit, die mindestens drei Viertel des bei der Beschlussfassung *vertretenen Grundkapitals* umfasst, z. B. für

- Nachgründung, § 52 Abs. 5 AktG,
- Satzungsänderung, § 179 Abs. 1 AktG;
  die Satzung kann eine kleinere Kapitalmehrheit, insbesondere die einfache Mehrheit, bestimmen, nicht aber für die Änderung des Unternehmensgegenstands (§ 179 Abs. 2 S. 2 AktG).
  In einigen Fällen sieht das Gesetz von weiteren Erfordernissen ab und ordnet an, dass die einfache Stimmenmehrheit für die Änderung der Satzung ausreicht, s. dazu Abschn. 7.1.1 Ziff. 5;
- Übertragung des ganzen Gesellschaftsvermögens, § 179a AktG,
- Kapitalerhöhungsmaßnahmen, §§ 182 Abs. 1, 193 Abs. 1, 202 Abs. 2 AktG;
  für die reguläre Kapitalerhöhung und die Kapitalerhöhung aus Gesellschaftsmitteln kann die Satzung eine kleine Kapitalmehrheit, insbesondere die einfache Mehrheit, bestimmen;
- Ausgabe von Schuldverschreibungen und Genussrechten, § 221 AktG,
- Kapitalherabsetzung und Einziehung von Aktien, §§ 222, 229, 237 AktG,
- Auflösungsbeschluss, §§ 262 Abs. 1 Nr. 2 AktG,
- Abschluss und Änderung von Unternehmensverträgen, §§ 293, 295 AktG,
- Eingliederung in eine andere Aktiengesellschaft, §§ 319, 320 AktG,
- Zustimmungsbeschlüsse zu Verschmelzung, Spaltung und Vermögensübertragung (§§ 65, 125 UmwG),
- Umwandlungsbeschluss bei Formwechsel der Aktiengesellschaft in eine andere Kapitalgesellschaft (§ 240 UmwG).

Die praktische Bedeutung der Unterscheidung zwischen Stimmenmehrheit und Kapitalmehrheit ist gering, in der Regel stimmen diese überein. Sie können auseinander fallen, wenn Höchststimmrechte bestehen oder Einlagen nicht vollständig geleistet sind. Der Sinn dieses Erfordernisses liegt darin, dass für bestimmte Beschlüsse das Gewicht der Kapitalbeteiligung auch im Falle von Stimmrechtsbeschränkungen ausschlaggebend sein soll (Geßler/Hefermehl, Rz. 72 f. zu § 179 AktG).

Weitere gesetzliche Erfordernisse sind z. B., dass etwa vorgeschriebene Sonderbeschlüsse (§ 138 AktG) gefasst werden oder dass bei der Einführung einer Vinkulierung der Aktien (§ 180 Abs. 2 AktG) die betroffenen Aktionäre zustimmen.

Weitere Erfordernisse für Hauptversammlungsbeschlüsse können sich aus der Satzung ergeben. Die Satzung kann eine Mindestteilnahme (Mindestpräsenz) vorschreiben, bei deren Nichterreichen die Hauptversammlung *beschlussunfähig* ist. Die Satzung kann auch die nach den gesetzlichen Vorschriften erforderliche Kapitalmehrheit *verschärfen* bis hin zum gesamten vertretenen oder vorhandenen Grundkapital.

Satzungsbestimmungen zur Kapitalmehrheit
Die Satzung kann für bestimmte Hauptversammlungsbeschlüsse, für die das Gesetz eine Mehrheit verlangt, die mindestens drei Viertel des bei der Beschlussfassung vertretenen Grundkapitals umfasst, eine *kleinere* Kapitalmehrheit anordnen, und zwar für

- Satzungsänderungen (Ausnahme: Unternehmensgegenstand), § 179 Abs. 2 AktG,
- reguläre Kapitalerhöhung, § 182 Abs. 1 AktG,
- Kapitalerhöhung aus Gesellschaftsmitteln, § 207 Abs. 2 AktG.

Beteiligungsquote und Einflussmöglichkeiten
Die Einflussmöglichkeit eines Aktionärs steigt mit der Zahl der Stimmen bzw. der Höhe der Kapitalbeteiligung. Folgende Stufen sind von praktischer Bedeutung, wobei hinsichtlich der nachstehenden Beispiele hier nicht unterschieden wird zwischen Stimmenmehrheit und Kapitalbeteiligung und im Übrigen unterstellt wird, dass sämtliche Aktionäre sich an der Abstimmung beteiligen:

100 %	Änderung des Gesellschaftszwecks (§ 33 Abs. 1 S. 2 BGB),
95 %	Ausschluss von Minderheitsaktionären (§ 327a AktG),
75 %	erforderliche Mehrheit für Satzungsänderung (§ 179 AktG),
50 % + 1 Aktie	Mehrheitsbeschlüsse der Hauptversammlung (§ 133 AktG),

50 %	Verhinderung eines Mehrheitsbeschlusses,
25 % + 1Aktie	Verhinderung einer Satzungsänderung (§ 179 Abs. 2 AktG),
10 %	Antrag auf Bestellung besonderer Vertretern (§ 147 AktG),
10 %	Kleinbeteiligtenprivileg bei einer Beteiligung von nicht mehr als 10 % (§ 39 Abs. 5 InsO),
5 % + 1 Aktie	Verhinderung eines Ausschlusses (§ 327a AktG),
5 %	Einberufung der Hauptversammlung und Ergänzung der Tagesordnung (§ 122 AktG),
1 %	Antrag auf Bestellung von Sonderprüfern (§ 142 AktG),
1 Aktie	Teilnahme an der Hauptversammlung und Auskunftsrecht Verhinderung der Änderung des Gesellschaftszwecks.

Abstimmung, Beschlussfeststellung
Es steht im Ermessen des Versammlungsleiters, ob er nach jedem einzelnen Tagesordnungspunkt abstimmen lässt oder ob die Abstimmung für einzelne oder alle Punkte nach Erledigung der Tagesordnung gebündelt durchgeführt wird. Auch bei gebündelter, „konzentrativer" Abstimmung wird über die Beschlusspunkte einzeln abgestimmt, wobei dies aber unmittelbar hintereinander geschieht. Die Feststellung über das Ergebnis der Beschlussfassung trifft der Versammlungsleiter. Bei der Einmann-Aktiengesellschaft bedarf es der Beschlussfeststellung nicht, es genügt die Erklärung des Aktionärs und dessen Aufnahme in die Niederschrift (Münchener Kommentar-Kubis, Rz. 58 zu § 130 AktG). Beabsichtigt ein Aktionär die Anfechtung eines von der Hauptversammlung gefassten Beschlusses, so muss er vor Schließung der Hauptversammlung gegen den Beschluss Widerspruch zur Niederschrift erklären (s. dazu Abschn. 7.7.2).

7.4 Niederschrift

Der Verlauf der Hauptversammlung ist nach § 130 AktG in einer Niederschrift zu dokumentieren. Bei börsennotierten Gesellschaften bedarf es generell der Beurkundung durch eine notariell aufgenommenen Niederschrift (§ 130 Abs. 1 S. 1 AktG).

Bei nichtbörsennotierten besteht Beurkundungspflicht nur dann, wenn Beschlüsse gefasst werden, für die das Gesetz eine Dreiviertel- oder größere Mehrheit des bei der Beschlussfassung vertretenen *Grundkapitals* verlangt, also insbesondere Satzungsänderungen, Kapitalerhöhungen, Umwandlung (§ 130 Abs. 1 S. 3 AktG). Zur Verdeutlichung: die Beurkundungspflicht besteht nicht bei Beschlüssen, die mit einfacher Mehrheit oder Dreiviertelmehrheit der abgegebenen *Stimmen* zu fassen sind, z. B. Abwahl eines Aufsichtsratsmitglieds (§ 103 Abs. 1 S. 2 AktG), Zustimmung zu Geschäftsführungsmaßnahmen

(§ 111 Abs. 4 S. 4). Bedarf es der notariellen Beurkundung nicht, so reicht eine vom Vorsitzenden des Aufsichtsrats zu unterzeichnende Niederschrift aus.

Nehmen der Aufsichtsratsvorsitzende und sein Stellvertreter nicht an der Hauptversammlung teil, insbesondere im Falle einer Vollversammlung und werden keine beurkundungspflichtigen Beschlüsse gefasst, so hat der aus der Mitte der Aktionäre zu wählende Versammlungsleiter die Niederschrift zu unterzeichnen (vgl. Hüffer, Rz. 14e zu § 130 AktG); die Befugnis des mit dem Aufsichtsratsvorsitzenden nicht identischen Versammlungsleiters zur Unterzeichnung der Niederschrift ist in der aktienrechtlichen Literatur streitig und gerichtlich noch nicht entschieden, deshalb empfiehlt es sich, die Niederschrift vom Aufsichtsratsvorsitzenden vorsorglich zur Vermeidung der Nichtigkeit nach § 241 Nr. 2 AktG gegenzeichnen zu lassen (vgl. Happ, S. 1342).

In der Niederschrift sind der Ort und der Tag der Hauptversammlung, ggf. der Name des Notars, und die Art und das Ergebnis der Abstimmung und die Feststellung des Vorsitzenden über die Beschlussfassung anzugeben (§ 130 Abs. 2 AktG). Bei der Einmann-Aktiengesellschaft entfallen die Angaben zur Abstimmung und zur Feststellung des Vorsitzenden über die Beschlussfassung (vgl. Münchener Kommentar-Kubis, Rz. 58 zu § 130 AktG). In die Niederschrift aufzunehmen sind neben sämtlichen Beschlüssen auch bestimmte Anträge von Minderheitsaktionären in der Hauptversammlung, bei Auskunftsverweigerung auch Frage und Verweigerungsgrund, wenn der Aktionär es verlangt (§ 131 Abs. 5 AktG), ferner die Erhebung von Widerspruch von Aktionären und Aktionärsminderheiten. Hat der Notar die Hauptversammlung beurkundet, so ist die Niederschrift von ihm zu unterschreiben (§ 130 Abs. 4 AktG). Der Niederschrift sind die Nachweise über die Einberufung als Anlage beizufügen. Der Vorstand hat unverzüglich nach der Hauptversammlung eine öffentlich beglaubigte, bei Niederschrift durch den Vorsitzenden bzw. durch den Versammlungsleiter eine von diesem unterzeichnete Abschrift des Protokolls und der Anlagen zum Handelsregister einzureichen.

Die Nichtbeachtung der gesetzlichen Vorschriften über die Niederschrift der Hauptversammlung hat gravierende Konsequenzen. Nach § 241 Nr. 2 AktG sind Hauptversammlungsbeschlüsse *nichtig*, d. h. auch ohne Anfechtungsklage eines Aktionärs unwirksam, wenn sie unter Verstoß gegen § 130 Abs. 1 AktG nicht oder unzureichend oder nicht notariell dokumentiert sind. Dieselben Konsequenzen hat das Fehlen der Angaben gem. § 130 Abs. 2 AktG und die fehlende Unterschrift des Notars im Falle der notariell aufgenommene Niederschrift.

7.5 Vollversammlung

Eine *Vollversammlung* (auch: Universalversammlung) der Aktionäre kann Beschlüsse auch dann fassen, wenn die Vorschriften der §§ 121 bis 128 AktG über die Einberufung der Hauptversammlung nicht eingehalten sind, sofern kein Aktionär der Beschlussfassung widerspricht (§ 121 Abs. 6 AktG). Dabei kann sich jeder Aktionär vorbehalten, der Beschlussfassung nicht zu allen, sondern nur zu einzelnen der angesetzten Tagesordnungspunkte zuzustimmen. Voraussetzung ist, dass sämtliche Aktionäre zu dieser Hauptversammlung erschienen oder durch Bevollmächtigte vertreten sind, auch die Inhaber stimmrechtsloser Vorzugsaktien.

Sind der Aufsichtsratsvorsitzende oder sein satzungsmäßiger Stellvertreter bei der Hauptversammlung nicht zugegen, so wählen die Aktionäre aus ihrer Mitte einen Versammlungsleiter, der dann auch gemäß § 130 Abs. 5 AktG die Niederschrift zu unterzeichnen hat, wenn keine notarielle Beurkundung erforderlich ist. Es ist dringend zu empfehlen, die vollständige Anwesenheit aller Aktionäre und den fehlenden Widerspruch in die Niederschrift der Hauptversammlung aufzunehmen. Eine Beschlussfassung im schriftlichen Verfahren ist nicht zulässig; wird aber ein Aktionär von allen anderen Aktionären bevollmächtigt oder lassen sich sämtliche Aktionäre durch einen einzigen Bevollmächtigten vertreten, so kommt das allerdings in seiner Wirkung dem schriftlichen Umlaufverfahren recht nahe.

Der alleinige Aktionär einer Einmann-AG bildet stets eine Vollversammlung. Bei der Hauptversammlung der *Einmann-Aktiengesellschaft* bedarf es der Beschlussfeststellung und eines Teilnehmerverzeichnisses nicht, die Mitwirkung eines Versammlungsleiters ist daher entbehrlich.

7.6 Sonderbeschlüsse; Gesonderte Versammlung

Nach § 138 AktG sind die durch das Aktiengesetz oder die Satzung vorgeschriebenen Sonderbeschlüsse gewisser Aktionäre entweder in einer gesonderten Abstimmung oder – z. B. bei Ausgabe weiterer Vorzugsaktien – in einer gesonderten Versammlung (§ 141 Abs. 3 S. 1 AktG) dieser Aktionäre zu fassen. Dabei gelten die gesetzlichen Vorschriften über die Hauptversammlung für die Einberufung, die Teilnahme, das Auskunftsrecht und die Beschlüsse sinngemäß. Die Regelung des § 138 AktG findet insbesondere Anwendung bei Bestehen mehrerer Aktiengattungen, etwa wenn Vorzugsaktien neben Stammaktien ausgegeben sind (z. B. bei Beschlussfassung über die Ausgabe weiterer Vorzugsaktien) oder bei Vorhandensein außenstehender Aktionäre bei Unternehmensverträgen.

7.7 Fehlerhafte Beschlüsse

Beschlüsse der Hauptversammlung können in den vom Aktiengesetz genannten Fällen nichtig oder anfechtbar sein. Ein *nichtiger* Beschluss ist und bleibt unwirksam, sofern keine Heilung (§ 242 AktG) eintritt. Ein *anfechtbarer* Beschluss wird nur dann unwirksam, wenn nach Anfechtungsklage eines Aktionärs das Gericht den betreffenden Beschluss für nichtig erklärt.

7.7.1 Nichtige Beschlüsse

Nur besonders schwere, gesetzlich abschließend aufgeführte Fehler führen zur Nichtigkeit. Ein Beschluss der Hauptversammlung ist nach § 241 AktG insbesondere dann nichtig, wenn er

1. in einer Hauptversammlung gefasst worden ist, die unter Verstoß gegen § 121 Abs. 2 und 3 oder 4 einberufen war (dazu Abschn. 7.2.1);
   in Betracht kommt insbesondere die Einberufung durch eine nicht dazu berechtigte Person, die Einberufung unter Verstoß gegen § 121 Abs. 2 S. 1 AktG und das Übergehen eines Aktionärs bei Einberufung mit eingeschriebenem Brief. Fehler bei der Einberufung sind unerheblich, wenn alle Aktionäre erschienen oder vertreten sind und keiner von ihnen der Beschlussfassung widerspricht (Vollversammlung). Alle oder einzelne Aktionäre können auch von vornherein auf die Beachtung von Einberufungsformalien verzichten. Ist ein Hauptversammlungsbeschluss bei brieflicher Ladung oder Ladung in einer anderen von der Satzung zugelassenen Form wegen Verstoßes gegen § 121 Abs. 4 AktG nichtig, so kann die Nichtigkeit nicht mehr geltend gemacht werden, wenn der fehlerhaft oder gar nicht geladene Aktionär den von der Hauptversammlung gefassten Beschluss genehmigt (§ 242 Abs. 2 S. 4 AktG);
2. nicht nach § 130 Abs. 1, 2 und 4 beurkundet ist (dazu Abschn. 7.4);
   die Nichtigkeit kann nicht mehr geltend gemacht werden, wenn der Beschluss in das Handelsregister eingetragen worden ist (§ 242 Abs. 1 AktG);
3. mit dem Wesen der Aktiengesellschaft nicht zu vereinbaren ist oder durch seinen Inhalt Vorschriften verletzt, die ausschließlich oder überwiegend zum Schutze der Gläubiger der Gesellschaft oder sonst im öffentlichen Interesse gegeben sind;
   diese Vorschrift spielt in der Praxis keine große Rolle;
4. durch seinen Inhalt gegen die guten Sitten verstößt;
5. auf Anfechtungsklage (§ 246 AktG) durch Urteil rechtskräftig für nichtig erklärt worden ist;

6. aufgrund rechtskräftiger Entscheidung vom Gericht als nichtig gelöscht worden (§ 398 FamFG).

Ist ein Hauptversammlungsbeschluss nach Ziffer 1, 3 oder 4 nichtig, so kann die Nichtigkeit nicht mehr geltend gemacht werden, wenn der Beschluss in das Handelsregister eingetragen worden ist und seitdem drei Jahre verstrichen sind (§ 242 Abs. 2 S. 1 AktG).

Das Aktiengesetz enthält Spezialtatbestände über die *Nichtigkeit* von Hauptversammlungsbeschlüssen zur Wahl von Aufsichtsratsmitgliedern (§ 250 AktG; dazu Abschn. 7.2), zur Verwendung des Bilanzgewinns (§ 253 AktG) und zum Jahresabschluss (§ 256 AktG; dazu Abschn. 10.5).

7.7.2 Anfechtbare Beschlüsse

Ein Beschluss der Hauptversammlung ist *anfechtbar*, wenn eine Verletzung des Gesetzes oder der Satzung vorliegt oder wenn ein Aktionär mit der Ausübung des Stimmrechts für sich oder einen Dritten Sondervorteile zum Schaden der Gesellschaft oder der anderen Aktionäre zu erlangen suchte und der Beschluss geeignet ist, diesem Zweck zu dienen (§ 243 Abs. 1, 2 AktG). Ist ein Beschluss bereits gem. § 241 AktG als nichtig zu werten, so kommt es auf die Anfechtbarkeit nicht mehr an. Die Anfechtbarkeit ist bei Verletzung jedweder gesetzlichen Vorschrift, nicht nur des Aktiengesetzes, gegeben. In Betracht kommen Verfahrensfehler und inhaltliche Fehler.

Die Anfechtung kann nicht gestützt werden auf eine Verletzung des § 128 AktG (Weitergabe von Mitteilungen durch Kreditinstitute und Vereinigungen von Aktionären an Aktionäre) und auf Gründe, die ein Verfahren nach § 318 Abs. 3 HGB rechtfertigen (gerichtliche Bestellung eines anderen Abschlussprüfers), vgl. § 243 Abs. 3 AktG.

Die in der Verletzung gesetzlicher Vorschriften oder von Satzungsbestimmungen liegenden *Verfahrensfehler* beim Zustandekommen von Beschlüssen müssen einen Einfluss auf das Ergebnis der Beschlussfassung gehabt haben. Man kann folgende Fallgruppen unterscheiden (Hüffer, Rz. 14 ff. zu § 243 AktG):

- Vorbereitungs- und Durchführungsmängel;
  Vorbereitungsmängel sind Verstöße gegen Vorschriften über die Einberufung und die Bekanntgabe der Tagesordnung. Ein Durchführungsmangel ist der Eingriff in das Teilnahmerecht des Aktionärs;
- Verletzung von Auskunfts- und Informationspflichten;
  die unberechtigte Auskunftsverweigerung und die Verletzung anderer Infor-

mationspflichten sind aber nur erheblich, wenn ein objektiv urteilender Aktionär die Erteilung der Information als wesentliche Voraussetzung für die sachgerechte Wahrnehmung seiner Teilnahme- und Mitgliedschaftsrechte angesehen hätte. Informationspflichtverletzungen über Kompensationen sind unerheblich, wenn eine Klärung im Spruchverfahren erfolgen kann (§ 243 Abs. 4 AktG);

- fehlerhafte Feststellung des Abstimmungsergebnisses;
  dazu kann es kommen etwa bei der Nichtbeachtung von Stimmverboten (§ 136 AktG) oder bei der Zurückweisung von Bevollmächtigten.

Ein *Inhaltsfehler* liegt vor, wenn die durch den Hauptversammlungsbeschluss getroffene Regelung selbst mit ihrem Inhalt gesetzes- oder satzungswidrig ist. Zu denken ist an einen Verstoß gegen das Gebot der *Gleichbehandlung* aller Aktionäre nach § 53a AktG oder gegen die gesellschaftsrechtliche *Treuepflicht* in den Ausprägungen, die sie durch die umfangreiche Rechtsprechung zum Anfechtungsrecht gefunden hat (zur materiellen Beschlusskontrolle siehe Hüffer, Rz. 21 ff. zu § 243 AktG).

Die Anfechtung eines Hauptversammlungsbeschlusses kann nicht mehr geltend gemacht werden, wenn die Hauptversammlung den anfechtbaren Beschluss durch einen neuen Beschluss bestätigt hat (§ 244 AktG). Nichtige Beschlüsse können nicht bestätigt werden. Mit der Bestätigung wird erklärt, dass die Hauptversammlung ihren ersten Beschluss trotz seiner Mängel als verbindliche Regelung der betreffenden Angelegenheit aufrechterhalten will. Die Bestätigung ist nur bei Verfahrensfehlern sinnvoll, denn bei Inhaltsfehlern wäre der Bestätigungsbeschluss ebenso anfechtbar wie der erste Beschluss. Sofern bei der Bestätigung der bei dem ersten Beschluss begangene Fehler vermieden wird, tritt die Wirksamkeit des Beschlusses mit Ablauf der Anfechtungsfrist von einem Monat ein. Die Bestätigung ist vor allem dann angebracht, wenn eine Neuvornahme des anfechtbaren Beschlusses zu vermeiden ist, etwa bei Kapitalerhöhungsbeschlüssen wegen des Risikos einer doppelten Kapitalerhöhung (vgl. Hüffer, Rz. 1, 2 zu § 244 AktG).

Besondere Tatbestände bestehen für die Anfechtung der Wahl von Aufsichtsratsmitgliedern (§ 251 AktG; dazu Abschn. 6.2 „Fehlerhaftigkeit der Wahl"), des Beschlusses über die Verwendung des Bilanzgewinns (§ 254 AktG), eines Kapitalerhöhungsbeschlusses (§ 255 AktG) und der Feststellung des Jahresabschlusses durch die Hauptversammlung (§ 257 AktG; dazu Abschn. 10.2.2).

Die Anfechtung erfolgt durch Erhebung einer gegen die Gesellschaft zu richtende *Anfechtungsklage* beim Landgericht – Kammer für Handelssachen – innerhalb eines Monats ab Beschlussfassung (§ 246 AktG). Zur Anfechtung befugt ist nach § 245 AktG

1. jeder in der Hauptversammlung erschienene Aktionär, der die Aktien schon vor der Bekanntmachung der Tagesordnung hielt, wenn er gegen den Beschluss *Widerspruch* zur Niederschrift erklärt hat;
   es reicht nicht aus, dass der Aktionär gegen den Beschluss gestimmt hat, er muss vielmehr hinreichend deutlich erklären, dass er gegen die Rechtmäßigkeit des Beschlusses Bedenken hat und deshalb gerichtliche Schritte in Erwägung zieht. Er muss die Protokollierung nicht ausdrücklich beantragen, doch sollte er seinen Widerspruch so deutlich machen, dass dem Notar bzw. dem Protokollführer der Widerspruch nicht entgeht. Anfechtungsberechtigt sind auch Vorzugsaktionäre;
2. jeder in der Hauptversammlung nicht erschienene Aktionär, wenn er zu der Hauptversammlung zu Unrecht nicht zugelassen worden ist oder die Versammlung nicht ordnungsgemäß einberufen oder der Gegenstand der Beschlussfassung nicht ordnungsgemäß bekanntgemacht worden ist;
3. jeder Aktionär, der die Aktien schon vor der Bekanntmachung der Tagesordnung erworben hatte, wenn ein Fall des § 243 Abs. 2 AktG vorliegt, also ein Aktionär mit der Ausübung des Stimmrechts für sich oder einen Dritten Sondervorteile zu erlangen suchte;
4. der Vorstand;
   dazu muss der Vorstand, wenn er aus mehreren Personen besteht, einen Beschluss mit der nach Satzung oder Geschäftsordnung notwendigen Mehrheit fassen;
5. jedes Mitglied des Vorstands oder Aufsichtsrats, wenn durch die Ausführung des Beschlusses Mitglieder des Vorstands oder des Aufsichtsrats eine strafbare Handlung oder eine Ordnungswidrigkeit begehen oder wenn sie ersatzpflichtig würden.

Der Vorstand hat die Erhebung der Klage und den Termin zur mündlichen Verhandlung unverzüglich im elektronischen Bundesanzeiger bekanntzumachen (§ 246 Abs. 4 AktG); geschieht dies nicht, so ist der Vorstand hierzu vom Registergericht durch Festsetzung von Zwangsgeld anzuhalten (§ 407 Abs. 1 AktG).

Richtet sich die Anfechtungsklage gegen einen Beschluss über eine Maßnahme der Kapitalbeschaffung, der Kapitalherabsetzung oder einen Unternehmensvertrag, so kann das Prozessgericht auf Antrag der Gesellschaft durch Beschluss feststellen, dass die Klageerhebung der Eintragung des Beschlusses in das Handelsregister nicht entgegensteht und Mängel des Hauptversammlungsbeschlusses die Wirkung der Eintragung unberührt lassen (*Freigabeverfahren*, § 246a

AktG). Voraussetzung dafür ist, dass die Klage unzulässig oder offensichtlich unbegründet ist oder wenn das alsbaldige Wirksamwerden des Hauptversammlungsbeschlusses nach freier Überzeugung des Gerichts unter Berücksichtigung der Schwere der mit der Klage geltend gemachten Rechtsverletzungen zur Abwendung der vom Antragsteller dargelegten wesentlichen Nachteile für die Gesellschaft und ihre Aktionäre vorrangig erscheint (§ 246a Abs. 2 AktG).

Gibt das Gericht der Anfechtungsklage statt, so wird der angegriffene Beschluss gem. § 241 Nr. 5 AktG nichtig. Die Urteilswirkung tritt nicht nur für die Parteien des Anfechtungsprozesses ein, also den klagenden Aktionär und die beklagte Aktiengesellschaft, sondern für alle Aktionäre sowie sämtliche Verwaltungsmitglieder. Der Vorstand hat das Urteil unverzüglich zum Handelsregister einzureichen. War der Beschluss in das Handelsregister eingetragen, so ist auch das Urteil einzutragen. Bei börsennotierten Gesellschaften ist die Beendigung des Anfechtungsprozesses im elektronischen Bundesanzeiger bekanntzumachen (§ 248a AktG).

8 Aktie

Die Mitgliedschaft des Aktionärs an der Aktiengesellschaft wird durch den Erwerb einer Aktie begründet und durch den Verlust aller Aktien beendet. Die Aktie bündelt die die Mitgliedschaft des Aktionärs ausmachenden Rechte und Pflichten zu einem eigenständigen und übertragbaren Vermögensgegenstand. Der Begriff der Aktie wird insbesondere verwandt, wenn es um die Übertragung der Rechtsposition des Aktionärs und um den Maßstab für die betragsmäßige Bemessung der Rechte und Pflichten im Verhältnis der Aktionäre zueinander geht (vgl. § 1 Abs. 2 AktG). Die Beteiligungsquote eines Aktionärs ergibt sich aus der Relation zwischen dem Nennwert seiner Aktien und dem Betrag des Grundkapitals bzw. zwischen der Zahl seiner Stückaktien und der Gesamtzahl der begebenen Stückaktien.

Der Begriff der Mitgliedschaft bezeichnet die Gesamtheit der Rechte und Pflichten des Aktionärs. In diesem Kap. 8 geht es vor allem um die Aktie als rechtliche Verkörperung der Aktionärsstellung, im nachfolgenden Kap. 9 um die Mitgliedschaft im Allgemeinen

8.1 Rechtliche Merkmale

Aktien unterscheiden sich nach

- der Art der Übertragung (Inhaber- oder Namensaktien),
- Gattungen (Stamm- oder Vorzugsaktien),
- der Form (Stückaktien oder Nennbetragsaktien).

Die Bestimmungen darüber sind in der Satzung der Aktiengesellschaft zu treffen, wobei die Gründer die verschiedenen Merkmale teilweise nach ihren Vorstellungen kombinieren können.

8.1.1 Inhaberaktie/Namensaktie

Nach § 10 Abs. 1 AktG können Aktien auf den Inhaber oder auf Namen lauten. Ob die Gesellschaft Inhaberaktien oder Namensaktien oder aber beide Arten von Aktien nebeneinander ausgibt, ist bei der Gründung in der Satzung zu bestimmen (§ 23 Abs. 3 Nr. 5 AktG). Nach der Eintragung der Gesellschaft in das Handelsregister kann diese Bestimmung durch Satzungsänderung gem.

§ 179 AktG geändert werden (s. dazu Abschn. 7.1.1). Inhaber- und Namensaktien unterscheiden sich durch die Art ihrer *Übertragung*. Vor der Eintragung der Aktiengesellschaft in das Handelsregister können Aktien nicht übertragen werden (§ 41 Abs. 4 AktG); jegliche Änderungen hinsichtlich der Person der Gründer und ihres Beteiligungsumfangs sind im Gründungsstadium nur aufgrund einer Änderung der Gründungsurkunde (§ 23 Abs. 2 AktG) mit Zustimmung aller Gründer möglich.

8.1.2 Stammaktie/Vorzugsaktie

Der nach § 53a AktG geltende Grundsatz der Gleichbehandlung der Aktionäre kann durch entsprechende Satzungsbestimmungen durchbrochen werden. Insbesondere kann die Satzung bei der Verteilung des Gewinns sowie des nach der Abwicklung der Gesellschaft verbleibenden Vermögens (§ 271 Abs. 2 AktG) unterschiedliche Rechte gewähren, wobei Aktien mit gleichen Rechten eine *Gattung* bilden (§ 11 AktG). Bestehen mehrere Gattungen, so sind das in der Praxis zumeist Stammaktien und Vorzugsaktien. Die mit allen Rechten ausgestatteten Aktien werden als Stammaktien bezeichnet. Der Inhaber der Vorzugsaktie genießt gegenüber dem Stammaktionär Priorität bei der *Dividendenzahlung*, denn bei der Ausschüttung werden erst die Vorzugsaktien mit der in der Satzung festgelegten Vorzugsdividende bedient. Ist der Bilanzgewinn dadurch verbraucht, so gehen die Stammaktionäre leer aus. Die Satzung kann bestimmen, dass an Vorzugsaktionäre höhere Dividenden als an Stammaktionäre gezahlt werden (z. B. BMW AG: Die Vorzugsaktionäre erhielten eine Mehrdividende von 0,02 Euro je Aktie für 2007).

Diese Bevorzugung wird mit dem Nachteil erkauft, dass Vorzugsaktien üblicherweise kein *Stimmrecht* gewähren (§§ 12 Abs. 1, 139 Abs. 1 AktG). Das fehlende Stimmrecht betrifft nur Hauptversammlungsbeschlüsse. Auch Vorzugsaktien berechtigen dazu, Anträge zu stellen, Wahlvorschläge zu machen oder Minderheitenrechte auszuüben (vgl. Hüffer, Rz. 3 zu § 140 AktG). Voraussetzung für die Zulässigkeit des Stimmrechtsausschlusses ist, dass die Aktien mit einem nachzuzahlenden Vorzug bei der Verteilung des Gewinns ausgestattet sind. Der Vorzug entspricht üblicherweise einem festen Prozentsatz in Höhe von 4 bis 6 % des anteiligen Betrags des Grundkapitals bzw. des Aktiennennbetrags. Fällt die Vorzugsdividende aus und wird sie auch im nächsten Jahr nicht komplett neben dem vollen Vorzug dieses Jahres nachgezahlt, so lebt das Stimmrecht bis zur vollständigen Begleichung der rückständigen Vorzugsbeträge auf (§ 140 Abs. 2 AktG). Die Mehrdividende gehört nicht zum nachzuzahlenden Vorzug.

Die Vorzugsaktien dürfen nicht mehr als die Hälfte des gesamten Grundkapitals ausmachen (§ 139 Abs. 2 AktG). Vorzugs- und Stammaktien können gleichermaßen als Inhaber- oder Namensaktien ausgegeben werden und umgekehrt. Wegen des fehlenden Stimmrechtes werden Vorzugsaktien an der Börse oft zu einem niedrigeren Kurs als Stammaktien gehandelt.

8.1.3 Stückaktie/Nennbetragsaktie

Die Vorschrift des § 8 Abs. 1 AktG trifft eine Regelung zur *Form* der Aktien, welche entweder als Stückaktien oder als Nennbetragsaktien begründet werden können. Bis zum Inkrafttreten des Stückaktiengesetzes im Jahre 1998 waren ausschließlich *Nennbetragsaktien* möglich, d. h. Aktien, die auf einen bestimmten Nennbetrag lauten. Der Mindestnennbetrag belief sich bis 1965 auf DM 100, dann bis 1994 auf DM 50, seitdem auf 1 Euro, wobei es nach oben keine Grenzen gibt. Die Aktien müssen auch nicht alle auf den gleichen Betrag lauten. Zwingend ist nur, dass der Nennbetrag auf volle Euro lautet.

Bei *Stückaktien* fehlt eine Betragsangabe. Die Aktie selbst lässt nicht erkennen, welchen Bruchteil am Grundkapital sie verkörpert. Der Anteil einer Aktie an der Gesellschaft lässt sich nur mit Hilfe der Satzung, die die Zahl der ausgegebenen Aktien angibt (§ 8 Abs. 4 AktG), rechnerisch ermitteln. Bestehen z. B. für eine Aktiengesellschaft mit einem Grundkapital von 1 Mio. Euro insgesamt 200.000 Stückaktien, so hat der Inhaber von 150.000 Aktien eine für Satzungsänderungen ausreichende Beteiligungsquote von 75 %. Wird das Kapital erhöht durch Ausgabe neuer Aktien, so mindert sich die Beteiligungsquote, wenn der Altaktionär keine neuen Aktien übernimmt. Die Stückaktie selbst wird dadurch nicht berührt, da sie die Beteiligungsquote nicht angibt. Wird also im obigen Beispiel das Grundkapital erhöht auf 2 Mio. Euro, so errechnet sich für die 150.000 Aktien nur noch eine Beteiligungsquote von 37,5 %.

Der auf die einzelne Stückaktie entfallende anteilige Betrag des Grundkapitals darf einen Euro nicht unterschreiten (§ 8 Abs. 3 AktG). Eine Aktiengesellschaft mit einem Grundkapital von 50.000 Euro kann weniger als 50.000 Aktien ausgeben; sie darf aber nicht Aktien in einer Zahl, die den Betrag des Grundkapitals übersteigt, ausgeben, denn dann würde der anteilige Betrag des Grundkapitals den Betrag von einem Euro unterschreiten. Würden also beispielsweise 80.000 Stückaktien bei einem Grundkapital von 50.000 Euro ausgegeben, so beliefe sich der anteilige Betrag des Grundkapitals je Aktie auf lediglich 0,625 Euro, und das ist nicht gewollt.

Die Stückaktie hat gegenüber der Nennbetragsaktie den Vorteil, dass bei einer Kapitalerhöhung aus Gesellschaftsmitteln (dazu Abschn. 12.4) das Grundkapital auch ohne Ausgabe neuer Aktien erhöht werden kann, vgl. § 207 Abs. 2 AktG, ferner, dass eine Kapitalherabsetzung bei der Stückaktie keine Anpassungsnotwendigkeit auslöst, vgl. § 222 Abs. 4 S. 1 AktG. Bei der Teilung von Stückaktien (Aktiensplit oder Neustückelung) ist im Hinblick auf die dadurch neu entstehenden Aktien nicht die Vorschrift des § 8 Abs. 2 S. 4 AktG anwendbar, wonach Aktiennennbeträge auf volle Euro lauten müssen. Schließlich kann die Einziehung von Stückaktien ohne Kapitalherabsetzung erfolgen (§ 237 Abs. 3 Nr. 3 AktG).

8.1.4 Verbriefung

Für alle Aktien gilt, dass die Verbriefung, also die Ausgabe von Aktienurkunden, nicht zwingend notwendig ist; mittlerweile ist sie zur Ausnahme geworden. Die die Mitgliedschaft verkörpernde Urkunde wird ebenfalls als Aktie bezeichnet.

Nach dem Aktiengesetz 1965 hatte der Aktionär einen Anspruch auf Ausstellung einer Urkunde für jede einzelne von ihm gehaltene Aktie. So waren bei einem Grundkapital von DM 100.000 und einer Stückelung von DM 100 nach früherem Recht demnach 1.000 Urkunden auszustellen – so entschieden vom Amtsgericht Köln auf die Klage eines Aktionärs im Jahre 1993 (AG Köln, WM 1993, 2010). Seit der Aktienrechtsderegulierung 1994 konnte die *Einzelverbriefung* durch eine entsprechende Satzungsbestimmung ausgeschlossen oder eingeschränkt werden, also zum Beispiel von der Übernahme der dadurch entstehenden Kosten durch den Aktionär abhängig gemacht werden. Der Verbriefungsanspruch als solcher konnte aber durch die Satzung nicht gänzlich entzogen werden, der Inhaber einer Mehrzahl von Aktien hatte daher immer zumindest einen Anspruch auf Erteilung einer *Globalaktie*, also einer Urkunde, die die von ihm gehaltenen Aktien zusammenfasst. Durch § 10 Abs. 5 AktG in der Neufassung durch das Gesetz zur Kontrolle und Transparenz im Unternehmensbereich (KonTraG) vom 27. April 1998 wurde die Möglichkeit eröffnet, die Verbriefung durch eine entsprechende Satzungsbestimmung gänzlich auszuschließen. Hintergrund dieser Gesetzesänderung war die Umstellung auf den Euro. Die Kosten für Umstempelung oder Neudruck und Umtausch der Aktienurkunden sollten vermieden werden. Dazu kommt, dass Aktienurkunden seit langem an Bedeutung verlieren, der Aktienhandel wird heutzutage nicht mehr mit effektiven Stücken durchgeführt.

Die *Aktienurkunde* bedarf keiner besonderen Ausstattung, sie kann auch mit der Schreibmaschine ausgestellt werden. Die nach § 13 AktG erforderliche Unterzeichnung der Aktie geschieht durch den Vorstand entsprechend der Vertretungsregelung (§ 78 AktG). Die Unterzeichnung muss nicht eigenhändig erfolgen, die Vervielfältigung der Unterschrift reicht aus. Durch Satzungsbestimmung oder aufgrund eines Hauptversammlungsbeschlusses können weitere Erfordernisse begründet werden, z. B. die zusätzliche Unterschrift durch ein Aufsichtsratsmitglied (§ 13 S. 2 AktG). Für zum Börsenhandel zugelassene Aktien ist eine besondere Druckausstattung zwingend erforderlich, die insbesondere die Fälschungssicherheit gewährleistet (§ 8 Börsenzulassungs-Verordnung). Auch bei Ausschließung des Verbriefungsanspruchs ist die Gesellschaft verpflichtet, zumindest eine Globalurkunde über sämtliche ausgegebenen Aktien auszustellen (vgl. Hüffer, Rz. 3 zu § 10 AktG). Eine derartige Globalurkunde ist nach § 9a des Depotgesetzes einer Wertpapiersammelbank zur Verwahrung zu übergeben, wenn nicht alle Aktionäre gem. § 2 des Depotgesetzes die gesonderte Aufbewahrung verlangen. Die Bundesanstalt für Finanzdienstleistungsaufsicht sieht es dabei als zulässig an, dass bei einer kleinen Aktiengesellschaft, das sind nach der Rechtsauffassung des Aufsichtsamts Gesellschaften mit weniger als 500 Arbeitnehmern, eine Globalaktie für bis zu 100 Aktionäre vom Vorstand verwahrt wird, wenn die Aktionäre das ausdrücklich verlangen; davon wird in der Praxis regelmäßig Gebrauch gemacht (Schreiben BAKred vom 15. November 2001).

8.2 Übertragung

Aktien können an Mitaktionäre, an die Aktiengesellschaft selbst und an Dritte übertragen werden, ferner können sie verpfändet (§ 1273 BGB) oder zum Gegenstand eines Nießbrauchs (§ 1068 BGB) gemacht werden. Die Art der Übertragung richtet sich danach, ob sie Inhaber- oder Namensaktien zum Gegenstand hat.

8.2.1 Inhaberaktie

Ist die auf den Inhaber lautende Aktie wertpapiermäßig als Urkunde *verbrieft,* so kann sie wie eine bewegliche Sache durch schlichte Einigung und Übergabe der Urkunde an einen Dritten weiterübertragen werden (vgl. § 929 BGB). Wer Eigentum an der die Aktie verkörpernden Urkunde erwirbt, der ist Aktionär, also Gesellschafter der Aktiengesellschaft. Die besondere praktische Bedeutung liegt darin, dass auf diese Weise auch ein gutgläubiger Erwerb vom Nichtberechtigten gem. § 932 BGB vollzogen werden kann. Der gute Glaube knüpft an die Tatsache, dass der Veräußerer die Aktienurkunde besitzt; vergleiche dazu die Regelung des § 16 Abs. 3 GmbHG, wonach die Eintragung des Veräußerers in der Gesellschafterliste die Grundlage für den gutgläubigen Erwerb eines Geschäftsanteils durch einen Dritten sein kann.

Daneben kommt auch die *Abtretung* des als Aktie bezeichneten Mitgliedschaftsrechts gem. §§ 398, 413 BGB in Betracht. Die Abtretung bedarf keiner besonderen Form, insbesondere nicht der notariellen Beurkundung. Im Interesse der Rechtssicherheit sollte aber unbedingt die Schriftform gewählt werden (s. auch § 403 BGB). Ist die Aktie verbrieft, so erwirbt der Erwerber durch die Abtretung auch das Eigentum an der die Mitgliedschaft verkörpernden Aktienurkunde (§ 952 BGB). Ist die zu übertragende Aktie zusammen mit Aktien, die anderen Aktionären zustehen, in einer Globalaktie verbrieft, so wird der Abtretungsempfänger Miteigentümer der Globalaktie; befindet sich die Globalaktie in Besitz eines Dritten, so geht der dem Übertragenden anteilig zustehende Herausgabeanspruch auf den Erwerber über.

Bei *unverbrieften* Inhaberaktien ist die Übertragung der Aktionärsstellung ausschließlich im Wege der Abtretung gem. §§ 398, 413 BGB möglich.

Zum Vergleich und zur Verdeutlichung: die Anteile an einer GmbH oder KG können ausschließlich im Wege der Abtretung übertragen werden, wobei die Abtretung bei der GmbH der notariellen Beurkundung bedarf.

8.2.2 Namensaktie

Das Gegenstück zur Inhaberaktie ist die Namensaktie. Ob Inhaber- oder Namensaktien oder beide Arten von Aktien ausgegeben werden, steht im Ermessen der Gründer, es sei denn, die Aktien werden zunächst nur teilweise eingezahlt, dann *muss* die Aktie auf den Namen lauten (§ 10 Abs. 2 AktG).

Bei der Übertragung von Namensaktien ist zu unterscheiden zwischen verbrieften und nicht verbrieften Aktien. Während *unverbriefte* Namensaktien genauso wie unverbriefte Inhaberaktien nur durch Abtretung gem. §§ 398, 413 BGB übertragbar sind, können v*erbriefte* Aktien auf zwei unterschiedlichen Wegen übertragen werden:

- mittels Abtretung (§§ 398, 413 BGB) des durch die Aktie verbrieften Rechts; siehe dazu oben die Ausführungen zur Abtretung von Inhaberaktien;
- durch Indossament (§ 68 Abs. 1 AktG). Dabei wird die Aktienurkunde übergeben und zudem auf der Aktie oder einem mit der Aktie verbundenen Anhang ein Indossament angebracht, d. h. der Übertragende muss auf der Aktie bzw. dem Anhang zumindest unterschreiben (§ 68 Abs. 1 AktG i. V. m. Art. 12, 13 WG).

8.2.3 Vinkulierte Namensaktie

Aufgrund der Satzung kann die Aktie vinkuliert, d. h. ihre Übertragung an die Zustimmung der Gesellschaft gebunden werden (§ 68 Abs. 2 AktG). Die meisten kleinen Aktiengesellschaften haben vinkulierte Namensaktien. Die Ausgabe vinkulierter Namensaktien ist sinnvoll, wenn es Gründe gibt, den Zugang zum Aktionärskreis zu kontrollieren.

Beispiele:

- bei nicht voll eingezahlten Aktien, wo es auf die Zahlungsfähigkeit des Aktionärs ankommt;
- bei der Freiberufler-Aktiengesellschaft, wo bestimmte Qualifikationen gesetzlich vorgeschrieben sind;
- bei der Familien-Aktiengesellschaft, bei der keine Aktien an Familienfremde gelangen sollen.

Das Zustimmungserfordernis (*Vinkulierung*) umfasst nicht nur den Verkauf von Aktien, sondern auch andere Arten von Übertragungen, wie z. B. Übertragung vom Treuhänder an den Treugeber bei Bestehen einer Volltreuhand, Sicherungsabtretung, Schenkung, Erfüllung eines Vermächtnisses, ferner Verfügungen wie Bestellung eines Nießbrauchs oder eines Pfandrechts an den Aktien; die Begründung einer Unterbeteiligung an dem Anteil bedarf nicht der Zustimmung. Die Satzung kann bestimmen, dass Übertragungen an Mitaktionäre oder an Abkömmlinge nicht zustimmungsbedürftig sind.

Die Zustimmung zur Übertragung vinkulierter Aktien erteilt der Vorstand. Die Satzung kann aber anordnen, dass der Aufsichtsrat oder die Hauptversammlung über die Erteilung der Zustimmung entscheidet (§ 68 Abs. 2 S. 3 AktG); die Erklärung der Zustimmung oder Nichtzustimmung des Vorstands ist wirksam, auch wenn Aufsichtsrat oder Hauptversammlung anders entschieden haben. Die Satzung kann die Gründe bestimmen, aus denen die Zustimmung verweigert werden kann. Soweit die Satzung keine Vorgaben macht, ist die Entscheidung über die Zustimmung nach pflichtgemäßem Ermessen – unter Abwägung der Interessen der Gesellschaft und der des übertragungswilligen Aktionärs und unter Beachtung des Gleichbehandlungsgebots (§ 53a AktG) – zu treffen (vgl. BGH NJW 1987, 1019 f.). Bei Versagung der Zustimmung muss der betreffende Aktionär auf Dauer gegen seinen Willen in der Gesellschaft verbleiben; ist dies von vornherein nicht gewollt, so kann gerade für den Fall der Nichtzustimmung durch eine entsprechende Satzungsklausel eine Zwangseinziehung der Aktien nach § 237 AktG angeordnet werden mit der Folge, dass der übertragungswillige Aktionär – gegen Zahlung eines Einziehungsentgelts – aus der

Aktiengesellschaft ausscheidet (zur angeordneten Zwangseinziehung s. Abschn. 12.5.3).

Aktionäre können auch durch Abschluss einer entsprechenden Vereinbarung untereinander außerhalb der Satzung (Aktionärsvereinbarung; s. dazu Abschn. 3.3) die Veräußerbarkeit ihrer Aktien an Dritte einschränken bzw. regeln. Sofern die anderen Aktionäre aufgrund einer derartigen Vereinbarung bereit sind, ihrerseits die Aktien des veräußerungswilligen Aktionärs anzukaufen, wird die Versagung der Zustimmung zur Übertragung der zur Veräußerung an einen Dritten anstehenden Aktien in der Regel einer rechtlichen Überprüfung standhalten.

8.2.4 Aktienregister

Das Aktienregister enthält die gesetzlich vorgeschriebenen Angaben über die Inhaber von Namensaktien der Gesellschaft. Bei großen Gesellschaften handelt es sich dabei um eine elektronisch geführte Datenbank, bei kleineren Gesellschaften sind die Führung einer Kartei, sonstige Aufzeichnungen sowie die geordnete Belegablage zulässig und ausreichend.

Inhalt der Eintragung; Mitteilungspflicht
Namensaktien sind unter Angabe des Namens, Geburtsdatums und der Adresse des Inhabers sowie der Stückzahl oder der Aktiennummer und bei Nennbetragsaktien des Betrags in das Aktienregister der Gesellschaft einzutragen; der (wahre) Inhaber ist verpflichtet, diese Angaben der Gesellschaft mitzuteilen (§ 67 Abs. 1 AktG).

Die Beachtung der Mitteilungspflicht wird dadurch gesichert, dass nach § 67 Abs. 2 S. 2 AktG Stimmrechte aus eingetragenen Aktien dann nicht bestehen, wenn sie eine nach Abs. 1 S. 3 AktG bestimmte satzungsmäßige Höchstgrenze überschreiten oder hinsichtlich derer eine satzungsmäßige Pflicht zur Offenlegung, dass die Aktien einem anderen gehören, nicht erfüllt wird. Des Weiteren ordnet Abs. 4 S. 2 an, dass die Gesellschaft von dem Eingetragenen verlangen kann mitzuteilen, ob die Aktien ihm selbst gehören und wenn nicht, die Angaben zu den Inhabern mitzuteilen; durch Abs. 4 S. 3 wird die Auskunftspflicht auf den wahren Inhaber erstreckt. Wird die Mitteilung nicht oder nicht richtig gemacht, stellt dies eine Ordnungswidrigkeit dar (§ 405 Abs. 2a AktG).

Will ein Erwerber seine Beteiligung an der Aktiengesellschaft nicht offen legen, so kann er einen Treuhänder einschalten. Zur Treuhandschaft s. Abschn. 8.5. Wer von dem erwerbenden Aktionär ermächtigt wird, sich als Legitimations-Aktionär in das Aktienregister eintragen zu lassen, gilt gem. § 67 Abs. 2 S. 1

AktG im Verhältnis zur Gesellschaft als Aktionär. Die Satzung kann dazu Bestimmungen treffen; denkbar wäre z. B. eine Regelung, nach der Eintragungen als Legitimations-Aktionär ab einer bestimmten Schwelle nicht mehr zulässig sind.

Löschung und Neueintragung
Erwirbt jemand eine Namensaktie, so hat er dies gemäß § 67 Abs. 3 AktG der Aktiengesellschaft mitzuteilen und nachzuweisen. Unterlässt der Erwerber die Mitteilung, so gilt gemäß § 67 Abs. 2 AktG der Gesellschaft gegenüber weiterhin der eingetragene Veräußerer als Berechtigter mit der Folge, dass der Erwerber die mitgliedschaftlichen Rechte nicht ausüben kann, zum Beispiel auf Zahlung von Dividende oder Teilnahme an der Hauptversammlung. Diese Regelung ist praktisch bedeutsam insbesondere bei der kleinen Aktiengesellschaft, wo der Vorstand sich bei der brieflichen Einberufung der Hauptversammlung gem. § 121 Abs. 4 AktG an die Eintragungen im Aktienregister zu halten hat.

Auskunft aus dem Aktienregister
Der Aktionär kann von der Gesellschaft Auskunft über die zu seiner Person in das Aktienregister eingetragenen Daten verlangen; bei nichtbörsennotierten Gesellschaften kann die Satzung weiteres bestimmen, insbesondere, dass auf Verlangen jedem Aktionär Einsicht in das Aktienregister auch im Hinblick auf die Eintragungen für die anderen Namensaktionäre zu gewähren ist (§ 67 Abs. 6 S. 2 AktG).

8.3 Erwerb vom Nichtberechtigten

Normalerweise erwirbt der Käufer die Aktien von dem berechtigten Inhaber. Die Berechtigung lässt sich aber nicht immer mit letzter Gewissheit feststellen, deshalb ist die Art der Übertragung bedeutsam. Erfolgt die Übertragung von Namens- oder Inhaberaktien durch Abtretung, so ist der Erwerb nur wirksam, wenn der Übertragende Inhaber der Aktien ist. Stehen die Aktien dem Übertragenden nicht zu, ist die Abtretung unwirksam und der Abtretungsempfänger erwirbt die Aktien nicht.

Wird das Eigentum an einer wertpapiermäßig verbrieften Namens- oder Inhaberaktie durch Einigung und Übergabe der Urkunde übertragen, so wird der Erwerber auch dann Eigentümer, wenn die Urkunde nicht dem Veräußerer gehört, es sei denn, dass er nicht in gutem Glauben ist (§ 932 BGB). Mit dem Eigentum an der Urkunde erlangt er zugleich die Stellung als Mitglied der Aktiengesellschaft (vgl. § 793 Abs. 1 BGB).

Eine verbriefte Namensaktie kann auch wie ein Wechsel durch Indossament übertragen werden (§ 68 Abs. 1 AktG), wobei ebenfalls ein gutgläubiger Erwerb möglich ist (Art. 16 Abs. 2 Wechselgesetz).

8.4 Übergang von Todes wegen

Aktien sind vererblich. Der Übergang an den Erben oder an eine Erbengemeinschaft vollzieht sich im Wege der Gesamtrechtsnachfolge nach § 1922 BGB: Mit dem Tode einer Person (Erbfall) geht deren Vermögen (Erbschaft) als Ganzes auf eine oder mehrere anderen Personen (Erben) über. Eine Abtretung oder ein sonstiger Veräußerungstatbestand liegt somit gerade nicht vor, deshalb greifen etwaige Zustimmungserfordernisse nach § 68 Abs. 2 AktG im Erbfall nicht ein. Ist der Geschäftsanteil Gegenstand eines Vermächtnisses (§ 2147 BGB), so greift bei der Übertragung des Anteils von den Erben an den Vermächtnisnehmer ein von der Satzung etwa vorgeschriebenes Zustimmungserfordernis (Vinkulierung gem. § 68 Abs. 2 AktG) ein.

Aufgrund des Erbfalls können Aktien auf minderjährige Personen übergehen, ferner auf eine Personenmehrheit. Stehen Aktien mehreren Berechtigten zu, so können sie die Rechte daraus nur durch einen gemeinschaftlichen Vertreter ausüben (§ 69 Abs. 1 AktG); Hauptanwendungsfall ist die Erbengemeinschaft, die sich nach dem Tode eines Aktionärs bildet. Die Mitberechtigten haften gegenüber der Gesellschaft als Gesamtschuldner für die Einlagepflicht aus den Aktien.

Die Satzung kann regeln, dass bei Tod eines Aktionärs die auf den oder die Erben übergegangenen Aktien aufgrund eines Hauptversammlungsbeschlusses eingezogen werden kann. Macht die Hauptversammlung davon Gebrauch, scheiden die Erben aus der Gesellschaft gegen Zahlung einer Abfindung aus.

Auch eine Aktionärsvereinbarung (dazu Abschn. 3.3) kann Regelungen zum Todesfall enthalten. In Betracht kommt die Verpflichtung der Erben eines Aktionärs, die übergegangenen Aktien an die anderen Mitglieder der Schutzgemeinschaft zu übertragen. Besteht eine derartige Übertragungspflicht, so können davon wiederum bestimmte nachfolgeberechtigte Personen ausgenommen werden, etwa Ehegatten und Kinder oder Abkömmlinge. In diesem Fall ist jeder Aktionär gehalten, eine letztwillige Verfügung zu treffen, aufgrund deren seine Aktien nur an Nachfolgeberechtigte übergehen. Geschieht das nicht oder misslingt das und gehen die Aktien im Erbgang auf eine nicht nachfolgeberechtigte Person über, so können die anderen Mitglieder bei Bestehen einer entsprechenden Regelung ein Ankaufsrecht gegenüber der nicht nachfolgeberechtigten Person ausüben.

8.5 Treuhand

Geschäftsanteile können Gegenstand eines Treuhandverhältnisses sein. Dessen Zweck ist die Verdeckung der wirklichen Beteiligungsverhältnisse bei der Gesellschaft. Charakteristisch für eine Treuhandschaft ist, dass der Treuhänder im eigenen Namen, jedoch für Rechnung des Treugebers auftritt. Dabei kann entweder ein Ermächtigungstreuhänder oder ein Vollrechts-Treuhänder bestellt werden.

Der im aktienrechtlichen Sprachgebrauch als *Legitimations-Aktionär* bezeichnete Ermächtigungstreuhänder ist eine natürliche oder juristische Person, insbesondere eine Bank, die von dem Aktionär gemäß § 185 Abs. 1 BGB (Ermächtigungstreuhand) ermächtigt worden ist, als Inhaber der dem Treugeber gehörenden Namensaktien aufzutreten mit der Folge, dass sie gem. § 67 Abs. 2 S. 1 AktG im Verhältnis zur Gesellschaft als Aktionär gilt. Obwohl nach § 67 Abs. 1 AktG der (wahre) Inhaber eingetragen werden muss, ist die Legitimationsübertragung zulässig, wie sich aus den dies voraussetzenden Vorschriften der §§ 128 Abs. 1, Abs. 2 S. 2, 129 Abs. 3 S. 2 AktG ergibt.

Der (Vollrechts-) Treuhänder ist Inhaber der Aktie mit allen Rechten und Pflichten; die Vollrechts-Treuhand ist vor allem bei der GmbH verbreitet. Die Treuhandschaft kann bei der Gründung der Gesellschaft oder später bei Erwerb von Aktien entstehen. Der Treuhänder ist Aktionär mit allen Rechten und Pflichten. Wird er von der Gesellschaft auf Zahlung von Einlagen in Anspruch genommen, hat er einen Erstattungsanspruch gegen den Treugeber; der Treuhänder trägt das Risiko, dass der Treugeber zur Erstattung nicht in der Lage ist.

Der Treuhänder ist verpflichtet, alles, was er aus der Treuhänderstellung erlangt hat, an den Treugeber herauszugeben, also insbesondere die empfangenen Dividenden. Dabei trägt der Treugeber das Risiko, dass der Treuhänder zur Herausgabe nicht in der Lage ist. Zu Störungen kann es auch dadurch kommen, dass der Treuhänder die Aktien unter Missbrauch seiner Rechtsstellung an einen Dritten verkauft und den Erlös für sich vereinnahmt, ferner dass er insolvent wird oder seine Gläubiger die Aktien pfänden. Gegen diese Beeinträchtigungen kann der Treugeber sich in der Weise schützen, dass er sich bei der Begründung der Treuhandschaft von dem Treuhänder die Aktien aufschiebend bedingt übertragen lässt; aufschiebende Bedingung ist dabei der Eintritt eines dieser nachteiligen Ereignisse sowie die Kündigung des Treuhandverhältnisses.

Zur Offenlegung des Treuhandverhältnisses gegenüber dem Finanzamt s. §§ 39 Abs. 2 Nr. 1 S. 2, 159 AO.

9 Rechtsstellung der Aktionäre

Die auf der Zugehörigkeit zu einer Gesellschaft beruhende Rechtsstellung einer Person wird im Gesellschaftsrecht als Mitgliedschaft bezeichnet. Die Mitgliedschaft umfasst alle Rechte und Pflichten des Gesellschafters aus dem Gesellschaftsverhältnis einschließlich der Sonderrechte und Sonderpflichten. Diese Rechte und Pflichten beruhen auf den gesetzlichen Vorschriften und der Satzung. Sie werden verkörpert durch die Aktie, deren Erwerb die Mitgliedschaft begründet und deren Verlust sie beendet (zur Aktie s. Kap. 8). In diesem Kapitel werden der Erwerb und die Beendigung der Mitgliedschaft und die mit dieser verbundenen Rechte und Pflichten im Zusammenhang dargestellt, wobei Überschneidungen mit anderen Kapiteln möglich sind.

9.1 Erwerb der Mitgliedschaft

Die Mitgliedschaft wird erworben durch die Übernahme einer Aktie bei der Gründung der Aktiengesellschaft; die Mitgliedschaft entsteht dabei sogleich mit der Errichtung der Gesellschaft, die Aktie hingegen erst mit der Eintragung der Gesellschaft in das Handelsregister. Das gilt entsprechend für die Zeichnung neuer Aktien bei einer Kapitalerhöhung durch einen Dritten. Überträgt ein Aktionär Aktien an einen Dritten, so erwirbt dieser mit den Aktien zugleich die Mitgliedschaft.

9.2 Beendigung der Mitgliedschaft

Die Mitgliedschaft eines Aktionärs kann auf unterschiedliche Weise enden. Zu unterscheiden sind dabei die Fälle des Ausscheidens, die einen Anspruch des Ausscheidenden auf Zahlung einer Abfindung gegen die Gesellschaft auslösen, und die sonstigen Sachverhalte.

9.2.1 Ausscheiden gegen Abfindung

Die Sachverhalte, aufgrund deren ein Aktionär aus der Gesellschaft ausscheidet, sind gesetzlich geregelt. Daneben ist – anders als bei einer GmbH – weder ein Austritt seitens des Aktionärs noch eine Ausschließung seitens der Gesellschaft möglich. Folgende Fälle des Ausscheidens gegen Abfindung durch die Gesellschaft kommen in Betracht:

- Einziehung von Aktien,
- Abschluss eines Beherrschungs- oder Gewinnabführungsvertrags,
- Eingliederung,
- Ausschluss von Minderheitsaktionären,
- Verschmelzung (andere Rechtsform, Verfügungsbeschränkung),
- Auf- oder Abspaltung (andere Rechtsform, Verfügungsbeschränkung),
- Formwechsel.

Zur Bemessung der Abfindung bei der Einziehung von Aktien durch die Gesellschaft s. Abschn. 12.5.3. In den anderen genannten Fällen ordnet das Gesetz die Zahlung einer „angemessenen Barabfindung" an (s. dazu Kap. 13 und 14).

Eine Abfindung kann aufgrund einer Aktionärsvereinbarung von *Mitaktionären* zu leisten sein, s. dazu Abschn. 3.3.

9.2.2 Ausscheiden ohne Abfindung

Den nachstehend aufgeführten Fällen der Beendigung der Mitgliedschaft ist gemeinsam, dass sie nicht mit der Zahlung einer Abfindung seitens der Gesellschaft an den ausscheidenden Aktionär verbunden sind.

Übertragung aller Aktien
Es versteht sich von selbst, dass die Mitgliedschaft durch Übertragung aller Aktien endet, ob an Mitaktionäre, an Dritte oder an die Gesellschaft selbst.

Gesamtrechtsnachfolge
Im Falle der Gesamtrechtsnachfolge gehen die Aktien auch ohne rechtsgeschäftliche Veräußerung auf eine andere Person über. Der praktisch wichtigste Fall ist der Übergang von Todes wegen auf den oder die Erben nach § 1922 BGB (s. dazu Abschn. 8.4). Zum Übergang von Aktien im Wege der Gesamtrechtsnachfolge kommt es auch, wenn bei einem Aktionär eine Verschmelzung oder Spaltung nach dem Umwandlungsgesetz stattfindet, ferner beim Ausscheiden eines von zwei Gesellschaftern aus einer Personenhandelsgesellschaft, die Aktien hält.

Ausschluss wegen verzögerter Einzahlung
Die Mitgliedschaft eines Aktionärs endet, wenn er seiner Aktien verlustig erklärt wird wegen nicht rechtzeitiger Einzahlung des eingeforderten Betrags (§ 64 AktG).

Löschung der Gesellschaft im Handelsregister
Während die Auflösung der GmbH (§ 262 AktG) die Mitgliedschaft nicht berührt, beendet die Löschung die Gesellschaft als Rechtssubjekt und damit auch die Mitgliedschaft des Aktionärs (vgl. Kap. 15).

9.3 Mitgliedschaftsrechte

Zu unterscheiden sind die allen Aktionären zustehenden allgemeinen Mitgliedschaftsrechte von den Sonderrechten, die nur zugunsten einzelner Aktionäre bestehen.

9.3.1 Allgemeine Mitgliedschaftsrechte

Die Rechte der Aktionäre werden unterteilt in Vermögensrechte und Verwaltungsrechte. *Vermögensrechte* sind insbesondere die Ansprüche auf Dividende, auf den Bezug neuer Aktien bei Kapitalerhöhungen, auf Teilhabe am Abwicklungserlös und auf die Zahlung eines Entgelts bei Einziehung der Aktien durch die Gesellschaft (s. dazu Abschn. 12.5.3).

9.3.2 Verwaltungsrechte

Jeder Aktionär hat das Recht zur Teilnahme an der Hauptversammlung. Im Übrigen sind die Rechte, die *in* der Hauptversammlung ausgeübt werden, von den *außerhalb* der Hauptversammlung geltend zu machenden Rechten einzelner Aktionäre oder einer Minderheit von Aktionären zu unterscheiden.

9.3.2.1 Ausübung von Aktionärsrechten in der Hauptversammlung

Bestimmte Aktionärsrechte können nur in der Hauptversammlung ausgeübt werden. Zu unterscheiden ist zwischen Aktionärsrechten, die jedem einzelnen Aktionär zustehen, und solchen, deren Ausübung eines bestimmten Beteiligungsumfangs bedarf; einige dieser Rechte stehen auch Vorzugsaktionären zu.

Rechte einzelner Aktionäre
Die folgenden Rechte stehen jedem einzelnen Aktionär unabhängig von der Höhe seiner Beteiligung zu:

- Auskunftsrecht, § 131 AktG,
- Stimmrecht, § 12 AktG (Ausnahme: Vorzugsaktien),
- Widerspruch gegen Hauptversammlungsbeschluss, § 245 Nr. 1 AktG.

Rechte einer Minderheit von Aktionären (10 %)
Die nachfolgenden Rechte können regelmäßig von einer Minderheit von Aktionären, deren Anteile zusammen 10 % des Grundkapitals erreichen, ausgeübt werden, auch von Vorzugsaktionären. Maßgeblich ist das gesamte vorhandene Grundkapital, soweit im Gesetz nicht ausdrücklich auf das bei der Hauptversammlung vertretene Grundkapital abgestellt wird.

- Widerspruch gegen Verzicht oder Vergleich bei Schadensersatzansprüchen gegen den Vorstand, § 93 Abs. 4 S. 3 AktG, und bei Schadensersatzansprüchen wegen nachteiliger Einflussnahme auf eine abhängige Gesellschaft, §§ 317, 318 AktG;
- Antrag auf gesonderte Abstimmung über die Entlastung eines einzelnen Mitglieds der Verwaltung (§ 120 Abs. 1 S. 2 AktG);
- vorgezogene Beschlussfassung über die Wahl einer von einem Aktionär vorgeschlagenen Person in den Aufsichtsrat (§§ 137, 127 AktG);
  es ist dann bei der Wahl des Aufsichtsrats zunächst über den Wahlvorschlag der Minderheit und danach erst über den Wahlvorschlag des Aufsichtsrats zu beschließen.

Rechte der Mehrheit von Aktionären
Bei der Beschlussfassung über die Ausübung der nachstehenden Aktionärsrechte ist die einfache Stimmenmehrheit, bezogen auf die bei der Hauptversammlung anwesenden Stimmen, erforderlich, wobei die Vorzugsaktionäre kein Stimmrecht haben:

- Bestellung von Sonderprüfern zur Prüfung von Vorgängen bei der Gründung oder der Geschäftsführung (§ 142 Abs. 1 AktG);
- Geltendmachung von Ersatzansprüchen aus Gründung, Geschäftsführung oder gegen Einflussnehmer (§ 147 Abs. 1AktG);
  zuständig für die Ausführung des Beschlusses ist grundsätzlich der Vorstand. Richten sich die Ersatzansprüche gegen ein Vorstandsmitglied, so obliegt die Geltendmachung dem Aufsichtsrat, wenn nicht ein besonderer Vertreter (§ 147 Abs. 2 AktG) bestellt wird;
- Bestellung von *besonderen Vertretern* anstelle des Vorstands oder des ggf. gem. § 112 AktG zuständigen Aufsichtsrats zur Geltendmachung von Ersatzansprüchen aus Gründung, Geschäftsführung oder gegen den Einflussnehmer (§ 147 Abs. 2 S. 1 AktG);
  dies betrifft den Fall, dass die Hauptversammlung mit Mehrheit die Geltendmachung von Ersatzansprüchen beschlossen hat, und sie die Durchsetzung nicht der Verwaltung überlassen will.

9.3.2.2 Ausübung von Aktionärsrechten außerhalb der Hauptversammlung

Außerhalb der Hauptversammlung stehen den Aktionären, und zwar gleichermaßen den Stammaktionären und den Vorzugsaktionären, insbesondere folgende Rechte zu:

Rechte einzelner Aktionäre
- Antrag auf gerichtliche Entscheidung über die Zusammensetzung des Aufsichtsrats, § 98 Abs. 2 Nr. 3 AktG (s. dazu Abschn. 6.1);
- gegebenenfalls die *Entsendung* von Mitgliedern in den Aufsichtsrat, § 101 Abs. 2 AktG (s. dazu Abschn. 6.2);
- Anspruch auf Mitteilungen bei Einberufung der Hauptversammlung, § 125 Abs. 2 AktG;
- Anspruch auf Mitteilung der Hauptversammlungsbeschlüsse (§ 125 Abs. 4 AktG);
- Aufforderung an andere Aktionäre im Aktionärsforum des elektronischen Bundesanzeigers, einen Antrag zu stellen oder das Stimmrecht auszuüben (§ 127a AktG);
- Einsichtnahme in Unterlagen und Erteilung von Abschriften nach Einberufung der Hauptversammlung (z. B. § 175 Abs. 2 AktG);
- Anfechtung von Hauptversammlungsbeschlüssen nach Widerspruch zur Niederschrift, § 245 Nr. 1 AktG;
- Anfechtung von Hauptversammlungsbeschlüssen auch ohne Widerspruch zur Niederschrift in den Fällen des § 245 Nr. 2, 3 AktG;
- Klage auf Nichtigkeit eines Hauptversammlungsbeschlusses, § 249 AktG;
- Antrag an das Registergericht auf Bestellung von Sonderprüfern zur Prüfung der geschäftlichen Beziehungen der Gesellschaft bei Abhängigkeit von einem herrschenden Unternehmen (§ 315 AktG; s. dazu Abschn. 14.3);
- Geltendmachung von Ersatzansprüchen der abhängigen Gesellschaft (§§ 309, 310 und §§ 317, 318 AktG);
  Geltendmachung eigener Schadensersatzansprüche gegen ein herrschendes Unternehmen (§ 317 Abs. 1 S. 2 AktG) und dessen Verwaltungsmitglieder (§ 318 AktG).

Rechte einer Minderheit von Aktionären (1 %)
Die nachfolgenden Rechte setzen voraus, dass die Anteile (Stamm- und Vorzugsaktien) der antragstellenden Aktionäre mindestens 1 % des Grundkapitals oder den anteiligen Betrag von 100.000 Euro erreichen. Einen „anteiligen Betrag von 100.000 Euro" erreichen Aktionäre, denen Aktien mit einem Nennbetrag in dieser Höhe gehören. Hat die Gesellschaft Stückaktien, so ist zunächst die *Beteiligungsquote* der antragstellenden Aktionäre zu ermitteln. Dazu ist die Zahl ihrer Aktien ins Verhältnis zu setzen zur Gesamtzahl der ausgegebenen

Aktien; der sich unter Zugrundelegung der Quote ergebende Anteil am Grundkapital muss 100.000 Euro erreichen:

- Antrag an das Registergericht auf Bestellung von Sonderprüfern zur Prüfung eines Vorgangs bei der Gründung oder eines Vorgangs bei der Geschäftsführung (§ 142 Abs. 2 AktG);
  ist von der Hauptversammlung ein Antrag auf Bestellung von Sonderprüfern abgelehnt worden, so hat das Gericht auf Antrag der Minderheit Sonderprüfer zu bestellen, wenn Tatsachen vorliegen, die den Verdacht rechtfertigen, dass bei dem fraglichen Vorgang Unredlichkeiten oder grobe Verletzungen des Gesetzes oder der Satzung vorgekommen sind (§ 142 Abs. 2 AktG);
- Antrag an das Registergericht auf Bestellung eines *anderen* als des von der Hauptversammlung durch Mehrheitsbeschluss gem. § 142 Abs. 1 AktG bestellten Sonderprüfers, wenn dies aus einem in der Person des von der Hauptversammlung zuvor bestellten Sonderprüfers liegenden Grund geboten erscheint, insbesondere, wenn der bestellte Sonderprüfer nicht die für den Gegenstand der Sonderprüfung erforderlichen Kenntnisse hat, oder wenn Besorgnis der Befangenheit oder Bedenken gegen seine Zuverlässigkeit bestehen (§ 142 Abs. 4 AktG);
- Antrag an das Landgericht – Kammer für Handelssachen – auf Zulassung der Geltendmachung von Ersatzansprüchen der Gesellschaft aus Gründung, Geschäftsführung oder gegen Einflussnehmer durch Aktionäre *im eigenen Namen* (§ 148 AktG);
  das Gericht lässt die Klage der Minderheit zu, wenn
  1. die Aktionäre nachweisen, dass sie die Aktien vor dem Zeitpunkt erworben haben, in dem sie oder im Falle der Gesamtrechtsnachfolge ihre Rechtsvorgänger von den behaupteten Pflichtverstößen oder dem behaupteten Schaden aufgrund einer Veröffentlichung Kenntnis erlangen mussten,
  2. die Aktionäre nachweisen, dass sie die Gesellschaft unter Setzung einer angemessenen Frist vergeblich aufgefordert haben, selbst Klage zu erheben,
  3. Tatsachen vorliegen, die den Verdacht rechtfertigen, dass der Gesellschaft durch Unredlichkeit oder grobe Verletzung des Gesetzes oder der Satzung ein Schaden entstanden ist, und
  4. der Geltendmachung des Ersatzanspruchs keine überwiegenden Gründe des Gesellschaftswohls entgegenstehen.

  Vor der Entscheidung über diesen Antrag hat das Gericht der Gesellschaft Gelegenheit zur Stellungnahme zu geben. Die Gesellschaft ist jederzeit berechtigt, den Ersatzanspruch selbst geltend zu machen mit der Folge, dass der von den Aktionären angestrengte Prozess unzulässig wird. Bei einer börsennotierten Gesellschaft ist die rechtskräftige Zulassung der Klage bekanntzumachen;

- Antrag auf Bestellung von Sonderprüfern wegen unzulässiger Unterbewertung nach § 258 Abs. 2 AktG; s. dazu Abschn. 10.5.2.

Rechte einer Minderheit von Aktionären (5 %)
Bei den nachfolgenden Minderheitsrechten ist zur Berechnung der Mindestbeteiligungshöhe das gesamte Grundkapital einschließlich des Vorzugsaktienkapitals maßgebend, und das Verlangen von Vorzugsaktionären ist genau wie das von Stammaktionären zu berücksichtigen:

- Verlangen der Einberufung der Hauptversammlung, § 122 Abs. 1 AktG; die Hauptversammlung ist einzuberufen, wenn Aktionäre, deren Anteile zusammen 5 % des Grundkapitals erreichen, die Einberufung schriftlich unter Angabe des Zwecks und der Gründe vom Vorstand verlangen;
- Verlangen der Bekanntmachung von Gegenständen zur Beschlussfassung der Hauptversammlung (§ 122 Abs. 2 AktG); antragsberechtigt sind Aktionäre, deren Anteile zusammen 5 % des Grundkapitals oder den anteiligen Betrag von 500.000 Euro erreichen;
- Anfechtung des Beschlusses der Hauptversammlung über die Verwendung des Bilanzgewinn im Falle übermäßiger Rücklagenbildung (§ 254 AktG; s. dazu Abschn. 10.5.3); antragsberechtigt sind Aktionäre, deren Anteile zusammen 5 % des Grundkapitals oder den anteiligen Betrag von 500.000 Euro erreichen.

Rechte einer Minderheit von Aktionären (10 %)
Die nachfolgenden Rechte setzen voraus, dass die Anteile (Stamm- und Vorzugsaktien) der antragstellenden Aktionäre mindestens 10 % des Grundkapitals oder den anteiligen Betrag von einer Million Euro erreichen:

- Antrag an das Registergericht, ein auf Grund der Satzung in den Aufsichtsrat entsandtes Aufsichtsratsmitglied abzuberufen, wenn in dessen Person ein wichtiger Grund vorliegt (§ 103 Abs. 3 S. 3 AktG);
- Antrag an das Registergericht, *andere* Personen als den Vorstand oder den Aufsichtsrat bzw. als die von der Hauptsammlung bestellten Personen zu besonderen Vertretern zur Geltendmachung von Ersatzansprüchen zu bestellen, wenn dies dem Gericht für eine gehörige Geltendmachung zweckmäßig erscheint (§ 147 Abs. 2 S. 2 AktG).

9.3.3 Sonderrechte

Einzelnen Aktionären können – anders als im GmbH-Recht – nur in engen Grenzen Sonderrechte durch die Satzung eingeräumt werden. In Betracht kommt als vermögensrechtliches Sonderrecht die Bevorzugung bei der Verteilung der Dividende und des Abwicklungsüberschusses (Vorzugsaktien, s. dazu Abschn. 8.1.2) und als besonderes Verwaltungsrecht das Recht zur Entsendung eines Aufsichtsratsmitgliedes (§ 101 Abs. 2 S. 1 AktG).

9.4 Mitgliedschaftspflichten

Die Mitgliedschaftspflichten der Aktionäre umfassen die allgemeinen, sich aus den gesetzlichen Vorschriften ergebenden, unabdingbaren allgemeinen Pflichten und die auf der Satzung beruhenden Sonderpflichten.

Die allgemeinen Pflichten der Aktionäre bestehen aus den gesetzlich angeordneten *Zahlungspflichten*, die wegen ihrer besonderen Bedeutung in dem nachfolgenden Abschn. 9.5 gesondert dargestellt werden, und der insolvenzrechtlichen Überlassungspflicht (s. dazu Abschn. 9.6). Die Satzung kann den Aktionären grundsätzlich keine Sonderpflichten auferlegen; eine Ausnahme davon ist die Nebenverpflichtung, wiederkehrende, nicht in Geld bestehende Leistungen zu erbringen (§ 55 AktG). Zu den in der Gründungsphase bestehenden weiteren Pflichten der Aktionäre s. Kap. 2.

Aus der Mitgliedschaft folgt die gesellschaftsrechtliche *Treuepflicht* des Aktionärs gegenüber der Gesellschaft, welche die nachteilige Einwirkung auf das Unternehmen verbietet (vgl. Hüffer, Rz. 19 zu § 53a AktG).

9.5 Zahlungspflichten der Aktionäre

Zahlungspflichten können den Aktionären aus folgenden Anlässen erwachsen.

Gründung
Die Aktionäre sind zur Zahlung der eingeforderten Einlage (§ 63 Abs. 1 AktG) und eines etwaigen Fehlbetrags bei überbewerteter Sacheinlage (Differenzhaftung, vgl. § 9 GmbHG) verpflichtet. Das gilt entsprechend für die sich an einer Kapitalerhöhung beteiligenden Zeichner.

Zur Gründerhaftung der Aktionäre nach § 46 AktG s. Abschn. 2.8.

Bleibt der Wert des Gesellschaftsvermögens im Eintragungszeitpunkt hinter dem Betrag des Grundkapitals zurück (Unterbilanz), insbesondere infolge von Aufwendungen, die durch die Aufnahme der Geschäftstätigkeit schon vor der Eintragung bedingt sind, sind die Aktionäre gegenüber der Gesellschaft zur Deckung des Verlustes verpflichtet; zur Unterbilanzhaftung s. Abschn. 2.7.

Erstattung verbotener Rückzahlungen
Die Aktionäre sind der Gesellschaft zur Erstattung von nach § 57 AktG verbotenen Zahlungen verpflichtet (§ 62 AktG); s. dazu Abschn. 11.2.

Haftung des Rechtsvorgängers
Zahlt ein Aktionär die eingeforderte Einlage trotz erneuter Aufforderung nicht, und ist daraufhin die Kaduzierung erfolgt (§ 64 AktG), so haften die Vormänner des ausgeschlossenen Aktionärs für dessen rückständige Einlage (§ 65 AktG); s. im Einzelnen Abschn. 2.3.1.5.

Konzern
Konzernrechtliche Zahlungspflichten kommen in Betracht, wenn der Aktionär herrschendes Unternehmen im Verhältnis zu der Aktiengesellschaft ist. Zum Recht der verbundenen Unternehmen (Konzernrecht) s. Kap. 14.

Bei Errichtung eines Vertragskonzerns kann ein außenstehender Aktionär von dem herrschenden Unternehmen den Erwerb seiner Aktien gegen Gewährung einer Abfindung verlangen (§ 305 AktG). Wenn der Außenstehende seine Aktien behält und Aktionär bleibt, kann er von dem herrschenden Unternehmen eine jährliche Ausgleichszahlung verlangen (§ 304 AktG). Schließlich ist das herrschende Unternehmen gegenüber der abhängigen Aktiengesellschaft zur Verlustübernahme verpflichtet (§ 302 AktG).

Besteht ein faktischer Konzern, hat das herrschende Unternehmen die Nachteile auszugleichen, die der abhängigen Aktiengesellschaft dadurch entstehen, dass das herrschende Unternehmen Maßnahmen zu ihrem Nachteil getroffen oder unterlassen hat oder sie auf seine Veranlassung ein nachteiliges Rechtsgeschäft vorgenommen hat (§ 311 AktG).

Existenzvernichtungshaftung
Ein Gesellschafter macht sich gegenüber der Gesellschaft unter dem Gesichtspunkt der sittenwidrigen vorsätzlichen Schädigung (§ 826 BGB) schadensersatzpflichtig für missbräuchliche, zur Insolvenz der Gesellschaft führende oder diese vertiefende kompensationslose Eingriffe in das der Zweckbindung zur vorrangigen Befriedigung der Gesellschaftsgläubiger dienende Gesellschaftsvermögen (BGH, NJW 2007, 2689 - Trihotel).

Insolvenz
Bei Insolvenz der Gesellschaft kann der Insolvenzverwalter bei Vorliegen der Voraussetzungen einzelne Aktionäre durch Anfechtung nach § 135 InsO in Anspruch nehmen. Es geht dabei um Gesellschafterdarlehen oder Forderungen aus Rechtshandlungen, die einem solchen Darlehen wirtschaftlich entsprechen, und

die bei Insolvenz der Gesellschaft nur nachrangig, also im Rang nach den übrigen Forderungen der Insolvenzgläubiger, berücksichtigt werden (§ 39 Abs. 1 Nr. 5 GmbHG).

Soweit ein Gesellschafterdarlehen im letzten Jahr vor dem Antrag auf Eröffnung des Insolvenzverfahrens oder sogar noch nach dem Eröffnungsantrag getilgt wird, kann der Insolvenzverwalter von dem Aktionär die Rückgewähr der Tilgungsleistung zur Insolvenzmasse verlangen (§§ 135 Abs. 1 Nr. 2, 143 Abs. 1 InsO). Hatte die Gesellschaft dem Aktionär für seinen Rückzahlungsanspruch eine Sicherung gewährt, so ist diese bei Anfechtung durch den Insolvenzverwalter unwirksam (§§ 135 Abs. 1 Nr. 1, 143 Abs. 1 InsO).

Ein weiterer Anfechtungstatbestand kommt in Betracht, wenn ein Aktionär sich gegenüber einem Gesellschaftsgläubiger für eine Darlehensforderung oder eine wirtschaftlich entsprechende Forderung gegen die Gesellschaft verbürgt oder eine anderweitige Sicherheit gestellt hat. Tilgt die Gesellschaft diese Darlehensschuld, bewirkt dies das Erlöschen der Bürgschaft und das Freiwerden der anderweitigen Sicherheiten. Der Insolvenzverwalter ist in diesem Fall nach § 135 Abs. 2 InsO zur Anfechtung berechtigt mit der Folge, dass der Aktionär die von der Gesellschaft dem Dritten gewährte Tilgungsleistung zur Insolvenzmasse zu erstatten hat (§ 143 Abs. 3 InsO).

Die Anfechtung scheidet aus gegenüber Aktionären, für die das Sanierungsprivileg (§ 39 Abs. 4 InsO) oder das Kleinbeteiligtenprivileg (§ 39 Abs. 5 InsO) gilt; s. dazu Abschn. 11.5.

9.6 Überlassungspflicht der Aktionäre

Die Gebrauchsüberlassung von Gegenständen seitens eines Aktionärs an die Gesellschaft, insbesondere durch Vermietung oder Verpachtung von Immobilien, ist sehr weit verbreitet. Wird die Gesellschaft insolvent, so steht dem Aktionär grundsätzlich das Recht auf Aussonderung des ihm gehörenden Gegenstands zu, d. h. er kann von dem Insolvenzverwalter die Herausgabe des Gegenstands verlangen und muss nicht am Insolvenzverfahren teilnehmen (§ 47 InsO). Den Aussonderungsanspruch kann der Aktionär allerdings während der Dauer des Insolvenzverfahrens, höchstens aber für eine Zeit von einem Jahr ab Eröffnung des Verfahrens, nicht geltend machen, wenn der Gegenstand für die Fortführung des Unternehmens von erheblicher Bedeutung ist (§ 135 Abs. 3 S. 1 InsO). Das gilt entsprechend, wenn der Aktionär der Gesellschaft einen Gegenstand, insbesondere ein Patent, zur *Ausübung* überlassen hat. Im Gegenzug steht dem Aktionär ein Ausgleich zu, der sich an der im letzten Jahr vor der Verfahrenseröffnung geleisteten Vergütung orientiert (§ 135 Abs. 3 S. 2 InsO).

Die Überlassungspflicht trifft nicht die Aktionäre, für die das Sanierungsprivileg (§ 39 Abs. 4 InsO) oder das Kleinbeteiligtenprivileg (§ 39 Abs. 5 InsO) gilt; s. dazu Abschn. 11.5.

10 Rechnungslegung, Gewinnverwendung

Die Rechnungslegung ist von zentraler Bedeutung bei Kapitalgesellschaften. Ihr Ziel ist die Transparenz des Gesellschaftsvermögens und der Schutz der Gläubiger und Aktionäre. Die Rechnungslegung ist in Deutschland – anders als in vielen anderen Ländern –weitgehend gesetzlich geregelt. Die heute geltenden Rechnungslegungsvorschriften beruhen vor allem auf dem Bilanzrichtliniengesetz aus dem Jahre 1985. Mit diesem Gesetz wurde anlässlich der Umsetzung der einschlägigen EG-Richtlinien in nationales Recht das zuvor schon geltende, aber in großem Umfang nicht gesetzlich geregelte allgemeine Bilanzrecht erstmals systematisch in einem Gesetzeswerk untergebracht.

Die früher im Aktiengesetz enthaltenen speziellen Rechnungslegungsvorschriften für Aktiengesellschaften wurden in das Handelsgesetzbuch überführt, das jetzt im Dritten Buch für alle Kaufleute die Buchführung und Bilanzierung normiert. Es gibt dort einen für alle Kaufleute geltenden allgemeinen Teil (§§ 238 bis 263 HGB) und die ergänzenden Vorschriften (§§ 264 ff. HGB) insbesondere für Kapitalgesellschaften und für die GmbH & Co. KG, welche generell erheblich höheren Anforderungen seitens des Gesetzgebers unterliegen.

Es bleibt abzuwarten, ob und wieweit auch bei nichtbörsennotierte Aktiengesellschaften künftig die deutschen, im Handelsgesetzbuch kodifizierten Rechnungslegungsvorschriften verdrängt werden von den vom International Accounting Standards Comittee (IASC) begebenen Regelwerken, den International Accounting Standards (IAS) bzw. International Financial Reporting Standards (IFRS). Dem soll der im Mai 2008 von der Bundesregierung verabschiedete Entwurf eines Gesetzes zur Modernisierung des Bilanzrechts (Bilanzrechtsmodernisierungsgesetz – BilMoG) entgegenwirken. Ziel des Gesetzes ist die Weiterentwicklung des bewährten HGB-Bilanzrechts zu einer dauerhaften Alternative zu den internationalen Rechnungslegungsstandards, ohne die Funktion der HGB-Bilanz als Grundlage der Ausschüttungsbemessung und der steuerlichen Gewinnermittlung zu beeinträchtigen. Dieses Ziel soll erreicht werden durch eine umfassende Deregulierung der Rechnungslegungsvorschriften, ferner durch die Stärkung der Aussagekraft des Abschlusses, wobei die Rechnungslegungsvorschriften zu einer vollwertigen, aber kostengünstigeren und einfacheren Alternative zu den in Deutschland vom Mittelstand nachhaltig abgelehnten IFRS weiterentwickelt werden. Die Bundesregierung hatte geplant, dass die Vorschriften des Bilanzrechtsmodernisierungsgesetzes erstmals auf Geschäftsjahre Anwendung finden, die im Kalenderjahr 2009 beginnen. Da der Entwurf eine zum Teil heftige Kritik ausgelöst hat, ist der Zeitpunkt des Inkrafttretens gegenwärtig unabsehbar. In diesem Kapitel 10 wird die Rechtslage *vor* Inkrafttreten des Bilanzmodernisierungsgesetzes dargestellt.

10.1 Rechnungslegung

Rechnungslegung ist der Oberbegriff über die Buchführung, den Jahresabschluss und den Lagebericht sowie den Konzernabschluss und den Konzernlagebericht. Die Rechnungslegung umfasst Aufstellung, Prüfung, Feststellung bzw. Billigung und Offenlegung. Vorschriften zur Rechnungslegung der Aktiengesellschaft finden sich in §§ 150 bis 160 AktG, daneben gelten die Bestimmungen des Dritten Buchs des Handelsgesetzbuchs (§§ 238 bis 342e HGB).

10.1.1 Buchführung

Nach der für alle Kaufleute und damit auch für die Aktiengesellschaft (§ 3 Abs. 1 AktG, § 6 Abs. 1 HGB) geltenden Vorschrift des § 238 HGB besteht Buchführungspflicht. Die Zuständigkeit dafür innerhalb der Gesellschaft liegt beim Vorstand, der nach § 91 Abs. 1 AktG verpflichtet ist dafür zu sorgen, dass die erforderlichen Handelsbücher geführt werden.

10.1.2 Jahresabschluss

Aufstellungspflicht
Der Vorstand der Aktiengesellschaft hat den Jahresabschluss, bestehend aus Bilanz, Gewinn- und Verlustrechnung (§ 242 HGB) und Anhang, aufzustellen (§ 264 Abs. 1 HGB). Unterbleibt die Aufstellung, so stellt das regelmäßig einen wichtigen Grund für die Abberufung und die fristlose Kündigung dar. Mittelbar wird die Aufstellung dadurch erzwungen, dass das Bundesamt für Justiz den Vorstand durch die Festsetzung von Ordnungsgeld zur Befolgung der Pflicht zur Offenlegung von Jahresabschluss und Lagebericht anhält (s. dazu Abschn. 10.4).

Ist die Gesellschaft als Tochterunternehmen in einen Konzernabschluss einbezogen (dazu Abschn. 14.6), muss bei Vorliegen der weiteren Voraussetzungen des § 264 Abs. 3 und 4 AktG nur ein Jahresabschluss nach Maßgabe der §§ 238 bis 256 HGB aufgestellt werden; damit entfallen insbesondere Anhang, Lagebericht, Prüfung und Offenlegung.

Generalklausel
Der Jahresabschluss hat nach § 264 Abs. 2 HGB unter Beachtung der Grundsätze ordnungsmäßiger Buchführung ein den tatsächlichen Verhältnissen entsprechendes Bild der Vermögens-, Finanz- und Ertragslage der Kapitalgesellschaft zu vermitteln. Diese Generalklausel wird durch die detaillierten Einzelregelungen der §§ 265 ff. HGB und die speziellen Vorschriften für Aktiengesellschaften (§§ 152, 158, 160 AktG) ergänzt. Den Aktiengesellschaften, die kleine Kapitalgesellschaften sind, stehen Erleichterungen bei der Aufstellung der Bilanz (§§ 266 Abs. 1 S. 3, 274a HGB), der Gewinn- und Verlustrechnung (§ 276 HGB) und des Anhangs (§ 288 HGB) zu; einige diese Erleichterungen gelten auch für die mittelgroße Kapitalgesellschaft.

Werden die Verhältnisse der Gesellschaft im Jahresabschluss oder im Lagebericht unrichtig wiedergegeben oder verschleiert, so stellt dies eine strafbare Handlung nach § 331 Nr. 1 HGB dar. Zuwiderhandlungen gegen bestimmte Rechnungslegungsvorschriften können die Festsetzung von Geldbußen von bis zu fünfzigtausend Euro durch das Bundesamt für Justiz nach sich ziehen (§ 334 HGB).

Aufstellungsfrist
Die Aufstellung muss innerhalb von drei Monaten nach Ende des Geschäftsjahres erfolgen; ist die Aktiengesellschaft eine kleine Kapitalgesellschaft, so verlängert sich die Aufstellungsfrist bis auf sechs Monate, wenn dies einem ordnungsgemäßen Geschäftsgang entspricht. Die Aufstellung des Jahresabschlusses, die dem Vorstand insgesamt und nicht nur einzelnen Mitgliedern obliegt, ist erfolgt, wenn der Vorstand das gesamte Zahlen- und Erläuterungswerk unterschriftsreif erstellt hat. Hat eine Gesellschaft börsennotierte Wertpapiere ausgegeben, haben die Vorstandsmitglieder nach § 264 Abs. 2 S. 3 HGB bei der Unterzeichnung des Jahresabschlusses schriftlich zu versichern, dass nach bestem Wissen der Jahresabschluss ein den tatsächlichen Verhältnissen entsprechendes Bild vermittelt (Bilanzeid); ist die Versicherung nicht richtig, erfüllt dies den Straftatbestand der unrichtigen Darstellung nach § 331 Nr. 3a HGB.

Größenklassen
Eine Aktiengesellschaft ist eine *kleine Kapitalgesellschaft*, wenn zwei der nachstehenden Größenmerkmale des § 267 Abs. 1 HGB nicht überschritten sind:

Bilanzsumme: 4.015.000 Euro
Umsatzerlöse: 8.030.000 Euro
Arbeitnehmer: 50

Die Anhebung der Beträge auf 4.840.000 bzw. 9.680.000 Euro ist vorgesehen.

Als *mittelgroße Kapitalgesellschaft* wird eine Aktiengesellschaft eingestuft, wenn sie mindestens zwei der drei vorgenannten Merkmale überschreitet und jeweils mindestens zwei der drei nachstehenden Merkmale nicht überschreitet (§ 267 Abs. 2 HGB):

Bilanzsumme: 16.060.000 Euro
Umsatzerlöse: 32.120.000 Euro
Arbeitnehmer: 250

Die Anhebung der Beträge auf 19.250.000 bzw. 38.500.000 Euro ist vorgesehen.

Bei Überschreitung von mindestens zwei der drei vorgenannten Merkmale ist die Aktiengesellschaft eine *große Kapitalgesellschaft*. Nimmt eine Gesellschaft „einen organisierten Markt i. S. d. § 2 Abs. 5 WpHG durch von ihr ausgegebene Wertpapiere“ in Anspruch, so gilt sie allein deshalb als große Kapitalgesellschaft, ungeachtet ihrer Größenmerkmale; das kommt auch bei einer nichtbörsennotierten Gesellschaft in Betracht, wenn sie Schuldtitel, z. B. Genussscheine, ausgibt, die an der Börse gehandelt werden.

Die Rechtsfolgen dieser Merkmale treten nur ein, wenn sie an den Abschlussstichtagen von zwei aufeinanderfolgenden Geschäftsjahren über- oder unterschritten werden, im Falle der Umwandlung oder Neugründung schon am ersten Umwandlungsstichtag danach (§ 267 Abs. 4 HGB).

Gesetzliche Rücklage, andere Gewinnrücklagen
Bei Aufstellung des Jahresabschlusses hat der Vorstand die gesetzliche Rücklage nach § 150 AktG zu dotieren. Es handelt sich dabei um eine Gewinnrücklage, in die 5 % des Jahresüberschusses jährlich einzustellen sind, bis die gesetzliche Rücklage und etwa vorhandene Kapitalrücklagen nach § 272 Abs. 2 Nr. 1 bis 3 HGB zusammen 10 % des Grundkapitals erreichen (§ 150 Abs. 2 AktG). Darüber hinaus kann der Vorstand einen Teil des Jahresüberschusses, höchstens jedoch die Hälfte, in andere Gewinnrücklagen einstellen (§ 58 Abs. 2 S. 1 AktG). Die Satzung der Aktiengesellschaft kann anordnen, dass der Vorstand auch mehr als die Hälfte des Jahresüberschusses in die freie Gewinnrücklage einstellen darf. In Höhe dieser Einstellung mindert sich der für Gewinnausschüttungen an die Aktionäre verfügbare Betrag und erhöht sich die Liquidität der Gesellschaft. Die Befugnis zur Einstellung in die freie Gewinnrücklage endet, soweit dadurch diese Rücklage auf mehr als die Hälfte des Grundkapitals anwachsen würde (§ 58 Abs. 2 S. 3 AktG). Die Satzung kann dem Vorstand die Befugnis zur Einstellung in andere Gewinnrücklagen auch teilweise oder gänz-

lich entziehen und somit im letzteren Fall die Entscheidung über die Rücklagendotierung ausschließlich der Hauptversammlung vorbehalten (§ 58 Abs. 2 S. 2 AktG).

10.1.3 Lagebericht

Der Vorstand hat einen Lagebericht vorzulegen, sofern es sich bei der Aktiengesellschaft nicht um eine kleine Kapitalgesellschaft handelt; die Aufstellung hat in den ersten drei Monaten des Geschäftsjahres für das vergangene Geschäftsjahr zu erfolgen (§ 264 Abs. 1 HGB). Im Lagebericht (§ 289 HGB) sind der Geschäftsverlauf einschließlich des Geschäftsergebnisses und die Lage der Kapitalgesellschaft so darzustellen, dass ein den tatsächlichen Verhältnissen entsprechendes Bild vermittelt wird. Er hat eine ausgewogene und umfassende, dem Umfang und der Komplexität der Geschäftstätigkeit entsprechende Analyse des Geschäftsverlaufs und der Lage der Gesellschaft zu enthalten. In die Analyse sind die für die Geschäftstätigkeit bedeutsamsten finanziellen Leistungsindikatoren einzubeziehen und unter Bezugnahme auf die im Jahresabschluss ausgewiesenen Beträge und Angaben zu erläutern. Bei einer großen Kapitalgesellschaft gilt das entsprechend für nichtfinanzielle Leistungsindikatoren, wie Informationen über Umwelt- und Arbeitnehmerbelange, soweit sie für das Verständnis des Geschäftsverlaufs oder der Lage von Bedeutung sind. Ferner ist im Lagebericht die voraussichtliche Entwicklung mit ihren wesentlichen Chancen und Risiken zu beurteilen und zu erläutern, wobei zugrundeliegende Annahmen anzugeben sind.

Der Lagebericht soll auch eingehen auf:

1. Vorgänge von besonderer Bedeutung, die nach dem Schluss des Geschäftsjahres eingetreten sind;
2. a) die Risikomanagementziele und -methoden der Gesellschaft einschließlich ihrer Methoden zur Absicherung aller wichtigen Arten von Transaktionen, die im Rahmen der Bilanzierung von Sicherungsgeschäften erfasst werden, sowie
   b) die Preisänderungs-, Ausfall- und Liquiditätsrisiken sowie die Risiken aus Zahlungsstromschwankungen, denen die Gesellschaft ausgesetzt ist,

   jeweils in Bezug auf die Verwendung von Finanzinstrumenten durch die Gesellschaft und sofern dies für die Beurteilung der Lage oder der voraussichtlichen Entwicklung von Belang ist;
3. den Bereich Forschung und Entwicklung;
4. bestehende Zweigniederlassungen der Gesellschaft.

Ist nach § 312 AktG ein Abhängigkeitsbericht zu erstellen, so ist dessen Schlusserklärung in den Lagebericht aufzunehmen (§ 312 Abs. 3 S. 3 AktG; s. dazu Abschn. 14.3).

Wird der Lagebericht entgegen § 264 Abs. 1 HGB nicht aufgestellt, hat der Abschlussprüfer seinen Bestätigungsvermerk einzuschränken (Beckscher Bilanzkommentar-Ellrott, Rz. 49 zu § 289 HGB).

Hat eine Gesellschaft börsennotierte Wertpapiere ausgegeben, haben die Vorstandsmitglieder nach § 289 Abs. 1 S. 5 HGB bei der Unterzeichnung des Jahresabschlusses schriftlich zu versichern, dass nach bestem Wissen der Geschäftsverlauf einschließlich des Geschäftsergebnisses und die Lage der Kapitalgesellschaft so dargestellt sind, dass ein den tatsächlichen Verhältnissen entsprechendes Bild vermittelt wird (Erstreckung des Bilanzeids auf den Lagebericht).

10.1.4 Einzelabschluss nach internationalen Rechnungslegungsstandards

Die Gesellschaft kann auch einen Einzelabschluss nach den in § 315a Abs. 1 HGB bezeichneten internationalen Rechnungslegungsstandards (IAS/IFRS) aufstellen (vgl. § 325 Abs. 2a HGB). Die Verpflichtung zur Aufstellung eines Jahresabschlusses nach HGB bleibt dadurch unberührt, somit stehen zwei Abschlüsse nebeneinander. Das kann sinnvoll sein bei Unternehmen, die an die Börse gehen wollen und dann ohnehin einen Konzernabschluss nach IAS/IFRS erstellen müssen, ferner wenn die Anbahnung von Geschäften mit ausländischen Unternehmen beabsichtigt ist. Der Einzelabschluss erlangt rechtliche Bedeutung bei der Erfüllung der Offenlegungspflichten (s. dazu Abschn. 10.4).

10.1.5 Konzernabschluss und Konzernlagebericht

Stehen in einem Konzern die Unternehmen unter der einheitlichen Leitung einer Kapitalgesellschaft (Mutterunternehmen) mit Sitz im Inland und gehört dem Mutterunternehmen eine Beteiligung nach § 271 Abs. 1 HGB an dem oder den anderen unter der einheitlichen Leitung stehenden Unternehmen (Tochterunternehmen), so haben die gesetzlichen Vertreter des Mutterunternehmens in den ersten fünf Monaten des Konzerngeschäftsjahrs für das vergangene Konzerngeschäftsjahr einen Konzernabschluss und einen Konzernlagebericht aufzustellen. Nach §§ 291 und 293 HGB kommen Befreiungen in Betracht. Der Konzernabschluss und der Konzernlagebericht sind zu prüfen und offenzulegen. Eine eingehende Darstellung der Rechnungslegung im Konzern findet sich in Abschn. 14.6.

10.1.6 Prüfung

Bei einer Aktiengesellschaft wird die Rechnungslegung sowohl vom Aufsichtsrat als auch vom Abschlussprüfer geprüft. Besteht keine Pflicht zur Prüfung durch einen Abschlussprüfer, so prüft nur der Aufsichtsrat.

10.1.6.1 Prüfung durch den Aufsichtsrat

Der Vorstand hat dem Aufsichtsrat zu Händen des Aufsichtsratsvorsitzenden den Jahresabschluss und ggf. den Lagebericht unverzüglich nach ihrer Aufstellung zusammen mit dem Gewinnverwendungsvorschlag vorzulegen; das gilt entsprechend für einen Einzelabschluss nach § 325 Abs. 2a HGB sowie bei Mutterunternehmen für den Konzernabschluss und den Konzernlagebericht (§ 170 AktG); kommt der Vorstand dieser Verpflichtung nicht nach, ist er hierzu vom Registergericht durch Festsetzung von Zwangsgeld anzuhalten (§ 407 Abs. 1 AktG). Ist die Aktiengesellschaft als mittelgroße oder große Kapitalgesellschaft prüfungspflichtig, so hat der Vorstand die Abschlüsse und Lageberichte gleichzeitig dem Abschlussprüfer vorzulegen (§ 320 Abs. 1 HGB). Der Aufsichtsrat prüft den Jahresabschluss, den Gewinnverwendungsvorschlag und ggf. die weiteren vorzulegenden Unterlagen; bei Pflicht zur Abschlussprüfung gem. § 316 HGB hat der Abschlussprüfer an den Verhandlungen des Aufsichtsrats über diese Unterlagen (Bilanzsitzung) bzw. an der Sitzung des mit der Prüfung betrauten Ausschusses teilzunehmen und dort über die wesentlichen Ergebnisse seiner Prüfung zu berichten (§ 171 Abs. 1 S. 2 AktG). Ist die Gesellschaft nicht nach § 316 HGB prüfungspflichtig, kommt der Prüfung durch den Aufsichtsrat zwangsläufig eine erhöhte Bedeutung zu.

Der Aufsichtsrat erstellt über seine Prüfung einen schriftlichen *Bericht* an die Hauptversammlung. In dem Bericht hat der Aufsichtsrat auch mitzuteilen, in welcher Art und in welchem Umfang er die Geschäftsführung der Gesellschaft während des Geschäftsjahrs geprüft hat. Bei börsennotierten Gesellschaften hat er insbesondere anzugeben, welche Ausschüsse aus seiner Mitte gebildet worden sind sowie die Zahl der Sitzungen des Aufsichtsrats und der Ausschüsse. Ferner hat er gegebenenfalls zu dem Ergebnis der Prüfung des Jahresabschlusses durch den Abschlussprüfer Stellung zu nehmen. Der Bericht des Aufsichtsrats schließt mit seiner Erklärung, ob nach dem abschließenden Ergebnis seiner Prüfung Einwendungen zu erheben sind und ob er den vom Vorstand aufgestellten Jahresabschluss und einen etwaigen Konzernabschluss billigt.

Der Aufsichtsrat muss seinen Bericht innerhalb eines Monats, nachdem ihm die zu prüfenden Unterlagen zugegangen sind, dem Vorstand zuleiten. Wird dem Vorstand der Bericht des Aufsichtsrats nicht fristgerecht zugeleitet, so setzt er dem Aufsichtsrat eine Nachfrist von nicht mehr als einem Monat; bei Unterlassen ist der Vorstand zur Nachfristsetzung vom Registergericht durch Festsetzung von Zwangsgeld anzuhalten (§ 407 Abs. 1 AktG). Wird der Bericht auch dann nicht vorgelegt, so gelten der Jahresabschluss und ggf. der Konzernabschluss als vom Aufsichtsrat nicht gebilligt (§ 171 Abs. 3 AktG) mit der Folge, dass ausnahmsweise die Hauptversammlung die Kompetenz zur Feststellung des Jahresabschlusses und zur Billigung des Konzernabschlusses erlangt (§ 173 Abs. 1 AktG).

Der Vorstand beruft, sobald ihm der Bericht des Aufsichtsrats zugeleitet worden ist, unverzüglich die ordentliche Hauptversammlung ein (§ 175 Abs. 1 AktG). Der Bericht des Aufsichtsrats und der Gewinnverwendungsvorschlag sind ebenso wie der Jahresabschluss nebst Lagebericht und ggf. Einzelabschluss, Konzernabschluss und -lagebericht ab Zeitpunkt der Einberufung der Hauptversammlung in den Geschäftsräumen der Aktiengesellschaft zur Einsicht der Aktionäre auszulegen, und jedem Aktionär ist auf Verlangen unverzüglich eine Abschrift der Vorlagen zu erteilen (§ 175 Abs. 2 AktG); geschieht das nicht, so ist der Vorstand hierzu vom Registergericht durch Festsetzung von Zwangsgeld anzuhalten (§ 407 Abs. 1 AktG).

Die Prüfung des Jahresabschlusses und der anderen Unterlagen durch den Aufsichtsrat ergänzt die Überwachung der Geschäftsführung, und deshalb hat jedes Aufsichtsratsmitglied das Recht, von den Vorlagen Kenntnis zu nehmen. Der Anspruch auf Übermittlung dieser Unterlagen und des Berichts des Abschlussprüfers steht jedem Aufsichtsratsmitglied zu, sofern der Aufsichtsrat nicht beschließt, dass die Unterlagen nur den Mitgliedern eines Ausschusses (z. B. des Finanzausschusses) zuzuleiten sind (§ 170 Abs. 3 AktG).

10.1.6.2 Prüfung durch den Abschlussprüfer

Die Pflicht zur Prüfung ist in § 316 HGB geregelt. Danach sind Jahresabschluss und Lagebericht von mittelgroßen und großen Kapitalgesellschaften durch einen Abschlussprüfer zu prüfen. Hat keine Prüfung stattgefunden, so kann der Jahresabschluss nicht festgestellt werden.

Vorlagepflicht des Vorstands
Der Vorstand einer prüfungspflichtigen Gesellschaft muss dem Abschlussprüfer den Jahresabschluss und den Lagebericht unverzüglich nach der Aufstellung vorlegen (§ 320 Abs. 1 HGB), ferner gegebenenfalls den Konzernabschluss nebst Konzernlagebericht (§ 320 Abs. 3 HGB). Zur Wahl des Abschlussprüfers siehe Abschn. 7.1.1 und zu seiner Beauftragung Abschn. 6.3.2.

Prüfungsumfang

Abschlussprüfer kann bei der Aktiengesellschaft nur ein *Wirtschaftsprüfer* oder eine Wirtschaftsprüfungsgesellschaft sein (§ 319 Abs. 1 HGB). Abschlussprüfer darf nicht sein, wer einem der in §§ 319, 319a HGB aufgeführten Ausschlussgründe unterliegt. Der Abschlussprüfer kann vom Vorstand alle für die sorgfältige Prüfung notwendigen Auskünfte und Unterlagen verlangen (§ 320 HGB). Die Prüfung umfasst die Buchführung und erstreckt sich darauf, ob die gesetzlichen Vorschriften und sie ergänzende Bestimmungen der Satzung beachtet sind. Die Prüfung ist dabei so anzulegen, dass Unrichtigkeiten und Verstöße mit wesentlicher Auswirkung bei gewissenhafter Berufsausübung erkannt werden (§ 317 Abs. 1 HGB). Bei einer börsennotierten Aktiengesellschaft ist außerdem im Rahmen der Prüfung zu beurteilen, ob der Vorstand die ihm nach § 91 Abs. 2 AktG (dazu Abschn. 5.5.3.3) obliegenden Maßnahmen in einer geeigneten Form getroffen hat und ob das danach einzurichtende Überwachungssystem seine Aufgaben erfüllen kann.

Prüfungsbericht

Der Abschlussprüfer erstellt einen Prüfungsbericht, in dem er über Art und Umfang sowie über das Ergebnis der Prüfung schriftlich und mit der gebotenen Klarheit berichtet (§ 321 HGB). Im Hauptteil des Prüfungsberichts ist festzustellen, ob die Buchführung und die weiteren geprüften Unterlagen, der Jahresabschluss und der Lagebericht den gesetzlichen Vorschriften und den ergänzenden Bestimmungen der Satzung entsprechen und ob der Vorstand die verlangten Aufklärungen und Nachweise erbracht hat. Ist im Rahmen der Prüfung einer börsennotierten Aktiengesellschaft geprüft worden, ob der Vorstand die ihm nach § 91 Abs. 2 AktG obliegenden Maßnahmen in einer geeigneten Form getroffen hat und ob das danach einzurichtende Überwachungssystem seine Aufgaben erfüllen kann, so ist das Ergebnis dieser Prüfung in einem besonderen Teil des Prüfungsberichts darzustellen. Es ist darauf einzugehen, ob Maßnahmen erforderlich sind, um das interne Überwachungssystem zu verbessern (§ 321 Abs. 4 HGB). Sind seitens des Prüfers keine Einwendungen gegen Jahresabschluss und Lagebericht zu erheben, so schließt er den Prüfungsbericht mit dem Bestätigungsvermerk (§ 322 HGB) zum Jahresabschluss ab. Der Abschlussprüfer leitet den Prüfungsbericht nach Durchführung der Prüfung dem Aufsichtsrat zu, wobei dem Vorstand vor Zuleitung Gelegenheit zur Stellungnahme zu geben ist (§ 321 Abs. 5 HGB).Wird die Gesellschaft insolvent, so haben Gläubiger und Aktionäre bei Vorliegen der Voraussetzungen des § 321a HGB das Recht, den Prüfungsbericht einzusehen.

Bestätigungsvermerk

Der Bestätigungsvermerk fasst das Ergebnis der Prüfung zusammen und enthält neben einer Beschreibung von Gegenstand, Art und Umfang der Prüfung sowie der Angabe der angewandten Rechnungslegungs- und Prüfungsgrundsatze auch eine Beurteilung des Prüfungsergebnisses. Der Prüfer hat dabei ausdrücklich zu erklären, dass die von ihm durchgeführte Prüfung zu keinen Einwendungen geführt hat und dass der vom Vorstand aufgestellte Jahresabschluss aufgrund der bei der Prüfung gewonnenen Erkenntnisse nach seiner Beurteilung unter Beachtung der Grundsätze ordnungsmäßiger Buchführung ein den tatsächlichen Verhältnissen entsprechendes Bild der Vermögens-, Finanz- und Ertragslage des Unternehmens vermittelt. Auf Risiken, die den Fortbestand des Unternehmens gefährden, ist gesondert einzugehen. Sind Einwendungen zu erheben, so hat der Abschlussprüfer den Bestätigungsvermerk einzuschränken oder zu versagen (§ 322 Abs. 4, 5 AktG). Im Bestätigungsvermerk ist auch darauf einzugehen, ob der Lagebericht eine zutreffende Vorstellung von der *Lage* des Unternehmens vermittelt, und ob die Chancen und Risiken der künftigen Entwicklung zutreffend dargestellt sind (§ 322 Abs. 6 AktG).

10.2 Feststellung des Jahresabschlusses

Die Feststellung des Jahresabschlusses geschieht

- *regelmäßig* durch ausdrückliche Billigung seitens des Aufsichtsrats,
- *ausnahmsweise* durch Beschluss der Hauptversammlung.

Billigt der Aufsichtsrat den Konzernabschluss nicht, so entscheidet die Hauptversammlung über die Billigung (§ 173 Abs. 1 S. 2 AktG).

10.2.1 Feststellung durch den Aufsichtsrat

Billigt der Aufsichtsrat den Jahresabschluss, so ist dieser festgestellt (§ 172 S. 1 AktG). Die Feststellung ist ein rechtsgeschäftlicher Vorgang, durch den der Jahresabschluss rechtlich wirksam und für die Organe, die Aktionäre und Dritte rechtsverbindlich wird; das betrifft vor allem die Positionen des Jahresabschlusses, bei denen der Vorstand eine Ermessensentscheidung zu treffen hat, wozu die Ausübung von Ansatzwahlrechten nach §§ 246 bis 251 HGB und von Bewertungswahlrechten nach §§ 252 bis 256 HGB sowie die Einstellung in die freien Gewinnrücklagen (§ 58 Abs. 2 AktG) gehören. Die Feststellung des Jahresabschlusses, der einen Bilanzgewinn ausweist, ist Voraussetzung für einen Gewinnverwendungsbeschluss (§§ 174 Abs. 1, 119 Abs. 1 Nr. 2 AktG), der wiederum die Rechtsgrundlage für Dividendenzahlungen darstellt (vgl. § 62 AktG). Mit der Feststellung wird zugleich auch die Grundlage für die Fortführung der Rechnungslegung im folgenden Geschäftsjahr durch Übernahme der Bilanzansätze als Saldovorträge geschaffen. Ist die Aktiengesellschaft prüfungspflichtig, so kann nach § 316 Abs. 1 S. 2 HGB der Jahresabschluss nicht festgestellt werden, wenn keine Prüfung stattgefunden hat. Die Versagung des Bestätigungsvermerks (§ 322 Abs. 4, 5 HGB) steht der Feststellung nicht entgegen.

10.2.2 Feststellung durch die Hauptversammlung

Zur Feststellung des Jahresabschlusses durch die Hauptversammlung kommt es nach §§ 172 S. 1, 173 Abs. 1 AktG ausnahmsweise dann, wenn

- der Aufsichtsrat den Jahresabschluss nicht ausdrücklich billigt, oder
- Vorstand und Aufsichtsrat beschließen, die Feststellung des Jahresabschlusses der Hauptversammlung zu überlassen.

Die Hauptversammlung hat in diesem Fall dieselben Kompetenzen, die dem Vorstand bei der Aufstellung zustehen (§ 173 Abs. 2 S. 1 AktG). Sie kann deshalb von dem vorgelegten Jahresabschluss abweichen, sie ist an die Festlegungen des Vorstands nicht gebunden. Im Rahmen der Bilanzierungs- und Bewertungsvorschriften des Handelsgesetzbuchs nutzt sie die Spielräume bei dem Ansatz und der Bewertung von Posten nach eigenem Ermessen aus. Bei der Feststellung des Jahresabschlusses durch die Hauptversammlung dürfen Einstellungen in die Rücklagen nur insoweit vorgenommen werden, als dies durch Gesetz oder Satzung vorgeschrieben ist (§ 173 Abs. 2 S. 2 AktG).

Durch Gesetz vorgeschriebene Gewinnrücklagen sind die dem Auffangen von Verlusten dienende *gesetzliche Rücklage* nach § 150 AktG in Höhe von bis zu 10 % des Grundkapitals und die nach § 272 Abs. 4 HGB zu bildende Rücklage bei Erwerb eigener Aktien durch die Gesellschaft. Eine durch Satzung vorgeschriebene Gewinnrücklage ist die Rücklage nach § 58 Abs. 1 AktG. Diese Vorschrift erlaubt es der Aktiengesellschaft gerade für den Fall, dass die Feststellung des Jahresabschlusses bei der Hauptversammlung liegt, durch eine entsprechende Satzungsvorschrift die Zuführung zu einer Gewinnrücklage zwingend anzuordnen.

Die Feststellung des Jahresabschlusses einschließlich der Verwendung des Jahresüberschusses durch die Hauptversammlung geschieht durch einen mit einfacher Mehrheit zu fassenden Beschluss. Wurde der Jahresabschluss durch die Hauptversammlung geändert, so ist der geänderte Jahresabschluss, sofern Prüfungspflicht besteht, erneut zu prüfen (§ 173 Abs. 3 AktG). Bei prüfungspflichtigen Aktiengesellschaften hat der Abschlussprüfer an den Verhandlungen der Hauptversammlung über die Feststellung des Jahresabschlusses teilzunehmen (§ 176 Abs. 2 AktG).

Weist der festgestellte Jahresabschluss einen Bilanzgewinn aus, so lässt dies noch keinen *Zahlungsanspruch* der Aktionäre auf die Dividende entstehen, weil diese der Höhe nach noch nicht bezifferbar ist. Die Aktionäre haben aber einen gerichtlich einklagbaren Anspruch auf Herbeiführung eines Hauptversammlungsbeschlusses über die Verwendung des Bilanzgewinns (vgl. § 58 Abs. 4 AktG).

10.3 Beschlussfassung über die Gewinnverwendung

Der Beschlussfassung über die Gewinnverwendung geht die Feststellung des Jahresabschlusses, sei es durch den Aufsichtsrat oder durch die Hauptversammlung, voran. Weist der festgestellte Jahresabschluss einen Bilanzgewinn aus, so lässt dies noch keinen *Zahlungsanspruch* der Aktionäre auf Ausschüttung entstehen, weil dieser der Höhe nach noch nicht bezifferbar ist, dazu bedarf es eines Gewinnverwendungsbeschlusses. Die Verwendung des Bilanzgewinns ist ausschließlich Sache der Hauptversammlung (§§ 174, 175 AktG). Die Beschlussfassung wird dadurch vorbereitet, dass der Vorstand der Hauptversammlung den Jahresabschluss, den Lagebericht, den Bericht des Aufsichtsrats und den Vorschlag des Vorstands für die Verwendung des Bilanzgewinns vorlegt. Der Gewinnverwendungsbeschluss hat den Bilanzgewinn zum Gegenstand, der wie folgt aus dem Jahresüberschuss/Jahresfehlbetrag entwickelt wird (§ 158 Abs. 1 AktG):

	Jahresüberschuss/Jahresfehlbetrag
+/-	Gewinnvortrag/Verlustvortrag
+	Entnahmen aus Rücklagen
-	Einstellungen in Gewinnrücklagen
=	Bilanzgewinn

Die vom Vorstand bzw. von der Hauptversammlung selbst gem. § 58 Abs. 1, 2, 2a AktG vorgenommenen Einstellungen in die Rücklagen sind also bereits abgezogen.

Die Hauptversammlung beschließt über die Verwendung des Bilanzgewinns auf der Grundlage des von Vorstand und Aufsichtsrat festgestellten Jahresabschlusses. Der von dem Vorstand vorgelegte Vorschlag für die Verwendung des Bilanzgewinns bindet die Hauptversammlung nicht, sie ist frei bei ihrer Entscheidung und kann den Bilanzgewinn teilweise oder vollständig ausschütten oder ihn auch gänzlich auf neue Rechnung vortragen (Gewinnvortrag) oder in die Gewinnrücklagen einstellen, solange kein Verstoß gegen § 254 AktG (dazu Abschn. 10.5.3) vorliegt.

In dem Gewinnverwendungsbeschluss ist nach § 174 Abs. 2 AktG die Verwendung des Bilanzgewinns im Einzelnen darzulegen, namentlich sind anzugeben

- der Bilanzgewinn,
- der an die Aktionäre auszuschüttende Betrag oder Sachwert,
- die in Gewinnrücklagen einzustellenden Beträge,
- ein Gewinnvortrag,
- der zusätzliche Aufwand aufgrund des Beschlusses.

Weicht der Gewinnverwendungsbeschluss der Hauptversammlung vom Vorschlag der Verwaltung ab, so hat das Auswirkungen auf die Positionen der Bilanz und der Gewinn- und Verlustrechnung. Eine an sich gebotene Änderung des Jahresabschlusses ist aber wegen § 174 Abs. 3 AktG nicht durchzuführen, sie wird erst bei dem Abschluss des nächsten Jahres berücksichtigt. Mit der Beschlussfassung entsteht ein klagbarer Anspruch der Aktionäre gegen die Gesellschaft auf Zahlung der ihnen jeweils zustehenden Dividende.

Die Satzung kann den Vorstand ermächtigen, nach Ablauf des Geschäftsjahrs auf den voraussichtlichen Bilanzgewinn einen Abschlag an die Aktionäre zu zahlen (§ 59 AktG).

10.4 Offenlegung

Die Vorschriften zur Offenlegung des Jahresabschlusses und weiterer Unterlagen finden sich in §§ 325 bis 329 HGB. Der Umfang der Publizitätspflichten hängt davon ab, ob es sich um eine kleine, mittelgroße oder große Kapitalgesellschaft im Sinne des § 267 HGB handelt.

Der Vorstand hat den Jahresabschluss unverzüglich nach der Hauptversammlung, jedoch spätestens vor Ablauf des zwölften Monats des dem Abschlussstichtag nachfolgenden Geschäftsjahres, mit dem Bestätigungsvermerk oder dem Vermerk über dessen Versagung beim Betreiber des elektronischen Bundesanzeigers elektronisch einzureichen und bekanntmachen zu lassen, außerdem den Lagebericht, den Bericht des Aufsichtsrats, den Konzernabschluss und den Konzernlagebericht, und ferner, soweit sich dies aus dem eingereichten Jahresabschluss nicht ergibt, den Vorschlag für die Verwendung des Ergebnisses und den Beschluss über seine Verwendung unter Angabe des Jahresüberschusses (§ 325 HGB).

Ist die Aktiengesellschaft eine *mittelgroße* Kapitalgesellschaft, so kann sie eine verkürzte Bilanz und einen verkürzten Anhang einreichen (s. dazu im Einzelnen § 327 HGB).

Für *kleine* Kapitalgesellschaften gilt die weitergehende Erleichterung, dass nur die Bilanz und der Anhang, nicht aber die Gewinn- und Verlustrechnung, einzureichen sind, wobei der Anhang die die Gewinn- und Verlustrechnung betreffenden Angaben nicht zu enthalten braucht (§ 326 HGB).

Der Betreiber des elektronischen Bundesanzeigers hat zu prüfen, ob die erforderlichen Unterlagen fristgemäß und vollzählig eingereicht worden sind (§ 329 Abs. 1 HGB). Gibt die Prüfung Anlass zu der Annahme, dass Erleichterungen nicht hätten in Anspruch genommen werden dürfen, kann er von der Gesellschaft weitere Angaben verlangen (§ 329 Abs. 2 HGB). Ergibt die Prüfung, dass die offenzulegenden Unterlagen nicht oder nicht vollständig eingereicht wurden, wird das Bundesamt für Justiz unterrichtet (§ 329 Abs. 4 HGB). Das Bundesamt ist befugt, den Vorstand durch Festsetzung von Ordnungsgeld zur Befolgung der Offenlegungspflicht anzuhalten. Das Ordnungsgeld beträgt mindestens 2.500 und höchstens 25.000 Euro und kann mehrfach festgesetzt werden (§ 335 HGB i. V. m. § 389 Abs. 3 FamFG).

10.5 Fehlerhaftigkeit von Jahresabschluss und Gewinnverwendung

Das Aktiengesetz trifft besondere Regelungen für die Fehlerhaftigkeit von Jahresabschlüssen und von Gewinnverwendungsbeschlüssen, wobei wiederum zwischen Nichtigkeit und Anfechtbarkeit unterschieden wird.

10.5.1 Fehlerhafter Jahresabschluss

Der vom Aufsichtsrat bzw. von der Hauptversammlung festgestellte Jahresabschluss ist *nichtig*, wenn einer der in § 256 AktG abschließend aufgezählten Nichtigkeitsgründe besteht, also wenn

- er durch seinen Inhalt Vorschriften verletzt, die ausschließlich oder überwiegend zum Schutze der Gläubiger der Gesellschaft gegeben sind,
- er im Falle einer gesetzlichen Prüfungspflicht nicht nach § 316 Abs. 1 und 3 HGB geprüft worden ist oder er geprüft worden ist von Personen, die nicht zum Abschlussprüfer bestellt sind oder nicht als Abschlussprüfer befähigt sind,
- bei seiner Feststellung die Bestimmungen des Aktiengesetzes oder der Satzung über die Einstellung von Beträgen in Kapital- oder Gewinnrücklagen oder über die Entnahme daraus verletzt worden sind,
- bei Feststellung des Jahresabschlusses durch Vorstand und Aufsichtsrat eines dieser beiden Organe nicht ordnungsgemäß mitgewirkt hat,

- bei Feststellung des Jahresabschlusses durch die Hauptversammlung
  die Hauptversammlung nicht ordnungsgemäß einberufen war, oder
  die Feststellung nicht ordnungsgemäß beurkundet bzw. niedergeschrieben ist, oder
  der Feststellungsbeschluss erfolgreich angefochten worden ist;
- die Klarheit und Übersichtlichkeit des Jahresabschlusses durch Gliederungsverstöße wesentlich beeinträchtigt ist,
- Posten überbewertet, d. h. Aktivposten mit einem höheren Wert und Passivposten mit einem niedrigeren Wert angesetzt sind als nach §§ 253 bis 256 HGB in Verbindung mit §§ 279 bis 283 HGB zulässig ist,
- Posten unterbewertet sind und dadurch die Vermögens- oder Ertragslage der Gesellschaft vorsätzlich unrichtig wiedergegeben oder verschleiert wird. Unterbewertet sind Aktivposten, wenn sie mit einem niedrigeren Wert, Passivposten, wenn sie mit einem höheren Betrag angesetzt sind, als nach §§ 253 bis 256 HGB in Verbindung mit §§ 279 bis 283 HGB zulässig ist.

Die Nichtigkeit kann nach Ablauf von sechs Monaten bzw. von drei Jahren seit der Bekanntmachung im Bundesanzeiger nicht mehr geltend gemacht werden, d. h. es tritt *Heilung* des Jahresabschlusses ein (§ 256 Abs. 6 AktG); mit Heilung wird der Jahresabschluss gültig. Die Dreijahresfrist gilt bei den Verstößen gegen Gliederungs- und Bewertungsvorschriften und gegen die Gläubigerschutzvorschriften, die Sechsmonatsfrist in den anderen heilbaren Fällen. Nicht heilungsfähig sind die fehlende oder unzureichende Abschlussprüfung und die nach erfolgreicher Anfechtungsklage eines Aktionärs gegen den von der Hauptversammlung festgestellten Jahresabschluss eintretende Nichtigkeit. Ist der Feststellungsbeschluss nichtig, so kann auf eine erneute, nunmehr wirksame Feststellung hingewirkt werden; im Übrigen kann der Eintritt der Heilung und damit die Unabänderbarkeit nur durch Klageerhebung nach §§ 256 Abs. 7, 249 AktG abgewandt werden.

Der ausnahmsweise von der Hauptversammlung (s. dazu Abschn. 10.2) gefasste Beschluss über die Feststellung des Jahresabschlusses ist nichtig, wenn er erfolgreich durch Erhebung einer Anfechtungsklage angefochten wird (§ 257 AktG). Die *Anfechtung* kann jedoch gem. § 257 Abs. 1 S. 2 AktG nicht darauf gestützt werden, dass der Inhalt des Jahresabschlusses gegen Gesetz oder Satzung verstößt. Derartige Verstöße sollen ohne Konsequenzen bleiben; sind sie gravierend, können die Nichtigkeitsgründe des § 256 AktG vorliegen. Als Anfechtungstatbestände verbleiben daher nur wesentliche Verfahrensfehler. Ein anfechtbarer Feststellungsbeschluss wird rechtlich bindend, wenn er nicht innerhalb der Monatsfrist des § 246 Abs. 1 AktG angefochten worden ist.

10.5.2 Sonderprüfung wegen unzulässiger Unterbewertung

Wie vorstehend bereits angesprochen, kann die Unterbewertung von Posten zur Nichtigkeit des Jahresabschlusses führen. Nichtigkeit tritt ein, wenn infolge der Unterbewertung die Vermögens- und Ertragslage vorsätzlich unrichtig wiedergegeben oder verschleiert wird. Unterbewertet sind Aktivposten, wenn sie mit einem niedrigeren Wert, Passivposten, wenn sie mit einem höheren Betrag angesetzt sind als nach den Rechnungslegungsvorschriften des Handelsgesetzbuchs zulässig ist (§ 256 Abs. 5 S. 3 AktG). Ob eine Unterbewertung besteht oder nicht, weiß nur der Vorstand, der den Jahresabschluss aufstellt. Die Unterbewertung bliebe unentdeckt und folgenlos, wenn den Aktionären nicht durch § 258 AktG eine Handhabe zur Aufklärung des Sachverhalts zur Verfügung stünde.

Nach § 258 AktG können Aktionäre, deren Anteile zusammen 1 % des Grundkapitals oder den anteiligen Betrag von 100.000 Euro erreichen, innerhalb einer Frist von einem Monat nach der Hauptversammlung den Antrag auf Bestellung von Sonderprüfern beim Registergericht stellen. Die Sonderprüfer haben zu prüfen, ob die bemängelten Posten nicht wesentlich unterbewertet sind. Sonderprüfer können nur *Wirtschaftsprüfer* und Wirtschaftsprüfungsgesellschaften sein; diese Funktion ist unvereinbar mit der des Abschlussprüfers. Der Sonderprüfer erstellt einen Prüfungsbericht (§ 259 AktG). Stellt der Prüfer eine nicht unwesentliche Unterbewertung fest, so gibt er die Beträge an und stellt die Auswirkungen auf den Jahresüberschuss dar. Gegen die abschließenden Feststellungen des Sonderprüfers kann die Aktiengesellschaft selbst durch den Vorstand oder können andere Aktionäre, deren Anteile zusammen 5 % des Grundkapitals oder den anteiligen Betrag von 500.000 Euro erreichen, innerhalb eines Monats nach Veröffentlichung des Berichts des Sonderprüfers im elektronischen Bundesanzeiger den Antrag auf Entscheidung durch das zuständige Landgericht – Kammer für Handelssachen – stellen (§§ 260, 132 AktG).

Ist eine gerichtliche Entscheidung nicht eingeholt worden oder bestätigt das Landgericht den Bericht des Sonderprüfers, so ist in dem ersten Jahresabschluss, der im Anschluss daran aufgestellt wird, entsprechend den Feststellungen des Sonderprüfers die Bilanz aufzustellen. Dabei wird sich ein „Ertrag aufgrund höherer Bewertung gemäß dem Ergebnis der Sonderprüfung“ ergeben, der gesondert auszuweisen ist. Dieser Ertrag gehört nicht zum Jahresüberschuss des betreffenden Jahres. Über die Verwendung dieses zusätzlichen Ertrags abzüglich der darauf entfallenden Steuern entscheidet die Hauptversammlung, soweit nicht in dem Jahresabschluss ein Bilanzverlust ausgewiesen ist, der nicht durch Kapital- oder Gewinnrücklagen gedeckt ist (§ 261 Abs. 3 AktG). Die

Hauptversammlung kann diesen zusätzlichen Ertrag ausschütten oder thesaurieren.

10.5.3 Fehlerhaftigkeit des Gewinnverwendungsbeschlusses

Es geht hier um den Beschluss über die Verwendung des Bilanzgewinns durch die Hauptversammlung gem. §§ 174, 58 Abs. 3 AktG, also um die Verwendung des Gewinns, der nach erfolgter Feststellung des Jahresabschlusses durch Vorstand und Aufsichtsrat (§ 172 AktG) oder durch die Hauptversammlung (§ 173 AktG) für die Aktionäre noch zur Disposition steht.

Der Gewinnverwendungsbeschluss der Hauptversammlung ist *nichtig*, wenn einer der allgemeinen Nichtigkeitsgründe des § 241 AktG vorliegt, nach denen jedweder Hauptversammlungsbeschluss nichtig ist, oder wenn der besondere Nichtigkeitsgrund des § 253 AktG vorliegt. Nach § 253 Abs. 1 S. 1 AktG ist ein Gewinnverwendungsbeschluss insbesondere dann nichtig, wenn die *Feststellung* des Jahresabschlusses, auf dem der Beschluss beruht, nichtig ist (dazu Abschn. 10.5.1). Sofern die Nichtigkeit des Jahresabschlusses geheilt wird, nimmt der Gewinnverwendungsbeschluss an der Heilung teil. Er wird dann also durch Zeitablauf gültig.

Der Gewinnverwendungsbeschluss ist nach § 254 AktG *anfechtbar*, wenn einer der allgemeinen Anfechtungsgründe des § 243 AktG vorliegt (dazu Abschn. 7.7.2) und ferner, wenn die Hauptversammlung aus dem Bilanzgewinn übermäßig in die Gewinnrücklagen einstellt oder ihn als Gewinnvortrag einbehält. Das ist der Fall, wenn die Einstellung oder der Gewinnvortrag bei vernünftiger kaufmännischer Beurteilung nicht notwendig ist, um die Lebens- und Widerstandsfähigkeit der Gesellschaft für einen hinsichtlich der wirtschaftlichen und finanziellen Notwendigkeit übersehbaren Zeitraum zu sichern und dadurch unter die Aktionäre keinen Gewinn in Höhe von mindestens vier vom Hundert des Grundkapitals abzüglich von noch nicht eingeforderten Einlagen verteilt werden kann (§ 254 Abs. 1 AktG). Zu einer Anfechtung sind nur Aktionäre befugt, wenn ihre Anteile zusammen 5 % des Grundkapitals oder den anteiligen Betrag von 500.000 Euro erreichen (§ 254 Abs. 2 S. 3 AktG).

11 Die Finanzierung der Gesellschaft

11.1 Überblick

Das Aktiengesetz schreibt vor, dass die Gesellschaft ein bestimmtes Grundkapital hat, zu dessen Aufbringung die Aktionäre verpflichtet sind, und trifft Bestimmungen zur *Aufbringung* des Kapitals nach Gründung und Kapitalerhöhung sowie zur *Kapitalerhaltung*. Betriebswirtschaftlich gilt, dass das Verfolgen der Geschäftstätigkeit gemäß dem satzungsmäßigen Unternehmensgegenstand Finanzierungsbedarf auslöst. Dabei ist das Grundkapital nur eine von mehreren Finanzierungsformen.

Zu unterscheiden ist zwischen Innenfinanzierung und Außenfinanzierung. Kennzeichnendes Merkmal der *Innenfinanzierung* ist die Herkunft der Mittel aus dem Unternehmen. Zur Innenfinanzierung, die hier nicht weiter dargestellt wird, gehört die Bildung von Rückstellungen (Fremdfinanzierung) und die Thesaurierung erzielter Gewinne (Eigenfinanzierung). Bei der *Außenfinanzierung* werden der Gesellschaft Mittel von außen zugeführt. Die Außenfinanzierung erfolgt durch Zuführung von Eigenkapital (Beteiligungsfinanzierung) oder von Fremdkapital (Kreditfinanzierung).

Die Zuführung von *Eigenkapital* umfasst insbesondere

- die Leistung der bei der Gründung übernommenen Einlagen auf das Grundkapital (§ 54 AktG, § 266 Abs. 3 A. I. HGB),
- die Erbringung der bei Kapitalerhöhungen übernommenen Einlagen (§§ 182 ff. AktG),
- die Zahlung eines Aufgelds aus der Ausgabe von Aktien (§§ 272 Abs. 2 Nr. 1, 266 Abs. 3 A. II. HGB),
- Zuzahlungen von Aktionären in das Eigenkapital, die nicht zur Erhöhung des Stammkapitals, sondern zur Verstärkung der Kapitalrücklage dienen (§ 272 Abs. 2 Nr. 4 HGB),
- Zuzahlungen von Aktionären zum Ausgleich eines Jahresfehlbetrags (§ 277 Abs. 4 HGB).

Das *Fremdkapital* stellt den Teil der Unternehmensfinanzierung dar, der nicht von der Gesellschaft selbst erwirtschaftet oder von ihren Aktionären im Wege der Eigenkapitalzuführung zur Verfügung gestellt worden ist. Die bilanzielle

Darstellung des Fremdkapitals erfolgt mit den Positionen Rückstellungen und Verbindlichkeiten (§ 266 Abs. 3 HGB).

Die Unterscheidung zwischen Eigenkapital und Fremdkapital ist allerdings nicht immer eindeutig; das zeigt sich, wenn es um die Rechtsfolgen der Zuführung von *eigenkapitalähnlichen* Mitteln geht. Das betrifft zum einen die Überlassung von Fremdkapital seitens eines Aktionärs, zum anderen die Überlassung von Fremdkapital durch Außenstehende, sofern die Vertragsbedingungen in einer Weise ausgestaltet sind, dass sich die rechtliche Position des Kapitalgebers der eines Aktionärs annähert.

Nachstehend werden die gesetzlichen Bestimmungen, die an die einzelnen Finanzierungsarten anknüpfen, betrachtet.

11.2 Aufbringung des Grundkapitals

Die Aufbringung des Grundkapitals bei Gründung und Kapitalerhöhung sichert das Gesetz durch folgende Bestimmungen:

- Vollständige und restlose Abdeckung des Grundkapitals durch die von den Gründern übernommenen Geschäftsanteile (§§ 2, 29 AktG),
- Genaue Bezeichnung der Sacheinlage (§ 27 Abs. 1 AktG),
- Erstattung eines Gründungsberichts (§ 32 AktG),
- Gründungsprüfung (§§ 33 bis 35 AktG),
- Leistung der eingeforderten Bareinlagen vor der Anmeldung (§ 36 Abs. 2 AktG),
- Begründung der Verpflichtung zur Übertragung der Sacheinlage vor der Anmeldung (§ 36a Abs. 2 AktG),
- Keine Befreiung von der Einlagepflicht bei verdeckter Sacheinlage; s. Abschn. 2.3.1.3),
- Differenzhaftung bei Überbewertung von Sacheinlagen (vgl. § 9 GmbHG),
- Ersatzansprüche der Gesellschaft aus Gründerhaftung (§§ 46 bis 51 AktG),
- Lange Verjährungsfrist für Einlageforderung (§ 54 Abs. 4 AktG),
- Verbot der Einlagenrückgewähr (§ 57 AktG),
- Rückgewährpflicht beim Empfang verbotener Leistungen (§ 62 AktG),
- Haftung des Vormanns eines säumigen Aktionärs nach Kaduzierung (§ 65 AktG),
- Keine Befreiung von der Einlagepflicht (§ 66 Abs. 1 S. 1 AktG),
- Keine Aufrechnung gegen die Einlageforderung (§ 66 Abs. 1 S. 2 AktG),
- Unterbilanzhaftung der Gründer (s. Abschn. 2.7),

- Eingeschränkte Zulässigkeit des Erwerbs eigener Aktien durch die Gesellschaft (§§ 71 ff. AktG),
- Einschränkungen bei der Einziehung von Aktien (§ 237 AktG).

11.3 Erhaltung des Grundkapitals

Das von den Aktionären aufgebrachte Grundkapital dient der Sicherung der Gläubiger und ist deshalb vor einer Verringerung durch Leistungen an Aktionäre zu schützen.

Verbot der Einlagenrückgewähr
Zentrale Kapitalerhaltungsvorschrift ist § 57 AktG, wonach den Aktionären die Einlagen nicht zurückgewährt werden dürfen und Leistungen der Gesellschaft an Aktionäre verboten sind, wenn sie nicht aus dem Bilanzgewinn erfolgen oder sonst ausnahmsweise zugelassen sind. Die Vorschrift geht über die Kapitalerhaltung hinaus und bewirkt eine Vermögensbindung; verboten ist jede wertmäßige Beeinträchtigung des Gesellschaftsvermögens. Es kommt nicht darauf an, ob die die Leistung das zur Deckung des Grundkapitals erforderliche Vermögen angreift; verboten sind auch Leistungen, denen freie Rücklagen gegenüberstehen. Das ist deutlich strenger als bei der GmbH, wo § 30 Abs. 1 GmbHG lediglich die Auszahlung des zur Erhaltung des Stammkapitals erforderlichen Vermögens der Gesellschaft an Gesellschafter verbietet. Die Einlagenrückgewähr kann offen oder verdeckt erfolgen. Eine Einlagenrückgewähr geschieht selten in offener, häufiger in verdeckter Form. Zu denken ist an Leistungen der Gesellschaft an einer Aktionär ohne zureichende Gegenleistung einerseits und an Leistungen des Aktionärs an die Gesellschaft gegen eine überhöhte Gegenleistung andererseits. Zumeist überschneiden sich diese Sachverhalte mit einer verdeckten Gewinnausschüttung im Sinne des § 8 Abs. 3 KStG.

Die Vorschrift des § 57 Abs. 1 AktG ist nicht anzuwenden auf normale Verkehrsgeschäfte, bei denen sich Leistung und Gegenleistung ausgewogen gegenüberstehen, etwa bei dem Verkauf eines Fahrzeugs der Gesellschaft an einen Aktionär zum Verkehrswert.

Als Einlagenrückgewähr gilt nicht der zulässige Erwerb eigener Aktien (s. dazu Abschn. 11.4). Ausgenommen sind auch Leistungen, die bei Bestehen eines Beherrschungs- oder Gewinnabführungsvertrags gem. § 291 AktG (s. dazu Abschn. 14.2.2) erfolgen; damit wird dem Vorstand einer abhängigen Gesellschaft aber kein Freibrief ausgestellt, denn wenn absehbar ist, dass das herrschende Unternehmen aufgrund finanzieller Schwierigkeiten nicht in der Lage ist, seine Verpflichtung zur Verlustübernahme gemäß § 302 AktG zu erfüllen, muss er den Beherrschungs- oder Gewinnabführungsvertrag aus wichtigem

Grunde fristlos kündigen und die Auszahlung verweigern. Eine weitere Ausnahme hat das MoMiG eingeführt für Leistungen die durch einen vollwertigen Gegenleistungs- oder Rückgewähranspruch gegen den Aktionär gedeckt sind (§ 57 Abs. 1 S. 3 AktG). Damit wird die Gewährung von Darlehen der Gesellschaft an Aktionäre zulässig, insbesondere auch in Gestalt des cash-pooling bei Konzernunternehmen.

Schließlich ist das Auszahlungsverbot nicht anzuwenden auf die Rückgewähr eines Aktionärsdarlehens und Leistungen auf Forderungen aus Rechtshandlungen, die einem Aktionärsdarlehen wirtschaftlich entsprechen (§ 57 Abs. 1 S. 4 AktG). Aufgrund dieser neu eingeführten Regelung ist die langjährige Rechtsprechung des Bundesgerichtshofs zum Eigenkapitalersatz gegenstandslos geworden, die zwar für die GmbH entwickelt, aber auch bei einer Aktiengesellschaft angewandt wurde, wenn es um Darlehen von Aktionären mit Finanzierungsverantwortung ging, und diese wurde in der Regel bei Innehaben einer Sperrminorität von 25 % angenommen. An die Stelle des Eigenkapitalersatzrechts tritt die Anfechtung der Tilgung von Aktionärsdarlehen und von vergleichbaren Sachverhalten im letzten Jahr vor dem Eröffnungsantrag (§ 135 InsO; dazu Abschn. 11.5).

Die Rechtsfolgen eines Verstoßes gegen § 57 AktG regelt § 62 AktG: Der Aktionär hat der Gesellschaft die verbotenen Leistungen zurückzugewähren. Eine Ausfallhaftung der anderen Aktionäre besteht, anders als bei der GmbH, nicht. Der Anspruch der Gesellschaft verjährt in zehn Jahren seit dem Empfang der Leistung.

Einziehung von Aktien
Die Einziehung von Aktien im vereinfachten Einziehungsverfahren gegen Entgelt ist nur gestattet, wenn dessen Zahlung zu Lasten des Bilanzgewinns oder einer anderen zu diesem Zweck verwendbaren Gewinnrücklage erfolgt (§ 237 Abs. 3 AktG).

Zahlungsverbot in der Krise
Das ab Eintritt der Insolvenzreife geltende Zahlungsverbot (§ 92 Abs. 2 AktG; s. Abschn. 5.5.5.3) soll Schmälerungen der (späteren) Insolvenzmasse verhindern.

11.4 Erwerb eigener Aktien

Zu den Kapitalerhaltungsvorschriften gehören auch die Regelungen zum Erwerb eigener Aktien, die wegen ihres Umfangs und ihrer großen praktischen Bedeutung unten in einem eigenem Abschnitt behandelt werden. Der Erwerb eigener Aktien durch die Gesellschaft stellt wirtschaftlich eine Rückgewähr der Einlage an den veräußernden Aktionär dar, und das ist nach § 57 Abs. 1 S. 1 AktG grundsätzlich verboten. Nach Maßgabe der Vorschriften der §§ 71 ff. AktG ist der Erwerb eigener Aktien in beschränktem Umfang möglich, insoweit ist dann das Rückgewährverbot durchbrochen (vgl. § 57 Abs. 1 S. 2 AktG).

Erwerbsverbot
Als verbotener Erwerb gilt jedes Rechtsgeschäft, das die Gesellschaft auf Dauer oder vorübergehend zum Inhaber oder Mitinhaber der Aktie macht oder einen schuldrechtlichen Anspruch auf deren Übertragung schafft, also mehr als nur der Kauf. Verboten ist auch, einem Dritten den Erwerb von Aktien der Gesellschaft zu finanzieren (§ 71a Abs. 1 AktG), über einen mittelbaren Stellvertreter oder eine Tochtergesellschaft eigene Aktien zu erwerben (§§ 71a Abs. 2, 71d AktG) und eigene Aktien in Pfand zu nehmen (§ 71e AktG).

Ausnahmen vom Erwerbsverbot
Der Erwerb eigener Aktien kommt in den in § 71 Abs. 1 Nr. 1 bis 8 AktG abschließend aufgeführten Fällen in Betracht:

1. wenn der Erwerb notwendig ist, um einen schweren, unmittelbar bevorstehenden Schaden von der Gesellschaft abzuwenden;
   denkbar ist der Erwerb von einem Schuldner der Gesellschaft, dessen Schuld sodann mit dem ihm zustehenden Erlösanspruch für die Aktien verrechnet werden kann. Der Vorstand hat die nächste Hauptversammlung über die Einzelheiten zu unterrichten (§ 71 Abs. 3 S. 1 AktG);
2. wenn die Aktien Personen, die im Arbeitsverhältnis zu der Gesellschaft oder einem mit ihr verbundenen Unternehmen stehen oder standen, zum Erwerb angeboten werden sollen;
   das betrifft den Weiterverkauf als Belegschaftsaktien sowohl an gegenwärtige Arbeitnehmer der Gesellschaft als auch an ehemalige, also in den Ruhestand getretene Mitarbeiter. Die Aktien sind innerhalb eines Jahres nach ihrem Erwerb an die Arbeitnehmer auszugeben (§ 71 Abs. 3 S. 2 AktG);
3. wenn der Erwerb geschieht, um Aktionäre in bestimmten konzern- und umwandlungsrechtlichen Fällen abzufinden;
   das kommt in Betracht, wenn die Gesellschaft nach Abschluss eines Beherrschungs- oder eines Gewinnabführungsvertrages oder nach einer Eingliederung oder aber nach Durchführung einer Verschmelzung, einer Spaltung oder eines Formwechsels eine Abfindung zahlen muss an die ausgeschiedenen Aktionäre, die im Gegenzug die ihnen gehörenden bzw. von ihnen bei der Umwandlung erworbenen Aktien an die Gesellschaft zu übertragen haben;
4. wenn der Erwerb unentgeltlich geschieht oder ein Kreditinstitut mit dem Erwerb eine Einkaufskommission ausführt;

5. durch Gesamtrechtsnachfolge;
6. auf Grund eines Beschlusses der Hauptversammlung zur Einziehung nach den Vorschriften über die Herabsetzung des Grundkapitals;
7. wenn die Gesellschaft ein Kreditinstitut, Finanzdienstleistungsinstitut oder Finanzunternehmen ist, aufgrund eines Beschlusses der Hauptversammlung zum Zwecke des Wertpapierhandels;
8. aufgrund einer höchstens 18 Monate geltenden Ermächtigung der Hauptversammlung, die den niedrigsten und höchsten Gegenwert sowie den Anteil am Grundkapital, der 10 % nicht übersteigen darf, festlegt.

Der mit einfacher Stimmenmehrheit zu fassende Hauptversammlungsbeschluss muss den Zweck der Ermächtigung und die Dauer – höchstens 18 Monate – festlegen. Der Erwerb eigener Aktien kann sinnvoll sein, wenn das Grundkapital der Aktiengesellschaft dauerhaft zu hoch ist und die erwirtschaftete Eigenkapitalrendite infolgedessen zu niedrig ist. Die meisten mittelständischen Unternehmen haben jedoch eher zuwenig Eigenkapital, deshalb hat der Rückkauf aufgrund Ermächtigung bei ihnen keine große Bedeutung. Die steuerrechtliche Behandlung des Erwerbs eigener Aktien ist geklärt durch das BMF-Schreiben vom 02.12.1998 (BStBl. 1998 I, 1509).

Der Vorstand hat die nächste Hauptversammlung über die Gründe und den Zweck des Erwerbs eigener Aktien, über die Zahl der erworbenen Aktien und den auf sie entfallenden Betrag des Grundkapitals, über deren Anteil am Grundkapital sowie über den Gegenwert der Aktien zu unterrichten (§ 71 Abs. 3 S. 1 AktG). Sind die Aktien der Gesellschaft zum Handel an einer inländischen Börse zugelassen, so ist auch die Gesellschaft die Bundesanstalt für Finanzdienstleistungsaufsicht unverzüglich von der Ermächtigung zum Erwerb eigener Aktien zu unterrichten (§ 71 Abs. 3 S. 3 AktG).

In den Fällen der Nr. 1, 2, 4, 7 und 8 ist der Erwerb nur zulässig, wenn auf die Aktien der Ausgabebetrag voll geleistet ist. Diese Vorschrift dient der Sicherung der Kapitalaufbringung; diese ist gefährdet, wenn der Aktien vor der vollständigen Einzahlung von dem in der Pflicht stehenden Aktionär an die Gesellschaft übergeht.

Umfang des Erwerbs eigener Aktien
Grundsätzlich gilt, dass auf die erworbenen Aktien nicht mehr als 10 % des Grundkapitals entfallen dürfen. Dabei werden Aktien mitgezählt, welche die Gesellschaft bereits erworben hat und noch besitzt; nicht eingerechnet werden eigene Aktien, die unentgeltlich, durch Gesamtrechtsnachfolge oder aufgrund eines Einziehungsbeschlusses zur Herabsetzung des Grundkapitals erworben wurden (§ 71 Abs. 2 S. 1 AktG).

Rücklage für eigene Aktien
Der Erwerb eigener Aktien ist nur zulässig, wenn die Gesellschaft die nach § 272 Abs. 4 HGB vorgeschriebene Rücklage für eigene Aktien bilden kann, ohne das Grundkapital oder eine nach Gesetz oder Satzung zu bildende Rücklage zu mindern, die nicht zu Zahlungen an die Aktionäre verwandt werden darf (§ 71 Abs. 2 S. 2 AktG). Die Rücklage ist bei der Aufstellung der Bilanz vorzunehmen und darf gebildet werden aus dem Jahresüberschuss, dem Gewinnvortrag, frei verfügbaren Gewinnrücklagen (§ 272 Abs. 4 S. 3 HGB) oder aus frei verfügbaren Kapitalrücklagen (§ 272 Abs. 2 Nr. 4 HGB). Durch diese Rücklage werden die in der Bilanz aktivierten Aktien neutralisiert mit der Folge, dass das Ausschüttungsvolumen entsprechend reduziert wird. Die Rücklage für eigene Anteile ist aufzulösen, wenn die GmbH den eigenen Anteil veräußert.

Rechte aus eigenen Aktien
Aus eigenen Aktien, aus den für Rechnung der Gesellschaft von Dritten gehaltenen und den von Tochtergesellschaften gehaltenen eigenen Aktien sowie aus in Pfand genommenen eigenen Aktien stehen der Gesellschaft keine Rechte zu (§ 71b AktG), insbesondere nicht das Stimmrecht und das Bezugsrecht bei Ausgabe neuer Aktien. Davon abweichend nehmen eigene Aktien an der Kapitalerhöhung aus Gesellschaftsmitteln teil (§ 215 AktG).

Veräußerungspflicht
Hat die Gesellschaft eigene Aktien unter Verstoß gegen § 71 Abs. 1 oder 2 AktG erworben, so müssen sie innerhalb eines Jahres nach ihrem Erwerb veräußert werden (§ 71c Abs. 1 AktG). Hat die Gesellschaft in zulässiger Weise nach § 71 Abs. 1 AktG Aktien erworben, so muss der Teil der Aktien, der 10 % des Grundkapitals übersteigt, innerhalb von drei Jahren nach dem Erwerb der Aktien veräußert werden (§ 71c Abs. 2 AktG). Geschieht dies nicht, so sind sie nach § 237 AktG einzuziehen (§ 71c Abs. 3 AktG). Das Registergericht kann den Vorstand durch Festsetzung von Zwangsgeldern dazu anhalten, seinen Verpflichtungen aus § 71c AktG nachzukommen (§ 407 Abs. 1 AktG).

11.5 Gesellschafterdarlehen

Die Aktionäre sind frei in ihrer Entscheidung, wie sie nach erfolgter Gründung die Finanzierung des Geschäftsbetriebs der Gesellschaft sicherstellen. In vielen Fällen reicht das bei der Gründung aufgebrachte Grundkapital nicht bzw. nicht auf Dauer aus. Meldet der Vorstand sodann Kapitalbedarf an, so können die Aktionäre das Grundkapital erhöhen, sie können der Gesellschaft aber auch Darlehen geben. Eine Alternative zur Gewährung eines Gesellschafterdarlehens ist die Abgabe einer Bürgschaftserklärung oder die Leistung einer anderen Sicherheit durch einen Aktionär für einen von dritter Seite der Gesellschaft gewährten Kredit. Bei einer Krise der Gesellschaft und insbesondere im Falle einer Insolvenz werden die von Aktionären gewährten Darlehen und vergleichbare Sachverhalte rechtlich anders behandelt als Rechtsgeschäfte mit Dritten; nachstehend werden die wichtigsten gesetzlichen Vorschriften dargestellt.

Nachrang
Die Tilgung des Darlehensanspruchs eines Aktionärs durch die Gesellschaft richtet sich nach den getroffenen Vereinbarungen, und insoweit wird der Aktionär wie ein fremder Gläubiger behandelt. In der Insolvenz wird der Aktionär allerdings zurückgesetzt: Nach § 39 Abs. 1 Nr. 5 InsO ist er nachrangiger Gläubiger, d. h. die Forderung wird im Rang erst *nach* den übrigen Forderungen der Insolvenzgläubiger bedient. Unabhängig davon, dass die Nachrangigkeit von Gesellschafterforderungen im Insolvenzverfahren jetzt gesetzlich normiert ist, wird weiterhin häufig die Notwendigkeit bestehen, für Gesellschafterdarlehen den Nachrang vertraglich zu vereinbaren, um den Eintritt der Überschuldung (§ 19 InsO) abzuwenden; s. dazu Abschn. 5.5.5.2.

Anfechtung
Sofern die Darlehensforderung des Aktionärs im letzten Jahr vor dem Insolvenzantrag oder zu einem späteren Zeitpunkt von der Gesellschaft befriedigt worden ist, kann der Insolvenzverwalter die Zahlung an den Aktionär anfechten und zurückfordern; der Darlehensforderung gleichgestellt sind Forderungen aus Rechtshandlungen, die einem solchen Darlehen wirtschaftlich entsprechen (§ 135 Abs. 1 Nr. 1 InsO), z. B. gestundete sonstige Forderungen eines Aktionärs etwa aus einem Anstellungsvertrag mit der Gesellschaft oder aus der Vermietung eines Grundstücks an diese. Wird die Forderung des Aktionärs nicht befriedigt, stellt die Gesellschaft ihm aber aus ihrem Vermögen eine Sicherheit für seinen Rückzahlungsanspruch, so ist auch dies anfechtbar, und zwar über einen Zeitraum von zehn Jahren (§ 135 Abs. 1 Nr. 2 InsO).

Gesellschafterbesicherte Darlehen
Der Gewährung eines Gesellschafterdarlehens wirtschaftlich gleichwertig ist die Gewährung eines Darlehens an die Gesellschaft durch Dritte, sofern ein Aktionär dafür eine Sicherheit bestellt oder sich verbürgt hat. Bei Insolvenz der Gesellschaft kann der Gläubiger nur *anteilsmäßige Befriedigung* aus der Insolvenzmasse verlangen, soweit er bei der Inanspruchnahme der Sicherheit oder des Bürgen ausgefallen ist (§ 44a InsO); der Gläubiger muss somit vorab die Sicherheit verwerten bzw. den bürgenden Aktionär in Anspruch nehmen. War die von dem Aktionär besicherte Darlehensforderung im letzten Jahr vor dem Eröffnungsantrag oder zu einem späteren Zeitpunkt von der Gesellschaft befriedigt worden, kann der Insolvenzverwalter dies anfechten mit der Folge, dass der

besichernde Aktionär in Höhe der von der Gesellschaft an den Gläubiger geleisteten Zahlung der Insolvenzmasse Ersatz zu leisten hat. Das gilt entsprechend, wenn es sich zwar nicht um eine Darlehensforderung, sondern um eine Forderung handelte, die einem Darlehen wirtschaftlich entspricht (§§ 135 Abs. 2, 143 Abs. 3 InsO).

Überlassungspflicht
Ein Aktionär kann der Gesellschaft ein Darlehen geben, damit diese sich einen bestimmten Gegenstand anschafft, den sie für die Geschäftstätigkeit benötigt. In Betracht kommt aber auch die Gestaltung, dass ein Aktionär den betreffenden Gegenstand selbst anschafft und ihn der Gesellschaft im Wege der Vermietung oder Verpachtung zur Nutzung überlässt, z. B. eine Immobilie. Wird die Gesellschaft insolvent, so trifft den Aktionär unter bestimmten Voraussetzungen die Pflicht zur vorübergehenden Überlassung des Gegenstands an das Unternehmen (§ 135 Abs. 3 InsO; s. dazu Abschn. 9.6). Das gilt entsprechend, wenn der Aktionär ein Recht, insbesondere ein ihm selbst zustehendes Patent, der Gesellschaft zur *Ausübung* überlassen hat. Im Gegenzug steht dem Aktionär für die Pflicht zur Gebrauchsüberlassung ein Ausgleich zu, der sich an der im letzten Jahr vor der Verfahrenseröffnung geleisteten Vergütung orientiert (§ 135 Abs. 3 S. 2 InsO).

Sanierungsprivileg, Kleinbeteiligtenprivileg
Die vorstehend beschriebenen Rechtsfolgen (Nachrang, Anfechtung, anteilsmäßige Befriedigung, Überlassungspflicht) treten nicht ein, wenn das Sanierungsprivileg oder das Kleinbeteiligtenprivileg eingreift. Das *Sanierungsprivileg* (§ 39 Abs. 4 InsO) bedeutet: Erwirbt ein Gläubiger bei drohender oder eingetretener Zahlungsunfähigkeit der Gesellschaft oder bei Überschuldung Anteile zum Zweck ihrer Sanierung, werden dadurch die bestehenden oder neu gewährten Darlehen nicht nachrangig. Nachrangig werden die Forderungen erst dann, wenn sie bis zur nachhaltigen Sanierung, d. h. nach Beseitigung der im Zeitpunkt des Erwerbs der Anteile drohenden Insolvenzreife, nicht getilgt werden und stehenbleiben (vgl. dazu Handelsrechtsausschuss des DAV, NZG 2007, 211, 220). Das *Kleinbeteiligtenprivileg* (§ 39 Abs. 5 InsO) bewirkt, dass die Vorschriften über Nachrang, Anfechtung und Überlassungspflicht keine Anwendung finden auf einen nicht geschäftsführenden Gesellschafter, der mit zehn Prozent oder weniger am Stammkapital beteiligt ist.

11.6 Stille Gesellschaft

Zu unterscheiden ist die typische stille Gesellschaft, bei der der von den Beteiligten geschlossene Vertrag nicht wesentlich von den gesetzlichen Vorschriften abweicht, von der atypischen stillen Gesellschaft, bei der die Rechtsstellung des stillen Gesellschafters infolge entsprechender vertraglicher Regelungen der eines persönlich haftenden Gesellschafters angenähert ist. Die stille Gesellschaft wird auch als stille Beteiligung bezeichnet. Gegenstand der vorliegenden Darstellung ist die stille Gesellschaft an einem Unternehmen; abzugrenzen davon ist die hier nicht behandelte Unterbeteiligung, das ist eine stille Gesellschaft an einem Gesellschaftsanteil.

11.6.1 Die typische stille Gesellschaft

Die Grundform der stillen Gesellschaft ist die im Handelsgesetzbuch geregelte typische stille Gesellschaft.

Gesetzliche Regelung
Die Errichtung einer stillen Gesellschaft ist gesetzlich geregelt in den §§ 230 bis 236 HGB. Die stille Gesellschaft ist ein Gesellschaftsvertrag zwischen einem Unternehmensträger und einem stillen Gesellschafter, durch den sich der stille Gesellschafter (der „Stille") mit einer Einlage am Unternehmen beteiligt und eine Gewinnbeteiligung erhält. Die stille Gesellschaft ist wie die Gesellschaft bürgerlichen Rechts (GbR; §§ 705 ff. BGB) auf Erreichung eines gemeinsamen Zwecks ausgerichtet. Sie unterscheiden sich voneinander dadurch, dass bei der stillen Gesellschaft kein dem Stillen und dem Unternehmensträger gemeinsam zustehendes Gesellschaftsvermögen gebildet wird, die Einlage des Stillen geht vielmehr in das Vermögen des Unternehmensträgers ein.

Der Stille hat keinen Einfluss auf die Geschäftsführung des Unternehmensträgers. Allerdings bedürfen wesentliche Veränderungen sowie Veräußerung und Einstellung des Unternehmens im Innenverhältnis seiner Zustimmung. Der Stille hat die Kontrollrechte des § 233 HGB, d. h. er kann die abschriftliche Mitteilung des Jahresabschlusses verlangen und dessen Richtigkeit unter Einsicht der Bücher und Papiere prüfen sowie bei Vorliegen eines wichtigen Grundes beantragen, dass das Gericht die Mitteilung einer Bilanz und eines Jahresabschlusses oder sonstige Aufklärungen sowie die Vorlegung der Bücher und Papiere anordnet.

Das Unternehmen wird im Abschnitt des Handelsgesetzbuchs über die stille Gesellschaft (§§ 230 bis 236 HGB) als Handelsgewerbe oder Handelsgeschäft bezeichnet, der Unternehmensträger als Inhaber bzw. Inhaber des Handelsgeschäfts. Unternehmensträger können insbesondere auch Personenhandelsgesellschaften (OHG, KG) und Kapitalgesellschaften (AG, GmbH, KGaA) sein. Die Gesellschaftsform wird als still bezeichnet, weil sie keine eigene Firma (§ 17 HGB) führt, nicht in das Handelsregister eingetragen wird und auch sonst nicht für Außenstehende erkennbar ist. Die Einlage des Stillen wird bilanziell auch nicht in das Eigenkapital eingestellt, sondern als Verbindlichkeit passiviert.

Ein Vertrag über die Errichtung einer stillen Gesellschaft mit einer Aktiengesellschaft als Unternehmensträger gilt als Teilgewinnabführungsvertrag im Sinne des § 292 Abs. 1 Nr. 2 AktG und ist somit nur wirksam, wenn die Regelungen der §§ 293 ff. AktG über den Abschluss von Unternehmensverträgen beachtet werden (dazu Abschn. 13.2).

Die Beteiligung am Gewinn ist das entscheidende Merkmal zur Abgrenzung der stillen Gesellschaft vom Darlehensvertrag; wird auf die Einlage eine feste Gegenleistung gezahlt, so besteht ein Darlehensvertrag und keine stille Gesellschaft. Die gesetzlichen Vorschriften sehen eine Beteiligung des Stillen an Verlusten des Unternehmens als den Regelfall an, sie erlauben aber ausdrücklich, die Verlustbeteiligung auszuschließen (§ 231 Abs. 2 HGB). Ist die Verlustbeteiligung nicht ausgeschlossen, so nimmt der Stille bis zum Betrag seiner Einlage am Verlust teil.

Die stille Gesellschaft kann für einen bestimmten Zeitraum geschlossen werden. Ist die Gesellschaft auf unbestimmte Dauer errichtet, kann sie nach § 234 i. V. m. § 132 HGB mit sechsmonatiger Frist zum Ende eines jeden Geschäftsjahrs gekündigt werden, wenn nichts anderes vereinbart ist, z. B. eine Mindestlaufzeit. Die Kündigung führt zur Auflösung der stillen Gesellschaft mit der Folge der Auseinandersetzung und der Auszahlung des Abfindungsguthabens an den Stillen (§ 235 HGB).

Besteuerung
Der stille Gesellschafter hat die ihm zufließenden Einnahmen als Einkünfte aus Kapitalvermögen zu versteuern (§ 20 Abs. 1 Nr. 4 EStG). Die Einkommensteuer wird nach § 43 Abs. 1 EStG durch Abzug vom Kapitalertrag (Kapitalertragsteuer) erhoben, wobei die Einkommensteuer nach § 43 Abs. 5 EStG mit dem Steuerabzug abgegolten ist. Die Kapitalertragsteuer beträgt nach § 43a Abs. 1 Nr. 1 EStG 25 % der Ausschüttung, zuzüglich Solidaritätszuschlag. Werbungskosten, z. B. Zinsen für die Finanzierung der Einlage, werden nicht berücksichtigt. Erwirtschaftet der Unternehmer einen Verlust, so nimmt der Stille daran teil, wenn die Verlustbeteiligung nicht vertraglich ausgeschlossen ist (§ 231 Abs. 2 HGB). Der Stille kann den auf ihn entfallenden Verlustanteil bis zur Höhe der Einlage

als Werbungskosten (§ 9 EStG) steuerlich geltend machen. Die GmbH als Unternehmer kann die an den stillen Gesellschafter zu zahlende Gewinnbeteiligung als Betriebsausgabe absetzen.

Insolvenz
Wird über das Vermögen der unternehmenstragenden GmbH das *Insolvenzverfahren* eröffnet, so kann der stille Gesellschafter seine Forderung als Insolvenzgläubiger geltend machen (§ 236 Abs. 1 HGB). Ist der stille Gesellschafter zugleich auch Gesellschafter der GmbH, so ist seine Forderung nachrangig nach § 39 Abs. 1 Nr. 5 GmbHG, wenn nicht das Kleinbeteiligtenprivileg (§ 39 Abs. 5 GmbHG) zu seinen Gunsten greift. Wurde dem stillen Gesellschafter im letzten Jahr vor dem Antrag auf Eröffnung des Insolvenzverfahrens oder nach diesem Zeitpunkt ganz oder teilweise entweder die Einlage zurückgewährt oder sein Anteil an dem entstandenen Verlust erlassen, so besteht *Anfechtbarkeit* nach § 136 InsO, d. h. der Insolvenzverwalter kann den Stillen insoweit auf Zahlung an die Insolvenzmasse in Anspruch nehmen.

11.6.2 Die atypische stille Gesellschaft

Die Beteiligten können die stille Gesellschaft weitgehend frei und unter Abweichung von der in den §§ 230 bis 236 HGB vorgegebenen Struktur zu einer atypischen stillen Gesellschaft ausgestalten.

Besteuerung
Die dem Stillen zufließenden Gewinne gehören nach § 20 Abs. 1 Nr. 4 EStG zu den Einkünften aus Kapitalvermögen, wenn nicht der Gesellschafter als Mitunternehmer anzusehen ist, seine Rechtsstellung also aufgrund der vertraglichen Gestaltung von der gesetzlichen Regelung in den §§ 230 ff. HGB so weit abweicht, dass sie dem Typus des Mitunternehmers entspricht. Die Besteuerung des Mitunternehmers (atypischer stiller Gesellschafter) richtet sich nach § 15 Abs. 1 Nr. 2 EStG; aufgrund der Anwendbarkeit dieser Vorschrift werden die Gewinne aus der stillen Gesellschaft solche aus Gewerbebetrieb. Der Stille ist Mitunternehmer, wenn er nicht nur am Gewinn, sondern auch am Verlust teilnimmt und er bei der Auflösung der Gesellschaft einen Anteil an den Wertsteigerungen des Betriebsvermögens einschließlich Geschäftswert erhalten soll, ferner wenn ihm, auch ohne Teilhabe an den stillen Reserven, eine hohe Beteiligung am Bilanzgewinn zusteht und ihm gleichzeitig typische Unternehmerentscheidungen auch der laufenden Geschäftsführung übertragen sind (vgl. Schmidt, Rz. 340 ff. zu § 15 EStG).

Atypisch, aber steuerlich zur Anerkennung als Mitunternehmerschaft nicht zwingend geboten ist der Abschluss einer Rangrücktrittsvereinbarung mit dem stillen Gesellschafter; dies geschieht in geeigneten Fällen, um die Überschuldung der GmbH abzuwenden und darüber hinaus die Kapitalstruktur zu verbessern. Die Auszahlung der Gewinnbeteiligung an den stillen Gesellschafter stellt keine Betriebsausgabe des Unternehmers dar, sie gilt steuerlich vielmehr als Verteilung von zu versteuerndem Gewinn. Dabei hat der stille Gesellschafter den auf ihn entfallenden Anteil des von dem Unternehmen erwirtschafteten Einkommens als Einkünfte aus Gewerbebetrieb zu versteuern (§ 15 Abs. 1 Nr. 2 EStG).

Insolvenz
Im Falle der Insolvenz des Unternehmens wird der atypische stille Gesellschafter nicht wie ein typischer Stiller, sondern wie ein GmbH-Gesellschafter behandelt. Sein Anspruch unterfällt somit dem § 39 Abs. 1 Nr. 5 sowie Abs. 4, 5 InsO, und die Anfechtung etwaiger Zahlungen der Gesellschaft an ihn richtet sich nach § 135 InsO. Bei Bestehen einer Rangrücktrittsvereinbarung kann der Stille seine Forderung stets nur mit Nachrang geltend machen (§ 39 Abs. 2 InsO).

11.7 Schuldverschreibungen

Wandelschuldverschreibungen sind nach § 221 AktG Anleihen, die dem Gläubiger das Recht gewähren, seinen Anspruch auf Rückzahlung des Anleihebetrages gegen Aktien umzutauschen, sog. Wandelanleihen, oder bei Rückzahlung des Betrages Aktien zu einem bestimmten Kurs zu beziehen, sog. Optionsanleihen. Optionsanleihen sind weit verbreitet, die Verzinsung ist eher unterdurchschnittlich, dafür besteht für den Kapitalanleger aber die Aussicht, bei günstiger Aktienkursentwicklung Kursgewinne zu verwirklichen. Optionsanleihen werden in der Praxis auch begeben, um Stock Options (dazu 12.2) ohne die Einschränkungen des § 192 Abs. 2 Nr. 3, Abs. 3 AktG ausgeben zu können, d. h. über 10 % des Grundkapitals hinaus und an Dritte, z. B. an Aufsichtsratsmitglieder.

Bei *Gewinnschuldverschreibungen* orientiert sich die Verzinsung der Anleihe an der Dividende der Gesellschaft. Gewinnschuldverschreibungen haben in der Praxis keine große Bedeutung.

Bei einer Aktiengesellschaft ist die Ausgabe von Schuldverschreibungen nur aufgrund eines Hauptversammlungsbeschlusses zulässig. Dieser bedarf einer Mehrheit, die mindestens drei Viertel des bei der Beschlussfassung vertretenen Grundkapitals umfasst, wenn die Satzung nicht eine andere Kapitalmehrheit und weitere Erfordernisse bestimmt. Den Aktionären der Gesellschaft steht ein Bezugsrecht auf diese Finanzierungsinstrumente zu.

11.8 Genussrechte

Der Begriff des *Genussrechts* ist im Aktiengesetz erwähnt, aber nicht bestimmt (§ 221 Abs. 3 AktG). Die häufigste Form des Genussrechts ist die Überlassung von Kapital gegen Teilhabe an Gewinn und Liquidationserlös (zur Gewährung von Genussrechten bei Mitarbeiterbeteiligungsmodellen s. Abschn. 16.4). Eine Aktiengesellschaft kann Genussrechte zur Kapitalbeschaffung einsetzen, ferner als Gegenstand einer Vergütung an leitende Mitarbeiter.

Inhalt

Genussrechte sind Ansprüche gegen ein Unternehmen, die ihrem Inhalt nach typische Gesellschafterrechte darstellen, die aber nicht durch eine gesellschaftsrechtliche, sondern durch eine schuldrechtliche Vereinbarung begründet sind, gerichtet insbesondere auf Beteiligung am Gewinn und am Liquidationserlös. Der Berechtigte leistet wie ein Gesellschafter eine Einlage, wird dadurch aber nicht Teilhaber am Unternehmen, er hat keine Verwaltungsrechte und keine Kontrollbefugnisse wie ein stiller Gesellschafter. Genussrechte können so ausgestaltet werden, dass sie an einem Verlust der Gesellschaft teilnehmen. Die Gewinnbeteiligung kann von der Ausschüttung der Gesellschaft, aber auch vom Jahresüberschuss oder von dem Ergebnis eines Betriebes abhängig gemacht werden. Genussrechte können bei Unternehmen jedweder Rechtsform begründet werden. Genussrechte können als *Genuss-Scheine* verbrieft werden und dadurch Übertragbarkeit nach wertpapierrechtlichen Grundsätzen erlangen. Die Gewährung von Genussrechten ist nur aufgrund eines Hauptversammlungsbeschlusses zulässig. Dieser bedarf einer Mehrheit, die mindestens drei Viertel des bei der Beschlussfassung vertretenen Grundkapitals umfasst, wenn die Satzung nicht eine andere Kapitalmehrheit und weitere Erfordernisse bestimmt. Den Aktionären der Gesellschaft steht ein Bezugsrecht auf die von der Gesellschaft ausgegebenen Genussrechte zu.

Besteuerung

Die Gesellschaft kann die Ausschüttungen an die Berechtigten steuerlich als Betriebsausgaben absetzen, der Berechtigte hat sie als Kapitalerträge nach § 20 Abs. 1 Nr. 7 EStG zu versteuern. Sofern allerdings mit den Genussrechten neben der Gewinnbeteiligung auch das Recht auf Beteiligung am Liquidationserlös verbunden ist, kann die Gesellschaft die Ausschüttungen nicht absetzen (§ 8 Abs. 3 S. 2 KStG), der Berechtigte hat sie nach § 20 Abs. 1 Nr. 1 EStG zu versteuern. Die Einkommensteuer wird nach § 43 Abs. 1 EStG durch Abzug vom Kapitalertrag (Kapitalertragsteuer) erhoben, wobei die Einkommensteuer nach § 43 Abs. 5 EStG mit dem Steuerabzug abgegolten ist. Die Kapitalertragsteuer beträgt nach § 43a Abs. 1 Nr. 1 EStG 25 % der Ausschüttung, zuzüglich Solidaritätszuschlag. Werbungskosten, z. B. Zinsen für die Finanzierung der Anschaffung der Genussrechte, werden nicht berücksichtigt.

Insolvenz

Die Behandlung der Genussrechte in der Insolvenz richtet sich ausschließlich nach den in dem Genussrechtsvertrag getroffenen Vereinbarungen bzw. bei Genuss-Scheinen nach den Genuss-Schein-Bedingungen. In den meisten Fällen sind die Rückzahlungsansprüche erst nach den Forderungen der Gesellschaftsgläubiger zu befriedigen, so dass sie gem. § 39 Abs. 2 InsO nachrangig sind.

12 Kapitalerhöhung und Kapitalherabsetzung

Die Ausstattung der Gesellschaft mit Kapital ist für deren Fähigkeit zur Wahrnehmung von Marktchancen von entscheidender Bedeutung. Das gilt nicht nur in der Gründungsphase, sondern auch für etablierte Unternehmen, die sich im fortwährenden Wandel der wirtschaftlichen Rahmenbedingungen zu behaupten haben. Das Eigenkapital hat dabei auch für die Beurteilung der Kreditwürdigkeit der Gesellschaft Bedeutung. Die Initiative zur Erhöhung des Grundkapitals wird in der Regel vom Vorstand ausgehen, wobei die Entscheidung über deren Vornahme aber alleine bei der Hauptversammlung liegt. Die Erhöhung des Grundkapitals geschieht in der Regel gegen Einlagen und ist daher für die Gesellschaft mit einem Mittelzufluss verbunden; sie kann als reguläre Kapitalerhöhung oder aus bedingtem oder genehmigtem Kapital erfolgen. Bei der Kapitalerhöhung aus Gesellschaftsmitteln findet lediglich eine Umwandlung von Rücklagen in Grundkapital statt. Das Gegenstück zur Kapitalerhöhung ist die *Kapitalherabsetzung.*

12.1 Reguläre Kapitalerhöhung

Die reguläre Kapitalerhöhung (§§ 182 bis 191 AktG), vom Gesetzgeber irreführend als Kapitalerhöhung gegen Einlagen bezeichnet, ist der Grundfall der Kapitalerhöhung. Bei der regulären Kapitalerhöhung sind zwei Verfahrensabschnitte zu unterscheiden, nämlich das auf den Hauptversammlungsbeschluss zur Kapitalerhöhung gerichtete Verfahren (§§ 182 bis 184 AktG) und die Durchführung des Kapitalerhöhungsbeschlusses (§§ 185 ff. AktG).

12.1.1 Kapitalerhöhungsbeschluss

Im ersten Verfahrensabschnitt beschließt die Hauptversammlung die Erhöhung des Grundkapitals (§ 182 Abs. 1 AktG) und setzt dabei zugleich den Mindestausgabebetrag fest (§ 182 Abs. 3 AktG). Der Beschluss bedarf einer Mehrheit, die mindestens drei Viertel des bei der Beschlussfassung vertretenen Grundkapitals umfasst, wenn die Satzung nicht eine andere Kapitalmehrheit und weitere Erfordernisse bestimmt (§ 182 Abs. 1 AktG). Der Kapitalerhöhungsbeschluss ist notariell zu beurkunden (§ 130 Abs. 1 S. 3 AktG). Die Kapitalerhöhung kann nur durch Ausgabe neuer Aktien erfolgen, nicht durch Anhebung des Nennbetrags der vorhandenen Aktien. Bei Gesellschaften mit Stückaktien muss sich bei der Kapitalerhöhung die Zahl der Aktien in demselben Verhältnis wie das

Grundkapital erhöhen (§ 182 Abs. 1 AktG). Das Grundkapital soll nicht erhöht werden, solange ausstehende Einlagen auf das bisherige Kapital noch erlangt werden können (§ 182 Abs. 4 AktG).

Besondere Vorschriften gelten für den Fall der Kapitalerhöhung mit *Sacheinlagen*, insbesondere das Erfordernis der Prüfung der Werthaltigkeit durch einen oder mehrere Prüfer (§ 183 Abs. 3 AktG); zu prüfen ist dabei, ob der Wert der Sacheinlage den geringsten Ausgabebetrag der dafür zu gewährenden Aktien erreicht. Die Angaben zur Sacheinlage müssen – anders als bei der Gründung (dazu Abschn. 2.3.2.1) – nicht in die Satzung aufgenommen werden, wohl aber in den Kapitalerhöhungsbeschluss (§ 183 Abs. 1 AktG). Wird die Kapitalerhöhung mit Sacheinlagen innerhalb von zwei Jahren nach Eintragung der Aktiengesellschaft in das Handelsregister vorgenommen, so sind die Vorschriften über die *Nachgründung* (§§ 52 f. AktG; dazu Abschn. 2.9) anwendbar.

Die Erhöhung des Grundkapitals wird sodann durch Vorstand und Aufsichtsratsvorsitzenden zum Handelsregister angemeldet, wobei im Falle einer Sachkapitalerhöhung der Prüfungsbericht über den Wert der Sacheinlage der Anmeldung beizufügen ist (§ 184 Abs. 1 AktG). Das Gericht kann die Eintragung ablehnen, wenn der Wert der Sacheinlage nicht unwesentlich hinter dem geringsten Ausgabebetrag der dafür zu gewährenden Aktien zurückbleibt (§ 183 Abs. 3 S. 3 AktG); erfolgt die Eintragung dennoch, so hat der Einlegende den Unterschiedsbetrag in bar zu leisten, sog. Differenzhaftung (dazu Abschn. 2.3.2.3). Anmeldung und Eintragung des Hauptversammlungsbeschlusses über die Kapitalerhöhung können zurückgestellt werden bis zur Anmeldung und Eintragung der Durchführung der Kapitalerhöhung und mit dieser verbunden werden (§ 188 Abs. 4 AktG).

12.1.2 Durchführung der Kapitalerhöhung

Mit dem Hauptversammlungsbeschluss ist das Kapital noch nicht materiell erhöht, dazu bedarf es des zweiten Verfahrensabschnitts, der tatsächlichen Durchführung der Kapitalerhöhung. Zu ihrer Durchführung sind die neuen Aktien zu zeichnen und die Einlagen zu leisten.

12.1.2.1 Bezugsrecht

Die Gesellschaft hat ihren Aktionären den Erwerb der neuen Aktien anzubieten. Aufgrund des Bezugsrechts hat jeder Aktionär das Recht, bei einer Kapitalerhöhung junge Aktien entsprechend seiner bestehenden Beteiligung am Grundkapital zugeteilt zu bekommen (§ 186 Abs. 1 AktG). Der Aktionär wird auf diese Weise vor einer Verminderung seiner Beteiligungsquote geschützt, was Auswirkungen auf seine Einflussmöglichkeiten in der Hauptversammlung hätte, z. B. bei Herabsinken unter bestimmte Schwellen (vgl. Abschn. 7.3.6).

Für die Ausübung des Bezugsrechts ist eine Frist von mindestens zwei Wochen zu bestimmen (§ 186 Abs. 1 S. 2 AktG). Der Vorstand hat den Ausgabebetrag oder die Grundlagen für seine Festlegung und zugleich die von ihm bestimmte Bezugsfrist bekanntzumachen. Üblicherweise werden den Aktionären Vordrucke für die Zeichnung der neuen Aktien zur Verfügung gestellt; das kann auch schon vor dem Kapitalerhöhungsbeschluss geschehen. Durch Unterzeichnung und Übersendung an die Aktiengesellschaft macht der Aktionär der Gesellschaft ein Angebot auf Abschluss eines Zeichnungsvertrages, das von der Aktiengesellschaft nur noch anzunehmen ist.

12.1.2.2 Zeichnungsschein

Der Zeichnungsschein hat gem. § 185 AktG zu enthalten:

- den Tag, an dem die Erhöhung des Grundkapitals beschlossen worden ist;
- den Ausgabebetrag der Aktien, den Betrag der festgesetzten Einzahlungen sowie den Umfang von Nebenverpflichtungen;
- die bei einer Kapitalerhöhung mit Sacheinlagen vorgesehenen Festsetzungen und, wenn mehrere Gattungen ausgegeben werden, den auf jede Aktiengattung entfallenden Betrag des Grundkapitals;
- den Zeitpunkt, an dem die Zeichnung unverbindlich wird, wenn nicht bis dahin die Durchführung der Erhöhung des Grundkapitals eingetragen ist.

Zeichnungsscheine, die diese Angaben nicht vollständig oder, mit Ausnahme des als letztes aufgeführten Vorbehalts, Beschränkungen der Verpflichtung des Zeichners enthalten, sind nichtig (§ 185 Abs. 2 AktG).

Durch den Zeichnungsvertrag wird die Aktiengesellschaft verpflichtet, im Falle der Durchführung der Kapitalerhöhung dem Zeichner die vereinbarte Zahl von Aktien zu überlassen; der Zeichner verpflichtet sich zu deren Annahme und zur Leistung der Einlage.

Bei Überzeichnung, das heißt wenn mehr Zeichnungsverträge geschlossen werden als Aktien auszugeben sind, werden zunächst die Inhaber mit gesetzlichen Bezugsrechten bedacht, sodann erfolgt eine verhältnismäßige Zuteilung.

12.1.2.3 Ausschluss des Bezugsrechts

Das Bezugsrecht kann durch den Kapitalerhöhungsbeschluss ganz oder teilweise ausgeschlossen werden, wenn dafür eine sachliche Rechtfertigung besteht. Der Bezugsrechtsausschluss ist sachlich gerechtfertigt, wenn er im Interesse der Gesellschaft liegt und er zur Erreichung des beabsichtigten Zwecks geeignet, erforderlich und verhältnismäßig ist (BGH NJW 1994, 1410).

Beispiele:

- bei Ausgabe von Belegschaftsaktien,
- zur Vermeidung von unpraktikablen Bezugsverhältnissen,
- in Sanierungsfällen,
- bei Börseneinführung,
- bei Sachkapitalerhöhung, sofern ein hinreichendes Interesse der Aktiengesellschaft an der Sacheinlage besteht.

Nach § 186 Abs. 3 S. 4 AktG ist ein Ausschluss des Bezugsrechts insbesondere dann zulässig, wenn die Kapitalerhöhung gegen Bareinlagen 10 % des Grundkapitals nicht übersteigt und – bei börsennotierten Aktiengesellschaften – der Ausgabebetrag den Börsenpreis nicht wesentlich unterschreitet. Der Vorstand hat der Hauptversammlung einen schriftlichen Bericht über den Grund für den Ausschluss des Bezugsrechts vorzulegen; in dem Bericht ist der vorgeschlagene Ausgabebetrag zu begründen (§ 186 Abs. 4 S. 2 AktG). Der Bezugsrechtsausschluss bedarf einer Mehrheit, die mindestens drei Viertel des bei der Beschlussfassung vertretenen Grundkapitals umfasst, wenn die Satzung nicht eine größere Kapitalmehrheit und weitere Erfordernisse bestimmt.

12.1.2.4 Leistung der Einlagen

Die Durchführung der Kapitalerhöhung wird abgeschlossen durch die Erbringung der Einlagen. Soweit der Ausgabebetrag der Aktien höher ist als deren Nennwert, ist der übersteigende Betrag als Kapitalrücklage (§ 272 Abs. 2 Nr. 1 HGB) in die Bilanz einzustellen.

Bareinlagen
Bareinlagen werden durch ordnungsgemäße Einzahlung des eingeforderten Betrags (§§ 188 Abs. 2, 36 Abs. 2 AktG) geleistet. Bei Barkapitalerhöhungen kommt es in der Praxis gelegentlich zu einer verdeckten Sacheinlage in der Weise, dass Aktionäre bestehende Dividendenansprüche oder sonstige Forderungen gegen den Anspruch der Gesellschaft aufrechnen; zum Verbot der verdeckten Sacheinlage und zu den Folgen eines Verstoßes s. Abschn. 2.3.1.3

Sind Bareinlagen auf neue Aktien schon *vor* dem Kapitalerhöhungsbeschluss (§ 182 Abs. 1 AktG) geleistet worden, so sind sie grundsätzlich nicht schuldbefreiend. Eine Ausnahme gilt nur dann, wenn die *Vorauszahlung* zum Zwecke der Sanierung der Aktiengesellschaft erforderlich und als solche gekennzeichnet ist. Über die *nach* dem Kapitalerhöhungsbeschluss erbrachten Einlagen darf der Vorstand sogleich verfügen und muss damit nicht bis zur Anmeldung der Kapitalerhöhung oder gar deren Eintragung warten. Den Vorbehalt wertgleicher Deckung für die Verwendung von Einlagen hat der Bundesgerichtshof aufgegeben; es ist lediglich erforderlich, dass die Einlage nach dem Kapitalerhöhungsbeschluss in den uneingeschränkten Verfügungsbereich des Vorstands gelangt ist und nicht an den Einleger zurückfließt (BGH AG 2002, 456). Der „freien Verfügung" des Vorstands steht nicht entgegen, dass die Einlage auf ein debitorisches Bankkonto geleistet wird, wenn das Kreditinstitut der Gesellschaft mit Rücksicht auf die Kapitalerhöhung auf einem anderen Konto einen Kredit zur Verfügung stellt, der den Einlagebetrag erreicht (vgl. BGH a. a. O.). Zur Verjährung des nicht eingeforderten Teils der Bareinlage s. Abschn. 2.3.1.6.

Sacheinlagen
Sacheinlagen sind vollständig zu leisten; besteht die Sacheinlage aber in der Verpflichtung, einen Vermögensgegenstand auf die Aktiengesellschaft zu übertragen, so muss diese Leistung innerhalb von fünf Jahren erfolgen.

12.1.2.5 Anmeldung und Eintragung der Durchführung

Der Vorstand hat mit dem Vorsitzenden des Aufsichtsrates die Durchführung der Kapitalerhöhung beim Handelsregister zur Eintragung anzumelden (§ 188 AktG). Bei einer Kapitalerhöhung durch Bareinlagen ist in der Anmeldung zu versichern, dass der Betrag der Einzahlung zur freien Verfügung des Vorstands für die Zwecke der Gesellschaft eingezahlt und auch in der Folge nicht an den Einleger zurückgezahlt worden ist (BGH AG 2002, 456). Der Anmeldung sind insbesondere beizufügen:

- die Zweitschriften der Zeichnungsscheine und ein vom Vorstand unterschriebenes Verzeichnis der Zeichner, das die auf jeden entfallenden Aktien und die auf sie geleisteten Einzahlungen angibt, sowie eine Bankbestätigung;
- bei einer Kapitalerhöhung mit Bareinlagen eine Bankbestätigung über die Einzahlung;
- bei einer Kapitalerhöhung mit Sacheinlagen (§ 183 AktG) die dem Kapitalerhöhungsbeschluss zugrunde liegenden oder zu dessen Ausführung geschlossenen Sacheinlagevereinbarungen;

- eine Berechnung der Kosten, die für die Gesellschaft durch die Ausgabe der neuen Aktien entstehen werden.

Das Registergericht prüft die Anmeldung in formeller und materieller Hinsicht, insbesondere die vollständige und wirksame Zeichnung des Erhöhungsbetrages. Das Gericht prüft dabei gemäß §§ 188 Abs. 2, 36a Abs. 2 AktG auch, ob der Wert der Sacheinlage dem geringsten Ausgabebetrag und bei der Ausgabe der Aktien zu einem höheren Betrag auch dem Mehrbetrag entspricht. Ist das nicht der Fall, hat das Gericht dem Einlegenden Gelegenheit zu geben, die Differenz in bar auszugleichen (s. dazu Abschn. 2.6.1); geschieht das nicht, hat das Gericht die Eintragung abzulehnen. Ist die Kapitalerhöhung ordnungsgemäß beschlossen und durchgeführt, verfügt der Registerrichter die Eintragung (§§ 188 Abs. 2, 36a Abs. 2 AktG). Mit der Eintragung der Durchführung der Erhöhung des Grundkapitals in das Handelsregister ist das Grundkapital erhöht (§ 189 AktG).

12.1.3 Fremdemission

Abschließend ist anzumerken, dass Börsengang und Kapitalerhöhung bei börsennotierten Aktiengesellschaften in der Praxis anders ablaufen als hier an Hand der gesetzlichen Vorschriften dargestellt. Es findet in der Regel eine sogenannte Fremdemission statt, bei der eine Emissionsbank bzw. ein Emissionskonsortium sich schon vor dem Kapitalerhöhungsbeschluss gegenüber der Aktiengesellschaft verpflichtet, alle neuen Aktien zu zeichnen und diese am Markt unterzubringen. Ist dann der Kapitalerhöhungsbeschluss gefasst, so erfolgt die Zeichnung und die Einzahlung durch die Emissionsbank, die die Aktien unter Beachtung der Bezugsrechte weiterveräußert. Die vom Aktiengesetz als Regelfall angesehene Eigenemission kommt insbesondere bei der kleinen Aktiengesellschaft mit überschaubarem Aktionärskreis in Betracht.

12.2 Bedingte Kapitalerhöhung

Die in den §§ 192 bis 201 AktG geregelte bedingte Kapitalerhöhung ist ein Beschluss über die Erhöhung des Grundkapitals, der nur so weit durchgeführt werden soll, wie von einem Umtausch- oder Bezugsrecht Gebrauch gemacht wird, das die Gesellschaft auf die neuen Aktien (Bezugsaktien) einräumt, vgl. § 192 Abs. 1 AktG. Rechtlich nicht geklärt ist, ob die bedingte Kapitalerhöhung nur aufgrund eines Hauptversammlungsbeschlusses erfolgen kann, wie es der Wortlaut der Gesetzesvorschrift besagt, oder ob sie auch schon in der Gründungssatzung enthalten sein kann (vgl. Hüffer, Rz. 7 zu § 192 AktG). Die bedingte Kapitalerhöhung ist nach § 192 Abs. 2 AktG nur zu bestimmten Zwecken zulässig, nämlich

1. zur Gewährung von Umtausch- oder Bezugsrechten an Gläubiger von Wandelschuldverschreibungen (§ 221 AktG);
2. zur Vorbereitung des Zusammenschlusses mehrerer Unternehmen; Zusammenschluss ist jede Verbindung von Unternehmen, sofern Aktien zur Durchführung benötigt werden, z. B. Erwerb fremder Anteile gegen Hingabe eigener Aktien, Verschmelzung durch Aufnahme gemäß §§ 60 ff. UmwG. In der Praxis wird hiervon jedoch kein Gebrauch gemacht, weil schon im Hauptversammlungsbeschluss der Kreis der Bezugsberechtigten und der Ausgabebetrag oder die Grundlagen, nach denen dieser Betrag errechnet wird, festgelegt sein müssen. Das ist in der Regel weder möglich noch gewollt, und deshalb wird bei derartigen Transaktionen üblicherweise mit genehmigtem Kapital gearbeitet;
3. zur Gewährung von Bezugsrechten (Stock Options) an Arbeitnehmer und Vorstandsmitglieder.

Bei der bedingten Kapitalerhöhung bleibt das gesetzliche Bezugsrecht der Aktionäre (§ 186 AktG) unberücksichtigt, weil bei dessen Ausübung der Zweck der bedingten Kapitalerhöhung verfehlt würde. Der Schutz der Interessen der Aktionäre wird durch die in den §§ 192 und 193 AktG aufgestellten Voraussetzungen einer bedingten Kapitalerhöhung gewährleistet.

Der Nennbetrag des bedingten Kapitals darf die Hälfte und das zur Gewährung von Bezugsrechten an Arbeitnehmer und Vorstandsmitglieder beschlossene Kapital darf 10 % des Grundkapitals nicht übersteigen; maßgeblich ist das zum Zeitpunkt der Beschlussfassung über das bedingte Kapital im Handelsregister eingetragene Grundkapital (§ 192 Abs. 3 S. 1 AktG). Zeitliche Beschränkungen bestehen – anders als beim genehmigten Kapital (§ 202 Abs. 1 AktG) – nicht. Der Beschluss über die bedingte Kapitalerhöhung bedarf einer Mehrheit, die mindestens drei Viertel des bei der Beschlussfassung vertretenen Grundkapitals umfasst, wenn die Satzung nicht eine größere Kapitalmehrheit und weitere Erfordernisse bestimmt. In dem Beschluss müssen nach § 193 Abs. 2 AktG auch festgelegt werden

1. der Zweck der bedingten Kapitalerhöhung;
2. der Kreis der Bezugsberechtigten;
3. der Ausgabebetrag oder die Grundlagen, nach denen der Ausgabebetrag zu errechnen ist;
4. bei der Gewährung von Bezugsrechten an Arbeitnehmer und Vorstandsmitglieder (Stock Options) auch die Aufteilung der Bezugsrechte auf diese Personen, die Erfolgsziele, die Erwerbs- und Ausübungszeiträume und die Wartezeit für die erstmalige Ausübung, die mindestens zwei Jahre betragen muss;

die Gewährung von Bezugsrechten an Aufsichtsratsmitglieder ist auf der Grundlage von § 192 Abs. 2 Nr. 3 AktG nicht möglich; ihnen können allerdings mittels Wandelschuldverschreibungen mit Bezugsrecht, sog. Optionsanleihen (§ 192 Abs. 2 Nr. 1 AktG; dazu Abschn. 12.5), oder aus genehmigtem Kapital (§ 202 AktG) Stock Options zugewandt werden.

Die bedingte Kapitalerhöhung darf mit Sacheinlagen vorgenommen werden, wenn

- der Gegenstand der Sacheinlage,
- die Person, von der die Aktiengesellschaft den Gegenstand erwirbt,
- der Nennbetrag bzw. die Zahl der für die Sacheinlage zu gewährenden Aktien

im Beschluss über die bedingte Kapitalerhöhung festgesetzt sind (§ 194 Abs. 1 AktG). Hauptanwendungsfall ist die Sacheinlage eines Unternehmens oder einer Beteiligung zur Durchführung eines Unternehmenszusammenschlusses im Sinne des § 192 Abs. 2 Nr. 2 AktG. Bei Sacheinlagen ist eine Prüfung durchzuführen (§ 194 Abs. 4 AktG).

Der Vorstand und der Aufsichtsratsvorsitzende haben den Beschluss über die bedingte Kapitalerhöhung zur Eintragung in das Handelsregister anzumelden (§ 195 AktG). Bei einer bedingten Kapitalerhöhung mit Sacheinlagen sind die zugrunde liegenden Verträge sowie der Prüfungsbericht der Anmeldung beizufügen (§ 195 Abs. 2 AktG). Das Gericht kann die Eintragung der Kapitalerhöhung ablehnen, wenn der Wert der Sacheinlage nicht unwesentlich hinter dem geringsten Ausgabebetrag der dafür zu gewährenden Aktien zurückbleibt (§ 194 Abs. 4 AktG).

Das Bezugs- oder Umtauschrecht bezüglich neuer Aktien aus der bedingten Kapitalerhöhung wird von dem jeweiligen Berechtigten durch schriftliche Bezugs- oder Umtauscherklärung gegenüber der Aktiengesellschaft ausgeübt (§§ 198 Abs. 1, 192 Abs. 5 AktG). Die Erklärung hat die gleiche Wirkung wie eine Zeichnungserklärung im Sinne des § 185 AktG (dazu Abschn. 12.1.2.2). Hat der Berechtigte die Gegenleistung erbracht, dürfen die Aktien vom Vorstand an ihn ausgegeben werden (§ 199 Abs. 1 AktG). Mit der Ausgabe der Bezugsaktien ist das Grundkapital entsprechend der Zahl der ausgegebenen Aktien erhöht, deshalb ändert sich mit jeder Aktienausgabe das Grundkapital (§ 200 AktG). Der Vorstand hat innerhalb eines Monats nach Ablauf des Geschäftsjahres zur Eintragung in das Handelsregister anzumelden, in welchem Umfang im abgelaufenen Geschäftsjahr Bezugsaktien ausgegeben worden sind (§ 201 AktG). Anders als bei der regulären Kapitalerhöhung (§ 182 AktG) ist die Eintragung im Handelsregister also nur deklaratorisch und nicht Voraussetzung für die Wirksamkeit der Kapitalerhöhung.

12.3 Genehmigtes Kapital

Nach §§ 202 ff. AktG kann der Vorstand ermächtigt werden, das Grundkapital bis zu einem bestimmten Nennbetrag (genehmigtes Kapital) durch Ausgabe neuer Aktien gegen Einlagen zu erhöhen. Der Zweck dieser Regelung ist, dem Vorstand die schnelle und flexible Beschaffung neuen Eigenkapitals zu ermöglichen, was bei der nach §§ 182 ff. AktG ablaufenden regulären Kapitalerhöhung nicht gewährleistet ist. Der gleiche Zweck ließe sich auch durch Bildung von Vorratsaktien erreichen, was aber im Interesse der Kapitalerhaltung durch § 56 AktG ausdrücklich verboten ist. Das genehmigte Kapital kann auch beschlossen werden für solche Zwecke, die eine bedingte Kapitalerhöhung erlauben, ist aber anders als diese zeitlich auf fünf Jahre beschränkt und dem gesetzlichen Bezugsrecht unterworfen.

Das genehmigte Kapital wird entweder bei der Gründung der Aktiengesellschaft durch die von den Gründern einstimmig zu beschließende Satzung oder später durch eine entsprechende Satzungsänderung geschaffen (§ 202 Abs. 1, 2 AktG). Der Hauptversammlungsbeschluss über die nachträgliche Schaffung eines genehmigten Kapitals durch Satzungsänderung bedarf einer Mehrheit, die mindestens drei Viertel des bei der Beschlussfassung vertretenen Grundkapitals umfasst, wenn die Satzung nicht eine größere Kapitalmehrheit und weitere Erfordernisse bestimmt (§ 202 Abs. 2 AktG). Der Nennbetrag des genehmigten Kapitals darf die Hälfte des Grundkapitals, das zur Zeit der Ermächtigung vorhanden ist, nicht übersteigen (§ 202 Abs. 3 AktG); abzustellen ist auf das Grundkapital, das im Zeitpunkt des Wirksamwerdens des genehmigten Kapitals in das Handelsregister vorhanden ist. Wird gleichzeitig mit dem genehmigten Kapital eine Erhöhung des Grundkapitals eingetragen, so ist das erhöhte Grundkapital maßgebend. Neben dem genehmigtem Kapital kann auch bedingtes Kapital bestehen, welches ebenfalls nicht mehr als die Hälfte des Grundkapitals ausmachen kann; die Summe von genehmigtem und bedingtem Kapital kann somit den Betrag des Grundkapitals erreichen.

Für die Ausgabe der neuen Aktien gelten gem. § 203 Abs. 1 AktG die Vorschriften der §§ 185 bis 191 AktG über die reguläre Kapitalerhöhung entsprechend. Damit ist auch die Regelung des § 186 AktG über das Bezugsrecht umfasst. Wird das genehmigte Kapital durch Satzungsänderung gebildet (§ 202 Abs. 2 AktG), so kann das Bezugsrecht ausgeschlossen werden (§§ 186 Abs. 3, 4 AktG). Ist das genehmigte Kapital bereits Gegenstand der Gründungssatzung so kann schon hier und ohne Beachtung der Vorschriften des § 186 Abs. 3, 4

AktG der Bezugsrechtsausschluss geregelt werden. Sowohl die Ermächtigung durch Gründungssatzung als auch die Ermächtigung durch Satzungsänderung können vorsehen, dass die Entscheidung über den Ausschluss des Bezugsrechts dem Vorstand übertragen wird; dessen Entscheidung unterliegt der Zustimmung durch den Aufsichtsrat (§§ 203 Abs. 2, 204 Abs. 1 S. 2 AktG). Der Vorstand hat der nächsten ordentlichen Hauptversammlung über den Bezugsrechtsausschluss zu berichten.

Ein von der Hauptversammlung oder vom Vorstand beschlossener Bezugsrechtsausschluss bedarf wegen der durch das Absinken der Anteilsquote bedingten Bedeutung des Eingriffs in die Mitgliedschaftsrechte des Aktionärs einer sachlichen Rechtfertigung. Sind die neuen Aktien zur Ausgabe an Arbeitnehmer der Gesellschaft bestimmt, gilt der Bezugsrechtsausschluss als materiell gerechtfertigt (vgl. § 202 Abs. 4 AktG).

Bei der Durchführung der Kapitalerhöhung hat der Vorstand neben den aktienrechtlichen Vorschriften und etwaigen einschlägigen Satzungsbestimmungen zur Kapitalerhöhung die Vorgaben der ihm erteilten Ermächtigung zu beachten. Das Aktiengesetz schreibt die Befristung und den Maximalbetrag der Kapitalerhöhung sowie die Erteilung der Zustimmung des Aufsichtsrats zu der Durchführung der Kapitalerhöhung vor (§ 202 Abs. 1, 3 AktG). Regelungsbedürftig sind auch die Art und Gattung der Aktien, bei Nennbetragsaktien die Höhe des Nennbetrags, der Beginn der Gewinnbezugsberechtigung, der Zeitpunkt der Aktienausgabe und die Höhe des Ausgabebetrags; sind derartige Bestimmungen nicht getroffen, entscheidet der Vorstand mit Zustimmung des Aufsichtsrats darüber (§ 204 Abs. 1 AktG).

Die Kapitalerhöhung soll nur durchgeführt werden, wenn dafür ein *Bedürfnis* besteht. Sie hat deshalb gem. § 203 Abs. 3 AktG zu unterbleiben, solange die Bar- und Sacheinlagen auf das Grundkapital noch nicht bzw. nicht vollständig geleistet sind und die Erlangung dieser Einlagen nicht als aussichtslos angesehen werden muss, z. B. wegen Zahlungsunfähigkeit des Einlegers oder wegen Untergangs des Sacheinlagegegenstandes. Das gilt nicht, wenn die Aktien an Arbeitnehmer der Gesellschaft ausgegeben werden (§ 203 Abs. 4 AktG).

Gegen *Sacheinlagen* dürfen Aktien nur ausgegeben werden, wenn die Ermächtigung, also die Satzung oder der Kapitalerhöhungsbeschluss, es vorsehen. Der Gegenstand der Sacheinlage, die Person des Einlegers und der Nennbetrag bzw. die Anzahl der für die Sacheinlage zu gewährenden Aktien kann bereits durch die Ermächtigung festgesetzt werden. Soweit es daran fehlt, entscheidet darüber der Vorstand mit Zustimmung des Aufsichtsrats (§ 205 Abs. 2 AktG). Wie bei der Kapitalerhöhung mit Sacheinlagen und der bedingten Kapitalerhöhung mit

Sacheinlagen bedarf die Ausgabe von Aktien aus genehmigtem Kapital gegen Sacheinlagen der Prüfung (§ 205 Abs. 3 AktG). Die Festsetzung und die Prüfung sind nicht erforderlich, wenn Belegschaftsaktien an Arbeitnehmer ausgegeben werden gegen Einbringung der Forderung des Arbeitnehmers gegen die Gesellschaft aus einer ihm eingeräumten Gewinnbeteiligung (§ 205 Abs. 5 AktG).

Der Vorstand kann auch ermächtigt werden, *Belegschaftsaktien* zu Lasten des Jahresüberschusses der Gesellschaft – ohne Einzahlungen von Seiten der Arbeitnehmer – auszugeben (§ 204 Abs. 3 AktG). Dabei wird die Forderung der Gesellschaft gegen den Zeichner der Aktie auf Leistung der Einlage durch einen entsprechenden Teilbetrag des Jahresüberschusses gedeckt. Voraussetzung ist, dass der den Jahresüberschuss ausweisende Jahresabschluss geprüft und mit einem uneingeschränkten Bestätigungsvermerk versehen worden ist.

Der auf die Bildung von genehmigtem Kapital gerichtete Beschluss der Hauptversammlung (§ 202 Abs. 2 AktG) ist nach §§ 255, 243 ff. AktG anfechtbar. Die Wahrscheinlichkeit einer Anfechtungsklage ist bei Bezugsrechtsausschluss und bei Sacheinlagen infolge der dafür geltenden zusätzlichen aktienrechtlichen Bestimmungen größer als bei Bareinlagen, deshalb werden in der Praxis bei Bedarf mehrere Ermächtigungen beschlossen. In diesen Fällen umfasst das Genehmigte Kapital I die Barkapitalerhöhung *mit Bezugsrecht*, das in einem gesonderten Tagesordnungspunkt beschlossene Genehmigte Kapital II die Kapitalerhöhung *mit Bezugsrechtsausschluss*.

Mit der Eintragung der Durchführung ist das Grundkapital erhöht, wodurch die Fassung der Satzung, die noch den alten Grundkapitalbetrag ausweist, unrichtig wird. Die Anpassung der Satzung wird regelmäßig dem Aufsichtsrat übertragen durch den Hauptversammlungsbeschluss über die Schaffung des genehmigten Kapitals oder aber durch eine allgemeine Ermächtigung in der Satzung (§ 179 Abs. 1 S. 2 AktG; s. Abschn. 6.3.2 „Satzungsänderung“).

12.4 Kapitalerhöhung aus Gesellschaftsmitteln

Bei der Kapitalerhöhung aus Gesellschaftsmitteln nach §§ 207 ff. AktG werden keine neuen Mittel von außen zugeführt, vielmehr werden vorhandene Kapital- und Gewinnrücklagen in Grundkapital umgewandelt. Dennoch liegt eine echte Kapitalerhöhung vor, denn die umgewandelten Beträge unterliegen als Grundkapital einer erheblich stärkeren Bindung (vgl. §§ 222 ff. AktG) als bloße Rücklagen.

Während die Kapitalerhöhung gegen Einlagen durch Ausgabe neuer Aktien ausgeführt werden muss (§ 182 Abs. 1 S. 4 AktG), kann die Kapitalerhöhung aus Gesellschaftsmitteln bei Gesellschaften mit Stückaktien auch ohne Ausgabe neuer Aktien erfolgen (§ 207 Abs. 2 AktG). In diesem Fall erhöht sich bei unveränderter Beteiligungsquote der auf die einzelne Stückaktie entfallende anteilige Betrag des Grundkapitals (§ 8 Abs. 3, 4 AktG). Diese Vorgehensweise bietet sich an zur Beibehaltung gerader anteiliger Beträge am Grundkapital bei der Umstellung des Grundkapitals von Deutscher Mark auf Euro.

Umwandlungsfähig sind die Kapitalrücklagen und Gewinnrücklagen, die in der letzten Jahresbilanz ausgewiesen waren; diesen steht gleich die im letzten Beschluss über die Verwendung des Jahresüberschusses oder des Bilanzgewinns ausgewiesene Zuführung zu diesen Rücklagen (§ 208 Abs. 1 S. 1 AktG). Kapitalrücklagen und die gesetzliche Gewinnrücklage nach § 150 AktG können nur soweit zur Umwandlung in Grundkapital eingesetzt werden, als sie zusammen 10 % des bisherigen Grundkapitals übersteigen. Die Umwandlung scheidet aus, soweit in der zugrunde gelegten Bilanz ein Verlust einschließlich eines Verlustvortrags ausgewiesen ist (§ 208 AktG).

Der Kapitalerhöhungsbeschluss bedarf einer Mehrheit, die mindestens drei Viertel des bei der Beschlussfassung vertretenen Grundkapitals umfasst, wenn die Satzung nicht eine andere Kapitalmehrheit und weitere Erfordernisse bestimmt (§§ 207 Abs. 2, 182 Abs. 1 AktG). Dem Kapitalerhöhungsbeschluss ist eine Bilanz zugrunde zu legen (§ 207 Abs. 3 AktG). Es kann die letzte Jahresbilanz verwandt werden, wenn diese geprüft und mit dem uneingeschränkten Bestätigungsvermerk des Abschlussprüfers versehen ist und wenn ihr Stichtag höchstens acht Monate vor der Anmeldung des Kapitalerhöhungsbeschlusses zur Eintragung in das Handelsregister liegt (§ 209 Abs. 1 AktG). Kann die Achtmonatsfrist nicht eingehalten werden, besteht die Möglichkeit, eine andere, zu einem späteren Stichtag aufgestellte Bilanz zugrunde zu legen. Die umzuwandelnden Rücklagen müssen sowohl in dieser besonderen Erhöhungsbilanz als auch in der letzten Jahresbilanz ausgewiesen sein; die Kapitalerhöhung aus Gesellschaftsmitteln scheidet also aus, wenn die umzuwandelnde Rücklage erst nach dem Stichtag der letzten Jahresbilanz entstanden ist. Die besondere Erhöhungsbilanz muss den gleichen Anforderungen genügen wie die Jahresbilanz; der Erstellung von Gewinn- und Verlustrechnung, Anhang und Lagebericht bedarf es nicht. Die Bilanz ist zu prüfen, und auch hier gilt die Achtmonatsfrist (§ 209 Abs. 2, 3 AktG).

Bei der Anmeldung des Kapitalerhöhungsbeschlusses, für die Vorstand und Aufsichtsratsvorsitzender zuständig sind, ist von diesen zu erklären, dass nach ihrer Kenntnis seit dem Stichtag der zugrunde gelegten Bilanz bis zum Tag der

Anmeldung keine Vermögensminderung eingetreten ist, die der Kapitalerhöhung entgegenstünde, wenn sie am Tag der Anmeldung beschlossen worden wäre. Mit der Eintragung des Beschlusses in das Handelsregister ist das Grundkapital erhöht (§ 211 AktG). Die neuen Aktien stehen den bisherigen Aktionären verhältnismäßig zu; ein entgegenstehender Beschluss der Hauptversammlung ist nichtig (§ 212 AktG).

12.5 Kapitalherabsetzung

Als Kapitalherabsetzung wird die Verringerung des Grundkapitals bezeichnet. Maßnahmen der Kapitalherabsetzung sind die ordentliche Kapitalherabsetzung, die vereinfachte Kapitalherabsetzung und die Einziehung von Aktien. Die Kapitalherabsetzung führt zu einer Schmälerung des den Gläubigern haftenden Kapitals und wirkt zugleich auf die Mitgliedsrechte der Aktionäre ein, deshalb trifft das Aktiengesetz eine Reihe von Regelungen für diese Maßnahme.

12.5.1 Ordentliche Kapitalherabsetzung

Die ordentliche Kapitalherabsetzung ist in den §§ 222 bis 228 AktG geregelt. Der Beschluss der Hauptversammlung über die Herabsetzung des Grundkapitals bedarf einer Mehrheit, die mindestens drei Viertel des bei der Beschlussfassung vertretenen Grundkapitals umfasst, wenn die Satzung nicht eine größere Kapitalmehrheit und weitere Erfordernisse bestimmt (§ 222 AktG). In dem Beschluss ist der Zweck der Herabsetzung anzugeben. Jeder Zweck ist zulässig, z. B. Rückzahlung von Einlagen an Aktionäre (vgl. § 222 Abs. 3 AktG), Befreiung der Aktionäre von der Verpflichtung zur Leistung von Einlagen (vgl. § 225 Abs. 2 S. 2 AktG), Einstellung in Rücklagen, Abrundung des Grundkapitals auf einen glatten Betrag und Beseitigung einer Unterbilanz (vgl. Hüffer, Rz. 20 zu § 222 AktG). Die Kapitalherabsetzung kann mit einer Kapitalerhöhung verbunden werden (vgl. §§ 228, 230 AktG), was bei Sanierungsfällen regelmäßig geschieht. Die Herabsetzung des Grundkapitals erfolgt bei Gesellschaften mit Nennbetragsaktien durch Herabsetzung des Nennbetrags der Aktien. Für Nennbetragsaktien wie für Stückaktien gilt, dass der Mindestbetrag des anteiligen Grundkapitals je Aktie von 1 Euro nicht unterschritten werden darf; ggf. hat die Herabsetzung durch Zusammenlegung der Aktien zu geschehen. Die Herabsetzung des Grundkapitals unter den Mindestnennbetrag von 50.000 Euro ist nur erlaubt, wenn dieser Betrag durch eine gleichzeitig beschlossene Kapitalerhöhung wieder erreicht wird (§ 228 AktG).

Der Kapitalherabsetzungsbeschluss wird von Vorstand und Aufsichtsratsvorsitzendem zur Eintragung in das Handelsregister angemeldet. Mit der Eintragung des Beschlusses ist das Grundkapital herabgesetzt (§§ 223, 224 AktG). Innerhalb einer Frist von sechs Monaten ab Eintragung können die Gläubiger der Aktiengesellschaft von dieser die Leistung einer *Sicherheit* für ihre Ansprüche verlangen, worauf in der Bekanntmachung der Eintragung hinzuweisen ist (§ 225 Abs. 1 AktG). Die Pflicht zur Sicherheitsleistung ist unabhängig davon, ob Zahlungen an die Aktionäre aufgrund der Herabsetzung des Grundkapitals geleistet werden (§ 225 Abs. 3 AktG). Zahlungen an Aktionäre aufgrund der Kapitalherabsetzung darf die Gesellschaft erst dann leisten, wenn seit der Eintragung sechs Monate verstrichen und den Gläubigern, die sich rechtzeitig gemeldet haben, Sicherheit geleistet worden ist; das gilt entsprechend für eine Befreiung der Aktionäre von der Verpflichtung zur Leistung von Einlagen.

Der aus der Kapitalherabsetzung gewonnene Betrag ist in der Gewinn- und Verlustrechnung der Gesellschaft als „Ertrag aus der Kapitalherabsetzung" gesondert auszuweisen (§ 240 AktG).

12.5.2 Vereinfachte Kapitalherabsetzung

Während die ordentliche Kapitalherabsetzung zu jedem Zweck zulässig ist, darf die in den §§ 229 bis 236 AktG geregelte vereinfachte Kapitalherabsetzung nur zu *Sanierungszwecken* erfolgen, nämlich zwecks

- Ausgleich von Wertminderungen,
- Deckung sonstiger Verluste oder
- Einstellung von Beträgen in die Kapitalrücklage,

wobei zuvor die Gewinn- und Kapitalrücklagen bis auf 10 % des herabgesetzten Grundkapitals aufgelöst und ein etwaiger Gewinnvortrag verwendet worden sein muss (§ 229 AktG).

Die Vorschriften über die ordentliche Kapitalherabsetzung gelten – mit Ausnahme des Rechts auf Sicherheitsleistung (§ 225 AktG) – entsprechend. Der aus der Auflösung von Kapital- oder Gewinnrücklagen und aus der Kapitalherabsetzung gewonnene Betrag darf nicht zu Zahlungen an die Aktionäre oder zur Befreiung von Einlageleistungen verwandt werden, sondern nur zu dem im Kapitalherabsetzungsbeschluss angegebenen Zweck (§ 230 AktG). Nach erfolgter Kapitalherabsetzung sind Gewinnausschüttungen nur unter den Einschränkungen des dem Gläubigerschutz dienenden § 233 AktG zulässig.

Die Kapitalherabsetzung und eine etwa mit ihr verbundene Kapitalerhöhung können unter den Voraussetzungen der §§ 234, 235 AktG auch schon in dem Jahresabschluss des Geschäftsjahres, welches dem Kapitalherabsetzungsbeschluss vorausgegangen ist, ausgewiesen werden. Der aus der Kapitalherabsetzung gewonnene Betrag ist in der Gewinn- und Verlustrechnung der Gesellschaft als „Ertrag aus der Kapitalherabsetzung" gesondert auszuweisen (§ 240 AktG). Dient die Kapitalherabsetzung der Einstellung von Beträgen in die Kapitalrücklage, so ist die Einstellung als „Einstellung in die Kapitalrücklage nach den Vorschriften über die vereinfachte Kapitalherabsetzung" in der Gewinn- und Verlustrechnung gesondert auszuweisen, und im Anhang sind dazu Erläuterungen zu geben (§ 240 AktG).

12.5.3 Einziehung von Aktien

Die Kapitalherabsetzung durch Einziehung von Aktien richtet sich nach den §§ 237 bis 239 AktG und den Vorschriften über die ordentliche Kapitalherabsetzung (§§ 237 Abs. 2, 222 bis 228 AktG). Sinn und Zweck der Einziehung von Aktien ist nicht die Kapitalherabsetzung, sondern die Beseitigung der von ihr betroffenen Mitgliedsrechte; die Einziehung von Aktien soll aber nach dem Willen des Gesetzgebers grundsätzlich nicht möglich sein ohne eine gleichzeitige Kapitalherabsetzung, wodurch der Schutz der Gläubiger und der betroffenen Aktionäre gewährleistet wird (Ausnahme: § 237 Abs. 3 Nr. 3 AktG). Demgegenüber bleiben beim Ausschluss säumiger Aktionäre nach § 64 AktG (Kaduzierung) und beim Erwerb eigener Aktien die betreffenden Aktien als solche erhalten, das Grundkapital verringert sich nicht. Zum Vergleich: die Einziehung von GmbH-Geschäftsanteilen nach § 34 GmbHG führt zu deren Vernichtung, nicht aber zu einer Verminderung des Stammkapitals!

Zweck der Einziehung ist insbesondere die Beseitigung des konkret betroffenen Mitgliedsrechts; da besondere gesetzliche Vorschriften insoweit nicht bestehen, kann die Einziehung jedoch auch zu anderen Zwecken erfolgen, z. B. Sanierung oder Rückzahlung an die Aktionäre, sie stellt somit eine Alternative zu den anderen Maßnahmen der Kapitalherabsetzung dar. Der Zweck der Einziehung ist in dem Hauptversammlungsbeschluss anzugeben (§§ 237 Abs. 2 S. 1, 222 Abs. 3 AktG).

Zu unterscheiden ist die *Zwangseinziehung* und die Einziehung *eigener Aktien*. Eigene Aktien kann die Aktiengesellschaft auch ohne eine entsprechende Satzungsbestimmung aufgrund eines Hauptversammlungsbeschlusses einziehen. Eine Zwangseinziehung liegt immer dann vor, wenn Aktien betroffen sind, die nicht der Gesellschaft selbst gehören; auf die Willensrichtung des betroffenen Aktionärs kommt es entgegen dem Wortsinn nicht an. Sie ist nur zulässig, wenn sie schon in der Gründungssatzung oder durch eine vor dem Erwerb der einzuziehenden Aktien eingefügte Satzungsbestimmung vorgesehen war. Dabei wird unterschieden zwischen der angeordneten und der gestatteten Zwangseinziehung (§ 237 Abs. 1 AktG).

Bei der *angeordneten* Zwangseinziehung gibt die Satzung präzise vor, unter welchen Voraussetzungen Aktien eingezogen werden. Liegen diese Voraussetzungen vor, so muss die Einziehung erfolgen; ein Ermessen steht dem *Vorstand*, der für die Maßnahme anstelle der Hauptversammlung zuständig ist (§ 237 Abs. 6 AktG), nicht zu. Als mögliche Gründe für die Zwangseinziehung kann die Satzung beispielsweise festlegen:

- die Verweigerung der Zustimmung zur Übertragung vinkulierter Namensaktien (§ 68 Abs. 2 AktG);
  wird die Übertragung durch Verweigerung unterbunden, scheidet der Aktionär aus;
- bestimmte wichtige Gründe in der Person des Aktionärs;
  z. B. Insolvenz, Zwangsvollstreckungsmaßnahmen seiner Aktien;
- bei personalistisch geprägten Gesellschaften: die Aktien gelangen durch Übertragung oder durch Gesamtrechtsnachfolge an nicht nachfolgeberechtigte Dritte. Die Kriterien der Nachfolgeberechtigung sind in der Satzung zu regeln, z. B. Angehörigkeit zu einer bestimmten Familie oder zu einem bestimmten Beruf;
- Verlangen des Aktionärs.

Die Satzung hat auch zu regeln, ob die Gesellschaft ein Einziehungsentgelt zu entrichten hat und wie dieses zu ermitteln ist. Die Gesellschaft ist nicht etwa zur Leistung einer angemessenen Barabfindung verpflichtet, wie es z. B. § 327a Abs. 1 AktG vorsieht (dazu Abschn. 14.4), das Entgelt kann höher oder niedriger sein.

Lässt die Satzung eine Zwangseinziehung zu, ohne sie aber zwingend anzuordnen, handelt es sich um eine *gestattete* Zwangseinziehung. Die Satzung kann die Einziehungsgründe nennen, sie muss es aber nicht. So kann z. B. an das Vorliegen eines wichtigen Grundes angeknüpft werden, ohne dass dieser wie bei der angeordneten Zwangseinziehung präzise umschrieben sein muss. Die Entscheidung über die Zwangseinziehung und die Einzelheiten ihrer Durchführung trifft die *Hauptversammlung* durch Beschluss; dieser bedarf einer Mehrheit, die mindestens drei Viertel des bei der Beschlussfassung vertretenen Grundkapitals umfasst.

Beim *ordentlichen Einziehungsverfahren* (§ 237 Abs. 2 AktG) – das Gegenstück dazu ist die weiter unten dargestellte vereinfachte Einziehung – entscheidet die Hauptversammlung über die Einziehung. Der Beschluss ist mit einer Mehrheit zu fassen, die mindestens drei Viertel des bei der Beschlussfassung vertretenen Kapitals umfasst, wenn die Satzung nicht eine größere Kapitalmehrheit und weitere Erfordernisse bestimmt; er muss insbesondere folgende Bestimmungen treffen:

- die Herabsetzung des Grundkapitals,
- die Herabsetzung der einzelnen Aktien,
- die Einordnung als Zwangseinziehung oder Einziehung eigener Aktien,
- der Zweck der Einziehung,
- die Voraussetzungen für die Zwangseinziehung,
- die Einzelheiten der Durchführung der Zwangseinziehung.

Dabei ist auch eine Bestimmung über die Höhe des Entgelts zu treffen. Es ist zulässig, dass die Satzung lediglich vorschreibt, dass in diesem Falle ein angemessenes Entgelt zu leisten sei. Angemessen ist jedenfalls ein Entgelt, welches wie die angemessene Barabfindung im Sinne des § 327a Abs. 1 AktG (dazu Abschn. 14.4) ermittelt ist. Über § 237 Abs. 2 S. 1 AktG gilt die Vorschrift des § 225 AktG über das Erfordernis der Sicherheitsleistung sowohl bei der Zwangseinziehung als auch bei der gestatteten Einziehung.

Beim *vereinfachten Einziehungsverfahren* (§ 237 Abs. 3 AktG) sind die Voraussetzungen für die Einziehung herabgesetzt. Der Weg zur vereinfachten Einziehung ist eröffnet für voll eingezahlte Aktien, wenn

1. die Aktien der Gesellschaft unentgeltlich zur Verfügung gestellt worden sind, oder
2. die Einziehung zu Lasten des Bilanzgewinns oder einer anderen zu diesem Zweck verwendbaren Gewinnrücklage erfolgt, oder
3. es sich um Stückaktien handelt und der Hauptversammlungsbeschluss bestimmt, dass sich durch die Einziehung der Anteil der übrigen Aktien am Grundkapital gem. § 8 Abs. 3 AktG erhöht.

Bei der vereinfachten Einziehung nach Ziffer 1 und 2 kommt es zu einer Herabsetzung des Grundkapitals, während im Falle von Ziffer 3 das Grundkapital nicht verändert wird, die verbleibenden Aktien aber einen entsprechend höheren Anteil am Grundkapital haben. Der Einziehungsbeschluss der Hauptversammlung bedarf nur der *einfachen Mehrheit*, wenn die Satzung nicht eine größere Mehrheit und weitere Erfordernisse bestimmt (§ 237 Abs. 4 AktG), und der Gläubigerschutz wird lediglich in der Weise berücksichtigt, dass eine Rückstellung in die Kapitalrücklage vorgenommen wird (§ 237 Abs. 5 AktG). Wird im vereinfachten Einziehungsverfahren eine von der Satzung angeordnete Zwangseinziehung vorgenommen, tritt die Entscheidung des Vorstands an die Stelle des Hauptversammlungsbeschlusses über die Einziehung.

Mit der Eintragung des Hauptversammlungsbeschlusses bzw. – im Falle der angeordneten Zwangseinziehung – der Entscheidung des Vorstands über die Einziehung ist, außer wenn es sich um Stückaktien handelt und ein Beschluss nach § 237 Abs. 3 Nr. 3 AktG gefasst wird, die Herabsetzung des Kapitals durchgeführt. Die Einziehung der betroffenen Aktien wird ausgeführt durch Abgabe einer Einziehungserklärung des die Gesellschaft vertretenden Vorstands gegenüber dem Aktionär (§ 238 AktG). Die Durchführung der Einziehung ist vom Vorstand zur Eintragung in das Handelsregister anzumelden (§ 239 AktG).

13 Umwandlungsvorgänge bei der Aktiengesellschaft

In diesem Kapitel geht es um den Formwechsel einer Aktiengesellschaft in eine andere Rechtsform und um andere Umwandlungsvorgänge, an denen eine Aktiengesellschaft als übertragender oder übernehmender Rechtsträger beteiligt ist. Strukturmaßnahmen, bei denen die Aktiengesellschaft die Zielrechtsform bildet, sind in Kap. 4 dargestellt. Rechtsgrundlage für Umwandlungsvorgänge bei der Aktiengesellschaft ist das Umwandlungsgesetz vom 28. Oktober 1994. Das Umwandlungsgesetz benutzt den Begriff „Rechtsträger" als Oberbegriff für Gesellschaften und andere juristische Einheiten, die sich an einem Umwandlungsvorgang beteiligen können. Umwandlungsarten sind Verschmelzung, Spaltung, Vermögensübertragung und Formwechsel.

Die Aktiengesellschaft kann an einem Formwechsel sowohl als formwechselnder Rechtsträger als auch als Zielrechtsform (§ 191 UmwG), an Verschmelzungen und Spaltungen als übertragender, übernehmender oder neuer Rechtsträger (§§ 3 Abs. 1 Nr. 2, 124 Abs. 1 UmwG) und an Vermögensübertragungen als übertragender Rechtsträger gem. § 175 Nr. 1 UmwG beteiligt sein. Von diesen Umwandlungsvorgängen werden nachfolgend Verschmelzung und Spaltung sowie der Formwechsel in ihren Grundzügen dargestellt, während die in §§ 174 bis 189 UmwG geregelte Vermögensübertragung wegen der geringen praktischen Bedeutung für die kleine Aktiengesellschaft außer Betracht bleibt.

13.1 Verschmelzung auf einen anderen Rechtsträger

Eine Aktiengesellschaft kann an einer Verschmelzung als übertragender, übernehmender oder neuer Rechtsträger beteiligt sein (§ 3 Abs. 1 Nr. 2 UmwG).

Übersicht
Bei der Verschmelzung werden die Vermögen von mindestens zwei Rechtsträgern miteinander vereinigt. Bei der Verschmelzung im Wege der *Aufnahme* wird das Vermögen eines übertragenden Rechtsträgers als Ganzes auf einen anderen bestehenden Rechtsträger übertragen (§§ 4 ff. UmwG); bei der Verschmelzung durch *Neugründung* werden die Vermögen zweier oder mehrerer Rechtsträger jeweils als Ganzes auf einen neuen, von ihnen dadurch gegründeten Rechtsträger übertragen (§§ 36 ff. UmwG). Der Übergang erfolgt im Wege der *Gesamtrechtsnachfolge*, wobei die übertragenden Rechtsträger ohne Liquidation aufgelöst und im Handelsregister gelöscht werden. Den Anteilsinhabern

der übertragenden Rechtsträger werden im Gegenzug Anteile an dem aufnehmenden bzw. dem neugegründeten Rechtsträger gewährt.

An der Verschmelzung können als übertragende, übernehmende oder neue Rechtsträger insbesondere Personenhandelsgesellschaften, Partnerschaftsgesellschaften und Kapitalgesellschaften beteiligt sein (§ 3 Abs. 1 UmwG). Dabei kann die Verschmelzung sowohl unter gleichzeitiger Beteiligung mehrerer Gesellschaften derselben Rechtsform als auch von mehreren Rechtsträgern unterschiedlicher Rechtsform erfolgen (§ 3 Abs. 4 UmwG); auf der Übernehmerseite kann immer nur ein einziger Rechtsträger stehen. Zulässig wäre also z. B. die Verschmelzung einer Aktiengesellschaft und einer GmbH zur Neugründung auf eine OHG. Des Weiteren kann eine natürliche Person als Alleingesellschafter einer Kapitalgesellschaft deren Vermögen im Wege der Verschmelzung übernehmen (§ 3 Abs. 2 Nr. 2, §§ 120 ff. UmwG).

Verschmelzungsvertrag
Der Verschmelzungsvertrag wird von den Vertretungsorganen der beteiligten Gesellschaften abgeschlossen, bei einer Aktiengesellschaft vom Vorstand (§ 4 Abs. 1 UmwG). Der Vertrag muss insbesondere folgende Angaben enthalten (§ 5 Abs. 1 UmwG):

1. die Firma und den Sitz der an der Verschmelzung beteiligten Rechtsträger;
2. die Vereinbarung über die Übertragung des Vermögens jedes übertragenden Rechtsträgers als Ganzes gegen Gewährung von Anteilen an dem übernehmenden Rechtsträger;
3. das Umtauschverhältnis der Anteile und ggf. die Höhe der baren Zuzahlung; die Bestimmung des Umtauschverhältnisses erfordert die Bewertung einer jeden an der Verschmelzung beteiligten Gesellschaft. Das Umtauschverhältnis muss die Wertrelation widerspiegeln. Die den Gesellschaftern der übertragenden Gesellschaft zu gewährenden neuen Anteile haben den untergehenden Anteilen an der übertragenden Gesellschaft wertmäßig voll zu entsprechen. Die bare Zuzahlung dient dem Ausgleich von Spitzen. Über die Wertverhältnisse lässt sich nicht in allen Fällen Einigkeit erzielen; zur Überprüfung des Umtauschverhältnisses s. nachstehend „Verschmelzungsbeschluss“;
4. die Einzelheiten über die Übertragung der Anteile des übernehmenden Rechtsträgers;
5. den Zeitpunkt, von dem an diese Anteile einen Anspruch auf einen Anteil am Bilanzgewinn gewähren, sowie alle Besonderheiten in Bezug auf diesen Anspruch;
   üblicherweise ist dieser Zeitpunkt mit dem Verschmelzungsstichtag (Ziff. 6) identisch;

6. den Zeitpunkt, von dem an die Handlungen der übertragenden Rechtsträger als für Rechnung des übernehmenden Rechtsträgers vorgenommen gelten (*Verschmelzungsstichtag*);
   der Verschmelzungsstichtag muss mit dem Stichtag der Schlussbilanz der übertragenden Gesellschaft, die der Verschmelzung zugrunde gelegt wird, übereinstimmen. Die Bilanz darf nicht älter als acht Monate sein, zurückgerechnet vom Tage der Anmeldung (§ 17 Abs. 2 S. 4 UmwG). Ratsam ist eine *variable* Stichtagsregelung, damit Verzögerungen bei der Eintragung nicht den Verschmelzungsvorgang beeinträchtigen können. Der Verschmelzungsstichtag ist auch steuerlich maßgebend, vgl. § 2 Abs. 1 UmwStG;
7. die Rechte, die der übernehmende Rechtsträger einzelnen Anteilsinhabern sowie den Inhabern besonderer Rechte wie Anteile ohne Stimmrecht, Vorzugsaktien, Mehrstimmrechtsaktien, Schuldverschreibungen und Genussrechte gewährt, oder die für diese Personen vorgesehenen Maßnahmen;
8. jeden besonderen Vorteil, der einem Mitglied eines Vertretungsorgans oder eines Aufsichtsorgans der an der Verschmelzung beteiligten Rechtsträger, einem geschäftsführenden Gesellschafter, einem Partner, einem Abschlussprüfer oder einem Verschmelzungsprüfer gewährt wird;
9. die Folgen der Verschmelzung für die Arbeitnehmer und ihre Vertretungen sowie die insoweit vorgesehenen Maßnahmen;
10. nur bei Verschmelzung eines Rechtsträgers im Wege der Aufnahme durch einen Rechtsträger anderer Rechtsform (*Mischverschmelzung*) oder bei einer Verschmelzung von Rechtsträgern derselben Rechtsform, sofern die Anteile an dem übernehmenden Rechtsträger *Verfügungsbeschränkungen* unterworfen sind:
    das Angebot des übernehmenden Rechtsträgers an jeden Anteilsinhaber, der gegen den Verschmelzungsbeschluss des übertragenden Rechtsträgers Widerspruch zur Niederschrift erklärt, seine Anteile gegen eine angemessene Barabfindung zu erwerben (§ 29 Abs. 1 UmwG). Das Abfindungsangebot ist auch bei einer Verschmelzung zur Neugründung zu unterbreiten (vgl. Lutter-Grunewald, Rz. 4 zu § 37 AktG).
    Das Angebot ist nicht erforderlich wenn feststeht, dass kein Gesellschafter ausscheiden will und alle Gesellschafter auf das Angebot verzichten (vgl. Lutter-Grunewald, Rz. 17 f. zu § 29 UmwG).

Befinden sich alle Anteile eines übertragenden Rechtsträgers in der Hand des übernehmenden Rechtsträgers („upstream merger"), so entfallen die Angaben gem. Nr. 2 bis 5, soweit sie die Aufnahme dieses Rechtsträgers betreffen (§ 5 Abs. 2 UmwG); in diesem Fall bedarf es auch nicht eines Abfindungsangebots gemäß § 29 Abs. 1 UmwG (vgl. Lutter-Grunewald, Rz. 19 zu § 29 UmwG).

Nicht gesetzlich vorgeschrieben, aber sinnvoll ist die Vereinbarung von Rücktrittsrechten für den Fall, dass die Verschmelzung nicht bis zu einem bestimmten Zeitpunkt in das Handelsregister eingetragen ist. Unabhängig davon kann jede Seite den Vertrag nach fünf Jahren mit halbjähriger Frist kündigen, wenn er unter einer Bedingung geschlossen war und diese nicht binnen fünf Jahren nach Abschluss des Vertrages eingetreten ist (§ 7 UmwG).

Der Verschmelzungsvertrag oder sein Entwurf ist spätestens einen Monat vor dem Tage der Gesellschafterversammlung jeder beteiligten Gesellschaft, die über die Zustimmung zum Verschmelzungsvertrag beschließen soll, dem zuständigen *Betriebsrat* dieser Gesellschaft zuzuleiten (§ 5 Abs. 3 UmwG). Mit Zustimmung des Betriebsrats kann die Monatsfrist abgekürzt werden.

Der Verschmelzungsvertrag bedarf der notariellen Beurkundung (§ 6 UmwG). Die Gebühren des Notars bemessen sich nach dem Wert des übergehenden Aktivvermögens laut der Schlussbilanz, die der Verschmelzung zugrunde gelegt wurde, wobei ein Abzug der Verbindlichkeiten ausscheidet; der Höchstwert beträgt 5 Mio. Euro (§ 39 Abs. 4 KostO). Im Unterschied zum Verschmelzungsbeschluss ist die Gebühr nicht auf 5.000 Euro begrenzt. Angesichts der hohen Beurkundungskosten ist eine Beurkundung im Ausland in Erwägung zu ziehen, da dort die Kosten erheblich niedriger sind. Der Gesetzgeber hat offengelassen, ob die Beurkundung des Verschmelzungsvertrages auch im Ausland vorgenommen werden kann, und die Rechtsprechung dazu ist nicht einheitlich. Soll dennoch im Ausland beurkundet werden, ist vorab mit dem zuständigen Registerrichter zu klären, ob die Auslandsbeurkundung von ihm anerkannt wird. Kostenersparnisse lassen sich in geeigneten Fällen auch durch die Aufnahme des Verschmelzungsvertrags und der Zustimmungsbeschlüsse in eine einzige Urkunde erzielen.

Verschmelzungsbericht
Die Vertretungsorgane jedes der an der Verschmelzung beteiligten Rechtsträger haben einen ausführlichen schriftlichen Bericht zu erstatten, in dem die Verschmelzung, der Verschmelzungsvertrag oder sein Entwurf im Einzelnen und insbesondere das Umtauschverhältnis der Anteile bei der übernehmenden bzw. neuen Gesellschaft sowie die Höhe einer anzubietenden Barabfindung rechtlich und wirtschaftlich erläutert und begründet werden (Verschmelzungsbericht); der Bericht kann von den Vertretungsorganen aller beteiligter Gesellschaften auch gemeinsam erstattet werden (§ 8 Abs. 1 UmwG). Der Bericht ist nicht erforderlich, wenn alle Anteilsinhaber aller beteiligten Gesellschaften auf seine Erstattung in notariell beurkundeter Form verzichten oder sich alle Anteile der übertragenden Gesellschaft in der Hand der übernehmenden Gesellschaft befinden (§ 8 Abs. 3 UmwG).

Prüfung der Verschmelzung; Prüfungsbericht
Der Verschmelzungsvertrag ist durch *Verschmelzungsprüfer* zu prüfen, die auf Antrag des Vertretungsorgans der jeweiligen Gesellschaft, gegebenenfalls gemeinsam für mehrere oder alle beteiligten Gesellschaften, vom Registergericht ausgewählt und bestellt werden (§ 10 UmwG). Die Verschmelzungsprüfer haben einen Prüfungsbericht vorzulegen, der mit der Erklärung darüber abschließt, ob das vorgeschlagene Umtauschverhältnis der Anteile und gegebenenfalls die Höhe der baren Zuzahlung sowie die gemäß § 29 Abs. 1 UmwG anzubietende Barabfindung angemessen sind. Die Abfindung wird in der Praxis regelmäßig gemäß dem IDW-Standard „Grundsätze zur Durchführung von Unternehmensbewertungen" (IDW S 1) ermittelt; s. dazu Abschn. 4.6.2.5. Gesellschaftsvertragliche Regelungen über die Abfindung ausscheidender Gesellschafter sind nicht anzuwenden. Die Prüfung der Verschmelzung und die Erstattung des Prüfungsberichts sind nicht erforderlich, wenn alle Anteilsinhaber aller beteiligten Gesellschaften auf die Prüfung bzw. den Prüfungsbericht verzichten oder wenn sich alle Anteile einer übertragenden Gesellschaft in der Hand der übernehmenden Gesellschaft befinden (§§ 9 Abs. 3, 12 Abs. 3 i. V. m. § 8 Abs. 3 UmwG).

Verschmelzungsbeschluss
Der Verschmelzungsvertrag wird nur wirksam, wenn die Gesellschafter der beteiligten Gesellschaften ihm durch Beschluss (Verschmelzungsbeschluss) zustimmen (§ 13 UmwG). Vor der Einberufung der Hauptversammlung, die über die Zustimmung beschließen soll, ist der Verschmelzungsvertrag oder sein Entwurf zum Handelsregister einzureichen; das Registergericht macht die Einreichung auf der Internetseite www.handelsregisterbekanntmachungen.de bekannt. Der Verschmelzungsvertrag oder sein Entwurf und bestimmte weitere Unterlagen sind von der Einberufung der Hauptversammlung an in den Geschäftsräumen der Aktiengesellschaft zur Einsicht der Aktionäre auszulegen, ebenso in der Hauptversammlung (§§63, 64 AktG). Bei einer Aktiengesellschaft bedarf der Beschluss einer Mehrheit, die mindestens drei Viertel des bei der Beschlussfassung vertretenen Grundkapitals umfasst, wenn nicht die Satzung eine größere Kapitalmehrheit und weitere Erfordernisse bestimmt (§ 65 Abs. 1 UmwG). Ist die *übernehmende* Gesellschaft eine Aktiengesellschaft und hält sie mindestens neun Zehntel des Stamm- oder Grundkapitals der übertragenden Gesellschaft, so ist bei ihr ein Verschmelzungsbeschluss grundsätzlich nicht erforderlich (§ 62 AktG).

Soll der Verschmelzungsbeschluss zeitlich *nach* dem Abschluss des Verschmelzungsvertrages gefasst werden, vereinbaren die Beteiligten regelmäßig eine Bedingung oder ein Rücktrittsrecht für den Fall, dass die Zustimmung nicht erteilt wird. In diesem Fall muss vor der Beschlussfassung ein schriftlicher Entwurf des Vertrags vorliegen (§ 4 Abs. 2 UmwG).

Jeder Gesellschafter einer übertragenden Gesellschaft hat die Möglichkeit, anlässlich der Verschmelzung aus der Gesellschaft auszuscheiden, sofern entweder die aufnehmende Gesellschaft eine andere Rechtsform hat (Mischverschmelzung) oder – bei Aufnahme durch eine Gesellschaft derselben Rechtsform – die Anteile an dem übernehmendem Rechtsträger Verfügungsbeschränkungen unterworfen sind (§ 29 Abs. 1 UmwG). Erklärt ein Gesellschafter der übertragenden Gesellschaft in diesen Fällen gegen den Verschmelzungsbeschluss Widerspruch zur Niederschrift, so scheidet er im Anschluss an die Verschmelzung gegen Annahme der Barabfindung (§ 31 UmwG) bzw. durch anderweitige Veräußerung (§ 33 UmwG) aus. Das Barabfindungsangebot ist in den Verschmelzungsvertrag aufzunehmen.

Anfechtungsklage; Spruchverfahren
Gegen die Wirksamkeit des Verschmelzungsbeschlusses kann jeder Gesellschafter einer der beteiligten Gesellschaften Anfechtungsklage erheben. Allerdings kann die Klage eines Gesellschafters einer *übertragenden* Gesellschaft nicht darauf gestützt werden, dass das Umtauschverhältnis der Anteile zu niedrig bemessen sei; er kann vielmehr von der übernehmenden Gesellschaft zur Verbesserung des Umtauschverhältnisses einen Ausgleich durch bare Zuzahlung verlangen (§§ 14, 15 UmwG). Leistet die übernehmende Gesellschaft die bare Zuzahlung nicht oder erscheint dem Gesellschafter diese zu niedrig, so kann er die gerichtliche Entscheidung nach den Vorschriften des Spruchverfahrensgesetzes beantragen.

Demgegenüber ist den Gesellschaftern der *übernehmenden* Gesellschaft das Spruchverfahren nicht eröffnet (§ 15 Abs. 1 UmwG); sie sind nicht gehindert, eine Anfechtungsklage auch darauf zu stützen, dass das Umtauschverhältnis zugunsten der Gesellschafter der übertragenden Gesellschaft zu hoch sei. Weil Gesellschafter einer übernehmenden bestehenden Gesellschaft somit die Verschmelzung durch Klagen blockieren könnten, wird in der Praxis häufig nicht auf eine der beteiligten Gesellschaften verschmolzen, sondern auf eine Vorrats-Aktiengesellschaft (dazu Abschn. 2.10) oder auf eine dadurch gegründete neue Gesellschaft, so dass eine Anfechtungsklage wegen des Umtauschverhältnisses ausscheidet.

Kosten der Beurkundung
Der Verschmelzungsbeschluss bedarf der notariellen Beurkundung (§ 13 Abs. 3 UmwG). Für die Beurkundung der Verschmelzungsbeschlüsse bei den übernehmenden und bei den übertragenden Gesellschaften werden die Notargebüh-

ren wie beim Verschmelzungsvertrag nach dem Wert des übergehenden Aktivvermögens ermittelt, zu entnehmen der Schlussbilanz, die der Verschmelzung zugrunde gelegt wurde, wobei ein Abzug der Verbindlichkeiten ausscheidet; die Höchstgebühr beträgt 5.000 Euro (§§ 27 Abs. 2, 47 S. 2 KostO). Dieser Wert ist als Geschäftswert für jeden der Zustimmungsbeschlüsse der aufnehmenden und übertragenden Rechtsträger maßgeblich. Zum Zwecke der Kostenersparnis kann man die Zustimmungsbeschlüsse in einer Urkunde gemeinsam beurkunden lassen; entscheidend ist dabei, dass der Gegenstand, nämlich die Zustimmung zu einem bestimmten Verschmelzungsvertrag, identisch ist, während außer Betracht bleibt, ob die Willenserklärungen und die Person der Zustimmenden identisch sind. Die auf den Höchstbetrag von 5.000 Euro begrenzte Gebühr kommt dann nur einmal zum Ansatz (vgl. Widmann/Mayer-Heckschen, Rz. 244 f. zu § 13 UmwG). Dadurch verliert die Frage, ob die Beurkundung aus Kostengründung auch im Ausland erfolgen kann, etwas an Bedeutung. Die Zulässigkeit der Auslandsbeurkundung von Verschmelzungsbeschlüssen ist von der Rechtsprechung noch nicht geklärt.

Wirkungen der Eintragung
Die Eintragung der Verschmelzung in das Register des Sitzes des übernehmenden Rechtsträgers hat insbesondere folgende Wirkungen (§ 20 UmwG):

- Das Vermögen der übertragenden Rechtsträger geht einschließlich der Verbindlichkeiten im Wege der Gesamtrechtsnachfolge auf den übernehmenden Rechtsträger über;
- die übertragenden Rechtsträger erlöschen;
- die Anteilsinhaber der übertragenden Rechtsträger werden Anteilsinhaber des übernehmenden Rechtsträgers.

Gläubigerschutz
Den Gläubigern der an der Verschmelzung beteiligten Rechtsträger ist, wenn sie binnen sechs Monaten ihren Anspruch nach Grund und Höhe anmelden, unter den Voraussetzungen des § 22 UmwG Sicherheit zu leisten. Der Lauf der Sechsmonatsfrist beginnt mit Bekanntmachung der Eintragung der Verschmelzung in das Handelsregister des Sitzes desjenigen Rechtsträgers, deren Gläubiger sie sind. Dieses Recht steht den Gläubigern jedoch nur zu, wenn sie glaubhaft machen, dass durch die Verschmelzung die Erfüllung ihrer Forderung gefährdet wird.

13. 2 Spaltung der Gesellschaft

Eine Aktiengesellschaft kann an einer Spaltung als übertragender, übernehmender oder neuer Rechtsträger beteiligt sein (§ 124 Abs. 1, § 3 Abs. 1 Nr. 2

UmwG). Die Spaltung ist nicht zulässig, wenn die Aktiengesellschaft noch nicht zwei Jahre im Handelsregister eingetragen ist (§ 141 UmwG).

Übersicht
Während durch die Verschmelzung eine Vereinigung von Vermögen erfolgt, bedeutet Spaltung die Trennung von Vermögen. Dies geschieht durch die drei Spaltungsarten Aufspaltung, Abspaltung und Ausgliederung (§ 123 UmwG). Bei allen Spaltungsarten gehen Vermögensteile des übertragenden Rechtsträgers jeweils als Gesamtheit im Wege der partiellen Gesamtrechtsnachfolge über. Bei Spaltungen zur *Aufnahme* wird übertragen auf einen anderen bestehenden Rechtsträger, bei Spaltungen zur *Neugründung* auf einen neuen, dadurch gegründeten Rechtsträger. Bei allen Spaltungsarten werden von den Rechtsträgern, an die die Vermögensteile übertragen worden sind, Anteile oder Mitgliedschaften gewährt, im Falle der Aufspaltung und Abspaltung den Anteilsinhabern des übertragenden Rechtsträgers, bei Ausgliederung dem übertragenden Rechtsträger selbst. Die drei Spaltungsarten weisen folgende charakteristische Merkmale auf:

Aufspaltung
- Die als Gegenleistung für die Übertragung gewährten Anteile oder Mitgliedschaften der übernehmenden oder durch die Spaltung gegründeten neuen Rechtsträger werden den Anteilsinhabern des übertragenden Rechtsträgers gewährt.
- Die Anteilsinhaber des übertragenden Rechtsträgers sind nach erfolgter Spaltung an den übernehmenden Rechtsträgern bzw. an den durch die Spaltung gegründeten neuen Rechtsträgern beteiligt.
- Der übertragende Rechtsträger überträgt sein gesamtes Vermögen, wodurch ihm kein Vermögen verbleibt und er ohne Abwicklung aufgelöst ist.

Abspaltung
- Die als Gegenleistung für die Übertragung gewährten Anteile oder Mitgliedschaften der übernehmenden oder durch die Spaltung gegründeten neuen Rechtsträger werden den Anteilsinhabern des übertragenden Rechtsträgers gewährt.
- Die Anteilsinhaber des übertragenden Rechtsträgers sind nach erfolgter Spaltung – auch – an den übernehmenden Rechtsträgern bzw. an den durch die Spaltung gegründeten neuen Rechtsträgern beteiligt.
- Der übertragende Rechtsträger behält einen Teil des Vermögens und besteht weiter.

Ausgliederung

- Die als Gegenleistung für die Übertragung gewährten Anteile oder Mitgliedschaften der übernehmenden oder durch die Spaltung gegründeten neuen Rechtsträger werden dem übertragenden Rechtsträger selbst, nicht seinen Anteilsinhabern, gewährt.
- Der übertragende Rechtsträger behält einen Teil des Vermögens und besteht weiter.

Bei der Ausgliederung aus dem Vermögen eines Einzelkaufmanns (§§ 152 ff. UmwG) stehen diesem die Anteile zu, die der übernehmende Rechtsträger als Gegenleistung gewährt; zur Ausgliederung aus dem Vermögen eines Einzelkaufmanns s. Abschn. 4.1.1.

Spaltungs- und Übernahmevertrag/Spaltungsplan
So wie für die Verschmelzung der Verschmelzungsvertrag, ist für die Spaltung der Spaltungsvertrag bzw. Spaltungsplan das zentrale Element. Bei Auf- und Abspaltung zur Aufnahme wird der Vertrag als Spaltungs- und Übernahmevertrag (§ 126 UmwG) bezeichnet, bei der Ausgliederung zur Aufnahme entsprechend Ausgliederungs- und Übernahmevertrag (§ 131 Abs. 1 Nr. 3 UmwG). Bei einer Spaltung zur *Neugründung* kann es keinen zweiseitigen Vertrag geben, deshalb tritt an die Stelle des Spaltungs- bzw. Ausgliederungs- und Übernahmevertrags der Spaltungs- oder Ausgliederungsplan (vgl. § 136 UmwG).

Der Spaltungs- und Übernahmevertrag zwischen dem zu spaltenden, übertragenden Rechtsträger und den übernehmenden Rechtsträgern wird von den Vertretungsorganen der beteiligten Rechtsträger abgeschlossen, bei der Aktiengesellschaft also vom Vorstand. Erfolgt die Spaltung nicht zur Aufnahme durch Übertragung auf bestehende Rechtsträger, sondern zur Neugründung, tritt an die Stelle des Spaltungs- und Übernahmevertrags der Spaltungsplan, den das Vertretungsorgan des zu spaltenden Rechtsträgers aufzustellen hat. Er bedarf ebenso wie der Spaltungs- und Übernahmevertrag der notariellen Beurkundung. Der Spaltungs- und Übernahmevertrag bzw. der Spaltungsplan – bei einer Ausgliederung der Ausgliederungs- und Übernahmevertrag bzw. Ausgliederungsplan – müssen insbesondere folgende Angaben enthalten (§ 126 Abs. 1 UmwG):

1. den Namen oder die Firma und den Sitz der an der Spaltung beteiligten Gesellschaften;
2. die Vereinbarung über die Übertragung der Teile des Vermögens des übertragenden Rechtsträgers jeweils als Gesamtheit gegen Gewährung von Anteilen an den übernehmenden Rechtsträgern;

3. bei Aufspaltung und Abspaltung:
   das Umtauschverhältnis der Anteile und gegebenenfalls die Höhe der baren Zuzahlung;
   zulässig ist auch eine nicht verhältniswahrende Spaltung, bis hin zur Spaltung zu Null, wenn alle Gesellschafter der übertragenden Gesellschaft zustimmen (§ 128 UmwG). Auf diese Weise können Gesellschaftergruppen, insbesondere Familienstämme, auseinandergesetzt oder aber Beteiligungsverhältnisse verändert werden;
4. bei Aufspaltung und Abspaltung:
   die Einzelheiten für die Übertragung der Anteile der übernehmenden Rechtsträger;
5. den Zeitpunkt, von dem an diese Anteile einen Anspruch auf einen Anteil am Bilanzgewinn gewähren, sowie alle Besonderheiten in Bezug auf diesen Anspruch;
6. den Zeitpunkt, von dem an die Handlungen des übertragenden Rechtsträgers als für Rechnung jedes der übernehmenden Rechtsträger vorgenommen gelten (Spaltungsstichtag);
   der Spaltungsstichtag muss mit dem Stichtag der Schlussbilanz der übertragenden Gesellschaft, die der Spaltung zugrunde gelegt wird, übereinstimmen. Es ist eine Gesamtbilanz als Schlussbilanz aufzustellen und einzureichen, nicht etwa Teilbilanzen für die zu übertragenden Vermögensanteile und – bei Abspaltung und Ausgliederung – für den bei dem fortbestehenden Rechtsträger verbleibenden Vermögensteil (vgl. Widmann/Mayer-Fronhöfer, Rz. 109 zu § 17 UmwG). Die Bilanz darf nicht älter als acht Monate sein, zurückgerechnet vom Tag der Anmeldung (§ 17 Abs. 2 S. 4 UmwG). Der Spaltungsstichtag ist auch steuerlich maßgebend, vgl. § 2 Abs. 1 UmwStG;
7. die Rechte, welche die übernehmenden Rechtsträger einzelnen Anteilsinhabern sowie den Inhabern besonderer Rechte gewähren, oder die für diese Personen vorgesehenen Maßnahmen;
8. besondere Vorteile, die bestimmten Beteiligten gewährt werden;
9. die genaue Bezeichnung und Aufteilung der Gegenstände des Aktiv- und Passivvermögens, die an jeden der übernehmenden Rechtsträger übertragen werden, sowie der übergehenden Betriebe und Betriebsteile unter Zuordnung zu den übernehmenden Rechtsträger;
10. bei Auf- und Abspaltung:
    die Aufteilung der Anteile jedes der beteiligten Rechtsträger auf die Anteilsinhaber des übertragenden Rechtsträgers sowie den Maßstab für die Aufteilung;
11. die Folgen der Spaltung für die Arbeitnehmer und ihre Vertretungen sowie die insoweit vorgesehenen Maßnahmen;

12. bei Aufspaltung oder Abspaltung:
    im Falle der Übertragung von Vermögensteilen eines Rechtsträgers im Wege der Aufnahme durch einen Rechtsträger anderer Rechtsform oder auf einen Rechtsträger derselben Rechtsform, sofern die Anteile an dem übernehmenden Rechtsträger Verfügungsbeschränkungen unterworfen sind:
    das Angebot des übernehmenden bzw. neuen Rechtsträgers an jeden Anteilsinhaber, der gegen den Spaltungsbeschluss des übertragenden Rechtsträgers Widerspruch zur Niederschrift erklärt, seine Anteile gegen eine angemessene Barabfindung zu erwerben (§ 29 Abs. 1 UmwG). Das Abfindungsangebot ist auch bei einer Aufspaltung zur Neugründung zu unterbreiten (vgl. Lutter-Grunewald, Rz. 4 zu § 37 AktG).
    Das Angebot ist nicht erforderlich wenn feststeht, dass kein Anteilsinhaber ausscheiden will und alle Anteilsinhaber auf das Angebot verzichten (vgl. Lutter-Grunewald, Rz. 17 f. zu § 29 UmwG).

Nicht gesetzlich vorgeschrieben, aber sinnvoll, ist die Vereinbarung von Rücktrittsrechten für den Fall, dass die Spaltung nicht bis zu einem bestimmten Zeitpunkt in das Handelsregister eingetragen ist. Unabhängig davon kann jeder Teil den Spaltungsvertrag nach fünf Jahren mit halbjähriger Frist kündigen, wenn er unter einer Bedingung geschlossen worden ist und diese nicht binnen fünf Jahren nach Abschluss des Vertrages eingetreten ist (§ 7 UmwG).

Ratsam ist auch die Vereinbarung eines zeitlich begrenzten Veräußerungsverbots hinsichtlich der Anteile aller an der Spaltung beteiligten Gesellschaften sowie die Absicherung dieses Veräußerungsverbots durch entsprechende Zustimmungsvorbehalte (Vinkulierung) oder durch Vertragsstrafen, um die Aufdeckung stiller Reserven zu verhindern (s. Widmann/Mayer, Rz. 354.2 zu § 126 UmwG); nach § 15 Abs. 2 UmwStG sind die stillen Reserven im Vermögen der übertragenden Gesellschaft aufzulösen und zu versteuern, wenn innerhalb von fünf Jahren nach dem steuerlichen Übertragungsstichtag Anteile einer an der Spaltung beteiligten Gesellschaft, die mehr als 20 % der vor Wirksamwerden der Spaltung an dieser Gesellschaft bestehenden Anteile ausmachen, veräußert werden.

Der Spaltungs- und Übernahmevertrag bzw. Spaltungsplan ist spätestens einen Monat vor dem Tage der Gesellschafterversammlung jeder beteiligten Gesellschaft, die über die Zustimmung zum Spaltungs- und Übernahmevertrag bzw. Spaltungsplan beschließen soll, dem zuständigen Betriebsrat dieser Gesellschaft zuzuleiten (§ 126 Abs. 3 UmwG). Mit Zustimmung des Betriebsrats kann die Monatsfrist abgekürzt werden.

Der Spaltungs- und Übernahmevertrag bzw. Spaltungsplan bedarf der notariellen Beurkundung (§ 6 UmwG). Die Gebühren des Notars bemessen sich nach dem Wert des übergehenden Aktivvermögens laut der Schlussbilanz, die der Spaltung zugrunde gelegt wurde, wobei ein Abzug der Verbindlichkeiten ausscheidet; der Höchstwert beträgt 5 Mio. Euro (§ 39 Abs. 4 KostO). Anders als beim Spaltungsbeschluss der Hauptversammlung ist die Gebühr für die Beurkundung des Vertrags bzw. Plans nicht auf 5.000 Euro begrenzt. Angesichts der hohen Beurkundungskosten ist eine Beurkundung im Ausland in Erwägung zu ziehen, denn dort sind die Kosten erheblich niedriger. Der Gesetzgeber hat offengelassen, ob die Beurkundung des Spaltungs- und Übernahmevertrags bzw. Spaltungsplans auch im Ausland vorgenommen werden kann, und die Rechtsprechung dazu ist nicht einheitlich. Soll dennoch im Ausland beurkundet werden, ist vorab mit dem zuständigen Registerrichter zu klären, ob die Auslandsbeurkundung von ihm anerkannt wird.

Spaltungsbericht
Die Vertretungsorgane jedes der an der Spaltung beteiligten Rechtsträger haben einen ausführlichen schriftlichen Bericht zu erstatten, in dem die Spaltung, der Vertrag oder sein Entwurf im Einzelnen und bei Aufspaltung und Abspaltung insbesondere das Umtauschverhältnis der Anteile, der Maßstab für ihre Aufteilung sowie die Höhe der anzubietenden Barabfindung rechtlich und wirtschaftlich erläutert und begründet werden (Spaltungsbericht bzw. Ausgliederungsbericht); der Bericht kann von den Vertretungsorganen auch gemeinsam erstattet werden. Der Bericht ist nicht erforderlich, wenn alle Anteilsinhaber aller beteiligten Gesellschaften auf seine Erstattung in notariell beurkundeter Form verzichten oder sich alle Anteile des übertragenden Rechtsträgers in der Hand des übernehmenden Rechtsträgers befinden (§§ 127 S. 2, 8 Abs. 3 UmwG).

Prüfung der Spaltung; Prüfungsbericht
Bei Aufspaltung und Abspaltung ist der Spaltungs- und Übernahmevertrag bzw. der Spaltungsplan durch Spaltungsprüfer zu prüfen, die auf Antrag des Vertretungsorgans der jeweiligen Gesellschaft, gegebenenfalls gemeinsam für mehrere oder alle beteiligten Gesellschaften, vom Registergericht ausgewählt und bestellt werden (§ 10 UmwG). Bei der Ausgliederung findet eine Prüfung nicht statt (§ 125 S. 2 UmwG). Die Spaltungsprüfer haben einen Prüfungsbericht vorzulegen, der mit der Erklärung darüber abschließt, ob das vorgeschlagene Umtauschverhältnis der Anteile und gegebenenfalls die Höhe der baren Zuzahlung sowie eine gemäß § 29 Abs. 1 UmwG anzubietende Barabfindung angemessen sind. Die Abfindung wird in der Praxis regelmäßig gemäß dem IDW-Standard „Grundsätze zur Durchführung von Unternehmensbewertungen“ (IDW S 1) ermittelt; s. dazu Abschn. 4.6.2.5. Gesellschaftsvertragliche Regelungen über die

Abfindung ausscheidender Gesellschafter sind nicht anzuwenden. Die Prüfung der Spaltung und die Erstattung des Prüfungsberichts sind nicht erforderlich, wenn alle Anteilsinhaber aller beteiligten Gesellschaften auf die Prüfung bzw. den Prüfungsbericht verzichten oder wenn sich alle Anteile der übertragenden Gesellschaft in der Hand der übernehmenden Gesellschaft befinden (§§ 125 S. 1, 9 Abs. 3, 12 Abs. 3 i. V. m. § 8 Abs. 3 UmwG).

Spaltungsbeschluss
Der Spaltungs- und Übernahmevertrag wird nur wirksam, wenn die Gesellschafter der beteiligten Gesellschaften ihm durch notariell zu beurkundenden Beschluss (Spaltungsbeschluss; Ausgliederungsbeschluss) zustimmen; der bei der Spaltung zur Neugründung aufzustellende Spaltungsplan bedarf der Zustimmung der Gesellschafter der übertragenden Gesellschaft. Vor der Einberufung der Hauptversammlung, die über die Zustimmung beschließen soll, ist der Spaltungs- und Übernahmevertrag bzw. Spaltungsplan oder dessen Entwurf zum Handelsregister einzureichen; das Registergericht macht die Einreichung über die Internetseite www.handelsregisterbekanntmachungen.de bekannt. Diese und bestimmte weitere Unterlagen sind von der Einberufung der Hauptversammlung an in den Geschäftsräumen der Aktiengesellschaft zur Einsicht der Aktionäre auszulegen, ebenso in der Hauptversammlung (§§63, 64 AktG). Bei einer Aktiengesellschaft bedarf der Beschluss einer Mehrheit, die mindestens drei Viertel des bei der Beschlussfassung vertretenen Grundkapitals umfasst, wenn nicht die Satzung eine größere Kapitalmehrheit und weitere Erfordernisse bestimmt (§ 65 Abs. 1 UmwG). Ist die *übernehmende* Gesellschaft eine Aktiengesellschaft, und hält sie mindestens neun Zehntel des Stamm- oder Grundkapitals der übertragenden Gesellschaft, so ist bei ihr ein Spaltungsbeschluss grundsätzlich nicht erforderlich (§ 63 AktG).

Jeder Gesellschafter einer übertragenden Gesellschaft hat die Möglichkeit, anlässlich der Aufspaltung oder Abspaltung (nicht bei einer Ausgliederung!) aus der Gesellschaft auszuscheiden, sofern entweder die aufnehmende Gesellschaft eine andere Rechtsform hat oder – bei Aufnahme durch eine Gesellschaft derselben Rechtsform – die Anteile an dem übernehmendem Rechtsträger Verfügungsbeschränkungen unterworfen sind (§ 29 Abs. 1 UmwG). Erklärt ein Gesellschafter der übertragenden Gesellschaft in diesen Fällen gegen den Spaltungsbeschluss Widerspruch zur Niederschrift, so scheidet er im Anschluss an die Spaltung gegen Annahme der Barabfindung (§ 31 UmwG) bzw. durch anderweitige Veräußerung (§ 33 UmwG) aus.

Anfechtungsklage; Spruchverfahren
Gegen die Wirksamkeit des Spaltungsbeschlusses kann jeder Gesellschafter einer der beteiligten Gesellschaften Anfechtungsklage erheben. Allerdings kann bei einer Aufspaltung oder Abspaltung die Klage eines Gesellschafters einer *übertragenden* Gesellschaft nicht darauf gestützt werden, dass das Umtauschverhältnis der Anteile zu niedrig bemessen sei; er kann vielmehr von der übernehmenden Gesellschaft zur Verbesserung des Umtauschverhältnisses einen Ausgleich durch bare Zuzahlung verlangen (§§ 14, 15 UmwG). Leistet die übernehmende Gesellschaft die bare Zuzahlung nicht oder erscheint dem Gesellschafter diese zu niedrig, so kann er die gerichtliche Entscheidung nach den Vorschriften des Spruchverfahrensgesetzes beantragen. Bei einer Ausgliederung hat der Gesellschafter der übertragenden Gesellschaft keinen Anspruch auf bare Zuzahlung oder auf Abfindung; er darf eine Anfechtungsklage deshalb auch darauf stützen, dass das Umtauschverhältnis zu niedrig bemessen sei (vgl. § 125 S. 1 UmwG).

Den Gesellschaftern der *übernehmenden* Gesellschaft ist bei einer Spaltung das Spruchverfahren nicht eröffnet (§ 15 Abs. 1 UmwG); sie sind nicht gehindert, eine Anfechtungsklage auch darauf zu stützen, dass das Umtauschverhältnis zugunsten der Gesellschafter der übertragenden Gesellschaft zu hoch sei. Weil Gesellschafter einer übernehmenden bestehenden Gesellschaft somit die Spaltung durch Klagen blockieren könnten, wird in der Praxis häufig nicht auf eine der beteiligten Gesellschaften übertragen, sondern auf eine Vorrats-Aktiengesellschaft (dazu Abschn. 2.10) oder auf eine dadurch gegründete neue Gesellschaft, so dass eine Anfechtungsklage wegen des Umtauschverhältnisses ausscheidet.

Kosten der Beurkundung
Zu den Kosten der Beurkundung des Spaltungs- bzw. Ausgliederungsbeschlusses vgl. Abschn. 13.1.

Wirkungen der Eintragung
Die Eintragung der Spaltung in das Register des Sitzes der übertragenden Gesellschaft hat insbesondere folgende Wirkungen (§ 131 UmwG):

- bei der Aufspaltung:
  das Vermögen des übertragenden Rechtsträgers einschließlich der Verbindlichkeiten geht entsprechend der im Spaltungs- und Übernahmevertrag bzw. im Spaltungsplan vorgesehenen Aufteilung jeweils als Gesamtheit auf die übernehmenden Rechtsträger über. Der übertragende Rechtsträger erlischt, und die Anteilsinhaber des übertragenden Rechtsträgers erwerben entspre-

chend der vorgesehenen Aufteilung Anteile der übernehmenden Rechtsträger;

- bei der Abspaltung:
  der abgespaltene Teil bzw. die abgespaltenen Teile des Vermögens einschließlich der Verbindlichkeiten gehen entsprechend der im Spaltungs- und Übernahmevertrag bzw. Spaltungsplan vorgesehenen Aufteilung jeweils als Gesamtheit auf die übernehmenden Rechtsträger über. Die Anteilsinhaber des übertragenden Rechtsträgers erwerben entsprechend der vorgesehenen Aufteilung Anteile der übernehmenden Rechtsträger;
- bei der Ausgliederung:
  der ausgegliederte Teil bzw. die ausgegliederten Teile des Vermögens einschließlich der Verbindlichkeiten gehen entsprechend der im Ausgliederungs- und Übernahmevertrag bzw. Ausgliederungsplan vorgesehenen Aufteilung jeweils als Gesamtheit auf die übernehmenden Rechtsträger über. Der übertragende Rechtsträger erwirbt entsprechend dem Ausgliederungs- und Übernahmevertrag bzw. dem Ausgliederungsplan Anteile des übernehmenden Rechtsträgers.

Gläubigerschutz
Für die Verbindlichkeiten des übertragenden Rechtsträgers, die vor dem Wirksamwerden der Spaltung begründet worden sind, haften die an der Spaltung beteiligten Rechtsträger als Gesamtschuldner. Den Gläubigern des übertragenden Rechtsträgers ist, wenn sie binnen sechs Monaten ihren Anspruch nach Grund und Höhe anmelden, seitens des Rechtsträgers, gegen den sich der Anspruch richtet, Sicherheit zu leisten. Dieses Recht steht den Gläubigern jedoch nur zu, wenn sie glaubhaft machen, dass durch die Spaltung die Erfüllung ihrer Forderung gefährdet wird (§§ 133 Abs. 1 S. 2, 22 UmwG).

13.3 Formwechsel

Die Aktiengesellschaft kann durch Formwechsel eine andere Rechtsform erhalten (§§ 190 ff., 226 ff. UmwG). Als Zielrechtsform kommen insbesondere die Gesellschaft des bürgerlichen Rechts, die Partnerschaftsgesellschaft, die GmbH, die eingetragene Genossenschaft sowie OHG und KG in Betracht (§ 191 Abs. 2 UmwG). Ferner kann das Vermögen der Gesellschaft auf eine natürliche Person übertragen werden, die als deren alleiniger Aktionär deren Vermögen übernimmt (§ 3 Abs. 2 Nr. 2 UmwG); dieser mit einem Wechsel der Rechtsform verbundene Vorgang stellt rechtstechnisch eine Verschmelzung dar. Auf die eingehende Darstellung des Formwechsels in Abschn. 4.6 wird Bezug genommen.

13.4 Grenzüberschreitende Verschmelzung

Eine Aktiengesellschaft kann sich an einer grenzüberschreitenden Verschmelzung beteiligen, das ist eine Verschmelzung, bei der eine beteiligte Gesellschaft dem Recht eines anderen Mitgliedstaats der Europäischen Union oder eines anderen Vertragsstaats des Abkommens über den Europäischen Wirtschaftsraum unterliegt (§ 122a UmwG). Verschmelzungsfähig sind nur Kapitalgesellschaften. Die gesetzlichen Vorschriften umfassen sowohl die Hereinverschmelzung, bei der die Zielgesellschaft ihren Sitz in Deutschland hat, als auch die Herausverschmelzung. Als übertragende ausländische Gesellschaft kommt auch eine Tochtergesellschaft in Betracht, auch eine erst unmittelbar vor der Verschmelzung gegründete oder gekaufte Gesellschaft ohne unternehmerische Aktivitäten.

Ist eine Gesellschaft mit Sitz in Deutschland als übernehmende Gesellschaft an einer grenzüberschreitenden Verschmelzung beteiligt, so sind die Vorschriften des Gesetzes über die Mitbestimmung der Arbeitnehmer bei einer grenzüberschreitenden Verschmelzung (MgVG) zu beachten. Diese bewirken, dass der im Zeitpunkt der Verschmelzung bei der inländischen Gesellschaft bestehende Mitbestimmungsstatus in der Zukunft beibehalten wird. Unterlag die Gesellschaft der unternehmerischen Mitbestimmung nach dem Drittelbeteiligungsgesetz, so bleibt es dabei, auch wenn die Zahl der Arbeitnehmer unter 500 sinkt oder über 2000 steigt. War die Gesellschaft zuvor mitbestimmungsfrei, so bleibt sie das, auch wenn die Zahl der Arbeitnehmer später einmal mehr als 500 beträgt. Die *betriebliche* Mitbestimmung nach dem Betriebsverfassungsgesetz wird von der grenzüberschreitenden Verschmelzung nicht berührt. Während aber bei der SE im Gründungsverfahren mit dem von den Arbeitnehmervertretern gebildeten Besonderen Verhandlungsgremium (BVG) über die Einrichtung eines SE-Betriebsrats verhandelt werden muss, besteht eine entsprechende Verpflichtung bei der grenzüberschreitenden Verschmelzung nicht (vgl. Brandes, ZIP 2008, 2193).

13.5 Gründung einer SE

Die Europäische Gesellschaft (SE) ist als Rechtsform sinnvoll für Unternehmen mit grenzüberschreitenden Aktivitäten innerhalb der Europäischen Union. Die SE ermöglicht die Gründung und Leitung eines europaweit einheitlichen Unternehmens. An die Stelle von Tochtergesellschaften treten Zweigniederlassungen, wodurch die Bestellung von nationalen Geschäftsführern im Ausland überflüssig wird und die Verpflichtung zur Erstellung von Jahresabschlüssen in den jeweiligen ausländischen Staaten entfällt.

Die SE kann entstehen durch

- Verschmelzung von Aktiengesellschaften aus verschiedenen Mitgliedstaaten (Art. 2 Abs. 1 SE-VO),
- Gründung einer Holding-SE durch Aktiengesellschaften und Gesellschaften mit beschränkter Haftung
  a) aus verschiedenen Mitgliedstaaten oder
  b) aus einem einzigen Mitgliedstaat bei Bestehen von Tochtergesellschaften oder Zweigniederlassungen in einem anderen Mitgliedstaat (Art. 2 Abs. 2 SE-VO),
- Gründung einer Tochter-SE durch
  a) Gesellschaften aus verschiedenen Mitgliedstaaten oder
  b) Gesellschaften aus einem einzigen Mitgliedstaat bei Bestehen von Tochtergesellschaften oder Zweigniederlassungen in einem anderen Mitgliedstaat (Art. 2 Abs. 3 SE-VO),
- Formwechselnde Umwandlung einer Aktiengesellschaft in eine SE, sofern seit mindestens zwei Jahren eine Tochtergesellschaft in einem Mitgliedstaat besteht (Art. 2 Abs. 4 SE-VO),
- Gründung einer Tochter-SE durch eine SE (Art. 3 Abs. 2 SE-VO).

Gemeinsam ist allen diesen Fällen, dass ein Bezug zu einem anderen Mitgliedstaat der Europäischen Union bestehen muss. Beim Formwechsel muss der Auslandsbezug durch eine seit mindestens zwei Jahren bestehende Tochtergesellschaft hergestellt werden, eine Zweigniederlassung im Ausland reicht nicht. Bei der Gründung einer Holding-SE oder einer Tochter-SE kann der Auslandsbezug sowohl durch Tochtergesellschaften als auch durch Zweigniederlassungen vermittelt werden, die aber jeweils seit mindestens zwei Jahren bestehen müssen. Bei Gründung durch Verschmelzung gibt es keine Mindestfristen hinsichtlich des Bestehens der beteiligten Aktiengesellschaften.

An der Gründung einer Holding-SE oder einer Tochter-SE kann sich auch eine GmbH beteiligen. Soll die SE durch Verschmelzung oder durch Formwechsel gegründet werden, muss die GmbH zuvor in die Rechtsform der Aktiengesellschaft umgewandelt werden.

Eine Besonderheit der SE besteht darin, dass der im Zeitpunkt der Gründung bestehende Mitbestimmungsstatus der SE „eingefroren“ wird. Unterlag die inländische Kapitalgesellschaft der unternehmerischen Mitbestimmung nach dem Drittelbeteiligungsgesetz, so bleibt es dabei, auch wenn die Zahl der Arbeitnehmer später über 2000 steigt, was sonst das Eingreifen der Vorschriften des Mitbestimmungsgesetzes vom 4. Mai 1976 ausgelöst hätte. Und wenn die Gesellschaft zuvor mitbestimmungsfrei war, weil sie nicht mehr als 500 Arbeitnehmer hatte, so bleibt sie als SE auch bei Überschreiten dieser Grenze mitbestimmungsfrei. Das gilt entsprechend bei Absinken der Arbeitnehmerzahl unter diese Grenzen. Die *betriebliche* Mitbestimmung nach dem Betriebsverfassungsgesetz gilt für die SE genauso wie für andere Betriebe; hier ist zu beachten, dass im Gründungsverfahren mit dem von den Arbeitnehmervertretern gebildeten Besonderen Verhandlungsgremium (BVG) über die Einrichtung eines SE-Betriebsrats verhandelt werden muss.

14 Verbundene Unternehmen (Konzern)

Das Recht der verbundenen Unternehmen (Konzernrecht) zielt ab auf den Schutz der Minderheitsgesellschafter und der Gläubiger einer abhängigen Gesellschaft vor Maßnahmen der herrschenden Gesellschaft. Das Konzernrecht hat nicht nur für börsennotierte Aktiengesellschaften, sondern auch für die kleine Aktiengesellschaft erhebliche praktische Bedeutung. Folgende Gesetzesvorschriften bilden das Konzernrecht:

Begriffsbestimmungen (§§ 15 bis 19 AktG)
Das Gesetz verwendet im Konzernrecht den Oberbegriff „Verbundene Unternehmen" und fasst darunter:

- Mehrheitsbeteiligungen (§ 16 AktG),
- abhängige und herrschende Unternehmen (§ 17 AktG),
- Konzern und Konzernunternehmen (§ 18 AktG),
- wechselseitig beteiligte Unternehmen (§ 19 AktG),
- Vertragsteile eines Unternehmensvertrags (§§ 291, 292 AktG).

Abhängige Unternehmen sind rechtlich selbständige Unternehmen, auf die ein anderes Unternehmen (herrschendes Unternehmen) einen beherrschenden Einfluss ausüben kann (§ 17 AktG). Die Abhängigkeit eines Unternehmens wird vermutet, wenn es im Mehrheitsbesitz eines anderen Unternehmens steht, d. h. wenn dieses die Stimmenmehrheit bei ihm hat (Mehrheitsbeteiligung, § 16 AktG). Das abhängige und das herrschende Unternehmen bilden einen Konzern, und die einzelnen Unternehmen sind Konzernunternehmen (§ 18 AktG).

Mitteilungspflichten (§§ 20 bis 22 AktG)
Die Mitteilungspflichten bezwecken die Offenlegung von Beteiligungsverhältnissen und damit die Erkennbarkeit von Konzernbeziehungen.

Materielles Konzernrecht (§§ 291 bis 328 AktG)
Die Vorschriften über die Entstehung von konzernrechtlichen Verbindungen und über deren Folgen bilden das materielle Konzernrecht. Es ist geregelt in dem mit „Verbundene Unternehmen" überschriebenen Dritten Buch des Aktiengesetzes, das wie folgt gegliedert ist:

- Unternehmensverträge (§§ 291 bis 307 AktG);
- Abhängigkeit von Unternehmen (§§ 308 bis 318 AktG);
- Eingegliederte Gesellschaften (§§ 319 bis 327 AktG);
  die Eingliederung einer Aktiengesellschaft in eine andere Aktiengesellschaft ist für die kleine Aktiengesellschaft ohne praktische Relevanz und wird hier nicht weiter behandelt;
- Ausschluss von Minderheitsaktionären (§§ 327a bis 327f AktG);
  der im Jahre 2001 eingeführte Ausschluss von Minderheitsaktionären ist vom Gesetzgeber im Recht der verbundenen Unternehmen angesiedelt worden und wird dementsprechend hier behandelt;
- wechselseitig beteiligte Unternehmen (§ 328 AktG).

Rechnungslegung im Konzern (§§ 290 bis 315a HGB)
Die Rechnungslegung im Konzern ist unter „Konzernabschluss und Konzernlagebericht“ (§§ 290 bis 315a HGB) im Handelsgesetzbuch geregelt.

14.1 Mitteilungspflichten

Die Aktiengesellschaft ist mitteilungspflichtig, wenn sie eine Beteiligung an einer anderen Kapitalgesellschaft erwirbt (§ 21 AktG); umgekehrt besteht Mitteilungspflicht eines anderen Unternehmens, welches sich an der Aktiengesellschaft beteiligt (§ 20 AktG). Im Einzelnen:

§ 21 AktG
Sobald einer Aktiengesellschaft eine *Schachtelbeteiligung*, also eine Beteiligung von mehr als einem Viertel an einer Kapitalgesellschaft (Aktiengesellschaft, Kommanditgesellschaft auf Aktien, Gesellschaft mit beschränkter Haftung) mit Sitz im Inland gehört, muss sie dies der Kapitalgesellschaft schriftlich mitteilen (§ 21 Abs. 1 AktG); mitteilungspflichtig ist ferner der Erwerb einer *Mehrheitsbeteiligung*, also mehr als 50 %, an einem inländischen Unternehmen gleich welcher Rechtsform (§ 21 Abs. 2 AktG).

Für die Zeit, für die die Mitteilungspflichten nicht erfüllt sind, bestehen keine Rechte aus den Anteilen (§ 21 Abs. 4 AktG); die *Verwaltungsrechte* (Teilnahme an der Hauptversammlung, Stimmrecht, Auskunftsrecht) *erlöschen*. Hinsichtlich der *Vermögensrechte* ist zu unterscheiden: das Bezugsrecht für junge Aktien bei Kapitalerhöhungen geht verloren, während die Ansprüche auf Dividende (§ 58 Abs. 4 AktG) und Abwicklungserlös (§ 271 AktG) bis zur Nachholung der Mitteilung *ruhen*. Weist die beteiligte Gesellschaft nach, dass sie die Mitteilung nicht vorsätzlich unterlassen hatte, kann sie die nachträgliche Auszahlung von Dividende bzw. Abwicklungsüberschuss verlangen (vgl. §§ 21 Abs. 4 S. 2, 20 Abs. 7 S. 2 AktG).

Fällt die wesentliche Beteiligung oder die Mehrheitsbeteiligung weg, so ist dies ebenfalls mitzuteilen (§ 21 Abs. 3 AktG). Der Adressat der Mitteilungen kann gem. § 22 AktG jederzeit den Nachweis über das Bestehen (nicht über den Wegfall) der Beteiligung verlangen. Erwirbt die Aktiengesellschaft Aktien einer börsennotierten Aktiengesellschaft, so haben die strengeren Mitteilungspflichten nach dem Wertpapierhandelsgesetz Vorrang (§ 21 Abs. 5 AktG). Erwirbt eine börsennotierte Aktiengesellschaft eine Schachtelbeteiligung an einer Kapitalgesellschaft, die nicht börsennotiert ist, so löst das keine Mitteilungspflicht nach dem Wertpapierhandelsgesetz aus, sondern lediglich nach § 21 AktG.

Die Mitteilungspflichten nach § 21 AktG haben den Zweck, die Beachtung der aktienrechtlichen Vorschriften sicherzustellen, die an das Bestehen einer Beteiligung anknüpfen, z. B. § 328 AktG (siehe unten), §§ 56 Abs. 2, 71d S. 2 AktG (Verbot der Zeichnung bzw. des Erwerbs von Aktien des beherrschenden oder mit Mehrheit beteiligten Unternehmens).

§ 20 AktG

Während § 21 AktG den Fall betrifft, dass die Aktiengesellschaft sich an einem anderen Unternehmen beteiligt, gilt § 20 AktG dann, wenn ein anderes Unternehmen sich an der Aktiengesellschaft beteiligt. Häufig werden durch ein und denselben Sachverhalt beide Tatbestände erfüllt, nämlich wenn auch das andere Unternehmen die Rechtsform der Aktiengesellschaft hat; in diesem Fall kommt § 20 AktG als die strengere Regelung zur Anwendung.

Nach § 20 AktG sind die Begründung einer Schachtelbeteiligung und einer Mehrheitsbeteiligung durch ein Unternehmen der Aktiengesellschaft schriftlich mitzuteilen und gem. § 22 AktG auf Verlangen nachzuweisen. Mitzuteilen ist auch, wenn die Beteiligung in der mitteilungspflichtigen Höhe nicht mehr besteht. Mitteilungspflichtig sind in- und ausländische Unternehmen unabhängig von ihrer Rechtsform. Der Vorstand der Aktiengesellschaft hat die Begründung ebenso wie den Wegfall dieser Beteiligungen in den Gesellschaftsblättern *bekanntzumachen.* Die Mitteilungs- und Bekanntmachungspflicht gilt auch schon bei der Gründung, sofern ein Unternehmen dabei eine Schachtelbeteiligung oder eine Mehrheitsbeteiligung als Gründer übernimmt (Hüffer, Rz. 2 zu § 20 AktG).

Bei Verletzung der Mitteilungspflichten erlöschen bzw. ruhen die Rechte aus den Aktien (§ 20 Abs. 7 AktG); vgl. oben zu § 21 AktG. Wird eine Beteiligung an einer börsennotierten Aktiengesellschaft begründet, so haben die strengeren Mitteilungs- und Veröffentlichungspflichten nach dem Wertpapierhandelsgesetz Vorrang (§ 20 Abs. 8 AktG).

Die Vorschrift des § 20 AktG bezweckt, die Aktionäre und Gläubiger – generell die Öffentlichkeit – über Konzernverbindungen der Aktiengesellschaft zu unterrichten (BGH NJW 1991, 2765, 2767).

§ 328 AktG
Bei *wechselseitiger Beteiligung* (§ 19 Abs. 1 AktG) einer Aktiengesellschaft und einer anderen Kapitalgesellschaft mit Sitz im Inland von jeweils mehr als einem Viertel erweitern sich die nach §§ 20, 21 AktG bestehenden Mitteilungspflichten dahin, dass beide Unternehmen einander unverzüglich auch die Höhe ihrer Beteiligung und jede Änderung schriftlich mitzuteilen haben (§ 328 Abs. 4 AktG).

14.2 Unternehmensverträge (Vertragskonzern)

Ein Vertragskonzern entsteht durch den Abschluss eines Unternehmensvertrags. Unternehmensverträge sind nach § 291 AktG:

- Beherrschungsvertrag,
- Gewinnabführungsvertrag.

Andere Gewinnabführungsverträge sind nach § 292 AktG:

- Gewinngemeinschaft,
- Teilgewinnabführungsvertrag,
- Betriebspachtvertrag, Betriebsüberlassungsvertrag.

14.2.1 Abschluss, Änderung und Beendigung von Unternehmensverträgen

Für den Abschluss eines Unternehmensvertrags ist der Vorstand zuständig. Der Vertrag ist in schriftlicher Form zu schließen. Nach § 293a AktG hat der Vorstand einen Bericht über den Unternehmensvertrag zu erstatten. Sofern sich nicht alle Aktien der abhängigen Gesellschaft in der Hand des herrschenden Unternehmens befinden, ist der Unternehmensvertrag durch einen Wirtschaftsprüfer als Vertragsprüfer zu prüfen (§ 293b AktG); dieser hat nach § 293e AktG einen Prüfungsbericht zu erstellen, der mit der Erklärung abschließt, ob der vorgeschlagene Ausgleich (§ 304 AktG) und die vorgeschlagene Abfindung (§ 305 AktG) angemessen sind. Der Bericht und die Prüfung sind nicht erforderlich, wenn alle Anteilsinhaber aller beteiligten Unternehmen darauf verzichten (§§ 293a, 293b AktG); wird eine Prüfung durchgeführt, so kann in gleicher Weise auf den Prüfungsbericht verzichtet werden (§ 293e AktG).

Der Unternehmensvertrag bedarf der Zustimmung der Hauptversammlung der abhängigen Gesellschaft, ferner der Zustimmung der Hauptversammlung des herrschenden Unternehmens, falls dieses ebenfalls die Rechtsform der Aktiengesellschaft hat (§ 293 AktG); das gilt entsprechend für seine Änderung (§ 295 AktG). Vor der Einberufung der Hauptversammlung an, die über die Zustimmung beschließen soll, sind der Unternehmensvertrag und bestimmte weitere Unterlagen in den Geschäftsräumen der beteiligten Aktiengesellschaften zur Einsicht der Aktionäre auszulegen, ebenso in der Hauptversammlung (§§ 293f, 293g AktG). Bei einer Aktiengesellschaft bedarf der Beschluss einer Mehrheit, die mindestens drei Viertel des bei der Beschlussfassung vertretenen Grundkapitals umfasst, wenn nicht die Satzung eine größere Kapitalmehrheit und weitere Erfordernisse bestimmt (§ 293 AktG). Mit seiner Eintragung in das Handelsregister wird der Vertrag wirksam (§ 294 AktG). Der Unternehmensvertrag endet durch Ablauf der vereinbarten Laufzeit, durch Ausübung eines vertraglich vereinbarten Rechts zur ordentlichen Kündigung, durch außerordentliche Kündigung aus wichtigem Grunde (§ 297 AktG) oder durch Aufhebung (§ 296 AktG).

14.2.2 Beherrschungsvertrag; Gewinnabführungsvertrag

Durch den *Beherrschungsvertrag* unterstellt eine Aktiengesellschaft die Leitung ihrer Gesellschaft einem anderen Unternehmen (§ 291 Abs. 1 S. 1 AktG). Das herrschende Unternehmen ist danach berechtigt, dem Vorstand der Untergesellschaft hinsichtlich der Leitung der Gesellschaft Weisungen zu erteilen; zulässig sind auch Weisungen, die für die Untergesellschaft nachteilig sind, wenn sie den Belangen des herrschenden Unternehmens oder des Konzerns dienen (§ 308 AktG). Durch das Weisungsrecht wird die eigenverantwortliche Leitung der abhängigen Aktiengesellschaft durch den Vorstand (§ 76 AktG) beseitigt. Die gesetzlichen Vertreter des herrschenden Unternehmens haben bei der Erteilung von Weisungen sorgfältig zu handeln; bei Verstoß sind sie persönlich der Untergesellschaft zum Ersatz des daraus entstehenden Schadens verpflichtet (§ 309 AktG); zur Geltendmachung s. Abschn. 9.3.2.2.

Durch den *Gewinnabführungsvertrag* verpflichtet sich eine Aktiengesellschaft, ihren ganzen Gewinn an ein anderes Unternehmen abzuführen (§ 291 Abs. 1 S. 1 AktG); gemeint ist der Bilanzgewinn, wie er sich ergäbe, wenn kein Gewinnabführungsvertrag bestände, nach Abzug des Betrages, der in die gesetzliche Rücklage gem. § 300 Nr. 1 AktG einzustellen ist (§ 301 AktG).

Besteht ein Beherrschungs- oder ein Gewinnabführungsvertrag, so hat die Obergesellschaft jeden während der Vertragsdauer entstehenden Jahresfehlbetrag auszugleichen; das gilt nicht, soweit dieser durch Entnahmen aus anderen

Gewinnrücklagen, die während der Vertragsdauer gebildet worden sind, ausgeglichen wird (§ 302 AktG). Der Gewinnabführungsvertrag wird im Hinblick auf die damit verbundene Verlustdeckungspflicht auch als *Ergebnisabführungsvertrag* bezeichnet.

Die Gewinnabführung hat zur Folge, dass bei der Untergesellschaft ein Bilanzgewinn nicht mehr entstehen kann, deshalb muss der Vertrag einen angemessenen Ausgleich für die außenstehenden Aktionäre durch eine jährlich wiederkehrende Zahlung je Aktie (*Ausgleichszahlung*) vorsehen (§ 304 Abs.1 S. 1 AktG). Besteht kein Gewinnabführungsvertrag, wohl aber ein Beherrschungsvertrag, so kann die Untergesellschaft weiterhin einen Bilanzgewinn erwirtschaften und Dividende ausschütten; die Gewinnchancen der Untergesellschaft sind aber durch die Weisungsbefugnis des herrschenden Unternehmens (§ 308 AktG) beeinträchtigt. Aus diesem Grunde ist auch im Falle eines solchen isolierten Beherrschungsvertrags den außenstehenden Aktionären als angemessener Ausgleich ein bestimmter jährlicher Gewinnanteil zu garantieren, dessen Höhe der Ausgleichszahlung entspricht. Bleibt die Dividende dahinter zurück, so hat die Obergesellschaft den Unterschiedsbetrag auszugleichen. Ist der im Vertrag bestimmte Ausgleich nicht angemessen, so hat auf Antrag eines außenstehenden Aktionärs das zuständige Landgericht den vertraglich geschuldeten Ausgleich zu bestimmen (§ 304 Abs. 3 AktG, § 2 SpruchG).

Neben der Ausgleichszahlung hat die Obergesellschaft einem außenstehenden Aktionär in dem Beherrschungs- oder Gewinnabführungsvertrag anzubieten, seine Aktien gegen eine *Abfindung* zu erwerben; die Abfindung muss in bestimmten Fällen in Aktien, ansonsten in bar gewährt werden (§ 305 Abs. 2 AktG). Sieht der Vertrag überhaupt keine Abfindung vor oder ist diese nicht angemessen, so hat auf Antrag eines außenstehenden Aktionärs das zuständige Landgericht die zu gewährende Barabfindung zu bestimmen (§ 305 Abs. 5 AktG, § 2 SpruchG).

Bei Beendigung eines Beherrschungs- oder eines Gewinnabführungsvertrages ist die Obergesellschaft verpflichtet, bestimmten Gläubigern der Untergesellschaft Sicherheit zu leisten (§ 303 AktG).

Leistungen der Gesellschaft, die bei Bestehen eines Beherrschungs- oder Gewinnabführungsvertrags erfolgen, gelten nicht als Verstoß gegen die auf Kapitalerhaltung bzw. auf Gleichbehandlung der Aktionäre abzielenden Vorschriften der §§ 57, 58 und 60 AktG (§§ 57 Abs. 1 S. 3, 291 Abs. 3 AktG); zur Kapitalerhaltung s. Abschn. 11.3.

Der Abschluss von Beherrschungs- und Gewinnabführungsverträgen mit Tochtergesellschaften ist auch bei mittelständischen Unternehmen verbreitet zwecks Herbeiführung einer steuerlichen *Organschaft* nach §§ 14 ff. KStG. Aufgrund des Gewinnabführungsvertrags ist das positive oder negative Ergebnis der Organgesellschaft (Untergesellschaft) dem Organträger (Obergesellschaft) steuerlich zuzurechnen.

14.2.3 Andere Unternehmensverträge

Die „anderen Unternehmensverträge" nach § 292 AktG unterscheiden sich von den in § 291 AktG aufgeführten Unternehmensverträgen (Beherrschungsvertrag, Gewinnabführungsvertrag) dadurch, dass es sich bei ihnen um schuldrechtliche Verträge mit Austausch von Leistung und Gegenleistung handelt, ferner dass in die eigenverantwortliche Leitung der Gesellschaft durch den Vorstand (§ 76 AktG) nicht eingegriffen und die Kapitalbindung (§§ 57, 58, 60 AktG) nicht gelockert wird, so dass die Struktur der Untergesellschaft nicht verändert wird.

Wichtigster Anwendungsfall des § 292 AktG ist die Beteiligung eines stillen Gesellschafters nach §§ 230 ff. HGB an der Aktiengesellschaft, da die stille Gesellschaft als Teilgewinnabführungsvertrag i. S. d. § 292 Abs. 1 Nr. 2 AktG gilt (zur stillen Gesellschaft s. Abschn. 11.6). Werden bei der Eingehung einer stillen Beteiligung an einer Aktiengesellschaft die Vorschriften über den Abschluss von Unternehmensverträgen nicht beachtet, insbesondere nicht die Zustimmung der Hauptversammlung (§ 293 AktG) eingeholt oder die Eintragung in das Handelsregister (§ 294 AktG) herbeigeführt, ist der Vertrag über die stille Gesellschaft unwirksam. Der Zustimmung der Hauptversammlung und der Prüfung bedarf es nicht, wenn die Aktiengesellschaft bei dem Vertrag über die Errichtung der stillen Gesellschaft nicht die Stellung des gewinnabführungspflichtigen Unternehmens, sondern die der gewinnberechtigten stillen Gesellschafterin innehat.

14.3 Abhängigkeitsverhältnisse (faktischer Konzern)

Die §§ 311 bis 318 AktG regeln im Interesse der Gläubiger und der Minderheitsaktionäre der abhängigen Gesellschaft die Verantwortlichkeit des herrschenden Unternehmens in dem Fall, dass ein Beherrschungsvertrag mit der abhängigen Gesellschaft *nicht* besteht; sie besagen damit zugleich, dass die Bildung eines faktischen Konzerns mit Einflussnahme auf die abhängige Gesellschaft grundsätzlich zulässig ist. Wird der Einfluss dazu benutzt, die Gesellschaft zu veranlassen, nachteilige Rechtsgeschäfte vorzunehmen oder Maßnahmen zu ihrem Nachteil zu treffen oder zu unterlassen, so ist das nicht verboten,

wenn das herrschende Unternehmen die Nachteile ausgleicht, die dem abhängigen Unternehmen dadurch entstehen (§ 311 Abs. 1 AktG).

Die erhebliche praktische Bedeutung der §§ 311 bis 318 AktG ergibt sich daraus, dass ihr Anwendungsbereich groß ist, dabei aber die daraus folgenden Verpflichtungen nicht allgemein bekannt sind. Die Vorschriften der §§ 311 ff. AktG sind zu beachten und zu befolgen, wenn ein Unternehmen an der Aktiengesellschaft eine Mehrheitsbeteiligung, also mehr als 50 % der Stimmrechte hat, denn dann wird das Bestehen der Abhängigkeit gesetzlich vermutet (§ 17 Abs. 2 AktG). Der Begriff des herrschenden Unternehmens ist rechtsformneutral, d. h. alle Kapitalgesellschaften und Personenunternehmen können die Unternehmereigenschaft besitzen. Haben mehrere Gesellschafter ihre Aktien zur gemeinsamen Ausübung ihrer Rechte in eine Gesellschaft eingebracht, so sind die Beteiligungen zusammenzurechnen; eine durch Aktionärsvereinbarung herbeigeführte Stimmbindung (s. dazu Abschn. 3.3) hingegen führt nicht zur Zusammenrechnung.

Anders als beim Bestehen eines Beherrschungsvertrags (s. § 308 AktG) ist der Vorstand der abhängigen Aktiengesellschaft im faktischen Konzern nicht verpflichtet, auf Veranlassung des herrschenden Unternehmens Handlungen zum Nachteil der Aktiengesellschaft vorzunehmen; er darf es auch nicht, wenn kein Ausgleich durch das herrschende Unternehmen zu erwarten ist. Der Nachteilsausgleich steht im Mittelpunkt der §§ 311 bis 318 AktG.

Grundsätzlich hat der Ausgleich noch während desselben Geschäftsjahrs zu erfolgen; geschieht das nicht, so hat das herrschende Unternehmen bis zum Ende des Geschäftsjahrs die Höhe und den Zeitpunkt der Ausgleichszahlung zu bestimmen und einen Vertrag über die Ausgleichung mit der abhängigen Gesellschaft zu schließen (§ 311 Abs. 2 AktG), so dass diese einen entsprechenden, die Nachteile kompensierenden Posten in die Bilanz einstellen kann.

Die Nachteilsausgleichung wird dadurch abgesichert, dass der Vorstand der abhängigen Aktiengesellschaft einen Bericht über Beziehungen zu verbundenen Unternehmen aufzustellen hat (§ 312 AktG). In dem *Abhängigkeitsbericht* sind alle Rechtsgeschäfte, welche die Aktiengesellschaft im vergangenen Geschäftsjahr nicht nur mit dem herrschenden Unternehmen selbst, sondern auch mit einem mit diesem verbundenen Unternehmen oder auf Veranlassung oder im Interesse dieser Unternehmen vorgenommen hat, und alle anderen Maßnahmen, die sie auf Veranlassung oder im Interesse dieser Unternehmen im vergangenen Geschäftsjahr getroffen oder unterlassen hat, aufzuführen. Bei den Rechtsgeschäften sind Leistung und Gegenleistung, bei den Maßnahmen die Gründe der Maßnahmen und deren Vorteile und Nachteile für die Gesellschaft anzugeben.

Bei einem Ausgleich von Nachteilen ist im Einzelnen anzugeben, wie der Ausgleich während des Geschäftsjahrs tatsächlich erfolgt ist, oder auf welche Vorteile der Gesellschaft ein Rechtsanspruch gewährt worden ist. Der Abhängigkeitsbericht endet mit einer Schlusserklärung, die in den Lagebericht der Gesellschaft eingeht. Die Bedeutung des § 312 AktG wird dadurch unterstrichen, dass ein Verstoß gegen die Berichtspflicht, sei es, dass der Bericht gar nicht erst erstellt wird, sei es, dass er unvollständig ist, zur Schadensersatzpflicht der Vorstandsmitglieder gem. § 318 AktG führt. Vorstände von Aktiengesellschaften sollten angesichts dessen durch ihre rechtlichen Berater das Bestehen von konzernrechtlichen Pflichten, insbesondere zur Aufstellung eines Abhängigkeitsberichts, prüfen lassen und sich bei Veränderungen im Aktionärskreis erneut absichern.

Der Abhängigkeitsbericht ist durch den Aufsichtsrat zu prüfen, der in seinem Bericht an die Hauptversammlung über das Ergebnis der Prüfung zu berichten hat (§ 314 AktG). Ist der Jahresabschluss durch einen Abschlussprüfer zu prüfen, so unterliegt auch der Abhängigkeitsbericht der Prüfung durch den Abschlussprüfer. Besteht keine Verpflichtung zur Prüfung des Jahresabschlusses, so kommt der Prüfung des Abhängigkeitsberichtes durch den Aufsichtsrat erhöhte Bedeutung zu. Auf Antrag eines Aktionärs kann das Gericht unter den Voraussetzungen des § 315 AktG Sonderprüfer zur Prüfung der geschäftlichen Beziehungen der Gesellschaft zu dem herrschenden Unternehmen oder zu einem mit ihm verbundenen Unternehmen bestellen.

Ein Abhängigkeitsbericht ist nach § 316 AktG nicht aufzustellen, wenn zwischen der abhängigen Aktiengesellschaft und dem herrschenden Unternehmen ein Gewinnabführungsvertrag besteht, denn dann wird die abhängige Gesellschaft schon durch die Pflicht der herrschenden Gesellschaft zur Verlustübernahme gem. § 302 AktG geschützt; der Anwendungsbereich des § 316 AktG ist klein, denn er setzt das Bestehen eines isolierten, d. h. nicht mit einem Beherrschungsvertrag zusammentreffenden Gewinnabführungsvertrags voraus.

Das herrschende Unternehmen haftet der abhängigen Aktiengesellschaft auf Ersatz des dieser entstehenden Schadens, wenn und soweit ein Nachteilsausgleich entgegen § 311 AktG unterbleibt. Die Ersatzpflicht kann auch gegenüber den außenstehenden Aktionären der abhängigen Gesellschaft bestehen (§ 317 Abs. 1 S. 2 AktG). Neben dem herrschenden Unternehmen selbst haften dessen gesetzliche Vertreter gem. § 317 Abs. 3 AktG als Gesamtschuldner, ferner die Vorstandsmitglieder der abhängigen Gesellschaft, wenn sie die Berichtspflicht (§ 312 AktG) verletzt haben, und neben ihnen schließlich die Aufsichtsratsmitglieder der abhängigen Gesellschaft, wenn sie den Abhängigkeitsbericht nicht geprüft haben oder dabei nicht die gebotene Sorgfalt angewandt haben.

14.4 Ausschluss von Minderheitsaktionären

Der Ausschluss von Minderheitsaktionären („Squeeze-out“) wurde im Jahre 2001 eingeführt mit dem Ziel, die Entfaltung der unternehmerischen Initiative des Hauptaktionärs zu stärken. Dieser wird durch den Ausschluss der Minderheitsaktionäre zum Alleinaktionär mit der Folge, dass die Formalien der Einberufung der Hauptversammlung (§§ 121 bis 128 AktG) nicht mehr beachtet werden müssen, ferner dass die Vorschriften des Aktiengesetzes zum Minderheitsschutz gegenstandslos werden und Anfechtungsklagen nicht mehr erhoben werden können. Der „Squeeze-out“ ist bei allen Aktiengesellschaften möglich, also nicht nur bei börsennotierten, sondern auch bei kleinen Aktiengesellschaften.

Das Wesen des Ausschlussverfahrens wird zum Ausdruck gebracht in § 327a Abs. 1 AktG. Danach kann

- die Hauptversammlung einer Aktiengesellschaft (oder KGaA)
- auf Verlangen des Hauptaktionärs
- die Übertragung der Aktien der Minderheitsaktionäre auf den Hauptaktionär
- gegen Gewährung einer angemessenen Barabfindung durch den Hauptaktionär

beschließen. Hauptaktionär ist der Aktionär, dem Aktien der Gesellschaft in Höhe von mindestens 95 % des Grundkapitals gehören. Zum Vergleich: auch die Eingliederung nach § 320 AktG bedarf einer Minderheit von 95 %; die Eingliederung setzt aber voraus, dass die Mehrheitsgesellschafterin, die zukünftige Hauptgesellschaft, eine Aktiengesellschaft mit Sitz im Inland ist. Die Ausschließung ist demgegenüber für den Hauptaktionär zulässig unabhängig von seiner Rechtsform und von seinem Sitz bzw. Wohnsitz. Der Hauptaktionär muss auch nicht unbedingt eine *einzelne* natürliche oder juristische Person sein; haben mehrere Gesellschafter ihre Aktien zur gemeinsamen Ausübung ihrer Rechte in eine Gesellschaft eingebracht, so ist diese Gesellschaft Hauptaktionärin, wenn zu ihrem Gesamthandsvermögen Aktien in Höhe von 95 % des Grundkapitals gehören. Bei der Berechnung der Beteiligungsquote des zukünftigen Hauptgesellschafters zählen auch Aktien mit, die dieser im Wege der Wertpapierleihe (Sachdarlehen, § 607 AktG) erworben hat. Das Erreichen der Schwelle von 95 % durch Erwerb von Aktien ist nur dann unbeachtlich, wenn der Erwerb rechtsmissbräuchlich ist; das wäre dann der Fall, wenn der Erwerb nicht einer unternehmerischen Initiative dient, sondern nur darauf abzielt, Mitaktionäre ohne rechtlichen Grund zu verdrängen, wofür die Dauer des Aktienbesitzes einen Hinweis geben kann (vgl. Hüffer, Rz. 12 zu § 327a AktG).

Die Höhe der Barabfindung ist vom Hauptaktionär unter Berücksichtigung der Verhältnisse der Aktiengesellschaft im Zeitpunkt der Beschlussfassung festzulegen (§ 327b Abs. 1 AktG). Der Vorstand darf die Hauptversammlung, in der über den Ausschluss abgestimmt werden soll, erst einberufen, wenn der Hauptaktionär ihm eine Bankbürgschaft übermittelt hat, die die Abfindungszahlungen abdeckt (§ 327b Abs. 3 AktG).

Der Hauptaktionär – und nicht der Vorstand – hat der Hauptversammlung einen schriftlichen Bericht zu erstatten, in dem die Voraussetzungen für die Übertragung der Aktien dargelegt und die Angemessenheit der Barabfindung erläutert und begründet werden. Die Angemessenheit der Barabfindung ist durch einen auf Antrag des Hauptaktionärs vom Gericht ausgewählten und bestellten Wirtschaftsprüfer zu prüfen (§ 327c Abs. 2 AktG). Der Vorstand hat den Übertragungsbeschluss zur Eintragung in das Handelsregister anzumelden. Mit der Eintragung gehen alle Aktien der Minderheitsaktionäre auf den Hauptaktionär über (§ 327e AktG).

Hat der Hauptaktionär eine Barabfindung nicht oder nicht ordnungsgemäß angeboten oder ist die Barabfindung nicht angemessen, so hat auf Antrag eines ausgeschiedenen Minderheitsaktionärs das zuständige Landgericht die angemessene Barabfindung zu bestimmen (§ 327f AktG, § 2 SpruchG). Der Antrag ist innerhalb von zwei Monaten nach der Eintragung des Übertragungsbeschlusses in das Handelsregister zu stellen.

14.5 Wechselseitig beteiligte Unternehmen

Bei Bestehen einer wechselseitigen Beteiligung einer Aktiengesellschaft und einer anderen Kapitalgesellschaft kann ein Unternehmen seine Rechte aus den ihm gehörenden Anteilen an dem anderen Unternehmen nur bis zur Höhe von 25 % ausüben; soweit die Beteiligung ein Viertel übersteigt, besteht eine Ausübungssperre. Diese Beschränkung gilt nach § 328 Abs. 1 S. 2 AktG wiederum nicht für den Bezug neuer Aktien bei einer Kapitalerhöhung aus Gesellschaftsmitteln. Die Ausübungssperre besteht auch dann nicht, wenn eine Kapitalgesellschaft einer Aktiengesellschaft nach § 20 Abs. 3 AktG oder wenn eine Aktiengesellschaft einer anderen Kapitalgesellschaft eine Mitteilung nach § 21 Abs. 1 AktG über die Begründung einer Schachtelbeteiligung gemacht hat, bevor es von dem anderen Unternehmen eine solche Mitteilung erhalten hat oder ihm das Bestehen der wechselseitigen Beteiligung bekannt geworden ist (§ 328 Abs. 2 AktG); zu den Mitteilungspflichten nach §§ 20, 21 AktG s. Abschn. 14.1.

14.6 Rechnungslegung

Die Vorschriften über die Rechnungslegung im Konzern waren bis zum Inkrafttreten des Bilanzrichtliniengesetzes vom 19. Dezember 1985 als §§ 329 bis 338 a. F. Teil des Aktiengesetzes; sie sind dann in das Dritte Buch „Handelsbücher" des Handelsgesetzbuches überführt und erweitert worden. Maßgeblich sind heute die §§ 290 bis 315a HGB. Zweck der Konzernrechnungslegungsvorschriften ist die Information Außenstehender über die wirtschaftliche Lage des Konzerns, da Einzelabschlüsse bei enger wirtschaftlicher Verflechtung keinen zutreffenden Einblick ermöglichen.

Pflicht zur Aufstellung
Die Pflicht zur Aufstellung eines Konzernabschlusses und eines Konzernlageberichts trifft nur Kapitalgesellschaften mit Sitz im Inland (§ 290 HGB). Die Aufstellungspflicht besteht, wenn

- entweder *einheitliche Leitung* von Mutter- und Tochterunternehmen vorliegt (§ 290 Abs. 1 HGB);
  unter dem Begriff „einheitliche Leitung" ist die Übernahme originärer Leitungsaufgaben durch das Mutterunternehmen für den gesamten Konzern und damit eine planmäßige Koordinierung der Geschäftspolitik und sonstiger Aspekte der Geschäftsleitung zu verstehen (Hoyos/Lechner in Beck Bil-Komm., Rz. 20 zu § 290 HGB). Besteht ein Beherrschungsvertrag (§ 291 Abs. 1 AktG), so sind die daran beteiligten Unternehmen als unter einheitlicher Leitung zusammengefasst anzusehen (§ 18 Abs. 1 S. 2 AktG);
- oder bestimmte *Kontrollrechte* bestehen (§ 290 Abs. 2 HGB);
  die Aufstellungspflicht ist immer dann gegeben, wenn das Mutterunternehmen eine der folgenden Kontrollrechtsstellungen bei dem Tochterunternehmen hat („Control-Konzept"):
  (1) die Mehrheit der Stimmrechte (§ 290 Abs. 4 HGB);
      dabei sind ggf. Anteile gem. § 290 Abs. 3 HGB hinzuzurechnen;
  (2) das auf Gesellschafterstellung beruhende Recht zur Bestellung und Abberufung der Mehrheit der Mitglieder des Leitungs- oder Aufsichtsorgans der Gesellschaft;
  (3) das Recht, einen beherrschenden Einfluss auf das Unternehmen auszuüben, entweder aufgrund eines Beherrschungsvertrags (§ 291 Abs. 1 AktG) oder aufgrund einer Satzungsbestimmung dieses Unternehmens.

  Sind die Voraussetzungen für die Aufstellungspflicht gem. § 290 Abs. 2 HGB erfüllt, so ist in der Regel auch die gem. Abs. 1 zu bejahen.

Der Konzernabschluss besteht aus der Konzernbilanz, der Konzern-Gewinn- und Verlustrechnung, dem Konzernanhang, der Kapitalflussrechnung und dem

Eigenkapitalspiegel; er kann um eine Segmentberichterstattung erweitert werden (§ 297 Abs. 1 HGB). Die meisten der für die Aufstellung der Bilanz und der Gewinn- und Verlustrechnung geltenden Vorschriften sind für die Konzernbilanz und die Konzern-Gewinn- und Verlustrechnung entsprechend anzuwenden (§ 298 Abs. 1 HGB).

Konzernabschluss nach internationalen Rechnungslegungsstandards
Kapitalmarktorientierte Unternehmen haben einen Konzernabschluss nach internationalen Rechnungslegungsstandards aufzustellen (§ 315a Abs. 1 HGB). Diese Pflicht tritt schon ein, wenn für das Mutterunternehmen die Zulassung eines Wertpapiers zum Handel beantragt worden ist (§ 315a Abs. 2 HGB). Die Wertpapiere müssen zum Handel im Amtlichen Markt oder im Geregelten Markt zugelassen sein, der Handel im Freiverkehr wird nicht erfasst. Als Wertpapiere gelten insbesondere Aktien und Schuldtitel (z. B. Genuss-Scheine, Inhaberschuldverschreibungen). Anzuwenden sind diejenigen vom International Accounting Standards Board („IASB") verabschiedeten Rechnungslegungsstandards (International Accounting Standards, IAS, bzw. International Financial Reporting Standards, IFRS), die von der EU-Kommission förmlich übernommen und als Kommissionsverordnung veröffentlicht worden sind.

Befreiung von der Aufstellungspflicht
Die Aufstellungspflicht entfällt nach § 291 HGB, wenn das Mutterunternehmen zugleich selbst Tochterunternehmen eines anderen Mutterunternehmens mit Sitz in Deutschland oder in einem Mitgliedsstaat der Europäischen Union oder in einem anderen Vertragsstaat des Abkommens über den Europäischen Wirtschaftsraum ist, und wenn das andere Mutterunternehmen einen Konzernabschluss nebst Konzernlagebericht in deutscher Sprache offengelegt hat gem. §§ 325 ff. HGB; zu den weiteren Voraussetzungen für die Befreiung s. § 291 HGB.

Für mittelständische Gesellschaften sind die *größenabhängigen Befreiungen* gem. § 293 HGB von erheblicher praktischer Bedeutung. Ein Mutterunternehmen ist danach von der Aufstellungspflicht befreit, wenn seine Aktien nicht gehandelt werden und

1. *Bruttomethode*
   mindestens zwei der drei nachstehenden Merkmale am Abschlussstichtag und am vorhergehenden Abschlussstichtag zutreffen:
   a) die addierten Bilanzsummen von Mutter- und Tochterunternehmen übersteigen nicht 19.272.000 Euro,
   b) die addierten Umsatzerlöse des letzten zurückliegenden Geschäftsjahrs übersteigen nicht 38.544.000 Euro,

c) die Zahl der Mitarbeiter des Mutterunternehmens und der einzubeziehenden Tochterunternehmen übersteigt nicht 250,

oder

2. *Nettomethode*

am Abschlussstichtag und am vorhergehenden Abschlussstichtag mindestens zwei der drei nachstehenden Merkmale für den Konzernabschluss zutreffen:

a) die Bilanzsumme übersteigt nicht 16.060.000 Euro,

b) die Umsatzerlöse übersteigen nicht 32.120.000 Euro,

c) die Zahl der Mitarbeiter des Mutterunternehmens und der einzubeziehenden Tochterunternehmen übersteigt nicht 250.

Ist das Mutterunternehmen nach der Bruttomethode nicht befreit, hat es die Arbeiten zur Aufstellung des Konzernabschlusses zu leisten, um dann ggf. festzustellen, dass die größenabhängige Befreiung nach der Nettomethode eingreift. – Die Anhebung der Merkmale für die Bruttomethode auf 21 Mio. bzw. 42 Mio. Euro und der für die Nettomethode auf 19,25 Mio. bzw. 38,5 Mio. Euro ist vorgesehen.

Konsolidierung

Ziel des Konzernabschlusses ist, die Vermögens-, Finanz- und Ertragslage der einbezogenen Unternehmen so darzustellen, als ob diese ein einziges Unternehmen seien, sog. *Einheitstheorie* (vgl. § 297 Abs. 3 S. 1 HGB). Der Kreis der in den Konzernabschluss einzubeziehenden Unternehmen (*Konsolidierungskreis*) ergibt sich aus §§ 294 und 296 HGB. Grundsätzlich sind das Mutterunternehmen und alle Tochterunternehmen ohne Rücksicht auf deren Sitz einzubeziehen (§ 294 HGB). Unter den Voraussetzungen des § 296 HGB kann auf die Einbeziehung eines Tochterunternehmens verzichtet werden.

Die Darstellung der einbezogenen Unternehmen als Einheit wird erreicht durch die *Vollkonsolidierung* (§§ 300 bis 307 HGB). Dabei ist im Konzernabschluss der Jahresabschluss des Mutterunternehmens mit den Jahresabschlüssen der Tochterunternehmen zusammenzufassen (§ 300 HGB). Zu diesem Zweck werden zunächst die Posten der Bilanzen aller einbezogenen Unternehmen addiert. In der so entstandenen Summenbilanz sind die Werte der Tochterunternehmen doppelt erfasst, weil zum einen die beim Mutterunternehmen bilanzierte Beteiligung und zum anderen die Vermögensgegenstände und Schulden der Tochterunternehmen enthalten sind. Die Doppelterfassungen werden im Wege der *Kapitalkonsolidierung* (§ 301 HGB) in der Weise beseitigt, dass die Beteiligungsansätze des Mutterunternehmens mit dem auf diese Anteile entfallenden Betrag des Eigenkapitals des Tochterunternehmens verrechnet werden, wodurch die Kapitalverflechtung zwischen Mutter- und Tochterunternehmen eliminiert wird; die Beteiligung wird durch die dahinter stehenden Aktiv- und Passivposten des

Tochterunternehmens ersetzt (vgl. Förschle/Deubert in Beck Bil-Komm., Rz. 1 zu § 301 HGB).

Ausleihungen und andere Forderungen, Rückstellungen und Verbindlichkeiten zwischen den in den Konzernabschluss einbezogenen Unternehmen sowie entsprechende Rechnungsabgrenzungsposten sind wegzulassen (*Schuldenkonsolidierung*, § 303 Abs. 1 HGB). Vermögensgegenstände, die auf Lieferungen und Leistungen zwischen einbezogenen Unternehmen beruhen, sind mit den Anschaffungs- oder Herstellungskosten des liefernden Konzernunternehmens gegenüber Dritten anzusetzen, so dass der Gewinn oder Verlust aus der Weiterlieferung an das andere Konzernunternehmen unberücksichtigt bleibt (*Zwischenerfolgseliminierung*, § 304 HGB). In der Konzern-Gewinn- und Verlustrechnung sind Erträge aus Lieferungen und Leistungen zwischen den in den Konzernabschluss einbezogenen Unternehmen mit den auf sie entfallenden Aufwendungen zu verrechnen (*Aufwands- und Ertragskonsolidierung*, § 305 HGB).

Sind neben dem Mutterunternehmen andere, nicht konzernzugehörige Gesellschafter an einem Tochterunternehmen beteiligt, so sind die Anteile der anderen Gesellschafter am Eigenkapital und am Jahresergebnis unter entsprechender Bezeichnung gesondert auszuweisen (§ 307 HGB).

Besonderheiten gelten, wenn ein einbezogenes Unternehmen auf ein nicht einbezogenes Unternehmen einen maßgeblichen Einfluss ausübt (assoziiertes Unternehmen), s. dazu §§ 311, 312 HGB, sog. Equity-Konsolidierung.

Prüfung
Der Konzernabschluss und Konzernlagebericht sind durch einen Abschlussprüfer zu prüfen; hat keine Prüfung stattgefunden, so kann der Konzernabschluss nicht gebilligt werden (§ 316 Abs. 2 HGB). Die Vorschriften über die Prüfung und die Offenlegung des Jahresabschlusses und des Lageberichts gelten für den Konzernabschluss und den Konzernlagebericht entsprechend (vgl. § 171 AktG, §§ 316 ff., 325 ff. HGB).

15 Auflösung, Abwicklung, Löschung

Die Entstehung der Aktiengesellschaft durch Gründung oder Umwandlung wurde oben eingehend dargestellt. Am Ende der Gesellschaft stehen Auflösung und Löschung.

Durch die *Auflösung* (§ 262 AktG) ändert sich der Zweck der Gesellschaft. Dieser war zuvor auf Gewinnerzielung durch Betreiben des Unternehmensgegenstandes gerichtet und zielt nun auf die *Abwicklung*. Im Rahmen des Abwicklungszwecks besteht die Aktiengesellschaft fort, um ihr Vermögen zu verflüssigen, die Gesellschaftsgläubiger zu befriedigen und um einen danach etwa verbleibenden Überschuss unter die Aktionäre zu verteilen. Mit der Verteilung des Überschusses ist die Abwicklung beendet, die Gesellschaft ist im Handelsregister zu löschen.

Die Auflösung der Aktiengesellschaft tritt ein

1. durch Ablauf der in der Satzung bestimmten Zeit;
2. durch Beschluss der Hauptversammlung;
   der Auflösungsbeschluss bedarf einer Mehrheit, die mindestens drei Viertel des bei der Beschlussfassung vertretenen Grundkapitals umfasst; die Satzung kann eine größere Mehrheit und weitere Erfordernisse bestimmen. Der Beschluss bedarf der notariellen Beurkundung und wird mit seinem Zustandekommen wirksam, die Eintragung der Auflösung in das Handelsregister ist lediglich deklaratorisch;
3. durch die Eröffnung des Insolvenzverfahrens über das Vermögen der Gesellschaft;
4. mit der Rechtskraft des Beschlusses, durch den die Eröffnung des Insolvenzverfahrens mangels Masse abgelehnt wird;
5. mit der Rechtskraft einer Verfügung des Registergerichts, durch welche ein Mangel der Satzung festgestellt wird (§ 399 FamFG);
6. durch Löschung der Gesellschaft wegen Vermögenslosigkeit (§ 394 FamFG); Vermögenslosigkeit liegt nicht schon vor, wenn das Vermögen der Gesellschaft die bestehenden Verbindlichkeiten deckt und somit kein Reinvermögen mehr vorhanden ist. Maßgeblich ist vielmehr, dass die Gesellschaft überhaupt keine Vermögensgegenstände (Aktiva) mehr innehat; daher steht das Vorhandensein auch geringer Aktiva dem Tatbestand der Vermögenslosigkeit entgegen. Eine Abwicklung findet nur statt, wenn sich nach der Löschung

herausstellt, dass verteilungsfähiges Vermögen vorhanden ist (§ 264 Abs. 2 AktG),

ferner:

- durch Gerichtsurteil bei Gefährdung des Gemeinwohls durch gesetzeswidriges Verhalten der Verwaltung (§ 396 AktG);
- bei Aufhebung der Erlaubnis durch das Aufsichtsamt (vgl. § 38 Abs. 1 KWG);
- bei Erwerb aller Aktien durch die Aktiengesellschaft selbst;
- wenn die Gesellschaft wegen nach Registereintragung festgestellter gravierender Satzungsmängel für nichtig erklärt wird (§§ 275 bis 277 AktG i. V. m. § 397 Abs. 1 FamFG);
- bei Verlegung des Satzungssitzes ins Ausland;
  die Verlegung des Verwaltungssitzes an einen Ort außerhalb Deutschlands ist zulässig. Zum Sitz der Gesellschaft s. Abschn. 3.1.1.

Sofern nicht das Handelsregister schon von Amts wegen unterrichtet wird, beispielsweise bei einer Insolvenz durch das Insolvenzgericht, ist der Vorstand verpflichtet, die Auflösung der Gesellschaft zur Eintragung in das Handelsregister anzumelden; das betrifft insbesondere die Fälle des Zeitablaufs und des Auflösungsbeschlusses durch die Hauptversammlung (§ 263 AktG). Die Eintragung hat nur deklaratorische Bedeutung, sie ist daher insbesondere nicht Voraussetzung für die Wirksamkeit des Auflösungsbeschlusses.

Nach der Auflösung findet die Abwicklung der Gesellschaft statt, wenn nicht das Insolvenzverfahren über das Vermögen eröffnet worden ist (§ 264 AktG). Beruht die Auflösung der Gesellschaft auf der Eröffnung des Insolvenzverfahrens, wird das aktienrechtliche Abwicklungsverfahren durch das Verfahren nach der Insolvenzordnung ersetzt. Ist die Gesellschaft durch Löschung wegen Vermögenslosigkeit aufgelöst, so findet die Liquidation nur statt, wenn sich nach der Löschung herausstellt, dass verteilbares Vermögen vorhanden ist (Nachtragsabwicklung, § 264 Abs. 2 AktG).

Sofern nicht die Satzung oder die Hauptversammlung andere Personen als Abwickler bestellen, werden die Vorstandsmitglieder als *Abwickler* tätig. Auf Antrag des Aufsichtsrats oder einer Minderheit von Aktionären, deren Anteile zusammen 5 % des Grundkapitals oder den anteiligen Betrag von 500.000 Euro erreichen, sind die Abwickler bei Vorliegen eines wichtigen Grundes durch das zuständige Gericht zu bestellen (§ 265 AktG). Im Falle der Nachtragsabwicklung werden die Abwickler vom Registergericht ernannt.

Die Abwickler haben gem. § 267 AktG die Gläubiger unter Hinweis auf die Auflösung der Gesellschaft zur Anmeldung ihrer Ansprüche durch dreimaligen

Aufruf im elektronischen Bundesanzeiger aufzufordern. Auf allen Geschäftsbriefen ist auf die Abwicklung hinzuweisen, z. B. durch den Zusatz „i. A.“ (§ 268 Abs. 4 AktG). Die Abwickler haben die laufenden Geschäfte zu beenden, die Forderungen einzuziehen, das übrige Vermögen in Geld umzusetzen und die Gläubiger zu befriedigen. Neue Geschäfte dürfen eingegangen werden, soweit die Abwicklung es erfordert (§ 268 Abs. 1 AktG). Stellen die Abwickler bei Übernahme des Amts oder später im Laufe des Verfahrens fest, dass die Gesellschaft zahlungsunfähig oder überschuldet ist, so sind sie wie Vorstandsmitglieder einer werbenden Gesellschaft verpflichtet, Insolvenzantrag zu stellen (§ 15a Abs. 1 InsO; s. dazu Abschn. 5.5.5.2).

Die Hauptversammlung kann die Fortsetzung einer durch Zeitablauf oder Auflösungsbeschluss aufgelösten Gesellschaft beschließen, falls sie noch nicht im Handelsregister gelöscht ist, das Gesellschaftsvermögen die Schulden deckt und mit der Verteilung des Vermögens unter die Aktionäre noch nicht begonnen worden ist. Die Fortsetzung ist auch zulässig, wenn bei einer durch die Eröffnung des Insolvenzverfahrens aufgelösten Gesellschaft das Insolvenzverfahren später auf Antrag der Gesellschaft eingestellt oder nach der Bestätigung eines Insolvenzplans, der den Fortbestand der Gesellschaft vorsieht, aufgehoben wird. Der Fortsetzungsbeschluss bedarf einer Mehrheit, die mindestens drei Viertel des bei der Beschlussfassung vertretenen Grundkapitals umfasst (vgl. § 274 AktG).

Die Abwickler haben für den Beginn der Abwicklung eine Eröffnungsbilanz nebst einem erläuternden Bericht aufzustellen; Stichtag ist der Tag der Auflösung der Gesellschaft. Des Weiteren haben sie für den Schluss eines jeden Geschäftsjahres einen Jahresabschluss und einen Lagebericht aufzustellen, wobei das erste Geschäftsjahr am Tag der Auflösung beginnt. Die Feststellungskompetenz liegt bei der Hauptversammlung. Das Gericht kann von der Pflicht zur Prüfung des Jahresabschlusses Befreiung erteilen (§ 270 AktG).

Nach Begleichung der Verbindlichkeiten erfolgt die *Verteilung* des verbleibenden Vermögens unter die Aktionäre, wobei die Zuteilung nach dem Anteil am Grundkapital erfolgt, wenn keine Aktien besonderer Gattung bevorzugt zu bedenken sind (§ 271 AktG). Die Verteilung des Vermögens unter die Aktionäre darf allerdings nicht vor Ablauf eines Jahres seit Bekanntmachung des dritten Gläubigeraufrufs erfolgen (§ 272 AktG). Nach Beendigung der Abwicklung und Erteilung der Schlussrechnung ist der Schluss der Abwicklung von den Abwicklern zur Eintragung in das Handelsregister anzumelden, woraufhin das Registergericht die *Löschung* der Gesellschaft im Handelsregister verfügt (§ 273 AktG).

Eine Beendigung der Gesellschaft kann auch durch Maßnahmen nach dem Umwandlungsgesetz eintreten, die die Übertragung des gesamten Vermögens an einen anderen Rechtsträger im Wege der Gesamtrechtsnachfolge mit sich bringen. Da in diesem Fall bei der übertragenden Gesellschaft keine Vermögensgegenstände und Verbindlichkeiten verbleiben, erübrigt sich eine Abwicklung. Die Eintragung der Umwandlungsmaßnahme in das Handelsregister bewirkt das *Erlöschen* der übertragenden Gesellschaft (§ 20 Abs. 1 Nr. 2 UmwG).

Die *Löschung* der Aktiengesellschaft durch das Registergericht ist das Gegenstück zu ihrer Eintragung. Während die Aktiengesellschaft mit der Eintragung als juristische Person entsteht (§ 41 Abs. 1 S. 1 AktG) und Rechtsfähigkeit erlangt (vgl. Abschn. 2.7), endet (erlischt) sie mit der Löschung und die juristische Person geht unter, da sie ohne Handelsregistereintragung nicht existieren kann. Der Wegfall der Rechtsfähigkeit bedeutet, dass die Gesellschaft keine Rechte und Pflichten mehr erwerben und nicht mehr klagen oder verklagt werden kann. Im Regelfall geht einer Löschung die Abwicklung der Gesellschaft voran; bei den oben genannten Vorgängen nach dem Umwandlungsgesetz und bei der Löschung wegen Vermögenslosigkeit nach § 394 FamFG entfällt die Abwicklung, hier fallen Auflösung und Löschung zusammen.

16 Mitarbeiterbeteiligung

Die Einrichtung einer Mitarbeiterbeteiligung ist einer der wichtigsten Gründe für die Wahl der Rechtsform der Aktiengesellschaft bei mittelständischen Unternehmen. Die Ausgestaltung einer Mitarbeiterbeteiligung für ein bestimmtes Unternehmen hängt in hohem Maße von den individuellen Gegebenheiten und von den Vorstellungen der Unternehmensleitung und der Gesellschafter ab. Angesichts dessen und auch wegen fehlender gesetzlicher Vorgaben fallen die Modelle in der Praxis sehr unterschiedlich aus. Die schlichte Übernahme von Regelungswerken anderer Unternehmen verbietet sich deshalb. Es haben sich aber einige Grundtypen von Beteiligungsmodellen herausgebildet, und diese sollen nachstehend dargestellt werden.

16.1 Einführung

Die Beteiligung von Mitarbeitern am Unternehmen des Arbeitgebers fördert die Leistungsmotivation und verstärkt die Bindung an das Unternehmen. Zu unterscheiden sind die Erfolgsbeteiligung und die Kapitalbeteiligung. Bei einer *Erfolgsbeteiligung* werden für das Erreichen bestimmter Ziele zusätzliche Vergütungen gewährt, wobei z. B. an den Jahresüberschuss des Unternehmens, an den Umsatz des Mitarbeiters bzw. seiner Abteilung oder an das Ergebnis des Betriebs angeknüpft werden kann. Zu den Erfolgsbeteiligungen zählt auch die Ausgabe von Stock Options (Aktienbezugsrechte). Die Aktienbezugsrechte werden in der Praxis oftmals nicht oder nur teilweise zum Erwerb von dauerhaften Kapitalbeteiligungen genutzt, denn wenn der Kurs der Aktien nach Ablauf der Ausübungsfrist unter dem Ausgabebetrag (Basispreis) liegt, wird der Mitarbeiter die Aktien nicht erwerben und die Optionen verfallen lassen. Liegt der Kurs hingegen darüber, wird er die Aktien zumindest zu einem nicht unbeträchtlichen Teil verkaufen müssen, um die ausgelösten Lohnsteuern abzudecken. Bei einer *Kapitalbeteiligung* wird der Mitarbeiter am Eigenkapital des Unternehmens beteiligt. Beide Beteiligungsarten lassen sich kombinieren, indem die Kapitalbeteiligung von dem Mitarbeiter nicht gegen Zahlung eines Entgelts aus eigenen Mitteln erworben, sondern ihm aufgrund einer Erfolgsbeteiligung vom Arbeitgeber übertragen wird.

Gegenstand dieses Kapitels ist allein die Mitarbeiterbeteiligung durch *Teilhabe am Eigenkapital,* und so wird der Begriff der Mitarbeiterbeteiligung nachfolgend ausschließlich benutzt. Die Beteiligung der Mitarbeiter an *Entscheidungen* im Unternehmen ist Gegenstand der betrieblichen und unternehmerischen Mitbestimmung (zu dieser s. Abschn. 7.2) und wird hier nicht weiter behandelt.

16.2 Formen der Kapitalbeteiligung

Die zur Finanzierung der Unternehmenstätigkeit eingesetzten Mittel bestehen aus dem Eigenkapital und dem Fremdkapital.

Das *Fremdkapital* wird gebildet aus den Verbindlichkeiten des Unternehmens, z. B. gegenüber Lieferanten sowie Banken und anderen Darlehensgebern. Die Begründung einer Mitarbeiterbeteiligung im Wege einer Fremdkapitalüberlassung, z.B. durch Gewährung eines Darlehens mit fester Verzinsung, ist unüblich.

Das *Eigenkapital* steht den Gesellschaftern des Unternehmens zu. Es unterliegt nicht einer Pflicht zur Rückzahlung, nimmt an Gewinnen und Verlusten teil, vermittelt die gesellschaftsrechtlichen Rechte und Pflichten und stellt zugleich das Haftkapital für die Unternehmensverbindlichkeiten dar. Die Teilhabe am Eigenkapital wird bei der Gesellschaft mit beschränkter Haftung durch Geschäftsanteile und bei der Aktiengesellschaft durch Aktien ausgedrückt. Die Beteiligung von Mitarbeitern am Eigenkapital ist gleichbedeutend mit ihrer Aufnahme als Gesellschafter. Mittelständische Unternehmen sind rechtlich zumeist als Personenhandelsgesellschaft (OHG, KG oder GmbH & Co. KG) oder als GmbH und in zunehmendem Maße als Aktiengesellschaft organisiert. Die Aufnahme von Arbeitnehmern als Mitgesellschafter ist bei Personengesellschaften nicht üblich und auch bei der GmbH nur selten anzutreffen. Allein bei der Aktiengesellschaft ist die unmittelbare Beteiligung der Arbeitnehmer als Gesellschafter (Aktionäre) verbreitet.

Zahlreiche Mitarbeiterbeteiligungsmodelle stellen *Mischformen* dar, die weder eindeutig Eigenkapital- noch Fremdkapitalcharakter aufweisen. Bei ihnen werden die Arbeitnehmer zwar nicht Mitgesellschafter, ihre Stellung ist aber in wirtschaftlicher Hinsicht der eines Gesellschafters ähnlich durch die Teilnahme an Gewinn und Verlust der Gesellschaft. Derartige Mischformen sind insbesondere die stille Beteiligung, die Ausgabe von Genussrechten und die indirekte Beteiligung.

Allen Formen der Mitarbeiterbeteiligung ist gemeinsam, dass sich – bei entsprechender Relation zwischen dem Kapitalbeitrag der Arbeitnehmer und dem Gesamtkapital – über die unternehmerische Einbindung der Mitarbeiter hinaus auch ein Finanzierungseffekt einstellt. Mittel, die sonst für private Zwecke der Arbeitnehmer eingesetzt worden wären, stehen bei einer Verwendung im Rahmen einer Mitarbeiterbeteiligung auf Dauer dem Unternehmen zur Finanzierung der Geschäftstätigkeit zur Verfügung und mindern die Abhängigkeit von Fremdkapitalgebern, insbesondere von Banken.

Nachstehend werden die in der Praxis gebräuchlichsten Rechtsgestaltungen der Mitarbeiterbeteiligung dargestellt.

16.3 Stille Gesellschaft

Die Mitarbeiterbeteiligung kann durch Einräumung von stillen Beteiligungen an dem Unternehmen hergestellt werden. Die stille Gesellschaft ist eingehend dargestellt in Abschn. 11.6. Für eine Mitarbeiterbeteiligung kommt nur die typische stille Gesellschaft in Betracht. Die atypische stille Gesellschaft ist nicht geeignet, da sie dazu führen würde, dass der Arbeitslohn der Mitarbeiter steuerlich in – gewerbesteuerpflichtige – Einkünfte aus Gewerbebetrieb umqualifiziert würde.

16.3.1 Ausgestaltung der stillen Beteiligung von Mitarbeitern

Bei Verwirklichung einer Mitarbeiterbeteiligung durch – typische – stille Beteiligungen der Arbeitnehmer bedürfen die gesetzlichen Vorschriften der §§ 230 ff. HGB der Änderung bzw. Ergänzung in den abzuschließenden Verträgen. Üblich ist, auch aus steuerlichen Gründen, eine Mindestvertragsdauer von sechs Jahren. Bei einer Reihe von Mitarbeiterbeteiligungsmodellen nehmen die Stillen an etwaigen Verlusten teil; das daraus resultierende erhöhte Risiko wird gewöhnlich durch eine höhere Gewinnbeteiligung abgegolten. Die Gewinnbeteiligung knüpft an unterschiedliche Faktoren an. Eine gewinnabhängige Mindestverzinsung wird nur bei wenigen Mitarbeiterbeteiligungsmodellen gewährt. Die Höhe der Gewinnbeteiligung hängt zumeist vom Jahresüberschuss des Unternehmens ab, kann aber auch auf andere Größen bezogen werden, z. B. auf die Umsatzrendite oder das Ergebnis eines bestimmten Betriebes.

Die Kontrollrechte des Stillen werden zumeist einem Ausschuss (Partnerschafts-Ausschuss) übertragen, der sich in der Regel aus Vertretern der Mitarbeiter und der Geschäftsleitung und aus einem Angehörigen der rechts- und wirtschaftsberatenden Berufe zusammensetzt.

Für die Einlage kann vereinbart werden, dass sie im Insolvenzfall erst nach Begleichung aller anderen Verbindlichkeiten des Unternehmens auszuzahlen ist (Nachrangabrede), wodurch sie eigenkapitalersetzenden Charakter erlangt und dadurch die Kapitalbasis des Unternehmens stärkt und dessen Kreditwürdigkeit erhöht.

16.3.2 Vor- und Nachteile

Als Vorteil einer Mitarbeiterbeteiligung durch stille Beteiligungen ist als erstes die große Flexibilität der zugrunde liegenden Rechtsvorschriften der §§ 230 bis 236 HGB anzuführen, die eine individuelle Ausgestaltung möglich macht. Zudem wird die Geschäftsleitung des Unternehmensträgers durch das Vorhandensein stiller Beteiligungen nicht bzw. nicht nennenswert in ihren gesetzlichen und gesellschaftsvertraglichen Handlungsmöglichkeiten eingeschränkt. Für die Einlagen des Stillen sind weder Sicherheiten zu bestellen noch Zinsen zu vergüten; nur bei Erzielung eines Gewinns ist eine Gewinnbeteiligung auszuzahlen. Die an den typischen stillen Gesellschafter auszuzahlende Gewinnbeteiligung mindert den steuerpflichtigen Gewinn des Unternehmensträgers. Die stille Beteiligung bedarf keiner großen Formalitäten und ist für Unternehmen aller Rechtsformen geeignet. Aus Sicht des Mitarbeiters ist anzuführen, dass er einen Anspruch auf Rückzahlung seiner Einlage nach Ablauf der Mindestbeteiligungsfrist in voller Höhe besitzt, soweit die Einlage nicht durch Verluste gemindert ist. Wenn nicht Nachrangigkeit vereinbart ist, kann die Einlage bei einer Insolvenz des Arbeitgebers als Insolvenzforderung geltend gemacht werden.

Als Nachteile für die Mitarbeiter sind zu nennen die fehlende Teilhabe an Unternehmenswertsteigerungen und der Ausschluss von den gesellschaftsrechtlichen Mitwirkungsrechten. Dazu kommt das Risiko des Verlusts der Einlage im Insolvenzfall. Als nachteilig aus der Sicht des Unternehmers kann angeführt werden, dass dem stillen Gesellschafter Informationen zu geben sind (§ 233 HGB), auf die ein Darlehensgeber keinen Anspruch hätte, ferner dass die Einlage des Stillen – anders als die eines offen Beteiligten – grundsätzlich ähnlich einem Darlehen der Pflicht zur Rückzahlung unterliegt.

16.4 Genussrechte

Zum Begriff und zur Ausgestaltung von Genussrechten s. Abschn. 11.8. Werden Genussrechte im Rahmen von Mitarbeiterbeteiligungsmodellen begründet, so ist gewöhnlich aus steuerlichen Gründen die Beteiligung am Liquidationserlös ausgeschlossen und eine Kündigung möglich. Die Vereinbarung einer Nachrangabrede ist zulässig. Im Übrigen gilt entsprechend das, was vorstehend für die stille Gesellschaft ausgeführt wurde, mit Ausnahme dessen, dass den Berechtigten nicht die Kontrollrechte des stillen Gesellschafters zustehen.

16.5 Indirekte Beteiligung

Bei der indirekten Beteiligung tritt der Mitarbeiter nicht in Rechtsbeziehungen zu dem Unternehmen des Arbeitgebers, er erwirbt vielmehr eine Beteiligung an einer Gesellschaft, die ihrerseits an dem Unternehmen als Gesellschafter beteiligt ist. Die Beteiligungsgesellschaft hat in der Regel die Rechtsform der GmbH. Die Mitarbeiter sind an dieser Beteiligungs-GmbH als stille Gesellschafter oder – seltener – über den Erwerb von Geschäftsanteilen direkt als Gesellschafter beteiligt.

Durch Zwischenschaltung der Beteiligungs-GmbH werden die vertraglichen Beziehungen zwischen dem Unternehmen des Arbeitgebers und den beteiligten Arbeitnehmern gebündelt. Rechtsbeziehungen zwischen dem Unternehmen und dem Mitarbeiter bestehen nur aufgrund des Arbeitsvertrages, während gesellschaftsrechtliche Beziehungen des Arbeitnehmers alleine zu der Beteiligungs-GmbH begründet sind. Nur die Geschäftsführung der Beteiligungs-GmbH hat Kontrollrechte in Bezug auf das Unternehmen. Die Beteiligungs-GmbH kann auch an mehreren rechtlich selbständigen Unternehmen einer Unternehmensgruppe beteiligt sein.

16.6 Aktien

Durch Ausgabe von Aktien an die Mitarbeiter (Belegschaftsaktien) werden diese zu Aktionären mit allen Rechten und Pflichten. Die Pflichten erschöpfen sich in der Leistung der Einlage. Die Vermögens- und Verwaltungsrechte des Aktionärs können von jedem einzelnen Mitarbeiter uneingeschränkt selbst ausgeübt werden. Der Arbeitnehmer nimmt mit seinen Aktien an Wertsteigerungen, aber auch an Wertverlusten des Unternehmens teil. Ein Anspruch auf Rückzahlung der Einlage besteht nicht.

Als Vorteil der Mitarbeiterbeteiligung durch Aktien ist in erster Linie deren langfristiges Wertsteigerungspotential anzuführen. Bei zahlreichen börsennotierten und nichtbörsennotierten Unternehmen sind auf Aktienerwerb basierende Mitarbeiterbeteiligungsmodelle unter großer Beteiligung der berechtigten Mitarbeiter erfolgreich eingerichtet worden.

16.7 Die Einführung eines Mitarbeiterbeteiligungsmodells

Der Anstoß zur Einführung einer Mitarbeiterbeteiligung geht zumeist von der Geschäftsleitung aus. Der Weg bis hin zur Verwirklichung besteht aus mehreren Schritten.

16.7.1 Modellstruktur

Zu Beginn steht die Beschaffung von Informationen über bereits bestehende Beteiligungsmodelle bei anderen Unternehmen, die Anregungen geben oder als Vorbild dienen können, sowie die Teilnahme an Fortbildungsveranstaltungen bzw. die Einholung von Rat bei einschlägig erfahrenen Beratern. Nachdem ein erster Überblick über die unterschiedlichen Gestaltungsformen geschaffen ist, können die Vor- und Nachteile der einzelnen Modelle mit den Gesellschaftern erörtert werden. Dabei muss Klarheit bestehen über die mit der Mitarbeiterbeteiligung verfolgten Ziele und über das Ausmaß der Bereitschaft der Gesellschafter, mit den Arbeitnehmern Rechte zu teilen, die bislang ausschließlich ihnen als den Unternehmensinhabern zugestanden haben. Zu klären ist in diesem Stadium insbesondere, ob die Mitarbeiter als Gesellschafter oder aber nur gesellschafterähnlich, z. B. als stille Gesellschafter, beteiligt werden sollen, wie hoch ihre Beteiligungsquote langfristig werden soll, wie stark ihre Informations- und Kontrollrechte sein dürfen und wie das Kapital für die Beteiligungen aufgebracht wird.

Wegen der bedeutsamen rechtlichen und steuerlichen Konsequenzen derartiger Gestaltungen für das Unternehmen und die Gesellschafter wirken der steuerliche Berater und ein in der Einführung von Mitarbeiterbeteiligungsmodellen erfahrener Rechtsanwalt an der Festlegung der Eckdaten mit. Regelmäßig ist auch betriebswirtschaftliche Beratung in Anspruch zu nehmen im Zusammenhang mit Finanzierungsfragen und bei Erforderlichkeit einer Unternehmensbewertung. Zu den Aufgaben der Berater gehört es, bei unterschiedlichen Meinungen im Gesellschafterkreis einen Lösungsvorschlag zu erarbeiten, der von allen Beteiligten akzeptiert wird und somit ein einheitliches Auftreten des Gesellschafterkreises bei den erforderlichen gesellschaftsrechtlichen Maßnahmen und gegenüber den Mitarbeitern ermöglicht.

16.7.2 Beteiligungskonzept

Im zweiten Abschnitt ist auf der Grundlage der von den Gesellschaftern gebilligten Eckdaten ein Beteiligungskonzept auszuarbeiten. Diese Aufgabe wird sinnvollerweise einer Projektgruppe übertragen, der ein Mitglied der Geschäftsleitung und die externen Berater angehören. Mit dem Beteiligungskonzept wird die Struktur des Mitarbeiterbeteiligungsmodells festgelegt.

16.7.2.1 Beteiligungsform

Aus der Sicht der Altgesellschafter stellt die Beteiligungsform ein bedeutsames Element des Beteiligungskonzepts dar, denn von ihr hängt ab, ob und inwieweit sie in ihren unternehmerischen Befugnissen Einschränkungen hinzunehmen haben. Dabei verschafft der Erwerb einer Beteiligung am Eigenkapital dem Mitarbeiter größere Rechte als der Abschluss einer Vereinbarung, die ihm lediglich eine gesellschafterähnliche Position einräumt, z. B. eine stille Beteiligung. Die Beteiligung am Eigenkapital eines in der Rechtsform der GmbH bestehenden Arbeitgebers durch Erwerb eines Geschäftsanteils ist unüblich, insbesondere wegen des uneingeschränkten Auskunfts- und Einsichtsrechts, das jedem GmbH-Gesellschafter, und sei der Geschäftsanteil noch so klein, zusteht (§ 51a GmbHG).

Demgegenüber ist die Eingehung einer Beteiligung am Eigenkapital einer Aktiengesellschaft durch Erwerb von Aktien sehr verbreitet. Ein uneingeschränktes Auskunfts- und Einsichtsrecht steht hier nur dem Aufsichtsrat zu, nicht aber dem einzelnen Aktionär; der Aktionär hat über den Anspruch auf Auskunftserteilung in der Hauptversammlung hinaus keine Informationsrechte. Dazu kommt, dass Aktien einfacher zu übertragen sind als Geschäftsanteile der GmbH. Ein formloser Aktienkaufvertrag reicht dazu aus, wohingegen ein Geschäftsanteil nur in notarieller Form übertragen werden kann.

16.7.2.2 Kapitalaufbringung

Aus der Perspektive des Mitarbeiters kommt der Frage der Kapitalaufbringung große Bedeutung zu, also ob er das erforderliche Kapital aus eigenen Mitteln aufzubringen hat oder ob er die Beteiligung durch eine Zuwendung des Arbeitgebers erlangt, z. B. im Rahmen einer Erfolgsbeteiligung.

Soll der Mitarbeiter *eigene* Mittel einsetzen, so konkurriert das Beteiligungsangebot des Arbeitgebers mit anderen Kapitalanlagemöglichkeiten. Die Entscheidung für oder gegen die Beteiligung wird dann davon abhängig sein, wie günstig der Mitarbeiter das Angebot aufgrund der für ihn geltenden Konditionen unter Berücksichtigung von Risikoerwägungen einschätzt. Für den Erwerb von Genussrechten und zur Eingehung einer stillen Gesellschaft mit Verlustbeteiligung wird ein Arbeitnehmer eigene Mittel nur dann einsetzen, wenn das Risiko der Verminderung des Kapitals in Folge von Verlustzuweisungen durch eine entsprechend hohe Gewinnbeteiligung, ggf. verbunden mit einer Mindestverzinsung, vergütet wird. Entsprechendes gilt, wenn eine lange Festlaufzeit der Beteiligung vereinbart wird.

Beim Erwerb von Aktien ist auch die Veräußerbarkeit der Aktien ins Kalkül zu ziehen, denn nur börsennotierte Aktien können nach Ablauf der Sperrfrist jederzeit verkauft und damit zu Geld gemacht werden. Werden die Aktien weder im Freiverkehr gehandelt noch in einem von einem Wertpapierhandelshaus organisierten außerbörslichen Handel, so ist die Veräußerbarkeit mangels Zusammenführung von Angebot und Nachfrage stark eingeschränkt; dazu kommt, dass sich ohne organisierten Handel auch kein Aktienpreis bilden kann. In diesem Fall wird ein Mitarbeiter nur dann aus seinen eigenen Ersparnissen Aktien des Arbeitgebers kaufen, wenn der Einstandspreis niedrig und die Wertsteigerungs- und Renditeaussichten sehr günstig erscheinen und wenn schließlich die Weiterveräußerung zu einem fairen Kurs erwartet werden kann, etwa weil vom Arbeitgeber eine innerbetriebliche Handelsstelle eingerichtet wird oder sich ein Altaktionär oder eine Aktionärsgruppe verpflichtet, unter gewissen Voraussetzungen Aktien von Mitarbeitern anzukaufen.

Bei den meisten Mitarbeiterbeteiligungsmodellen erwirbt der Arbeitnehmer die Beteiligung zumindest teilweise ohne eigene Mittel aufwenden zu müssen, z. B. aufgrund von Bonuszahlungen. Ein solches Angebot wird in der Regel umfassend angenommen.

16.7.2.3 Beteiligungsbedingungen

Bei einem Beteiligungsmodell mit Genussrechten bzw. stillen Gesellschaften sind insbesondere folgende Eckdaten regelungsbedürftig:

- Höhe des Kapitalbetrags (Mindest-/Höchstbetrag),
- Laufzeit, Kündigungsfristen,
- Gewinnbeteiligung; Verlustbeteiligung,
- Mindestverzinsung,
- Kontrollrechte,
- Folgen des Ausscheidens aus dem Arbeitsverhältnis infolge Kündigung, Tod, Ruhestand,
- Veräußerbarkeit; Verpfändbarkeit.

Bei einer Mitarbeiterbeteiligung durch Aktienerwerb sind üblicherweise folgende Punkte zu regeln:

- Zahl der Aktien (Mindest-/Höchstzahl),
- Aktienpreis,
- Sperrfrist,
- Aktiengattung (Stamm-/Vorzugsaktien),
- Herkunft der Aktien (reguläre Kapitalerhöhung; zu Lasten des Jahresüberschusses gemäß § 204 Abs. 3 AktG, dazu Abschn. 12.3; eigene Aktien aus dem Bestand der Gesellschaft; Erwerb direkt vom Altgesellschafter),
- Finanzierungshilfe des Unternehmens bei Erwerb mit eigenen Mitteln,

- Folgen des Ausscheidens aus dem Arbeitsverhältnis infolge Kündigung, Tod, Ruhestand,
- Veräußerbarkeit; Verpfändbarkeit,
- Preisfindung.

Von großer Bedeutung für den nachhaltigen Erfolg eines Mitarbeiterbeteiligungsmodells ist die langfristige Entwicklung sowohl der Unternehmensergebnisse wie auch – bei Aktienausgabe – des Unternehmenswerts. Bei stillen Beteiligungen und Genussrechten ist die Gewinnbeteiligung und ggf. die Verlustbeteiligung so zu gestalten, dass auch eine starke und nachhaltige Veränderung der Ergebnissituation, ob positiv oder negativ, sich in angemessener und vertretbarer Weise auswirkt und Nachbesserungen der Beteiligungsformel nicht erforderlich werden. Entsprechendes gilt, wenn die Aktien nicht an einer Börse gehandelt werden, für die Festlegung des Aktienpreises bei der Ausgabe und bei späteren Veräußerungen.

16.7.2.4 Teilnahmevoraussetzungen

Im Hinblick auf die mit einer Mitarbeiterbeteiligung verfolgten Ziele empfiehlt es sich, den Kreis der Teilnahmeberechtigten möglichst weit zu ziehen. Damit vereinbar ist es aber, dass in aller Regel bestimmte Voraussetzungen aufgestellt werden, insbesondere eine Mindestbetriebszugehörigkeit und das Bestehen eines im Zeitpunkt der Eingehung der Beteiligung unbefristeten und ungekündigten Arbeitsverhältnisses.

16.7.2.5 Steuerliche Förderung

In geeigneten Fällen sind die steuerlichen Förderungsmöglichkeiten auszuschöpfen. Durch das Fünfte Vermögensbildungsgesetz (5. VermBG) wird die Vermögensbildung der Arbeitnehmer durch vermögenswirksame Leistungen des Arbeitgebers mittels Sparzulagen des Staats gefördert. Vermögenswirksame Leistungen sind Geldleistungen, die der Arbeitgeber für den Arbeitnehmer anlegt, z. B. auch zum Erwerb von Aktien oder von Genuss-Scheinen, die vom Arbeitgeber ausgegeben werden, sowie von (typischen) stillen Beteiligungen am Unternehmen des Arbeitgebers. Es gilt eine Sperrfrist von sechs Jahren. Die Sparzulage beträgt 18 % der vermögenswirksamen Leistungen, soweit sie 400 Euro nicht übersteigen. Die Sparzulage wird nur an Arbeitnehmer ausgezahlt, deren zu versteuerndes Einkommen im Jahr der Anlage 17.900 Euro bzw. bei der Zusammenveranlagung von Ehegatten den Betrag von 35.800 Euro nicht überschreitet. Werden die genannten Anlagen dem Arbeitnehmer vom Arbeitgeber unentgeltlich überlassen, so bleibt nach § 19a EStG der darin liegende Sachbezug in Höhe von bis zu 135 Euro des Anlagebetrags im Kalenderjahr steuerfrei. Die Vergünstigungen nach § 19a EStG und nach dem Fünften Vermögensbildungsgesetz können nebeneinander in Anspruch genommen werden. Wird nur der Freibetrag des § 19a EStG genutzt, gilt keine Sperrfrist.

16.7.3 Realisierung

Das von der Projektgruppe ausgearbeitete Beteiligungskonzept wird der Geschäftsleitung und den Gesellschaftern präsentiert und – nach Vornahme etwaiger Änderungen – verabschiedet. Spätestens jetzt sind die erforderlichen gesellschaftsvertraglichen Umgestaltungen vorzunehmen, insbesondere auch zur Sicherung der Interessen der Altgesellschafter. Als Regelungsgegenstände kommen in Betracht die Stückelung der Aktien, die Vinkulierung, die Umstellung auf Namensaktien, die Mehrheitserfordernisse für Hauptversammlungsbeschlüsse, Entsendungsrecht in den Aufsichtsrat, eine Kapitalerhöhung aus Gesellschaftsmitteln, die Begründung eines genehmigten Kapitals. Eine bestehende Aktionärsvereinbarung der Altgesellschafter ist im Hinblick auf die sich ändernden Gegebenheiten durchzusehen und ggf. anzupassen; besteht eine solche Vereinbarung nicht, sollte sie spätestens jetzt getroffen werden.

In der Realisierungsphase erfolgt die Einbeziehung der Mitarbeiter, wenn dies nicht schon früher geschehen ist. Besteht ein Betriebsrat, so sind dessen Mitwirkungsrechte zu beachten. Der Arbeitgeber ist betriebsverfassungsrechtlich frei in seiner Entscheidung, ob er überhaupt eine Mitarbeiterbeteiligung einführt, ob und in welcher Höhe er dazu Mittel zur Verfügung stellt und für welchen Personenkreis die Leistung bestimmt sein soll. Mitbestimmungsfrei ist also die Frage des „Ob“ der Einführung. Der betrieblichen Mitbestimmung unterliegen aber nach § 87 Nr. 10 BetrVG die Verteilungsgrundsätze, also das „Wie“ der Leistungsgewährung. Dem Betriebsrat sollte so früh wie möglich Gelegenheit zur Mitgestaltung gegeben werden. Die Arbeitnehmerseite kann auf diese Weise an der endgültigen Ausgestaltung des Beteiligungsmodells und an dessen Einführung mitwirken und sieht sich nicht vor vollendete Tatsachen gestellt. Die Verhandlungen mit dem Betriebsrat münden in den Abschluss einer Betriebsvereinbarung (§ 88 Nr. 3 BetrVG) des Arbeitgebers mit dem Betriebsrat über die Einführung des Mitarbeiterbeteiligungsmodells. Die Betriebsvereinbarung enthält die für alle Mitarbeiter geltenden Regelungen des Beteiligungsmodells.

Besteht kein Betriebsrat, so haben die Mitarbeiter keinen rechtlichen Anspruch auf Mitwirkung bei der Ausgestaltung des Modells. Es bietet sich dann an, das von den Gesellschaftern verabschiedete Modell im Rahmen einer Betriebsversammlung den Mitarbeitern zu präsentieren und zur Diskussion zu stellen. Die daraus gezogenen Anregungen werden in die endgültige Fassung eingearbeitet.

Bei der Erstellung der Endfassungen der erforderlichen Unterlagen kommt der Arbeit der rechtlichen und steuerlichen Berater große Bedeutung zu. Den meisten Aufwand erfordert dabei die Ausformulierung der Betriebsvereinbarung, die das Mitarbeiterbeteiligungsmodell in vollem Umfang rechtlich abzubilden hat. Scheidet der Abschluss einer Betriebsvereinbarung mangels Vorhandenseins eines Betriebsrats aus, so können die Regelungen über die Mitarbeiterbeteiligung entweder durch Abschluss entsprechender Vereinbarungen mit jedem einzelnen Mitarbeiter oder durch ein Beteiligungsangebot im Rahmen einer Gesamtzusage unterbreitet werden. Dabei sollten sowohl individuelle Vereinbarungen als auch eine Gesamtzusage unter den Vorbehalt der Freiwilligkeit der Leistung gestellt werden.

Des Weiteren sind die für jeden Mitarbeiter individuell bestimmten Unterlagen fertigzustellen, das sind Bezugsangebot und Bezugsanmeldung, ggf. der Antrag auf Anlage vermögenswirksamer Leistungen sowie bei Aktienerwerb aus einer Kapitalerhöhung der Zeichnungsschein gem. § 185 AktG. Gleichzeitig sind die Vorbereitungen für die Beschaffung der bei einer Mitarbeiterbeteiligung mit Aktienerwerb benötigten Aktien zu treffen. Im Regelfall entstehen die Aktien durch eine Erhöhung des Grundkapitals, entweder mittels einer regulären Kapitalerhöhung oder aus genehmigtem Kapital. Voraussetzung ist in beiden Fällen, dass die Altgesellschafter entsprechend auf ihr Bezugsrecht verzichten. Denkbar ist aber auch die Verwendung von bereits bestehenden Aktien. So können die Mitarbeiter die Aktien unmittelbar von den Altgesellschaftern erwerben, aber auch von der Gesellschaft selbst, wenn diese eigene Aktien im Bestand hat. Der Erwerb eigener Aktien ist der Gesellschaft unter bestimmten Voraussetzungen erlaubt, insbesondere auch zum Zwecke des Weiterverkaufs an Arbeitnehmer (s. Abschn. 11.4). Stammen die von den Mitarbeitern erworbenen Aktien von den Altgesellschaftern, sei es durch direkten Erwerb von ihnen, sei es indirekt über die Gesellschaft – nachdem diese sie ihrerseits von den Gesellschaftern erworben hat –, so liegt darin ein Kapitaltransfer von den Mitarbeitern an die Altgesellschafter. Bei Erwerb neuer Aktien aus einer Kapitalerhöhung hingegen fließen die Mittel der sich beteiligenden Arbeitnehmer in das Unternehmen und verstärken das Eigenkapital.

Nach Abschluss aller Vorbereitungen wird das fertige Mitarbeiterbeteiligungsmodell den Arbeitnehmern auf einer Betriebsversammlung vorgestellt und erläutert. Bei dieser Gelegenheit werden auch die Unterlagen, die zur Eingehung der Beteiligung des einzelnen Arbeitnehmers benötigt werden, ausgehändigt. Den Mitarbeitern wird eine Ansprechperson benannt, die sie individuell beraten und ggf. beim Ausfüllen der Formulare unterstützen kann, und bei der die Bezugsanmeldungen innerhalb der bekannt gegebenen Frist vorzulegen sind.

16.7.4 Weiterentwicklung des Beteiligungsmodells

Nach Abschluss der Frist für die Einreichung der Bezugsanmeldungen kann die Geschäftsleitung die Resonanz auf das Angebot ersehen. Bleiben die Anmeldungen hinter den Erwartungen zurück, so sollten die Gründe dafür analysiert und bei einer Fortführung zu einem späteren Zeitpunkt behoben werden. Die Modellpflege sollte der Projektgruppe übertragen werden, die das Beteiligungskonzept ausgearbeitet hatte (s. Abschn. 16.7.2).

17 Kommanditgesellschaft auf Aktien

Die Kommanditgesellschaft auf Aktien (KGaA), geregelt in §§ 278 bis 290 AktG, ist eine Gesellschaft mit eigener Rechtspersönlichkeit, bei der mindestens ein Gesellschafter den Gesellschaftsgläubigern unbeschränkt haftet (persönlich haftender Gesellschafter) und die übrigen Gesellschafter an dem in Aktien zerlegten Grundkapital beteiligt sind, ohne persönlich für die Verbindlichkeiten der Gesellschaft zu haften (Kommanditaktionäre). Die KGaA ist eine *Mischform* von Aktiengesellschaft und Kommanditgesellschaft, wobei der Schwerpunkt im Aktienrecht liegt. Die rechtlichen Beziehungen des persönlich haftenden Gesellschafters zu den Kommanditaktionären und zu Dritten einschließlich der Befugnis zur Geschäftsführung und Vertretung der Gesellschaft bestimmen sich nach den Vorschriften des Handelsgesetzbuches über die Kommanditgesellschaft, im Übrigen ist das Aktiengesetz anwendbar. Die herkömmliche KGaA mit einer natürlichen Person als persönlich haftendem Gesellschafter ist in der Praxis nicht sehr verbreitet. Der Grund dafür ist, dass die Eigenkapitalbeschaffung durch Begebung von Aktien nur bei größeren Unternehmen üblich ist, und dass bei diesen gewöhnlich niemand die persönliche Haftung für die Gesellschaftsverbindlichkeiten übernehmen will. Diese Rechtsform wird aber auch deshalb selten verwandt, weil die rechtlichen Vorschriften aus zwei unterschiedlichen Gesetzbüchern überaus kompliziert sind.

Das Interesse an dieser Rechtsform ist angestiegen, nachdem der Bundesgerichtshof (NJW 1997, 1923) die Übernahme der Rechtsstellung als persönlich haftender Gesellschafter durch eine Gesellschaft mit beschränkter Haftung zugelassen hatte, sog. GmbH & Co. KGaA. Der Bundesgerichtshof verlangt nur, dass die Firmierung der Gesellschaft erkennen lässt, dass bei ihr keine natürliche Person unbeschränkt als Komplementär haftet; das entspricht der Rechtslage bei der Kommanditgesellschaft, bei der ebenfalls eine Verdeutlichung erforderlich ist, wenn alleiniger persönlich haftender Gesellschafter eine GmbH oder eine Aktiengesellschaft ist (GmbH & Co. KG bzw. AG & Co. KG). Durch die Neufassung des § 279 Abs. 2 AktG über die Firma der KGaA wurde eine der Rechtsprechung des Bundesgerichtshofs entsprechende Regelung in das Gesetz aufgenommen. Die KGaA kann von einer einzigen natürlichen oder juristischen Person gegründet werden, die die Stellung des persönlich haftenden Gesellschafters innehat und zugleich sämtliche Aktien der Gesellschaft als Kommanditaktionär übernimmt.

Die KGaA hat keinen Vorstand. Die Geschäftsführungs- und Vertretungsbefugnis liegt bei dem persönlich haftenden Gesellschafter (§§ 161 Abs. 2, 114 HGB). Ist eine GmbH persönlich haftende Gesellschafterin, so ist deren Geschäftsführer zur Geschäftsführung und Vertretung bei der KGaA berufen. Der persönlich haftende Gesellschafter muss mit seinem gesamten Vermögen für die Verbindlichkeiten der KGaA einstehen (§ 128 HGB); bei Übernahme der persönlichen Haftung durch eine GmbH unterliegt nur deren Gesellschaftskapital, das sind ggf. nur 25.000 Euro, dem Zugriff der Gläubiger der KGaA. Die Kommanditaktionäre haften den Gläubigern der KGaA nicht persönlich, insofern besteht ein Unterschied zur Kommanditgesellschaft, wo ein Haftungsausschluss nur bei Einzahlung der Haftsumme eintritt und wo die Haftung auch wieder aufleben kann.

Die Mitglieder des Aufsichtsrats werden von den Kommanditaktionären gewählt, soweit mitbestimmungsrechtliche Vorschriften zur Anwendung kommen (dazu Abschn. 6.1). Der persönlich haftende Gesellschafter bzw. der Geschäftsführer der persönlich haftenden Gesellschafterin kann nicht Mitglied des Aufsichtsrats sein (§ 287 Abs. 3 AktG). Der Aufsichtsrat hat die Befugnisse gemäß § 90 AktG und § 111 Abs. 1 und Abs. 2 AktG, er kann aber keine Geschäftsordnung erlassen oder Zustimmungserfordernisse gem. § 111 Abs. 4 S. 2 AktG begründen. Er hat den Jahresabschluss, den Lagebericht und den Gewinnverwendungsvorschlag sowie gegebenenfalls den Konzernabschluss und den Konzernlagebericht zu prüfen und den Bericht des Aufsichtsrats an die Hauptversammlung zu erstellen, die mit Zustimmung des persönlich haftenden Gesellschafters über die Feststellung des Jahresabschlusses beschließt(§ 286 Abs. 1 AktG).

Die Kompetenzen der Hauptversammlung der KGaA entsprechen grundsätzlich denen der Hauptversammlung bei der Aktiengesellschaft.

Der Vorteil einer GmbH & Co. KGaA gegenüber der GmbH besteht darin, dass aufgrund der aktienrechtlichen Kapitalstruktur Eigenkapital über den Kapitalmarkt beschafft werden kann. Gegenüber der Aktiengesellschaft gilt die Besonderheit, dass die Gesellschafterversammlung der Komplementär-GmbH dem von ihr bestellten Geschäftsführer, der zugleich die Geschäfte der GmbH & Co. KGaA leitet, durch Gesellschafterbeschluss nicht nur negativ verbietende, sondern auch positiv gebietende Weisungen zu Geschäftsführungsmaßnahmen erteilen kann; was bei der Aktiengesellschaft wegen § 76 Abs. 1 AktG nicht möglich ist.

18 Besteuerung der Aktiengesellschaft und der Aktionäre

Bei der Wahl der passenden Rechtsform für ein Unternehmen sind auch etwaige Unterschiede in der Besteuerung von Bedeutung. Zwischen der Aktiengesellschaft und der GmbH gibt es keine Unterschiede in der Besteuerung der Gesellschaft selbst einerseits und der Gesellschafter bzw. Aktionäre andererseits. Hingegen sind die Unterschiede zu den Personenunternehmen beträchtlich.

18.1 Steuern vom Einkommen und Ertrag

Laufende Besteuerung

Die Aktiengesellschaft ist als juristische Person selbst steuerpflichtig (§ 1 Abs. 1 Nr. 1 KStG). Ihr Einkommen wird gemäß § 8 KStG, § 5 EStG auf der Grundlage des nach den Vorschriften des Handelsgesetzbuches erstellten Jahresabschlusses unter Beachtung der steuerlichen Modifikationen ermittelt. Abweichungen gegenüber den handelsrechtlichen Bilanzierungsvorschriften gibt es insbesondere im Bereich der Ansatz- und Bewertungswahlrechte. Auf das Einkommen hat die Gesellschaft *Körperschaftsteuer* mit einem einheitlichen Satz von 15 % für einbehaltene und ausgeschüttete Gewinne nebst Ergänzungsabgabe (Solidaritätszuschlag 5,5 %) zu entrichten, ferner Gewerbesteuer auf den Gewerbeertrag, welcher aus dem für die Körperschaftsteuer maßgeblichen Einkommen abgeleitet ist.

Bei dem Aktionär unterliegt die zufließende Dividende als Einnahme aus Kapitalvermögen der *Einkommensteuer* (§ 20 Abs. 1 Nr. 1 EStG). Von der Dividende hat die Gesellschaft Kapitalertragsteuer (25 %, §§ 43, 43a EStG) und Solidaritätszuschlag (5,5 %) einzubehalten, womit die von dem Aktionär geschuldete Einkommensteuer abgegolten ist. Werbungskosten sind nicht berücksichtigungsfähig. Auf Antrag des Aktionärs kann die Brutto-Dividende aber auch in die Einkommensteuerveranlagung einbezogen und dadurch dem allgemeinen Tarif unterworfen werden (§ 32d Abs. 4 EStG). Das kommt insbesondere bei Aktionären mit niedrigen Einkommen und einem Spitzensteuersatz von weniger als 25 % in Betracht.

Gehören die Aktien zu einem Betriebsvermögen, kommt das Teileinkünfteverfahren zur Anwendung. Danach sind 40 % der Dividende steuerfrei (§ 3 Nr. 40 EStG), die verbleibenden 60 % unterliegen der Besteuerung nach dem allgemeinen Tarif (vgl. § 20 Abs. 8 EStG). Aktionäre, die zu mindestens 25 % an der Gesellschaft beteiligt sind, sowie Aktionäre mit einer Beteiligung von mindestens 1 % und einer beruflichen Tätigkeit für die Gesellschaft können für die Besteuerung nach dem Teileinkünfteverfahren optieren; das kommt insbesondere für Aktionäre in Betracht, die die Anschaffung der Beteiligung fremdfinanziert und damit entsprechende Zinsaufwendungen haben. Ist der Aktionär eine juristische Person, so sind Dividenden und Veräußerungsgewinne zu 95 % steuerfrei (§ 8b KStG).

Im Vergleich zur GmbH & Co. KG hat die Aktiengesellschaft ebenso wie die GmbH den Vorteil, dass die von ihr an ihre Gesellschafter gezahlten Vergütungen für geleistete Dienste oder Gesellschafterdarlehen sowie Miet- oder Pachtzins die Bemessungsgrundlage für die Ermittlung des gewerbesteuerpflichtigen Ertrags der Gesellschaft mindern, soweit nicht die Zinsschranke (§ 8a KStG) eingreift. Bei der GmbH & Co. KG wird der Gewinnanteil natürlicher Personen mit 28,25 % auf nicht entnommene Gewinne (§ 34a EStG) und im Übrigen mit bis zu 45 % besteuert. Ferner vermindert sich der Steueraufwand bei Bestehen einer GmbH & Co. KG dadurch, dass die Belastung mit Gewerbesteuer ganz oder zum Teil ausgeglichen wird durch eine pauschalierte Anrechnung der Gewerbesteuer auf die Einkommensteuer des Gesellschafters (§ 35 EStG). Unter ertragsteuerlichen Gesichtspunkten ist die Kapitalgesellschaft gegenüber einem Personenunternehmen zumeist vorteilhafter, wenn der Gewinn in erheblichem Umfang nicht ausgeschüttet, sondern einbehalten wird.

Veräußerung von Aktien
Die steuerliche Behandlung der Veräußerung von zum Privatvermögen gehörenden Aktien richtet sich grundsätzlich nach der Höhe der Beteiligung des veräußernden Aktionärs. Abweichend davon ist der Gewinn aus der Veräußerung von einbringungsgeborenen Anteilen (dazu Abschn. 4.3.2) unabhängig von der Beteiligungsquote stets nach § 17 EStG steuerpflichtig.

Ist der Veräußerer zu mindestens 1 % an der Gesellschaft beteiligt, so sind Veräußerungsgeschäfte nach § 17 EStG zu besteuern. Veräußerungsverluste gehen ebenso wie Veräußerungsgewinne zu 60 % in den Gesamtbetrag der Einkünfte ein (§ 3c, § 3 Nr. 40 EStG). Unter den Voraussetzungen des § 17 Abs. 3 EStG kommt die Gewährung eines Freibetrags in Betracht.

Liegt die Beteiligungsquote unter 1 %, so richtet sich die Besteuerung nach § 20 Abs. 2 Nr. 1 EStG. Werbungskosten sind nicht berücksichtigungsfähig (§ 20 Abs. 9 EStG). Veräußerungsverluste wirken sich nur eingeschränkt aus (vgl. § 20 Abs. 6 EStG). Veräußerungsgewinne unterliegen der Kapitalertragsteuer (§ 43 Abs. 1 Nr. 9 EStG), die 25 % des Veräußerungsgewinns beträgt

(§ 43a Abs. 1 Nr. 1 EStG) und mit deren Entrichtung die von dem Veräußerer geschuldete Einkommensteuer abgegolten ist (§ 43 Abs. 5 EStG).

Die formwechselnde Umwandlung einer Kapitalgesellschaft in eine andere Kapitalgesellschaft, also insbesondere der Formwechsel von der GmbH zur Aktiengesellschaft, löst keine Steuern aus. Zu den steuerlichen Folgen der formwechselnden Umwandlung einer GmbH & Co. KG in eine Aktiengesellschaft s. Abschn. 4.3.2.

18.2 Erbschaft- und Schenkungsteuer

Der Erwerb von Anteilen an einem Unternehmen durch Schenkung oder von Todes wegen unterliegt der *Erbschaft-* bzw. *Schenkungsteuer.* Für die steuerliche Belastung des Erwerbers kommt es nicht alleine auf Steuersatz und Freibetrag, sondern auch auf die Bewertung des Erwerbs an. Das Bundesverfassungsgericht hatte mit Urteil vom 7. November 2006 (NJW 2007, 573) das bisher geltende Recht für verfassungswidrig erklärt im Hinblick auf die unterschiedliche Bewertung der verschiedenen Vermögensarten. Der Gesetzgeber hat von der Möglichkeit, diese im Verhältnis zum Erhebungsaufwand relativ unergiebige Steuer gleich ganz abzuschaffen, keinen Gebrauch gemacht. Stattdessen ist zum 1. Januar 2009 eine einschneidende Reform des Erbschaftsteuer- und Bewertungsrechts in Kraft getreten, bei der entsprechend der verfassungsgerichtlichen Entscheidung alle Vermögensarten gleichermaßen mit dem Verkehrswert bewertet und erst in einem zweiten Schritt und damit offen erkennbar die aus sachlichen Gründen gebotenen Vergünstigungen von diesem Wert abgesetzt werden, womit insbesondere auch die unterschiedliche Bewertung von Anteilen an Personengesellschaften und an Kapitalgesellschaften hinfällig geworden ist. Ob das neue Recht einer mit Sicherheit zu erwartenden neuerlichen Überprüfung durch das Bundesverfassungsgericht standhalten wird, bleibt abzuwarten.

Für Anteile an Kapitalgesellschaften und somit auch für Aktien ist der Wert nach § 11 BewG zu ermitteln. Sind die Aktien zum amtlichen Handel an einer deutschen Börse oder zum geregelten Markt zugelassen oder aber in den Freiverkehr einbezogen, so sind die dort notierten Kurse maßgebend (§ 11 Abs. 1 BewG). Bei Aktien, die nicht darunter fallen, ist der gemeine Wert anzusetzen, der aus Verkäufen unter fremden Dritten, die weniger als ein Jahr zurückliegen, abzuleiten ist. Hat es derartige Verkäufe nicht gegeben, ist der gemeine Wert unter Berücksichtigung der Ertragsaussichten der Gesellschaft oder einer anderen anerkannten, auch im gewöhnlichen Geschäftsverkehr für nichtsteuerliche Zwecke üblichen Methode zu ermitteln; dabei ist die Methode anzuwenden, die ein Erwerber der Bemessung des Kaufpreises zugrunde legen würde (§ 11

Abs. 2 BewG). Bei Personenunternehmen ist die Vorschrift des § 11 Abs. 2 BewG entsprechend anzuwenden (§ 109 Abs. 1 BewG).

Die Bewertung der Anteile kann unter Anwendung des in den §§ 199 bis 203 BewG geregelten vereinfachten Ertragswertverfahrens erfolgen, wenn dieses nicht zu offensichtlich unzutreffenden Ergebnissen führt (§ 199 BewG). Mit dem Gebrauch des Wortes „kann" ist klargestellt, dass der Steuerpflichtige den Nachweis eines geringeren Verkehrswerts auch durch Vorlage eines Sachverständigengutachtens führen kann. Dies wird künftig in der Regel geboten sein, vor allem um der Anwendung des in § 203 BewG vorgeschriebenen Kapitalisierungsfaktors zu entgehen, der sich aus einem aus öffentlichen Anleihen abzuleitenden Basiszinssatz und einem unrealistisch niedrigen Zuschlag von 4,5 % zusammensetzt. Es ist damit zu rechnen, dass es künftig häufig zum Streit mit der Finanzverwaltung über die zutreffende Ermittlung des Verkehrswerts kommen wird.

Der Gesetzgeber hat bei der Neuregelung den Hinweis des Bundesverfassungsgerichts aufgenommen, dass der Erwerb bestimmter Vermögensgegenstände mittels Verschonungsregelungen begünstigt werden könne. Derartige Verschonungsregelungen wurden getroffen für vermietete und selbstgenutzte bebaute Grundstücke sowie für gewerbliche, freiberufliche und land- und forstwirtschaftliche Personenunternehmen und für Anteile an einer Kapitalgesellschaft, an der der Erblasser oder Schenker zu mehr als 25 % beteiligt war (unternehmerisches Vermögen).

Der Verschonungsabschlag beträgt bei unternehmerischem Vermögen 85 % des Verkehrswerts (§§ 13a Abs. 1 S. 1, 13b Abs. 4 ErbStG). Der Verschonungsabschlag kann nicht in Anspruch genommen werden, wenn das Betriebsvermögen des Betriebs oder der Gesellschaft zu mehr als 50 % aus Verwaltungsvermögen besteht. Zum Verwaltungsvermögen zählen insbesondere die Dritten zur Nutzung überlassenen Grundstücke, Anteile an Kapitalgesellschaften bis zu einer Beteiligungsquote von 25 % und Beteiligungen an überwiegend vermögensverwaltenden Personen- oder Kapitalgesellschaften (§ 13b Abs. 2 ErbStG).

Voraussetzung für die uneingeschränkte Inanspruchnahme der Verschonung ist, dass die Lohnsumme des Betriebs bzw. der Gesellschaft innerhalb von sieben Jahren nach dem Erwerb insgesamt 650 % der Ausgangslohnsumme, das ist die durchschnittliche Lohnsumme in den zurückliegenden fünf Jahren, nicht unterschreitet. Das gilt nicht, wenn die Ausgangslohnsumme null Euro beträgt oder der Betrieb nicht mehr als zehn Beschäftigte hat. Im Falle einer Unterschreitung vermindert sich der Verschonungsabschlag mit Wirkung für die Vergangenheit in demselben prozentualen Umfang, wie die Mindestlohnsumme unterschritten wird (§ 13a Abs. 1 S. 5 ErbStG).

Bei kleineren Unternehmen wird die Verschonung ergänzt durch die Gewährung eines Abzugsbetrags in Höhe von bis zu 150.000 Euro. Dieser Betrag wird von dem Teil des erworbenen Vermögens abgezogen, der nicht durch den Verschonungsabschlag erfasst wird, mit anderen Worten also von den nicht nach § 13b Abs. 4 ErbStG begünstigten 85 %. Der Abzugsbetrag wirkt sich voll aus, wenn dieses Vermögen nicht mehr als 150.000 Euro beträgt. Wird dieser Betrag überstiegen, schmilzt der Abzugsbetrag ab, bei einem Vermögen von 450.000 Euro ergibt sich kein Abzug mehr. Der Abzugsbetrag kann innerhalb von zehn Jahren für von derselben Person anfallende Erwerbe nur einmal berücksichtigt werden (13a Abs. 2 ErbStG).

Der Verschonungsabschlag und der Abzugsbetrag fallen mit Wirkung für die Vergangenheit weg, wenn der Erwerber innerhalb der siebenjährigen Behaltensfrist den Betrieb bzw. die Beteiligung veräußert oder er bei einem Personenunternehmen zu hohe Entnahmen tätigt bzw. bei einer Kapitalgesellschaft zu hohe Ausschüttungen erhält. Im Falle der Überentnahme fällt der Verschonungsabschlag gänzlich weg, in den anderen Fällen zeitanteilig (§ 13a Abs. 5 ErbStG).

Der Erwerber kann für einen Verschonungsabschlag von 100 % optieren, wenn das Verwaltungsvermögen nicht zu mehr als 10 % aus Verwaltungsvermögen besteht. Die Lohnsumme muss bei Ausübung der Option 100 % der Ausgangslohnsumme erreichen, und die Behaltensfrist beträgt zehn Jahre (§ 13a Abs. 8 ErbStG).

Beim Erwerb von unternehmerischen Vermögen wird außerdem der für alle steuerpflichtigen Erwerbe geltende persönliche Freibetrag gem. § 16 Abs. 1 ErbStG (z. B. 500.000 Euro bei Ehegatten, 400.000 Euro bei Kindern) berücksichtigt. Der persönliche Freibetrag kann nach Ablauf von zehn Jahren seit dem letzten Erwerb in voller Höhe erneut beansprucht werden.

18.3 Grunderwerbsteuer

Gehört zum Vermögen einer Aktiengesellschaft ein Grundstück, so löst die Vereinigung von mindestens 95 % der Aktien in der Hand eines Aktionärs, ferner auch die Weiterveräußerung von mindestens 95 % der Aktien von einem Aktionär an eine andere Person, *Grunderwerbsteuer* aus (§ 1 Abs. 3 GrEStG). Die Rechtsfolgen der Anteilsvereinigung können auch dadurch ausgelöst werden, dass die Gesellschaft eigene Aktien erwirbt (§ 71 AktG) und der Mehrheitsaktionär auf diese Weise auch ohne Veränderung seines Anteilsbestandes die kritische Beteiligungsquote übersteigt. Maßgeblich ist in diesem Fall das Verhältnis der von dem Mehrheitsaktionär gehaltenen Aktien zu den von *allen* Aktionären gehaltenen Aktionären, wobei die der Gesellschaft gehörenden Aktien nicht mitzählen.

19 Rechtsformwahl

Die Wahl der richtigen Rechtsform ist eine wichtige unternehmerische Entscheidung. Dabei sind alle in Betracht kommenden Rechtsformen zu prüfen und zu vergleichen, wobei sich schnell zeigt, dass es *die* richtige Form nicht gibt, da stets im Einzelfall bestimmte Nachteile zu bedenken sind. Nachstehend wird die Aktiengesellschaft verglichen mit Personenunternehmen, mit der GmbH & Co. KG, mit der GmbH und mit der Europäischen Gesellschaft (SE).

Personenunternehmen

Personenunternehmen sind der Einzelunternehmer, die Gesellschaft bürgerlichen Rechts, die Partnerschaft gemäß dem Partnergesellschaftsgesetz und die Personenhandelsgesellschaften des Handelsgesetzbuchs (OHG, KG). Im Rahmen dieses Kapitels wird eine Sonderform der KG, die GmbH & Co. KG, in einem eigenen Abschnitt und damit nicht bei den Personenunternehmen betrachtet.

Wesentliches Merkmal der Aktiengesellschaft ist, dass kein einziger Gesellschafter mit seinem Vermögen für Verbindlichkeiten der Gesellschaft haftet, vgl. § 1 Abs. 1 S. 2 AktG, wohingegen Einzelunternehmer und Gesellschafter von Personengesellschaften persönlich für die Verbindlichkeiten des Unternehmens haften. Die Aktiengesellschaft gilt ungeachtet ihres jeweiligen Zwecks und Unternehmensgegenstands als Handelsgesellschaft, wodurch die Vorschriften des Handelsgesetzbuchs, insbesondere das Dritte Buch „Handelsbücher“, uneingeschränkt anwendbar sind (§ 3 Abs. 1 AktG). Wird also z. B. eine Freiberuflerpraxis in die Rechtsform der Aktiengesellschaft überführt, so entsteht erstmals die Pflicht zur kaufmännischen Buchführung und zur Erstellung eines Jahresabschlusses nebst Lagebericht und zur Abschlussprüfung. Hinsichtlich der Rechnungslegung einschließlich der Abschlussprüfung und der Offenlegungspflicht bestehen zwischen der GmbH, der GmbH & Co. KG und der Aktiengesellschaft keine Unterschiede.

Solange das Unternehmen nicht als Kapitalgesellschaft verfasst ist, spielt die Mitarbeiterzahl regelmäßig rechtlich keine Rolle; bei mehr als 500 Arbeitnehmern kann die Umwandlung des Unternehmens in eine Kapitalgesellschaft zum Entstehen der Mitbestimmungspflicht nach dem Drittelbeteiligungsgesetz führen.

Gravierend sind die Unterschiede zwischen den Personenunternehmen und den Kapitalgesellschaften in der Besteuerung des Einkommens. Die Aktiengesellschaft selbst ist Steuersubjekt, d. h. anders als bei Personenunternehmen wird das Einkommen des Unternehmens nicht von den Gesellschaftern, sondern von der Gesellschaft selbst versteuert. Nimmt die Gesellschaft Gewinnausschüttungen vor, so sind diese bei den Aktionären steuerpflichtig. Ob ein Personenunternehmen oder eine Kapitalgesellschaft steuerlich günstiger ist, kann man nicht generell sagen, sondern nur aufgrund eines die Besonderheiten des Unternehmens berücksichtigenden individuellen Steuerbelastungsvergleichs.

GmbH & Co. KG
Hinsichtlich der Haftung der Gesellschafter für Verbindlichkeiten der Gesellschaft gegenüber Dritten unterscheiden sich Aktiengesellschaft und GmbH einerseits und GmbH & Co. KG andererseits in der Praxis kaum. Ebenso wenig gibt es Unterschiede bei der Rechnungslegung einschließlich Abschlussprüfung und Offenlegung und bei der Insolvenzantragspflicht. Gravierend ist die unterschiedliche Behandlung beider Rechtsformen im Mitbestimmungsrecht, denn bei der GmbH & Co. KG ist das Drittelbeteiligungsgesetz nicht anwendbar; eine Gleichbehandlung von GmbH & Co. KG und Aktiengesellschaft bzw. GmbH gilt nur im Rahmen des Mitbestimmungsgesetzes 1976, das allerdings erst bei Unternehmen mit mehr als zweitausend Arbeitnehmern gilt, wobei dann bei einer GmbH & Co. KG die Arbeitnehmer der GmbH und der KG zusammengezählt werden.

Die Einkünftebesteuerung bei der GmbH & Co. KG folgt den oben kurz beschriebenen Regelungen für Personenunternehmen, die der Aktiengesellschaft den Vorschriften für Kapitalgesellschaften. Beim Übergang von Anteilen aufgrund von Schenkung oder Verfügung von Todes wegen ist unabhängig von der Rechtsform der Verkehrswert anzusetzen, so dass erbschaft- und schenkungsteuerrechtlich keine der beiden Gesellschaftsformen vorteilhafter ist als die andere ist.

GmbH
Ein Nachteil der Aktiengesellschaft gegenüber der GmbH ist das höhere Mindestkapital von 50.000 Euro und die Einbindung in das weniger flexible Vorschriftengerüst des Aktiengesetzes. Es entstehen Mehraufwendungen in dem Maße, wie Vergütungen an Aufsichtsratsmitglieder gezahlt werden. Die Kapitalschutzbestimmungen sind bei der Aktiengesellschaft strenger als bei der GmbH. Ein wichtiges Merkmal der Aktiengesellschaft ist die Unabhängigkeit des Vorstandes. Dieser ist verpflichtet, den Unternehmensgegenstand bestmöglich zu verwirklichen. Weder der Aufsichtsrat noch die Aktionäre können die Geschäftsführung des Vorstands unmittelbar beeinflussen. Dieser Umstand

kann von ausschlaggebender Bedeutung sein, wenn es um die Verpflichtung von Top-Managern für die Führung des Unternehmens geht.

Die Vorstandsmitglieder der Aktiengesellschaft werden, anders als die Geschäftsführer der GmbH (§ 46 Nr. 5 GmbHG), nicht von den Gesellschaftern, sondern vom Aufsichtsrat bestellt. Uneinigkeiten unter den Aktionären können nicht auf die Berufung der Vorstandsmitglieder und deren Geschäftsführung durchschlagen. Störmöglichkeiten einzelner Aktionäre, zum Beispiel eines unternehmerisch nicht begabten Erben, bestehen gegenüber dem Vorstand nicht. Die Besetzung des Aufsichtsrats mit erfahrenen Unternehmerpersönlichkeiten wirkt in zwei Richtungen. Zum einen gewinnt der Vorstand ein Beratergremium, d. h. neben die berufsmäßigen Berater (Rechtsanwalt, Steuerberater, Wirtschaftsprüfer) tritt ein unabhängiges, nicht von eigenen Interessen geleitetes, aus Unternehmerpersönlichkeiten gebildetes Gremium, zum anderen wird die Besetzung des Aufsichtsrats mit qualifizierten Personen auch von Kunden, Lieferanten und Wettbewerbern der Gesellschaft wahrgenommen.

Die Gewinnverwendung ist bei der Aktiengesellschaft zum Teil der Bestimmung der Gesellschafter entzogen (vgl. § 58 Abs. 2 AktG). Die Satzung kann regeln, dass Vorstand und Aufsichtsrat zur Einstellung in Rücklagen nicht befugt sind und dass – wie bei der GmbH – ausschließlich die Aktionäre über die Rücklagendotierung entscheiden.

Die Mitarbeiter der Aktiengesellschaft können durch *Belegschaftsaktien* motiviert und an das Unternehmen gebunden werden; zudem können durch die Gewährung von Aktienbezugsrechten (Stock Options) an Vorstandsmitglieder und Mitarbeiter Anreize geschaffen werden; zur Mitarbeiterbeteiligung s. Kap. 16.

Die Gesellschafterstellung bei einer Aktiengesellschaft kann von einem Aktionär nicht gekündigt werden mit dem Ziel, eine Abfindung für seine Beteiligung zu erlangen, er ist auf den Weiterverkauf der Aktien angewiesen.

Die Gesellschafter der GmbH haben ein umfassendes Auskunfts- und Einsichtsrecht (§ 51a GmbHG). Diese Befugnisse stehen bei der Aktiengesellschaft allein dem Aufsichtsrat zu, vgl. § 111 Abs. 1 und 2 sowie § 90 AktG. Einzelne Aktionäre haben das Fragerecht in der Hauptversammlung (§ 131 AktG). Aktionäre, die einzeln oder zusammen mit anderen Aktionären über die Stimmenmehrheit in der Hauptversammlung verfügen, entscheiden über die Zusammensetzung des Aufsichtsrats und damit auch mittelbar über die Besetzung der Vorstandspositionen.

Einige der hier besonders herausgestellten Rechtsvorschriften für die Aktiengesellschaften könnten durch entsprechende Satzungsgestaltung auch bei einer GmbH übernommen werden, z. B. indem der Gesellschaftsvertrag eine Gewaltenteilung mit unabhängigen Geschäftsführern, die nur vom Aufsichtsrat überwacht wird, vorsieht.

Aktien können anders als Geschäftsanteile der GmbH formlos übertragen werden, d. h. es bedarf dazu nicht der notariellen Beurkundung. Die Aktiengesellschaft ist deshalb besonders interessant für Unternehmen mit vielen Gesellschaftern bzw. häufigen Gesellschafterwechseln. Die Zusammensetzung des Gesellschafterkreises ist leichter anonymisierbar als bei der GmbH, wo es dazu des Abschlusses von beurkundungspflichtigen Treuhandverträgen bedarf.

Nur über die Rechtsform der Aktiengesellschaft wird mittel- oder langfristig die Kapitalaufnahme am Kapitalmarkt ermöglicht, wodurch die Abhängigkeit von den Banken und den Gesellschaftern als Kreditgebern sinkt. Auch die Mitarbeiterbeteiligung kann zu einem vollgültigen Instrument der Kapitalbeschaffung ausgebaut werden. Des Weiteren kann die Gesellschaft Kunden oder Lieferanten als Gesellschafter aufnehmen, schließlich auch Kapitalbeteiligungsgesellschaften, wodurch das Unternehmen für einen strategischen Investor interessant werden kann. Anders als bei der GmbH ist die Ausgabe von Wandelanleihen möglich. Durch Unternehmensplanung, Risikomanagement und Berichtswesen tritt eine Professionalisierung des Unternehmens ein, die auf die Mitarbeiter und nach außen hin ausstrahlt.

Die Struktur der Aktiengesellschaft erleichtert zugleich die *Generationenfolge* im mittelständischen Unternehmen, wenn für die Unternehmensleitung kein Nachfolger bereitsteht. Der bisher als Vorstand aktive Unternehmer kann einen externen Nachfolger suchen und selbst in den Aufsichtsrat eintreten; die Familienangehörigen werden Aktionäre und sie partizipieren, anders als bei einem Unternehmensverkauf, an Wertsteigerungen des Unternehmens und über die ihnen zufließenden Dividenden an den Unternehmenserträgen.

Ein wesentlicher Vorteil der Aktiengesellschaft gegenüber der GmbH ist nach wie vor das höhere Ansehen der Aktiengesellschaft im Wirtschaftsleben, insbesondere im Ausland, wo die GmbH weniger bekannt ist. Die Rechtsform der Aktiengesellschaft ist angesichts der Zahl der bestehenden Gesellschaften nach wie vor exklusiv im Vergleich zur GmbH.

Europäische Gesellschaft (SE)
Eine SE mit Sitz in Deutschland wird gesellschaftsrechtlich wie eine Aktiengesellschaft deutschen Rechts behandelt, vgl. Art. 10 SE-VO. Anders als diese muss die SE jedoch ein Grundkapital von mindestens 120.000 Euro haben. Die Besonderheiten der Gründung einer SE sind dargestellt in Abschn. 13.5. Die SE kann wie die Aktiengesellschaft einen Vorstand und einen Aufsichtsrat haben (dualistisches System), sie kann aber auch das monistische System wählen, bei dem die Gesellschaft von einem Verwaltungsrat geführt wird (Art. 38 SE-VO). Beim monistischen System leitet der Verwaltungsrat die Gesellschaft, bestimmt die Grundlinien ihrer Tätigkeit und überwacht deren Umsetzung (§ 22 Abs. 1 SEAG). Die Geschäfte der Gesellschaft werden von den geschäftsführenden Direktoren geführt, die vom Verwaltungsrat bestellt werden; er kann sie aus seiner Mitte bestellen, sofern die Mehrheit des Verwaltungsrats weiterhin aus nicht geschäftsführenden Mitgliedern besteht (§ 40 SEAG).

Die Rechtsform der SE ist im Vergleich zur Aktiengesellschaft und zur GmbH vorzuziehen, wenn die Gesellschaft grenzüberschreitend innerhalb der Europäischen Union aktiv ist. Die Gründung von Tochtergesellschaften wird dadurch entbehrlich, ebenso die Bestellung eigener Geschäftsführer in den jeweiligen Mitgliedstaaten und die Erstellung gesonderter Jahresabschlüsse dort. Von großer praktischer Bedeutung ist die Festschreibung der im Zeitpunkt der Gründung der SE maßgeblichen Mitbestimmungsform bzw. der Mitbestimmungsfreiheit, vgl. Abschn. 13.5.

Anhang

Muster

Die nachfolgenden Muster sollen dem an der Rechtsform der Aktiengesellschaft interessierten Unternehmer einen ersten Eindruck über das Regelungswerk geben. Es handelt sich um die anonymisierte Wiedergabe von Unterlagen, die bei von den Verfassern betreuten Gründungen bzw. Umwandlungen verwandt wurden. Angesichts der individuellen Besonderheiten sind sie zur Weiterverwendung nur bedingt geeignet. Es ist in jedem Fall unumgänglich, eine auf die Besonderheiten des Unternehmens eingehende Beratung durch die entsprechenden Berufsträger in Anspruch zu nehmen.

1 Satzung einer Aktiengesellschaft

Satzung der Müller & Schulze AG

§ 1 Firma, Sitz

Die Gesellschaft führt die Firma Müller & Schulze AG und hat ihren Sitz in Köln.

§ 2 Gegenstand des Unternehmens

(1) Gegenstand des Unternehmens ist die Entwicklung von System- und Technologielösungen im Bereich Neue Medien.

(2) Die Gesellschaft ist zu allen Handlungen und Maßnahmen berechtigt, die mit dem Gegenstand des Unternehmens zusammenhängen oder ihm zu dienen geeignet sind. Sie kann zu diesem Zweck auch andere Unternehmen gründen, erwerben, veräußern und sich an ihnen beteiligen sowie Unternehmensverträge mit ihnen schließen; sie kann Zweigniederlassungen im In- und Ausland errichten.

§ 3 Grundkapital und Aktien

(1) Das Grundkapital der Gesellschaft beträgt 500.000 Euro und ist eingeteilt in 500.000 Stückaktien.

(2) Die Aktien lauten auf den Namen. Sie sind nur mit Zustimmung der Gesellschaft übertragbar. Über die Zustimmung entscheidet die Hauptversammlung. Trifft im Falle einer Kapitalerhöhung der Erhöhungsbeschluss keine Bestimmung darüber, ob die neuen Aktien auf den Namen oder auf den Inhaber lauten sollen, so lauten sie ebenfalls auf den Namen.

(3) Bei Ausgabe neuer Aktien kann der Beginn der Gewinnbeteiligung abweichend von § 60 Absatz 2 des Aktiengesetzes geregelt werden.

(4) Die Form und den Inhalt von Aktienurkunden sowie etwaiger Gewinnanteils- und Erneuerungsscheine setzt der Vorstand mit Zustimmung des Aufsichtsrats fest. Ein Anspruch der Aktionäre auf Verbriefung ihrer Aktien und Gewinnanteile ist ausgeschlossen. Die Gesellschaft ist berechtigt, Aktienurkunden auszustellen, die einzelne oder mehrere Aktien verkörpern.

(5) Der Vorstand ist für die Dauer von fünf Jahren vom Tag der Eintragung der Gesellschaft an ermächtigt, das Grundkapital mit Zustimmung des Aufsichtsrats durch Ausgabe neuer, auf den Namen der Aktionäre lautender Stückaktien gegen Sach- oder Bareinlagen einmal oder mehrmals um bis zu insgesamt 250.000 Euro zu erhöhen (Genehmigtes Kapital). Der Vorstand kann mit Zustimmung des Aufsichtsrats das Bezugsrecht der Aktionäre insgesamt ausschließen und den Inhalt der Aktienrechte, die Bedingungen der Aktienausgabe sowie die weiteren Einzelheiten der Kapitalerhöhung und ihrer Durchführung festlegen.

§ 4 Vorstand

(1) Der Vorstand besteht aus einer oder mehreren Personen. Der Vorstand kann auch bei einem den Betrag des § 76 Absatz 2 Satz 2 des Aktiengesetzes übersteigenden Grundkapital aus einer Person bestehen. Der Aufsichtsrat bestimmt die Zahl der Mitglieder des Vorstands, er kann einen Vorsitzenden und einen stellvertretenden Vorsitzenden des Vorstands ernennen.

(2) Der Vorstand hat die Geschäfte der Gesellschaft nach Maßgabe der Gesetze, der Satzung und der Geschäftsordnung zu führen. Er fasst seine Beschlüsse mit Stimmenmehrheit; bei Stimmengleichheit gibt die Stimme des Vorsitzenden den Ausschlag, sofern der Vorstand aus mehr als zwei Personen besteht. Mit Zustimmung des Aufsichtsrats kann sich der Vorstand durch einstimmigen Beschluss eine Geschäftsordnung geben. Der Aufsichtsrat hat zu bestimmen, dass bestimmte Arten von Geschäften nur mit seiner Zustimmung vorgenommen werden dürfen.

(3) Besteht der Vorstand nur aus einer Person, so vertritt diese die Gesellschaft allein. Besteht der Vorstand aus mehreren Personen, so wird die Gesellschaft durch zwei Mitglieder des Vorstands gemeinsam oder durch ein Mitglied des Vorstands zusammen mit einem Prokuristen vertreten. Der Aufsichtsrat kann einzelnen Mitgliedern des Vorstands Einzelvertretungsbefugnis erteilen und ihnen gestatten, Rechtsgeschäfte mit sich als Vertreter eines Dritten vorzunehmen.

§ 5 Aufsichtsrat

(1) Der Aufsichtsrat besteht aus drei Mitgliedern. Er wählt aus seiner Mitte einen Vorsitzenden und einen stellvertretenden Vorsitzenden. Der Vorsitzende ist ermächtigt, im Namen des Aufsichtsrats Willenserklärungen abzugeben und entgegenzunehmen. Scheidet der Vorsitzende oder sein Stellvertreter aus, so ist eine Neuwahl für den Rest der Amtszeit vorzunehmen. Der Aufsichtsrat kann sich eine Geschäftsordnung geben.

(2) Die Amtsdauer der Aufsichtsratsmitglieder währt längstens bis zur Beendigung der Hauptversammlung, die über die Entlastung für das vierte Geschäftsjahr nach dem Beginn der Amtszeit beschließt. Das Geschäftsjahr, in dem die Amtszeit beginnt, wird nicht mitgerechnet. Die Wahl des Nachfolgers eines vor Ablauf der Amtszeit ausgeschiedenen Mitglieds erfolgt für den Rest der Amtszeit des ausgeschiedenen Mitglieds.

(3) Die Mitglieder des Aufsichtsrats können ihr Amt durch eine an den Vorsitzenden des Aufsichtsrats oder an den Vorstand zu richtende schriftliche Erklärung unter Einhaltung einer Frist von einem Monat niederlegen.

(4) Die Sitzungen des Aufsichtsrats werden vom Vorsitzenden mit einer Ladungsfrist von zwei Wochen unter Angabe der Tagesordnung durch eingeschriebenen Brief einberufen; die Einberufung kann einem Aufsichtsratsmitglied auch an die von ihm der Gesellschaft zuletzt bekanntgegebene Telefaxnummer oder E-Mail-Adresse übermittelt werden. Der Aufsichtsrat ist nur beschlussfähig, wenn alle drei Mitglieder an der Beschlussfassung teilnehmen. Ein Mitglied nimmt im Sinne des § 108 Absatz 2 Satz 3 des Aktiengesetzes auch dadurch an der Beschlussfassung teil, dass es sich bei der Abstimmung infolge eines Stimmverbots der Stimme enthält. Bei Stimmengleichheit gibt die Stimme des Vorsitzenden den Ausschlag. An den Sitzungen des Aufsichtsrats können Personen, die dem Aufsichtsrat nicht angehören, anstelle von verhinderten Aufsichtsratsmitgliedern teilnehmen, wenn diese sie hierzu in Textform ermächtigt haben. Schriftliche, fernmündliche oder mit Hilfe sonstiger Mittel der Telekommunikation durchgeführte Be-

schlussfassungen sowie die kombinierte Beschlussfassung sind zulässig, wenn der Aufsichtsratsvorsitzende dies für den Einzelfall bestimmt.

(5) Jedes Mitglied des Aufsichtsrats erhält neben dem Ersatz seiner nachgewiesenen Auslagen eine angemessene Vergütung, die durch Beschluss der Hauptversammlung festgelegt wird, gegebenenfalls zuzüglich Umsatzsteuer. Die Gesellschaft übernimmt Versicherungsprämien, die für eine Haftpflicht- und Rechtsschutzversicherung mit einer Versicherungssumme von bis zu 10 Mio. € zur Abdeckung von Haftungsrisiken aus der Aufsichtsratstätigkeit für die Mitglieder des Aufsichtsrats geleistet werden, sowie die darauf zu zahlende Versicherungsteuer.

(6) Dem Aktionär Ludwig Schulze steht das Recht zu, solange er Aktionär der Gesellschaft ist und er und seine Angehörigen (§ 15 der Abgabenordnung) mit mindestens 25 % am Grundkapital der Gesellschaft beteiligt sind, ein Mitglied in den Aufsichtsrat zu entsenden.

§ 6 Hauptversammlung

(1) Die Hauptversammlung findet statt am Sitz der Gesellschaft oder in einer anderen deutschen Stadt und darf in Bild und Ton übertragen werden. Ein Aufsichtsratsmitglied, das sich weit vom Ort der Versammlung aufhält, insbesondere im Ausland, darf an ihr im Wege der Bild- und Tonübertragung teilnehmen. Die Einberufung der Hauptversammlung sowie die Bekanntmachung der Tagesordnung und von Minderheitsverlangen kann einem Aktionär auch an die von ihm der Gesellschaft zuletzt bekanntgegebene Telefaxnummer oder E-Mail-Adresse übermittelt werden.

(2) Zur Teilnahme an der Hauptversammlung sind diejenigen Aktionäre berechtigt, die im Aktienregister eingetragen und rechtzeitig angemeldet sind. Umschreibungen im Aktienregister finden in den letzten sieben Tagen vor der Hauptversammlung nicht statt. Es genügt, wenn die Aktionäre sich nicht später als am siebten Tage vor der Versammlung anmelden; der Vorstand kann in der Einladung zur Hauptversammlung eine kürzere Frist bestimmen. Die Einzelheiten der Anmeldung werden zusammen mit der Einberufung der Hauptversammlung bekanntgemacht.

(3) Den Vorsitz in der Hauptversammlung führt der Vorsitzende des Aufsichtsrats, im Falle seiner Verhinderung sein Stellvertreter. Üben sie den Vorsitz nicht aus, wird der Vorsitzende durch die Hauptversammlung gewählt.

(4) Jede Aktie gewährt in der Hauptversammlung eine Stimme. Die Beschlüsse der Hauptversammlung bedürfen der einfachen Mehrheit der abgegebenen Stimmen, soweit nicht das Gesetz zwingend etwas anderes vorschreibt. In den Fällen, in denen das Gesetz eine Mehrheit des bei der Beschlussfassung vertretenen Grundkapitals erfordert, genügt, sofern nicht durch Gesetz eine größere Mehrheit zwingend vorgeschrieben ist, die einfache Mehrheit des vertretenen Grundkapitals.

(5) Vollmachten bedürfen der Textform.

§ 7 Jahresabschluss, Verwendung des Jahresüberschusses

(1) Der Vorstand hat innerhalb der gesetzlichen Frist den Jahresabschluss (Bilanz nebst Gewinn- und Verlustrechnung und Anhang) und, sofern erforderlich, den Lagebericht für das vergangene Geschäftsjahr aufzustellen und diese Unterlagen dem Aufsichtsrat zusammen mit dem Vorschlag, den er der Hauptversammlung für die Verwendung des Bilanzgewinns machen will, vorzulegen.

(2) Stellen Vorstand und Aufsichtsrat den Jahresabschluss fest, sind sie nicht dazu ermächtigt, einen Teil des Jahresüberschusses in andere Gewinnrücklagen einzustellen. Die Entscheidung über die Bildung anderer Gewinnrücklagen bleibt vielmehr allein der Hauptversammlung vorbehalten.

(3) Der Vorstand ist ermächtigt, bei Vorliegen der gesetzlichen Voraussetzungen nach Ablauf des Geschäftsjahrs mit Zustimmung des Aufsichtsrats auf den voraussichtlichen Bilanzgewinn einen Abschlag an die Aktionäre zu zahlen.

§ 8 Einziehung

(1) Die Zwangseinziehung von Aktien ist gestattet, wenn

a) sie Dritten gehören oder wenn Dritte ein Pfandrecht an ihnen erworben haben; Dritter ist, wer nicht Gründer ist bzw. als Gründer gilt oder die Aktien nicht mit Zustimmung der Gesellschaft (§ 3 Absatz 2) rechtsgeschäftlich erworben hat. Als Dritte gelten nicht die Erben eines Gesellschafters, wenn sie Mitgesellschafter oder eheliche Abkömmlinge des verstorbenen Gesellschafters oder eines anderen Gesellschafters sind;
b) sie einem Aktionär gehören, über dessen Vermögen das gerichtliche Insolvenzverfahren eröffnet oder die Eröffnung mangels einer die Kosten

deckenden Masse abgelehnt worden ist oder wenn der Aktionär die Richtigkeit seines Vermögensverzeichnisses an Eides Statt zu versichern hat;

c) sie gepfändet worden sind und die Maßnahme nicht innerhalb eines Monats aufgehoben worden ist.

(2) Gehören Aktien einer Kapitalgesellschaft, so ist die Zwangseinziehung auch dann gestattet, wenn bei der Kapitalgesellschaft ein Mehrheitswechsel eintritt. Ein Mehrheitswechsel liegt vor, wenn ein Dritter unmittelbar oder mittelbar über eine Treuhandschaft eine Mehrheitsbeteiligung erwirbt oder wenn zugunsten eines Dritten ein Stimmbindungsvertrag geschlossen wird, der diesem die Stimmrechtsausübung der Mehrheit der Gesellschafter gemäß seinen Vorgaben sichert. Das gilt nicht für einen Mehrheitswechsel durch den Tod eines Mehrheitsgesellschafters, wenn der Erwerber Mitgesellschafter oder ein Abkömmling des Verstorbenen ist.

(3) Die Zwangseinziehung ist innerhalb eines Jahres, nachdem der Vorstand Kenntnis vom Eintreten der Voraussetzungen erlangt hat, zu beschließen. Für das Einziehungsentgelt ist der gemeine Wert des Geschäftsanteils gem. § 11 Absatz 2 Satz 2 des Bewertungsgesetzes in der am Stichtag geltenden Fassung maßgeblich. Stichtag für die Bewertung ist der letzte Tag des Geschäftsjahrs, der mit dem Tag des Eintretens der Voraussetzungen für die Zwangseinziehung zusammenfällt oder ihm vorangeht. Das Einziehungsentgelt ist spätestens sechs Monate nach der Beschlussfassung fällig. Bei Streit über die Höhe des Einziehungsentgelts soll ein Wirtschaftsprüfer als Schiedsgutachter entscheiden. Können sich die Beteiligten nicht auf die Person des Schiedsgutachters einigen, so wird dieser von dem Institut der Wirtschaftsprüfer in Deutschland e. V., Düsseldorf, bestimmt.

§ 9 Schlussbestimmungen

(1) Die Bekanntmachungen der Gesellschaft erfolgen nur im elektronischen Bundesanzeiger.

(2) Der Aufsichtsrat ist befugt, Änderungen der Satzung, die nur deren Fassung betreffen, zu beschließen.

(3) Die Gesellschaft trägt die mit dem Formwechsel und der Gründung verbundenen Kosten (insbesondere Rechtsanwalts-, Prüfungs-, Notar- und Registergerichtsgebühren einschließlich Veröffentlichungskosten) bis zu einem Gesamtbetrag von 20.000 Euro.

(4) Das Grundkapital der Gesellschaft gem. § 3 Absatz 1 dieser Satzung wird in voller Höhe durch Formwechsel der Müller & Schulze GmbH mit Sitz in Köln erbracht.

§ 10 Weitergeltende Bestimmungen

Die Gesellschaft trägt die mit der Gründung der Gesellschaft und ihrer Eintragung verbundenen Kosten bei Gericht, Notar und Steuerberater sowie die Kosten der Veröffentlichung bis zu einem Betrag von insgesamt DM 2.500,00 (Übernahme der Bestimmung über den Gründungsaufwand aus § 15 Ziffer 3 des Gesellschaftsvertrags der Müller & Schulze GmbH).

2 Umwandlungsbeschluss

Verhandelt zu Köln am 1. April 2009

Vor mir, dem Notar Dr. Josef Schmitz mit dem Amtssitz in Köln

erschienen die Herren Karl Müller und Ludwig Schulze,

dem Notar von Person bekannt. Sie baten um Beurkundung des nachfolgenden

Umwandlungsbeschlusses:

Wir halten jeder einen Geschäftsanteil von 250.000 Euro und damit sämtliche Geschäftsanteile an der im Handelsregister des Amtsgerichts Köln unter HRB 40131 eingetragenen Müller & Schulze GmbH mit Sitz in Köln. Die Einlagen in Höhe von 500.000 Euro sind voll einbezahlt.

Dies vorausgeschickt halten wir unter Verzicht auf alle gesetzlichen und vertraglichen Formen und Fristen der Einberufung und Ankündigung eine außerordentliche Gesellschafterversammlung der Müller & Schulze GmbH ab und fassen folgende Beschlüsse:

1. Die Müller & Schulze GmbH wird durch Formwechsel gem. §§ 190 ff. UmwG in eine Aktiengesellschaft umgewandelt.

2. Die Gesellschaft neuer Rechtsform führt die Firma Müller & Schulze AG. Sitz der Gesellschaft ist weiterhin Köln.

Für die Müller & Schulze AG wird die als Anlage dieser Urkunde beigefügte Satzung, die mit verlesen wird, festgestellt.

3. Durch den Formwechsel wird das bisherige Stammkapital der Gesellschaft in Höhe von 500.000 Euro zum Grundkapital der Aktiengesellschaft. An die Stelle der bisherigen Geschäftsanteile der Gesellschafter treten insgesamt 500.000 auf den Namen lautende Stückaktien in der Weise, dass jeder Gesellschafter für jeden Euro seines Geschäftsanteils eine Aktie erhält.

   Die Gesellschafter der Müller & Schulze GmbH werden entsprechend dem bisherigen Beteiligungsverhältnis mit je 250.000 Stückaktien am Grundkapital der Müller & Schulze AG beteiligt.

4. Besondere Rechte einzelner Gesellschafter bestehen bei der Müller & Schulze GmbH nicht. Einzelnen Gesellschaftern werden keine Sonderrechte oder Vorzüge in der Müller & Schulze AG gewährt; Maßnahmen dieser Art sind nicht vorgesehen.

5. Eines Umwandlungsberichts nach § 192 UmwG und eines Abfindungsangebots nach § 207 UmwG bedarf es nicht, da alle Gesellschafter nachstehend darauf verzichten.

6. Auf die Arbeitnehmer und ihre Vertretung wirkt sich der Formwechsel wie folgt aus:

   a) Die Rechte und Pflichten der Arbeitnehmer aus den bestehenden Anstellungs- und Arbeitsverträgen bleiben unberührt. Die Vorschrift des § 613a BGB ist auf den Formwechsel nicht anzuwenden. Das Direktionsrecht des Arbeitgebers wird nach dem Formwechsel von dem Vorstand der Müller & Schulze AG ausgeübt.
   b) Die bestehenden Betriebsvereinbarungen und Tarifverträge bleiben nach Maßgabe der jeweiligen Vereinbarungen bestehen.
   c) Die Betriebsverfassung nach dem Betriebsverfassungsgesetz und die übrigen Organe, Ausschüsse und sonstigen Institutionen des Betriebsverfassungsgesetzes bleiben unberührt, der Betriebsrat bleibt im Amt.
   d) Die Gesellschaft unterliegt nicht der unternehmerischen Mitbestimmung.

7. Für den Formwechsel stimmen die Gesellschafter

   Karl Müller und Ludwig Schulze,

   die damit den Gründern im Sinne des Aktiengesetzes gleichstehen.

8. Es wird festgestellt, dass das nach Abzug der Schulden verbleibende Vermögen der formwechselnden Gesellschaft den Nennbetrag des Grundkapitals der Müller & Schulze AG übersteigt.

9. Zu Mitgliedern des ersten Aufsichtsrats bestellen wir die Herren
   - Franz Kaspar(Beruf/Wohnort),
   - Erich Melchior (Beruf/Wohnort) und
   - Georg Balthasar (Beruf/Wohnort).

   Ihre Amtszeit endet mit Beendigung der Hauptversammlung, die über die Entlastung für das vierte Geschäftsjahr nach dem Beginn der Amtszeit beschließt, wobei das Geschäftsjahr, in dem die Amtszeit beginnt, nicht mitgerechnet wird.

10. Wir bestellen die

    RHEINTREU Audit AG Wirtschaftsprüfungsgesellschaft, Köln,

    zum Abschlussprüfer für das Geschäftsjahr 2009. Die Bestellung erfolgt nur vorsorglich für den Fall, dass gem. § 316 HGB Prüfungspflicht eintritt; nach unserer Auffassung wird keine Prüfungspflicht bestehen.

11. Die von der Gesellschaft erteilten Prokuren bleiben grundsätzlich aufrechterhalten, die Gesamtprokuren in der Weise, dass die Prokuristen gemeinsam mit einem Mitglied des Vorstands der Gesellschaft oder einem weiteren Prokuristen vertreten.

12. Die mit der Umwandlung verbundenen Kosten (insbesondere Rechtsanwalts-, Prüfungs-, Notar- und Registergerichtsgebühren einschließlich Veröffentlichungskosten) trägt die Gesellschaft im Rahmen des satzungsmäßig übernommenen Gründungsaufwands (vgl. § 9 Abs. 3 der Satzung) bis zu einem Gesamtbetrag von 20.000 Euro; darüber hinausgehende Kosten tragen die Gesellschafter im Verhältnis ihrer Beteiligungen.

Sodann schlossen die Erschienenen die Gesellschafterversammlung.

Verzichtserklärungen

Die Erschienenen verzichteten auf

- die Erstattung eines Umwandlungsberichts,
- das Angebot einer Barabfindung gemäß § 207 UmwG und
- die Klage gegen die Wirksamkeit des Umwandlungsbeschlusses.

Vollmacht an Notariatsangestellte:

...

Der Notar wies die Erschienenen auf folgendes hin: ....

Diese Niederschrift
nebst Anlage wurde vorgelesen, von den Erschienenen genehmigt und von ihnen sowie dem Notar eigenhändig unterschrieben.

3 Niederschrift der ersten Aufsichtsratssitzung

Müller & Schulze AG
Köln

Niederschrift
über die Beschlüsse des Aufsichtsrats
am 1. April 2009

Die als Gründer geltenden Gesellschafter der zur Aktiengesellschaft umgewandelten Müller & Schulze GmbH haben heute die Herren Franz Kaspar, Erich Melchior und Georg Balthasar zu Mitgliedern des ersten Aufsichtsrats der Gesellschaft bestellt. Sie haben die Bestellung als Aufsichtsratsmitglieder angenommen. Mit den Stimmen sämtlicher amtierender Aufsichtsratsmitglieder wurden folgende Beschlüsse gefasst, die hiermit zugleich festgestellt werden:

1. Zum Vorsitzenden des Aufsichtsrats wurde Herr Franz Kaspar, zu seinem Stellvertreter Herr Erich Melchior gewählt.

2. Zum Vorstand wird Herr Karl Müller (Geburtsdatum/Anschrift) für die Dauer von fünf Jahren bestellt. Er ist stets einzelvertretungsbefugt und von den Beschränkungen des § 181 Alt. 2 BGB befreit.

3. Der Aufsichtsrat beschloss die ihm im Entwurf vorliegende Geschäftsordnung für den Aufsichtsrat; der Vorsitzende des Aufsichtsrats wurde ermächtigt, die Geschäftsordnung im Namen des Aufsichtsrats zu unterschreiben.

4. Der Aufsichtsrat beschloss die ihm im Entwurf vorliegende Geschäftsordnung für den Vorstand; der Vorsitzende des Aufsichtsrats wurde ermächtigt, die Geschäftsordnung im Namen des Aufsichtsrats zu unterschreiben.

5. Der dem Aufsichtsrat im Entwurf vorliegende Dienstvertrag der Gesellschaft mit dem Vorstandsmitglied Karl Müller wurde genehmigt. Der Vorsitzende des Aufsichtsrats wurde ermächtigt, den Vertrag im Namen des Aufsichtsrats zu unterschreiben.

6. Der Aufsichtsrat hält eine Sitzung im Kalenderhalbjahr ab.

Die Herren Franz Kaspar und Erich Melchior nahmen die Wahl jeweils an. Das anschließend von dem Aufsichtsratsvorsitzenden befragte Vorstandsmitglied Karl Müller hat erklärt, dass er die Bestellung zum Vorstandsmitglied annehme.

Köln, den 1. April 2009

....
(Franz Kaspar)
Vorsitzender des Aufsichtsrats

4 Handelsregisteranmeldung

Amtsgericht
– Handelsregister –

HRB 40131
Müller & Schulze GmbH, Köln
Formwechsel in Müller & Schulze AG

Als alleinige Geschäftsführer der Müller & Schulze GmbH und der unterzeichnende Karl Müller zugleich als Vorstandsmitglied der Aktiengesellschaft, in die die Gesellschaft umgewandelt worden ist, melden wir hiermit zur Eintragung in das Handelsregister an:

1. Die Müller & Schulze GmbH mit Sitz in Köln ist durch Beschluss der Gesellschafterversammlung vom 1. April 2009 gemäß den Vorschriften der §§ 190 ff., 238 ff. UmwG formwechselnd in eine Aktiengesellschaft umgewandelt worden. Die Aktiengesellschaft führt die Firma Müller & Schulze AG.

2. Das Grundkapital der Aktiengesellschaft beträgt 500.000 Euro und ist eingeteilt in 500.000 Stückaktien.

3. Die Vertretungsbefugnis ist allgemein wie folgt geregelt: Der Vorstand besteht aus einer oder mehreren Person/en; besteht der Vorstand nur aus einer Person, so vertritt diese die Gesellschaft allein. Besteht der Vorstand aus mehreren Personen, wird die Gesellschaft durch zwei Mitglieder des Vorstands gemeinsam oder durch ein Mitglied des Vorstands zusammen mit einem Prokuristen vertreten. Der Aufsichtsrat kann einzelnen Mitglieder des Vorstandes Einzelvertretungsbefugnis erteilen und ihnen gestatten, Rechtsgeschäfte mit sich als Vertreter eines Dritten vorzunehmen.

4. Zum Vorstandsmitglied wurde bestellt Herr Karl Müller (Geburtsdatum/Anschrift). Er ist stets einzelvertretungsbefugt. Ihm ist gestattet, Rechtsgeschäfte mit sich als Vertreter eines Dritten vorzunehmen.

5. Die inländische Geschäftsanschrift lautet Hohe Str. 11, Köln.

Es wird angezeigt, dass zu Mitgliedern des ersten Aufsichtsrats bestellt wurden die Herren

- Franz Kasper (Beruf/Wohnort),
- Erich Melchior (Beruf/Wohnort), und
- Georg Balthasar (Beruf/Wohnort).

Der Aufsichtsrat hat Herrn Franz Kaspar zum Vorsitzenden und Herrn Erich Melchior zum stellvertretenden Vorsitzenden gewählt.

Die Unterzeichnenden versichern, dass keine Klage die Wirksamkeit des Umwandlungsbeschlusses erhoben ist und die Gesellschafter auf die Klage gegen die Wirksamkeit des Umwandlungsbeschlusses verzichtet haben.

Ein Umwandlungsbericht ist nicht zu erstellen, da alle Gesellschafter darauf verzichtet haben.

Das neubestellte Vorstandsmitglied versichert, dass keine Umstände vorliegen, die seiner Bestellung entgegenstehen, und dass er weder

1. aufgrund eines gerichtlichen Urteils oder einer vollziehbaren Entscheidung einer Verwaltungsbehörde einen Beruf, Berufszweig, ein Gewerbe oder einen Gewerbezweig nicht ausüben darf, noch

2. wegen einer oder mehrerer vorsätzlich begangener Straftaten

   a) des Unterlassens der Stellung des Antrags auf Eröffnung des Insolvenzverfahrens (Insolvenzverschleppung) nach § 15a Abs. 4 der Insolvenzordnung,

   b) nach den §§ 283 bis 283d des Strafgesetzbuchs (Insolvenzstraftaten),

   c) der falschen Angaben nach § 399 des Aktiengesetzes oder § 82 des Gesetzes betreffend die Gesellschaften mit beschränkter Haftung,

   d) der unrichtigen Darstellung nach § 400 des Aktiengesetzes, § 331 des Handelsgesetzbuchs, § 313 des Umwandlungsgesetzes oder § 17 des Publizitätsgesetzes,

   e) nach den §§ 263 bis 264a oder den §§ 265b bis 266a des Strafgesetzbuchs zu einer Freiheitsstrafe von mindestens einem Jahr oder

3. im Ausland wegen einer Tat, die mit den in Ziffer 2 genannten Taten vergleichbar ist,

verurteilt worden ist. Er versichert weiter, dass ihm bekannt ist, dass in die in § 76 Abs. 2 des Aktiengesetzes angesprochene Fünfjahresfrist die Zeit nicht eingerechnet wird, in welcher der Täter auf behördliche Anordnung in einer Anstalt verwahrt worden ist.

Er versichert ferner, dass er von dem beglaubigenden Notar nach § 53 Abs. 2 des Bundeszentralregistergesetzes darüber belehrt worden ist, dass eine Verurteilung oder der ihr zugrunde liegende Sachverhalt nicht deshalb verschwiegen werden darf, weil die Verurteilung nicht in das Führungszeugnis oder nur in ein Führungszeugnis nach §§ 32 Abs. 3 und 4 BZRG aufzunehmen ist.

Außerdem versichert er, dass der Notar über die Strafbarkeit falscher Angaben im Rahmen dieser Handelsregisteranmeldung und darüber belehrt hat, dass das Registergericht zur Überprüfung der Angaben einen Auszug aus dem Bundeszentralregister über strafrechtliche Verurteilungen und andere Eintragungen (z. B. Untersagung der Ausübung eines Berufes, Berufszweiges, Gewerbes oder Gewerbezweiges) einholen kann.

Der Notar Dr. Josef Schmitz ist berechtigt, die Anträge aus dieser Registeranmeldung – auch eingeschränkt – dem Registergericht vorzulegen, sie wieder zurückzunehmen sowie Änderungen und Ergänzungen dieser Registeranmeldung vorzunehmen, soweit sie vom Registergericht gefordert werden.

Anlagen:

(1) Beglaubigte Abschrift des Umwandlungsbeschlusses vom heutigen Tage (UR-Nr. 4711/2009 des Notars Dr. Josef Schmitz in Köln) mit den Verzichtserklärungen und der Satzung der Müller & Schulze AG;

(2) Liste mit Name, Beruf und Wohnort der Mitglieder des Aufsichtsrats;

(3) Berechnung des Aufwands für den Formwechsel;

(4) Urschrift des Beschlusses des Aufsichtsrats über die Bestellung des Vorstands;

(5) Gründungsbericht;

(6) Prüfungsbericht des Aufsichtsrats und des Vorstands über den Hergang des Formwechsels;

(7) Prüfungsbericht des vom Gericht bestellten Prüfers über den Hergang des Formwechsels;

(8) Nachweis über die rechtzeitige Zuleitung des Beschlussentwurfs an den Betriebsrat.

Köln, den 1. April 2009

....	....
(Karl Müller)	(Ludwig Schulze)
Geschäftsführer	Geschäftsführer

5 Geschäftsordnung für den Aufsichtsrat

Müller & Schulze AG
Köln

Der Aufsichtsrat gibt sich folgende

GESCHÄFTSORDNUNG:

§ 1 Allgemeines

Der Aufsichtsrat übt seine Tätigkeit nach Maßgabe der gesetzlichen Bestimmungen, der Satzung und dieser Geschäftsordnung aus. Seine Mitglieder haben die gleichen Rechte und Pflichten und sind an Weisungen nicht gebunden.

§ 2 Wahl des Vorsitzenden und des Stellvertreters

(1) Der Aufsichtsrat wählt aus seiner Mitte einen Vorsitzenden und einen Stellvertreter. Die Wahlhandlung leitet das an Lebensjahren älteste Aufsichtsratsmitglied.

(2) Die Wahl erfolgt jeweils für die Amtszeit des gewählten Aufsichtsratsmitglieds. Wenn Vorsitzender oder Stellvertreter während ihrer Amtszeit aus dem Aufsichtsrat ausscheiden, ist unverzüglich eine Neuwahl für den Ausgeschiedenen vorzunehmen.

§ 3 Sitzungen und Beschlussfassungen

(1) Der Aufsichtsrat soll einmal im Kalendervierteljahr, er muss einmal im Kalenderhalbjahr zusammentreten.

(2) Die Sitzungen des Aufsichtsrats werden vom Vorsitzenden in Textform mit einer Ladungsfrist von zwei Wochen unter Angabe der Tagesordnung einberufen.

(3) Schriftliche, fernmündliche oder mit Hilfe sonstiger Mittel der Telekommunikation durchgeführte Beschlussfassungen sowie die kombinierte Beschlussfassung sind zulässig, wenn der Aufsichtsratsvorsitzende dies für den Einzelfall bestimmt.

(4) Die von Mitgliedern des Aufsichtsrats spätestens eine Woche vor der Sitzung dem Aufsichtsratsvorsitzenden genannten Gegenstände sind auf die Tagesordnung zu setzen.

(5) Den Vorsitz führt der Vorsitzende des Aufsichtsrats oder, im Falle seiner Verhinderung, sein Stellvertreter.

(6) Beschlüsse des Aufsichtsrats werden mit einfacher Stimmenmehrheit gefasst, soweit das Gesetz und die Satzung nichts anderes bestimmen. Dies gilt auch für Wahlen. Die Art der Abstimmung bestimmt der Vorsitzende. Beantragt jedoch ein Mitglied des Aufsichtsrats geheime Abstimmung, so ist geheim abzustimmen.

(7) An den Sitzungen des Aufsichtsrats nehmen die Mitglieder des Vorstandes teil, sofern der Aufsichtsrat im Einzelfall keine abweichende Anordnung trifft.

§ 4 Verschwiegenheitspflicht

(1) Jedes Mitglied des Aufsichtsrats ist verpflichtet, Stillschweigen über alle vertraulichen Angaben und Geheimnisse der Gesellschaft, namentlich über Betriebs- und Geschäftsgeheimnisse, zu bewahren , die ihm durch seine Tätigkeit im Aufsichtsrat bekannt geworden sind, und zwar auch über die Beendigung seines Amtes als Aufsichtsratsmitglied hinaus. Bei Ablauf des Mandates sind alle vertraulichen Unterlagen an den Vorsitzenden des Aufsichtsrates zurückzugeben.

(2) Will ein Mitglied des Aufsichtsrats irgendwelche Informationen an Dritte weitergeben, die es in seiner Eigenschaft als Aufsichtsratsmitglied erlangt hat, so hat es hierüber den Vorsitzenden des Aufsichtsrats vorab zu unterrichten.

(3) Schriftliche Berichte des Vorstandes an den Aufsichtsrat werden den Mitgliedern des Aufsichtsrats ausgehändigt, soweit nicht der Aufsichtsrat im Einzelfall etwas anderes beschließt. Jedes Mitglied des Aufsichtsrats ist berechtigt, in Prüfungsberichte der Abschlussprüfer, in Abhängigkeitsberichte und in eventuelle Sonderberichte Einsicht zu nehmen. Eine Aushändigung dieser Berichte an die Aufsichtsratsmitglieder findet nicht statt, soweit nicht der Aufsichtsrat im Einzelfall etwas anderes beschließt.

§ 5 Niederschrift

Über die Sitzungen des Aufsichtsrats ist eine Niederschrift anzufertigen, die von dem Vorsitzenden der betreffenden Sitzung unterzeichnet wird. Entsprechendes gilt für Beschlüsse, die ohne Sitzung gefasst worden sind.

Köln, den 1. April 2009

Der Aufsichtsrat

....
(Franz Kaspar)
Vorsitzender des Aufsichtsrats

6 Geschäftsordnung für den Vorstand

Müller &Schulze AG
Köln

Der Aufsichtsrat gibt dem Vorstand folgende

GESCHÄFTSORDNUNG:

§ 1 Allgemeines

Der Vorstand führt die Geschäfte der Gesellschaft unter Beachtung der Sorgfalt eines ordentlichen und gewissenhaften Geschäftsleiters nach den Vorschriften der Gesetze, der Satzung, der Geschäftsordnung und des Dienstvertrages.

§ 2 Geschäftsverteilungsplan

Besteht der Vorstand aus mehr als einer Person, so kann der Aufsichtsrat dem Vorstand einen Geschäftsverteilungsplan geben. Ein Geschäftsverteilungsplan des Vorstandes bedarf der Zustimmung des Aufsichtsrats.

§ 3 Zusammenarbeit mit dem Aufsichtsrat

Die Vorstandsberichte sind in aller Regel schriftlich vorzulegen, wenn nicht im Einzelfall wegen der Dringlichkeit mündliche Berichterstattung genügt oder geboten ist.

§ 4 Zustimmungsbedürftige Geschäfte

Für Geschäfte von grundlegender Bedeutung bedarf der Vorstand der Zustimmung des Aufsichtsrats. Hierzu gehören Entscheidungen oder Maßnahmen, die

die Vermögens-, Finanz- oder Ertragslage des Unternehmens grundlegend verändern. Im Hinblick darauf wird bestimmt, daß die nachstehend aufgeführten Geschäfte und Rechtshandlungen gemäß § 111 Abs. 4 S. 2 AktG nur mit Zustimmung des Aufsichtsrats vorgenommen werden dürfen:

1) Der Erwerb von Grundstücken oder grundstücksgleichen Rechten, ferner die Verfügung über Grundstücke, grundstücksgleiche Rechte oder dingliche Rechte an solchen.

2) Die Errichtung und Aufhebung von Zweigniederlassungen.

3) Die Gründung oder Übernahme anderer Unternehmen, der Erwerb, die Veränderung oder Veräußerung von Unternehmen, Unternehmensbeteiligungen oder (Teil-) Betrieben, der Abschluß von Unternehmensverträgen.

4) Sofern der Betrag im Einzelfall 50.000 Euro übersteigt
   a) die Aufnahme von Krediten,
   b) die Übernahme von Bürgschaften und Garantien,
   c) die Übernahme von fremden Verbindlichkeiten.

5) Neubauten, Umbauten oder Neuanschaffungen von Gegenständen des Anlagevermögens, soweit die Aufwendungen im Einzelfall 30.000 Euro übersteigen.

6) Abschluß oder Änderung von Kauf-, Miet-, Pacht-, Leasing- und sonstigen Verträgen, bei denen die Summe der fest vereinbarten Zahlungen mehr als 30.000 Euro beträgt. Ausgenommen sind Geschäftsbesorgungsverträge.

7) Einstellung und Entlassung von Arbeitnehmern mit Jahresvergütungen von mehr als 100.000 Euro.

8) Aufnahme neuer Geschäftstätigkeiten sowie die teilweise oder vollständige Aufgabe in der Vergangenheit ausgeübter Geschäftstätigkeiten.

9) Einleitung von Rechtsstreitigkeiten von besonderer Bedeutung, insbesondere mit einem Streitwert von mehr als 20.000 Euro oder gegen Mitbewerber der Gesellschaft oder einen Aktionär.

10) Einrichtung von Pensionswerken und Pensionszusagen.

11) Gewährung von Darlehen und Krediten an Betriebsangehörige und deren Familienangehörige ab einem Betrag von 5.000 Euro.

Erteilt der Aufsichtsrat die Zustimmung nicht, so ist der Vorstand gem. § 111 Abs. 4 S. 3 AktG berechtigt, die Entscheidung der Hauptversammlung herbeizuführen.

Köln, den 1. April 2009

Der Aufsichtsrat

....

(Franz Kaspar)
Vorsitzender des Aufsichtsrats

7 Dienstvertrag Vorstand

Zwischen der Müller & Schulze AG, Köln, vertreten durch den Aufsichtsrat, dieser wiederum vertreten durch den Aufsichtsratsvorsitzenden
– nachfolgend „die Gesellschaft" –

und Herrn Karl Müller, Köln,

wird nachfolgender Dienstvertrag geschlossen:

Vorbemerkung

Herr Müller ist durch Beschluss des Aufsichtsrats vom 1. April 2009 für die Dauer von fünf Jahren zum Vorstand der Gesellschaft bestellt worden. Für den Zeitraum der Bestellung wird der nachfolgende Dienstvertrag geschlossen:

§ 1 Aufgaben

(1) Bestellt der Aufsichtsrat keine weitere Person zum Vorstand, so führt Herr Müller die Geschäfte der Gesellschaft alleine. Herr Müller hat stets Einzelvertretungsbefugnis und es ist ihm gestattet, Rechtsgeschäfte mit sich als Vertreter Dritter vorzunehmen. Die Rechte und Pflichten von Herrn Müller ergeben sich aus den Gesetzen, der Satzung, der Geschäftsordnung und diesem Vertrag.

(2) Herr Müller hat – gegebenenfalls gemeinschaftlich mit weiteren Vorstandsmitgliedern – die Gesellschaft unter eigener Verantwortung zu leiten. Er hat

die Sorgfalt eines ordentlichen und gewissenhaften Geschäftsleiters anzuwenden. Über vertrauliche Angaben und Geheimnisse der Gesellschaft, namentlich Betriebs- oder Geschäftsgeheimnisse, die ihm durch seine Tätigkeit im Vorstand bekannt geworden sind, hat er Stillschweigen zu bewahren.

§ 2 Bezüge

(1) Herr Müller erhält ab Beginn des auf die Eintragung der Gesellschaft als Aktiengesellschaft folgenden Monats einen Festbezug von jährlich 72.000 Euro. Das Gehalt wird in zwölf monatlichen Teilbeträgen von 6.000 Euro am jeweiligen Monatsletzten ausgezahlt.

(2) Ferner erhält Herr Müller eine Tantieme in Höhe von 10 % des maßgeblichen Gewinns. Maßgeblicher Gewinn ist der Jahresüberschuss laut Handelsbilanz vor Abzug des Tantiemeaufwandes, vermindert um einen Verlustvortrag aus dem Vorjahr und um die Beträge, die nach Gesetz oder Satzung aus dem Jahresüberschuss in Gewinnrücklagen einzustellen sind. Die Gewinntantieme beträgt höchstens ein Drittel des Festbezugs gem. Abs. 1. Die Gewinntantieme ist zum Ende des Monats, in dem der Jahresabschluss festgestellt worden ist, fällig.

(3) In dem Jahr des Beginns und in dem Jahr der Beendigung des Dienstvertrags besteht der Anspruch auf Festgehalt und Tantieme nur anteilig entsprechend der Zeitdauer der Tätigkeit als Vorstand.

(4) Bei Arbeitsunfähigkeit wegen Krankheit oder bei sonstiger unverschuldeter Verhinderung zur Dienstleistung werden die Bezüge für sechs Monate, längstens bis zur Beendigung des Dienstvertrags, fortgezahlt.

(5) Stirbt Herr Müller während der Laufzeit dieses Vertrages, so wird seiner Witwe oder nach deren Tod seinen unterhaltsberechtigten Kindern das Festgehalt gemäß Abs. 1 für den Sterbemonat sowie die drei darauf folgenden Kalendermonate weitergezahlt. Anspruchsberechtigt sind Kinder nur bis zur Vollendung des 18. Lebensjahres, darüber hinaus für die Dauer der Berufsausbildung bis zur Vollendung des 27. Lebensjahres.

(6) Soweit die Gesellschaft allen ihren Arbeitnehmern aufgrund von Gesamtzusagen freiwillige soziale Leistungen zukommen lässt, hat auch Herr Müller Anspruch auf diese.

(7) Eine Abtretung oder Verpfändung der Bezüge ist ohne Genehmigung der Gesellschaft unzulässig.

§ 3 Nebenleistungen

(1) Herr Müller hat für die Dauer des Dienstvertrages Anspruch auf Überlassung eines Dienstwagens der gehobenen Mittelklasse (Anschaffungskosten 45.000 Euro per März 2006) zur dienstlichen und uneingeschränkten privaten Nutzung. Betriebs- und Unterhaltskosten trägt die Gesellschaft. Die Versteuerung des geldwerten Vorteils für die private Nutzung geht zu Lasten von Herrn Müller.

(2) Für Geschäftsreisen, Repräsentation und Bewirtung von Geschäftspartnern, welche im Interesse der Gesellschaft erforderlich sind, hat Herr Müller Anspruch auf Erstattung seiner Spesen und Auslagen. Übersteigen die Aufwendungen steuerliche Pauschalbeträge, so sind sie im Einzelnen zu belegen.

(3) Die Gesellschaft schließt zu Gunsten von Herrn Müller für die Dauer des Dienstvertrages eine Unfallversicherung ab, die auch private Risiken deckt, und zwar mit folgenden Mindestdeckungssummen:

Für den Todesfall	250.000 Euro
Für den Invaliditätsfall	500.000 Euro

Die Ansprüche aus der Versicherung stehen unmittelbar Herrn Müller oder seinen Erben zu.

(4) Die Gesellschaft schließt für ihre Organmitglieder (Vorstände und Aufsichtsräte) eine Vermögensschaden-Haftpflichtversicherung ab, welche Versicherungsschutz gewährt für den Fall, dass diese wegen einer bei Ausübung ihrer Tätigkeit begangenen Pflichtverletzung aufgrund gesetzlicher Haftpflichtbestimmungen für einen Vermögensschaden von Dritten oder von der Versicherungsnehmerin auf Schadenersatz in Anspruch genommen werden.

(5) Die Gesellschaft übernimmt die Verpflichtung aus der bestehenden Direktversicherung bei der Colonia-Versicherung, Police-Nr. 4712, in Höhe einer Beitragszahlung von 1.752 Euro jährlich. Die darauf entfallende Steuer trägt, soweit gesetzlich zulässig, die Gesellschaft, darüber hinaus Herr Müller. Bei Beendigung dieses Vertrages wird die Gesellschaft die Versicherungsnehmereigenschaft aus dieser Direktversicherung ohne Gegenleistung auf Herrn Müller übertragen.

§ 4 Urlaub

Herr Müller hat Anspruch auf einen bezahlten Jahresurlaub von 30 Arbeitstagen. Der Urlaub ist so festzulegen, dass die Belange der Gesellschaft nicht beeinträchtigt werden.

§ 5 Nebentätigkeit

Herr Müller verpflichtet sich, seine ganze Arbeitskraft in den Dienst der Gesellschaft zu stellen. Eine entgeltliche Nebentätigkeit, Aufsichtsratsämter oder ähnliche Mandate sowie Ehrenämter im Bereich der gewerblichen Wirtschaft darf Herr Müller nur mit schriftlicher Einwilligung des Aufsichtsrats übernehmen. Herr Müller darf ohne schriftliche Einwilligung des Aufsichtsrats weder ein Handelsgewerbe betreiben noch im Geschäftszweig der Gesellschaft für eigene oder fremde Rechnung Geschäfte machen. Er darf ohne Einwilligung auch nicht Mitglied des Vorstands oder Geschäftsführer oder persönlich haftender Gesellschafter einer anderen Handelsgesellschaft sein. Entsprechend darf Herr Müller sich weder unmittelbar noch mittelbar an einem Unternehmen beteiligen oder bei diesem tätig werden, das mit der Gesellschaft in irgendeinem Bereich ihres Geschäftsgegenstands in Konkurrenz oder mit der Gesellschaft in geschäftlichen Beziehungen steht; dies gilt nicht für den Erwerb von Aktien börsennotierter Gesellschaften.

§ 6 Vertragsbeendigung

Der Vertrag endet, ohne dass es einer Kündigung bedarf, mit Ablauf der Bestellung zum Vorstand. Der Vertrag verlängert sich jeweils um die Dauer einer erneuten Bestellung zum Vorstand. Der Aufsichtsrat wird Herrn Müller spätestens sechs Monate vor Ablauf des Vertrags mitteilen, ob die Amtszeit verlängert wird. Sofern im Falle der Verlängerung nicht ausdrücklich etwas anderes vereinbart wird, gelten die hier festgelegten Vertragsbestimmungen. Im Übrigen ist der Vertrag nur aus wichtigem Grunde kündbar (§ 626 BGB). Die Kündigung bedarf zu ihrer Wirksamkeit der Schriftform. Widerruft der Aufsichtsrat die Bestellung von Herrn Müller zum Vorstandsmitglied aus wichtigem Grund, so gilt der Widerruf als fristlose Kündigung.

§ 7 Pensionszusage

Eine Pensionszusage wird nicht erteilt.

§ 8 Schiedsvereinbarung

Über alle Streitigkeiten aus diesem Vertrag, über die Wirksamkeit dieses Vertrages sowie etwaiger Nachträge entscheidet ein Schiedsgericht. Hierüber wird ein Schiedsgerichtsvertrag geschlossen.

§ 9 Bereitschaft zum Abschluss eines nachvertraglichen Wettbewerbsverbotes

Herr Müller ist bereit, eine Vereinbarung über ein nachvertragliches Wettbewerbsverbot mit angemessenen Konditionen abzuschließen, wenn ein solches auch mit anderen Vorstandsmitgliedern vereinbart wird oder wenn dies wegen grundlegender Veränderungen der Beteiligungsverhältnisse geboten ist.

§ 10 Schlussbestimmungen

(1) Der Vertrag tritt durch Unterzeichnung mit Wirkung vom Tage der Eintragung der Gesellschaft als Aktiengesellschaft in das Handelsregister in Kraft; zu diesem Zeitpunkt treten alle vorher geltenden Vertragsabsprachen außer Kraft.

(2) Die vertraglichen Vereinbarungen der Gesellschaft mit Herrn Müller ergeben sich erschöpfend aus diesem Vertrag. Vertragsänderungen bedürfen der Schriftform.

(3) Die Ungültigkeit einzelner Bestimmungen bedeutet nicht die Rechtswidrigkeit des Vertrags im Ganzen. Anstelle der unwirksamen Vorschrift oder zur Schließung einer Lücke gilt eine Regelung als vereinbart, die der wirtschaftlichen Zwecksetzung der Vertragschließenden am ehesten entspricht.

Köln, den 1. April 2009

Der Aufsichtsrat

....	....
(Kaspar) Vorsitzender für den Aufsichtsrat	(Karl Müller) Vorstandsmitglied

Abkürzungsverzeichnis

Abs.	Absatz
Abschn.	Abschnitt
a. E.	am Ende
a. F.	alte Fassung
AG	Aktiengesellschaft; Amtsgericht; Die Aktiengesellschaft (Zeitschrift)
AktG	Aktiengesetz
AO	Abgabenordnung
ArbGG	Arbeitsgerichtsgesetz
Aufl.	Auflage
BaFin	Bundesanstalt für Finanzdienstleistungsaufsicht
BB	Betriebs-Berater (Zeitschrift)
Bd.	Band
BetrVG	Betriebsverfassungsgesetz
BewG	Bewertungsgesetz
BFH	Bundesfinanzhof
BGB	Bürgerliches Gesetzbuch
BGBl.	Bundesgesetzblatt
BGH	Bundesgerichtshof
BMF	Bundesminister der Finanzen
BörsG	Börsengesetz
BStBl.	Bundessteuerblatt
BZRG	Bundeszentralregistergesetz
ca.	circa
DB	Der Betrieb (Zeitschrift)
d. h.	das heißt
DM	Deutsche Mark
DrittelbG	Drittelbeteiligungsgesetz
DStR	Deutsches Steuerrecht (Zeitschrift)
ErbStG	Erbschaftsteuer- und Schenkungsteuergesetz
EStG	Einkommensteuergesetz
FamFG	Gesetz über das Verfahren in Familiensachen und in den Angelegenheiten der freiwilligen Gerichtsbarkeit
ff.	folgende
FGG	Gesetz über die Angelegenheiten der freiw. Gerichtsbarkeit
gem.	gemäß

GewO	Gewerbeordnung
GewStR	Gewerbesteuerrichtlinien
ggf.	gegebenenfalls
GmbH	Gesellschaft mit beschränkter Haftung
GmbHR	GmbH-Rundschau (Zeitschrift)
GrEStG	Grunderwerbsteuergesetz
Großkomm.	Großkommentar
HGB	Handelsgesetzbuch
Hrsg.	Herausgeber
HRV	Handelsregisterverordnung
IAS	International Accounting Standards
IFRS	International Financial Reporting Standards
InsO	Insolvenzordnung
i. S. d.	im Sinne des/der
i. V. m.	in Verbindung mit
Kap.	Kapitel
KG	Kommanditgesellschaft
KGaA	Kommanditgesellschaft auf Aktien
KonTraG	Gesetz zur Kontrolle u. Transparenz im Unternehmensbereich
KöSt	Körperschaftsteuer
KStG	Körperschaftsteuergesetz
KWG	Kreditwesengesetz
m. E.	meines Erachtens
Mio.	Million(en)
MitbestG	Mitbestimmungsgesetz
MoMiG	Gesetz zur Modernisierung des GmbH-Rechts und zur Bekämpfung von Missbräuchen
NJW	Neue Juristische Wochenschrift
Nr.	Nummer
NZG	Neue Zeitschrift für Gesellschaftsrecht
OHG	Offene Handelsgesellschaft
OLG	Oberlandesgericht
PartGG	Partnerschaftsgesellschaftsgesetz
R	Richtlinie
Rz.	Randziffer
S.	Seite; Satz
s.	siehe
SE	Europäische (Aktien-) Gesellschaft; Societas Europaea
SGB	Sozialgesetzbuch
sog.	sogenannte
SpruchG	Spruchverfahrensgesetz
StBerG	Steuerberatungsgesetz

Tz.	Textziffer
u. a.	unter anderem
UmwG	Umwandlungsgesetz
UmwStG	Umwandlungssteuergesetz
VermBG	Vermögensbildungsgesetz
vgl.	vergleiche
Vorb.	Vorbemerkung
wg.	wegen
WG	Wechselgesetz
WM	Wertpapier-Mitteilungen
z. B.	zum Beispiel
ZIP	Zeitschrift für Wirtschaftsrecht
zit.	zitiert
z. T.	zum Teil

Literaturverzeichnis

Baumbach/Hopt	Handelsgesetzbuch, Kommentar, 33. Aufl., München 2008
Baumbach/Hueck	GmbHG, Kommentar, 18. Aufl., München 2006
Beck'scher Bilanz-Kommentar	Handels- und Steuerrecht, 6. Aufl., München 2006
Boruttau	Grunderwerbsteuergesetz, Kommentar, 16. Aufl., München 2007
Brandes, Stephan	Mitbestimmungsvermeidung mittels grenzüberschreitender Verschmelzung, ZIP 2008, S. 2193 ff.
Emmerich/Habersack	Aktien- und GmbH-Konzernrecht, Kommentar, 5. Aufl., München 2008
Fischl/Roth	Die Reform des Erbschaftsteuer- und Bewertungsrechts zum 1.1.2009, NJW 2009, S. 177 ff.
Großkommentar	Großkommentar zum Aktiengesetz, 4. Auflage, 1992 ff., Berlin New York
Happ, Wilhelm (Hrsg.)	Aktienrecht Handbuch-Muster-Kommentare, 3. Aufl., Köln 2007
Hüffer, Uwe	Aktiengesetz, Kommentar, 8. Aufl., München 2008
Kölner Kommentar	Kommentar zum Aktiengesetz, 2. Aufl., Köln u. a., 1986 ff.
Lutter, Marcus (Hrsg.)	Umwandlungsgesetz, Kommentar, 4. Aufl., Köln 2009
Lutter/Hommelhoff (Hrsg.)	SE-Kommentar, Köln 2008
Lutter/Krieger	Rechte und Pflichten des Aufsichtsrats, 5. Aufl., Köln 2008
Manz/Mayer/Schröder (Hrsg.)	Europäische Aktiengesellschaft SE, Baden-Baden 2005
Münchener Handbuch	Münchener Handbuch des Gesellschaftsrechts, Bd. 4, Aktiengesellschaft, 3. Aufl., München 2007

Münchener Kommentar	Münchener Kommentar zum Aktiengesetz, 2. Aufl., München 2000 ff.
Niering/Hillebrand	Wege durch die Unternehmenskrise, 2. Aufl., Köln 2008
Nüsser/Nacken	Kauf und Verkauf mittelständischer Unternehmen, Köln 2005
Palandt, Otto	Bürgerliches Gesetzbuch, Kommentar, 68. Aufl., München 2009
Raguß, Gerd	Der Vorstand einer Aktiengesellschaft, 2. Aufl., Berlin Heidelberg 2009
Schmidt, Karsten	Gesellschaftsrecht, 4. Aufl., Köln 2002
Schmidt, K./Lutter (Hrsg.)	Aktiengesetz, Kommentar, Köln 2008
Schmidt, Ludwig (Hrsg.)	Einkommensteuergesetz, Kommentar, 27. Aufl., München 2008
Schmitt/Hörtnagl/Stratz	Umwandlungsgesetz, Umwandlungssteuergesetz, Kommentar, 5. Aufl., München 2009
Schneider/Zander	Erfolgs- und Kapitalbeteiligung der Mitarbeiter, 6. Aufl., Freiburg 2007
Schwedhelm, Rolf	Die Unternehmensumwandlung, 6. Aufl., Köln 2008
Seibert/Kiem (Hrsg.)	Handbuch der kleinen AG, 5. Aufl., Köln 2008
Verspay, Heinz-Peter	GmbH-Handbuch für den Mittelstand, Berlin Heidelberg 2009
Widmann/Mayer (Hrsg.)	Umwandlungsrecht, Loseblatt, Bonn

Stichwortverzeichnis

Die Zahlen bei den Stichwörtern bezeichnen den Abschnitt oder das Kapitel

Die Autoren

Heinz-Peter Verspay

Rechtsanwalt in Köln
Fachanwalt für Handels- und Gesellschaftsrecht
Hecker Werner Himmelreich Rechtsanwälte Partnerschaft

www.hwhlaw.de
E-Mail: ve@hwhlaw.de

Andreas Sattler

Dipl.-Wirtsch.-Ing. (FH), Dipl.-Betr.-Päd.
Vorstandsmitglied der Sattler & Partner AG, Schorndorf/Stuttgart

www.sattlerundpartner.de
E-Mail: info@sattlerundpartner.de

expert verlag®
Erlesene Weiterbildung®

Prof. Dr. jur. Kurt Haberkorn

Arbeitsrecht

Aktuelles Grundwissen und praktisches Rüstzeug

13., überarb. u. erw. Aufl. 2009, 616 S., € 54,80, CHF 91,00
Die Betriebswirtschaft: Studium + Praxis 7
ISBN 978-3-8169-2887-4

Die intensive Beschäftigung mit Fragen des Arbeitsrechts wird für Studenten und Praktiker immer notwendiger. Die Schwierigkeit liegt darin, die in zahlreichen verschiedenen Gesetzen enthaltenen Rechtsvorschriften sowie die laufenden Ergänzungen und Änderungen zu überblicken und die umfangreiche Rechtsprechung zu kennen. Das vorliegende Buch gibt eine geschlossene, systematische Darstellung des Arbeitsrechts, ohne einerseits zu vereinfachte Aussagen zu machen und ohne andererseits den Leser mit zu vielen Details zu überhäufen.
In der 13. Auflage wurden wiederum zahlreiche Gesetzesänderungen berücksichtigt, und zwar u. a. im Mutterschutzgesetz, Bundeserziehungsgeldgesetz, in der Gewerbeordnung, im Schwerbehindertenrecht (Sozialgesetzbuch IX), im Recht der Allgemeinen Geschäftsbedingungen (§§ 305 – 310 BGB) und bei den Vorschriften über Leistungsstörungen (§§ 280 – 285, 619a BGB).
Die zahlreichen Wiederholungs- und Prüfungsfragen sowie Antworten ergänzen die systematische Darstellung und ermöglichen dem Leser eine Selbstkontrolle. Das auf den neuesten Stand gebrachte und wiederum erweiterte umfangreiche Literaturverzeichnis verschafft die Möglichkeit eines tieferen Eindringens in diese umfangreiche Rechtsmaterie.

Inhalt:
Grundbegriffe und Grundlagen des Arbeitsrechts – Arbeitsvertrag und Arbeitsvertragsarten – Rechte und Pflichten aus dem Arbeitsrecht für Arbeitgeber und Arbeitnehmer – Urlaubsrecht – Zeugnisrecht – Kündigungsrecht (Abmahnung, Arten der Kündigung, Kündigungsgründe, soziale Rechtfertigung, Sonderkündigungsschutz, Mitwirkung des Betriebsrats) – Arbeitsschutzrecht (Arbeitszeitrecht, Mutterschutzgesetz, Jugendarbeitsschutzgesetz, Arbeitsschutz für schwerbehinderte Menschen) – Grundlagen der Arbeitsgerichtsbarkeit – Prüfungsfragen und Antworten

Die Interessenten:
Technische und kaufmännische Vorgesetzte mit Personalverantwortung, selbständige Unternehmer, Mitarbeiter im Personal-, Sozial- und Ausbildungswesen, Studenten aller Fachrichtungen sowie Teilnehmer an Fort- und Weiterbildungskursen, Arbeitgeberverbände und -organisationen, Industrie- und Handelskammern, Handwerkskammern, Betriebsräte und Gewerkschaften

Fordern Sie unser Verlagsverzeichnis auf CD-ROM an!
Telefon: (0 71 59) 92 65-0, Telefax: (0 71 59) 92 65-20
E-Mail: expert@expertverlag.de
Internet: www.expertverlag.de

expert verlag GmbH · Postfach 2020 · D-71268 Renningen